公路工程造价与公路工程施工技术

GONGLU GONGCHENG ZAOJIA YU GONGLU GONGCHENG SHIGONG JISHU

杨 熠 梁中美 郭韦韦 主编

文化发展出版社
Cultural Development Press

图书在版编目（CIP）数据

公路工程造价与公路工程施工技术 / 杨熠，梁中美，郭韦韦主编．—北京：文化发展出版社有限公司，2019.9

ISBN 978-7-5142-2684-3

Ⅰ．①公… Ⅱ．①杨… ②梁… ③郭… Ⅲ．①道路工程－工程造价②道路施工 Ⅳ．①U415

中国版本图书馆 CIP 数据核字（2019）第 119456 号

公路工程造价与公路工程施工技术

主　　编：杨　熠　梁中美　郭韦韦

责任编辑：张　琪　　　　责任校对：岳智勇

责任印制：邓辉明　　　　责任设计：侯　铮

出版发行：文化发展出版社有限公司（北京市翠微路 2 号　邮编：100036）

网　　址：www. wenhuafazhan. com　www. printhome. com　www. keyin. cn

经　　销：各地新华书店

印　　刷：阳谷毕升印务有限公司

开　　本：787mm×1092mm　1/16

字　　数：385 千字

印　　张：19.375

印　　次：2019 年 9 月第 1 版　2021 年 2 月第 2 次印刷

定　　价：56. 00 元

I S B N：978-7-5142-2684-3

◆ 如发现任何质量问题请与我社发行部联系。发行部电话：010-88275710

编委会

作　者	署名位置	工作单位
杨　熠	第一主编	四川省交通运输厅公路规划勘察设计研究院
梁中美	第二主编	济宁市公路管理局嘉祥公路局
郭韦韦	第三主编	天津高速公路集团有限公司
胡鹏飞	副 主 编	济宁市鸿翔公路勘察设计研究院有限公司
罗福来	编　　委	中国电建集团中南勘测设计研究院有限公司
崔彩虹	编　　委	山西路桥集团长临高速公路有限公司

前 言

PREFACE

目前，在我国公路工程项目发展过程中，工程造价管理是整个工程建筑业的管理的核心内容，所以针对公路工程管理需要对整个建筑造价业的情况进行严格的控制，这样才能够保证公路工程的顺利进行，我国的造价管理的发展史可谓历史悠久，早在唐朝就有记载，但是发展缓慢，而在中华人民共和国成立后，我国为了恢复国家综合国力，适应实行计划经济和大规模经济建设，建立了适应当时计划经济需要的工程造价管理系统，由国家对公路工程造价进行管理，建立预算定额制度，人工、材料、机械等统一价格，维持当时的公路工程造价系统，随着我国经济的不断发展以及经济体制的转变，公路工程造价管理系统也在与时俱进地进行着改变。

在我国经济快速发展的大背景下，公路现代化建设的进程也有了突飞猛进的提升，但同时对于公路施工的质量也有了更为严格的要求。为了控制公路工程的施工质量就必须对关键的施工部位进行严格的质量控制。只要对公路工程施工当中关键部位的施工技术能够进行认真的分析和控制，对容易出现质量缺陷和质量事故的部位进行重点监控，就可以避免质量缺陷的发生，从而提升公路的安全质量以及使用寿命。随着我国高速公路建设的快速发展，公路工程施工的环境越来越复杂，施工作业的技术越来越高，所以，必须要重视对公路工程关键部位的施工。因此，本文对公路工程施工当中的一些关键部位的施工技术进行浅析。

本书是根据国家最新颁布的规范及标准编写而成，内容包括：公路施工基础知识、路基施工准备工作、土质路基施工、湿软地基处理、石质路基施工、路基排水工程、防护与支挡工程施工、路基病害处治、路面基层施工、沥青路面施工、水泥混凝土路面施工、公路工程造价基础知识、公路工程定额的基本概念、公路工程工程量的计量、公路工程概算与预算、公路工程施工招标、投标造价的编制、公路工程造价控制等内容。

由于编写时间和水平有限，尽管编者尽心尽力，反复推敲核实，但难免有疏漏及不妥之处，恳请广大读者批评指正，以便做进一步的修改和完善。

《公路工程造价与公路工程施工技术》编委会

目录

CONCENTS

第一章　公路工程定额

第一节　工程建设定额的概念

一、工程建设定额的定义

工程建设定额是指在工程建设中，单位产品人工、材料、机械、资金消耗的规定标准或者称为消耗的规定额度。工程建设定额属于生产消费定额的性质，这种消耗的规定额度能够反映出在一定社会生产力的条件下，完成工程建设中某项产品与各种生产消费之间的特定的数量关系。

公路工程定额是工程建设定额的一类，是公路工程概算定额、预算定额和施工定额等的总称。公路工程的设计概算、施工图预算、施工预算、竣工决算，都是按照公路工程定额进行编制的。在设计、计划、施工、劳动工资、财务等各项工作中，都必须以定额为工作尺度。在公路工程定额中，除规定各种资源和资金的消耗量外，还规定了应完成的工作内容、达到的质量标准和安全要求。

我国现行的公路工程定额，按计价依据的作用不同，一般可分为工程定额和费用定额。公路工程定额是指《公路工程预算定额》、《公路工程概算定额》和《公路工程估算指标》等，公路工程费用定额是指《公路工程机械台班费用定额》、《公路基本建设工程概算、预算编制办法》和《公路工程基本建设工程投资估算编制办法》中规定的各项费用定额和费率。

二、工程建设定额的特点

公路工程定额是建筑工程定额的组成部分，它涉及公路工程技术、施工水平，也与公路工程施工企业的内部管理、工程造价等有着密切的关系。因此，公路工程定额具有以下基本性质（见表 1–1）。

表 1-1　公路工程定额的基本性质

性质	内容
指导性	在社会主义市场经济条件下，随着投资体制的改革和投资主体多元化格局的形成，以及施工企业经营机制的转换，为了适应社会主义市场经济的特点，投资者或经营者都可以根据市场的变化和自身的条件，自主地调整自己的决策，对定额进行适当的调整。因此，定额自身具有一定的灵活性，对企业具有更加明显的指导性
法令性	定额是由国家各主管部门通过一定的程序制定、审批、颁发并供所属企业单位使用，在执行范围内任何单位与企业必须遵守执行，不得随意更改其内容与标准。定额中规定了资源消耗的标准，因而国家对工程设计标准和企业经营水平能进行有效的监督。因此，定额具有一定的法令性。这种法令性的特点，在一些情况下具有经济法规性质和执行的强制性
群众性	定额编制是由定额管理技术人员、熟练工人和工程技术人员，以科学分析的方法，排除浪费和不合理的生产习惯，确定出来的合理、科学的操作方法、工作时间和资源消耗，在定额的应用过程中，容易被广大群众接受和认可。因此，定额具有一定的群众性
科学性	定额的制定来源于实践，又服务于实践。它是在客观规律的基础上，以工作实践研究为手段，记录了人工、材料、施工机具及其单价费用的数量，同时又考虑了施工技术应用与发展，符合建筑施工生产实践。因此，定额具有科学性。我国社会主义条件下工程建设定额的科学性，表现在使企业不合理地赚取最大利润受到束缚，并使其能受到宏观和微观的双重调控，以适应社会主义市场经济运行机制的需要
局限性	定额的执行具有一定的范围，在规定的范围内必须认真执行。从定额的编制范围上看，有全国统一定额、地方定额和行业定额之分；从专业不同区分，有公路工程定额、建筑工程定额、建筑装饰工程定额、安装工程定额、给排水工程定额等。因此，定额具有一定的局限性
时间性	定额是根据一定时期的社会生产力水平确定的，是一定时期内技术发展与管理的反映，因而在一段时期内都表现出稳定性。随着生产技术的发展，生产条件的提高，原有的定额就会与已经发展的生产力不相适应。当不能再起到促进生产力发展的作用时，定额则需要进行修改，被授权的有关部门要根据需要制定出新定额或补充定额。因此，定额具有一定的时间性

三、工程建设定额的作用

定额是社会经济发展到一定历史阶段的产物，是为一定阶段的政治服务的。在建设项目的整个设计、施工和管理过程中，都必须以定额为工作尺度。只有认真贯彻执行定额，才能有周密的计划和合理的施工，才能有真正的经济核算。所以，定额是现代科学管理的基础，其作用主要有以下几个方面。

（1）定额是完成规定计量单位分项工程计价所需的人工、材料、施工机械台班的消耗量标准。由于经济实体受各自的生产条件如企业的工人素质、技术装备、管理水平、经济实力的影响，所以其完成某项特定工程所消耗的人力、物力和财力资源存在着差别。企业技术装备低、工人素质弱、管理水平差的企业，在特定工程上消耗的活劳动（人力）和物化劳动（物力和财力）越高，凝结在工程中的个别价值越高；反之，企业技术装备好、工人素质高、管理水平高的企业，在特定工程上消耗的活劳动和物化劳动越少，凝结在工程中的个别价值就越低。综上所述，个别劳动之间存在着差异，所以有必要制定一个一般消耗量的标准，这就是定额。定额中人工、材料、施工机械台班的消耗量是在正常施工状态下的社会平均消耗量标准。这个标准有利于鞭策落后，鼓励先进，对社会经济发展具有推动作用。

（2）定额是编制工程量计算规则、项日划分、计量单位的依据。定额制定出以后，它的使用必须遵循一定的规则，在众多规则中，工程量计算规则是一项很重要的规则。而工程量计算规则的编制，必须依据定额进行。工程量计算规则的确定、项目划分、计量单位，以及计算方法都必须以定额为依据。

（3）定额是编制施工图预算、招标工程标底，以及确定工程造价的依据。合格产品在生产中所消耗的劳动力、材料以及机械设备台班的数量，是构成产品成本的决定性因素，而它们的消耗量又是根据定额决定的，因此定额是核算成本的依据。定额的制定，其主要目的就是计价。在我国的计划经济时期，施工图预算、招投标标底、投标报价书的编制，以及工程造价的确定，主要是依据工程所在地的单位估价表（定额的另一种形式）和行业定额来制定的。我国现阶段还处于市场经济的初期阶段，市场经济体制和管理方法还不健全，许多有利于市场竞争的计价规则还有待于制定、完善和推广。因此，我国现阶段以及以后较长阶段内还将把定额计价作为主要的计价模式之一。

（4）定额是编制投资估算指标的基础。对一个拟建工程项目进行可行性研究的经济评价工作，其基础是该项工程的建设总投资和产品的工厂成本。因此，正确地估算总投资是一个重要的关键。建设项目投资估算的一种重要的方法就是利用估算指标编制建设项目投资额。估算指标是一种比概算指标更为扩大的单位工程指标或单项工程指标。其编制方法是采用有代表性的单位或单项工程的实际资料，采用现行的概、预算定额编制概、预算，或收集有关工程的施工图预算或结算资料，经过修正、调整，反复综合平衡，以单项工程（装置、车间）或工段（区域、单位工程）为扩大单位，以“量”和“价”相结合的形式，用货币来反映活劳动和物化劳动。

（5）定额是企业进行投标报价和进行成本核算的基础。投标报价的过程是一个计价、分析、平衡的过程；成本核算是一个计价、对比、分析、查找原因、制定实施措施的过程。投标报价和进行成本核算的一项重要工作就是“计价”，而计价的重要依据之一就是“定额”，所以定额是企业进行投标报价和进行成本核算的基础。

（6）定额是贯彻按劳分配原则的尺度。由于工时消耗定额要具体落实到每个劳动者身上，因此，可用定额来对每个工人所完成的工作进行考核，确定他们所完成的劳动量，并以此来决定支付给他们的劳动报酬。

（7）定额是加强企业管理的重要工具。企业在计算和平衡资源需要量、组织材料供应、编制施工进度计划和作业计划、组织劳动力、签发任务书、考核工料消耗、实行承包责任制等一些系统管理工作时，需要以定额作为计算标准。因此，它是加强企业管理的重要工具。

（8）定额有利于完善市场的信息系统。定额管理是对大量信息的加工，也是对大量市场信息进行的传递，同时也是收集市场信息、反馈信息的管理。信息是市场体系中不可缺少的要素，它的可靠性、完备性和灵敏性是市场成熟和市场效率的标志。在我国，以定额形式建立和完善的市场信息系统，具有以公有制经济为主体的社会主义市场经济的特点，在发达的资本主义国家是难以想像的。

（9）定额是总结先进生产方法的手段。定额是在合理的条件下，通过对生产过程的观摩、实测、分析、研究、综合后制定的，包含着已成熟的先进施工技术和经验，它可以准确地反映出生产技术和劳动组织的先进合理程度。因此，我们可以用定额标定的方法为手段，对同一产品在同一操作条件下的不同生产方法进行观摩、分析和研究，从而总结出比较完善的生产方法，然后再经过试验，在生产中进行推广运用。

四、工程建设定额的分类

工程建设定额是一个综合的概念，是工程建设中各类定额的总称。由于具体的生产条件各异，定额的种类很多，因此应根据使用对象和组织生产的目的不同，编制出不同的定额。

1. 按定额实物消耗不同分类

在公路工程施工过程中起主要作用的有三大要素，即劳动力、材料和机械设备。公路工程定额是按实物消耗数量法编制的定额，所以工、料、机三个因素是公路工程定额中的主要内容。因此按定额实物消耗不同，可以将定额分为劳动消耗定额、机械台班消耗定额、机械设备消耗定额和机械台班费用定额四种。

（1）劳动消耗定额

劳动消耗定额简称劳动定额，也称工时定额或人工定额，是指在正常的生产技术和生产组织条件下，为完成一定的合格产品（工程实体或劳务）规定的劳动消耗的数量标准。劳动定额大多采用工作时间消耗来计算劳动消耗的数量。所用劳动定额的主要表现形式是时间定额，但同时也以产量定额来表现。

1）时间定额。时间定额也称为“工时定额”，是劳动消耗定额的一种，是指在技术条件正常、生产工具使用合理和劳动组织正常的条件下，工人生产单位合格产品或完成一定工作量所规定的时间消耗量。每一工日除潜水工作按 6 小时、隧道工作按 7 小时计算外，其余均按 8 小时计算。

2）产量定额。产量定额也称为“工作定额”，是劳动消耗定额的一种，是指在技术条件正常、生产工具使用合理和劳动组织正常的条件下，工人在单位时间内（如小时、工作日或班次）规定的应生产产品的数量或应完成的工作量。

（2）材料消耗定额

材料消耗定额是指在技术条件正常和合理使用材料的条件下，完成一定合格产品所需消耗材料的数量标准。这个数量标准包括材料的净用量和必要的工艺性损耗及废料的数量。

材料指在工程建设过程中使用的原材料、成品、半成品、构配件、燃料以及水、电等动力资源的统称。材料作为劳动对象构成公路工程的实体，需要的数量巨大、种类繁多，在工程造价中占主导地位。所以材料消耗数量的多少、消耗是否合理，不仅关系到资源的有效利用，而且对建设工程的项目投资、建筑产品的成本控制都起着决定性的影响。

（3）机械设备消耗定额

1）机械台班消耗定额。机械台班消耗定额也称为机械设备定额，是指在正常施工条件下，合理地组织生产与合理地利用某种机械，完成单位合格产品所必需的机械台班消耗标准，或在单位时间内机械完成的合格产品数量。机械台班定额按其表现形式不同，分为机械时间定额和机械产量定额两种。

机械时间定额是指在一定的工作内容和质量安全要求的条件下，规定某种机械完成单位合格产品所需要的时间。机械产量定额与机械时间定额互成倒数。

2）机械台班费用定额。机械台班费用定额是指在一个台班中，为使机械正常运转需要支出和分摊的折旧、维修、安装拆卸、辅助设施以及人工、动力燃料、养路费、车船使用税等各项费用消耗的标准，即确定机械台班单价的定额。机械台班费用定额是编制公路基本建设工程概、预算，进行经济核算和结算的依据。

机械台班费用由不变费用和可变费用两大部分组成。

①不变费用。不变费用是指根据主管部门的规定和机械年工作台班制度确定的，它不管机械是否开动以及施工地点和条件的变化，都要支出，是一种比较固定的经常性费用，应按全年的费用分摊到每一台班中去。不变费用在使用时（除西藏、青海、新疆外）一般不允许调整。不变费用主要包括机械的折旧费、大修理费、经常修理费、安装拆卸及辅助设施费。

②可变费用。可变费用是以每台班实物消耗指标的形式表示的，即机械开动或运转时才会发生的费用，在使用时随工程所在地的人工、动力燃料、养路费及车船

使用税的标准不同而不同，应根据有关的文件或规定计算确定。可变费用主要包括机上作业人员工资、动力燃料费、养路费及车船使用税。

2. 按定额使用要求不同分类

按工程定额使用要求不同，主要可分为投资估算指标、概算指标、概算定额、预算定额和施工定额（见表 1–2）。

表 1–2　工程建设定额按定额使用要求不同分类

类别	内容
概算指标	概算指标是指规定以一定计量单位工程扩大结构构件或扩大分项工程所需的人工、材料和施工机械台班合理的消耗量及其金额的标准。概算指标是以整个建筑物或构筑物为对象的，以"m^3"、"m^2"、"座"等为计量单位，确定人工、材料、机械台班消耗量及费用的标准。概算指标是在初步设计阶段，编制设计概算的依据。其主要作用是优选设计方案和控制建设投资
投资估算指标	投资估算指标，是在编制项目建议书可行性研究报告和编制设计任务书阶段进行投资估算、计算投资需要量时使用的一种定额。它具有较强的综合性、概括性，往往以独立的单项工程或完整的工程项目为计算对象。投资估算指标是在建设项目决策阶段，编制投资估算，进行投资预测、投资控制、投资效益分析的重要依据。它的概略程度与可行性研究阶段相适应。它的主要作用是为项目决策和投资控制提供依据，是一种扩大的技术经济指标
预算定额	预算定额是用于确定一定计量单位的分项工程或结构构件的人工、材料和机械台班消耗量的数量标准。预算定额是在施工图设计阶段及招标投标阶段，控制工程造价，编制标底和标价的重要依据
施工定额	施工定额是规定消耗在单位建筑产品上的人工、材料、机械台班、企业劳动消耗量的数量标准。施工定额主要用于编制施工预算。施工定额是在工程招标投标阶段编制标价，在施工阶段签发施工任务书、限额领料单的重要依据
概算定额	概算定额是在预算定额基础上以主要工序为准综合相关分项的扩大定额，全称是建筑安装工程概算定额，是按主要分项工程规定的计量单位及综合相关工序的劳动、材料和机械台班的消耗标准。概算定额是在扩大初步设计阶段或施工图设计阶段编制设计概算的主要依据

第二节　公路工程施工定额

工程施工定额是施工企业直接用于建筑安装工程施工管理的一种定额，它是以同一性质的施工过程或工序为测定对象，确定建筑安装工人在正常的施工条件下，为完成一定计量单位的某一施工过程或工序所需的人工、材料和机械台班等消耗的数量标准。

一、施工定额的性质和作用

公路施工定额是公路施工企业的建筑安装工人，合理的劳动组织或工人小组在正常施工条件下，为完成单位合格的公路工程产品所需劳动、机械、材料消耗的数量标准。它是根据专业施工的作业对象和工艺制定的。施工定额应反映企业的施工水平、装备水平和管理水平。施工定额是考核建筑安装企业劳动生产率水平、管理水平的标尺和确定工程成本、投标报价的依据，也是编制预算定额的基础。

1. 施工定额的性质

施工定额是建筑安装企业内部管理的定额，属于企业定额的性质。正确认识施工定额的这一性质，把施工定额和其他定额从性质上区别开来是非常必要的。

施工定额是企业加强管理、提高企业素质、降低劳动消耗、控制成本开支、提高劳动生产率和企业经济效益的有效手段。加强施工定额管理就成为企业的内在要求和必然的发展趋势，而不是国家、部门、地区从外部强加给企业的压力和约束。施工定额所具有的企业定额的性质，要求明确地赋予企业以施工定额的管理权限，其中包括编制和颁发施工定额的权限。企业应该能够根据本企业的具体条件和可能挖掘的潜力、市场的需求和竞争环境，根据国家有关政策、法律和规范、制度，自己编制定额，自行决定定额的水平。允许同类企业和同一地区的企业之间存在施工定额水平的差距，允许企业就施工定额的水平对外作为商业秘密进行保密，这样在市场上才能具有竞争力。

2. 施工定额的作用

（1）施工定额是企业计划管理的依据

施工组织设计和施工作业计划是施工企业计划管理中不可缺少的环节，施工定额则是企业编制施工组织设计与施工作业计划的主要依据。施工组织设计是指导拟建工程进行施工准备和施工生产的技术经济文件，其基本任务是根据招标文件及合同协议的规定，确定出经济合理的施工方案，在人力和物力、时间和空间、技术和组织上对拟建工程做出最佳安排。

施工作业计划则是根据企业的施工计划、拟建工程施工组织设计和现场实际情况编制的，它是一个以实现企业施工计划为目的的施工队、组的具体执行计划。它综合体现了企业生产计划、施工进度计划和现场实际情况的要求，是组织和指挥生产的技术文件，也是施工队、组进行施工的依据。这些计划的编制必须依据施工定额进行。

（2）施工定额是组织和指挥施工生产的有效工具

施工企业组织和指挥施工队、组进行施工，是按照作业计划通过下达施工任务书和限额领料单来实现的。施工任务单，既是下达施工任务的技术文件，也是施工班组经济核算的原始凭证。它列出了应完成的施工任务，也记录了施工班组实际完成任务的情况，并且以此进行班组工人的工资结算。施工任务单上的工程计量单位、产量定额和计件单位，均需取自施工的劳动定额，工资结算也要根据劳动定额的完成情况计算。

限额领料单是施工队随任务单同时签发的领取材料的凭证。这一凭证是根据施工任务和施工的材料定额填写的。其中领料的数量，是班组为完成规定的工程任务消耗材料的最高限额。这一限额也是评价班组完成任务情况的一项重要指标。

（3）施工定额是计算工人劳动报酬的依据

施工定额是衡量工人劳动数量和质量、计算劳动成果和效益的标准。所以，施工定额是计算工人计件工资的基础，也是计算奖励工资的依据。这样才能做到完成定额好，工资报酬就多；达不到定额，工资报酬就会减小。把工人劳动成果与个人劳动报酬分配的多少直接联系起来，真正实现多劳多得、按劳分配的社会主义分配原则。这对于打破企业内部分配方面的大锅饭，提高工人的生产积极性是很有现实意义的。

（4）施工定额是企业激励工人的条件

激励在实现企业管理目标中占有重要的位置。所谓激励，就是采取某些措施激发和鼓励员工在工作中的积极性和创造性。行为科学者研究表明，如果职工受到充分的激励，其能力可发挥 80% ~ 90%，如果缺少激励，仅仅能够发挥出 20% ~ 30% 的能力。但激励只有在满足人们某种需要的情形下才能起到作用。

（5）施工定额有利于推广先进技术

施工定额水平中包含着某些已成熟的先进的施工技术和经验，工人要达到和超过这些定额，就必须掌握和运用这些先进技术；如果工人要想大幅度超过定额，就必须具有创造性的劳动。对于推广先进技术可采取如下措施：在自己的工作中注意改进工具和改进技术操作方法，注意原材料的节约，避免原材料和能源的浪费；施工定额中往往明确要求采用某些较先进的施工工具和施工方法，所以贯彻施工定额也就意味着推广先进技术；企业或主管部门为了推行施工定额，往往要组织技术培训，以帮助工人能达到和超过定额。

（6）施工定额是编制施工预算，加强企业成本管理和经济核算的基础

施工预算是施工单位用以确定单位工程人工、机械、材料和资金需要量的计划文件。施工预算以施工定额为编制基础，既要反映设计图纸的要求，也要考虑在现

有条件下可能采取的节约人工、材料和降低成本的各项具体措施，这就能够更合理地组织施工生产，有效地控制施工中人力、物力的消耗，从而降低工程成本。施工中人工、机械和材料的费用，是构成工程成本中直接费用的主要内容，对间接费用的开支也有着很大的影响。严格执行施工定额不仅可以起到控制成本、降低费用开支的作用，同时为企业贯彻经济核算制、加强班组核算和增加赢利，创造了良好的条件。

（7）施工定额是编制工程建设定额体系的基础

施工定额是由施工企业根据企业的生产力水平和管理水平制定的，直接用于建筑施工管理的内部定额。施工定额和生产结合最紧密，它直接反映生产技术水平和管理水平，而其他各类定额则是在较高的层次上、较大的跨度上反映社会生产的水平。它也是编制预算定额和定额体系的基础。

二、施工定额的编制原则

（1）平均先进的原则。平均先进水平指在正常的施工条件下，完成单位质量合格产品所必须消耗的人工、材料和机械台班等的数量标准，这个数量标准是大多数生产者经过努力能够达到和超过的水平，它是对施工管理水平、生产技术水平、劳动生产率水平和职工素质的综合反映。在确定施工定额水平时，应能够反映比较成熟的先进技术和先进经验，本着有利于提高劳动生产率、降低工料消耗、便于考核劳动成果、有利于科学管理的原则，考虑市场竞争的环境要求，经全面认真研究、比较和反复平衡后进行确定，以便提高施工企业的管理水平，达到鼓励先进、勉励中间和鞭策落后的目的。

（2）实事求是的原则。实事求是指从实际对象出发，探求事物的内部联系及其发展的规律性，认识事物的本质。施工定额来源于生产实践，又用它来组织生产，因此，在施工定额的编制过程中，除了要全面比较和反复平衡之外，还要本着实事求是的原则，深入施工现场，调查各项影响因素，注意挖掘企业的潜力，考虑在现有的技术条件下能够达到的程度，经过科学分析、测试、计算和试验，编制出切合实际的、不完全局限于劳动定额和预算定额水准的施工定额。在编制施工定额的过程中，应当结合本企业经营管理的特点，确定工、料、机各项消耗的数量，对影响工程造价较大的主要常用项目，要多考虑施工组织设计和先进的施工工艺，从而使定额在运用上更贴近实际、技术上更先进、经济上更合理，使工程单价真实反映企业的个别成本。

（3）简明适用的原则。施工定额是要直接由具体施工人员执行的，这就要求其在内容和形式上做到简明实用、灵活方便、通俗易懂、便于理解、容易查阅；做到及时将成熟和推广的新材料、新结构、新工艺和新技术及缺少的定额项目，尽可能地补编到施工定额中；做到及时淘汰实际中不采用、陈旧过时的定额，使施工定额项目少而全、严密明确、简明扼要、粗细适度；做到其计算要满足劳动组织分工，承担经济责任与核算个人生产成本的劳动报酬的需要。与此同时，施工企业自行设定的施工定额标准，也要符合《建设工程工程量清单计价规范》“五个统一”（即项目编码、项目名称、项目特征、计量单位和工程量统一）的要求，定额项目的设置要尽量齐全完备，根据企业特点合理划分定额步距，常用的对工料消耗影响大的定额项目步距可小一些，反之步距可大一些，这样有利于企业报价与成本分析。

（4）专群结合的原则。施工定额的编制工作具有很强的技术性、政策性和经济性。这就要求应由专门的机构和人员，负责组织、协调指挥、掌握方针政策、制订编制方案，以专业技术全面、管理经验丰富、政策水平较高的专家队伍为主，对日常的定额资料做好积累、分析、整理、测定、计算、管理、编制、颁发和执行等工作，这样可以保证编制施工定额的真实性、专业性、可靠性和实践性。在施工定额具体测定和编制的过程中，要以具有丰富实践经验的工人代表为辅，发挥其实践能力和民主权利。得到他们的密切配合及支持，不仅可以提高定额编制的效率，避免施工定额的片面性，而且可以确保施工定额的编制质量，使施工定额的管理、使用和执行具有良好的群众基础。

（5）动态管理的原则。在社会主义市场经济的条件下，公路工程的建筑市场行情，也同其他建筑市场一样是瞬息万变的。随着科学技术的不断发展，施工企业的管理水平和技术水平也在不断地更新；不同的类型和等级的工程，在不同的时段，都有不同的价格，因此企业施工定额的编制还要注意便于动态管理的原则。

三、施工定额的编制步骤

施工定额的编制是一项比较烦琐的技术工作，应当按照一定的方法和步骤进行（见表 1–3）。根据实践经验，施工定额的编制步骤主要包括：确定定额项目；选择计量单位；确定指标方案；确定定额水平；写编制说明和附注；汇编成册、审定、颁发。

表 1–3　施工定额的编制步骤

步骤	内容
确定定额项目	为了满足简明适用原则的要求，并具有一定的系统性和综合性，要合理、科学地确定施工定额的项目。施工定额的划分应遵循以下几项具体要求：不能把彼此逐项隔开的工序综合在一起；不能把不同专业的工人或班组完成的工序综合在一起；定额项目应具有一定的灵活性，做到可分可合

续表

步骤	内容
选择计量单位	所选择的施工定额项目计量单位，必须能确切、形象地反映该产品的形状特性，便于工程量与工料消耗的计算，同时又能保证一定的精确度，并便于基层人员的掌握和使用
确定制表方案	施工定额主要以表格形式表达，确定制表方案是一项非常重要的工作。定额表中的内容应做到明了易懂、便于查阅。定额表格一般包括：项目名称、工作内容、计量单位、定额编号、附注以及人工、材料及机械台班的消耗量等内容
确定定额水平	定额水平的确定是人工定额的核心，必须遵循平均先进的原则。在确定定额水平时，应根据实际测定和收集的资料，经认真核实和计算，反复平衡后，才能把确定的各项数量标准填入定额表格。在最终确定定额时，最好再与同类工程的施工定额进行对比，以确定定额的水平是否符合实际
写编制说明和附注	定额的编制说明包括总说明、分册说明和分节说明。总说明一般包括定额的编制依据和原则、定额的用途及适用范围、工程质量及安全要求、资源消耗的计算方法、有关规定和使用注意事项等。分册说明一般包括定额项目和工作内容、施工方法说明、有关规定的说明和工程量计算方法、质量及安全要求等。分节说明主要包括具体的工作内容、施工方法、劳动小组成员等
汇编成册、审定、颁发	这是施工定额编制的最后一个环节，一定要严肃、认真、仔细，不得出现错误

第三节　公路工程预算定额

一、预算定额的概念和作用

1. 预算定额的概念

预算定额是用于确定一定计量单位的分项工程或结构构件的人工、材料和机械台班消耗量的数量标准。

预算定额是在施工定额的基础上，按照国家的方针、政策编制的，经过国家或授权机关批准的、具有权威性质的一种指标性文件。

2. 预算定额的作用

预算定额是编制施工图预算，确定和控制项目建筑安装工程造价的基础。施工图预算是施工图设计中的主要文件之一，是控制和确定建筑安装工程造价的必要手段。在编制施工图预算时，除设计文件决定的建设工程的功能、规模、尺寸和文字说明是计算分部分项工程量和结构构件数量的依据外，预算定额不仅是确定一定计量单位工程人工、材料、机械消耗量的依据，而且也是计算分项工程单价的基础。所以，预算定额对建筑安装工程直接费的影响较大。

预算定额是对设计方案进行技术经济比较和技术经济分析的依据。设计方案在设计工作中居于中心地位。设计方案的选择要满足功能、符合设计规范，既要技术先进又要经济合理。根据预算定额对方案进行技术经济分析和比较，是选择经济合理的设计方案的重要方法。对设计方案进行比较，主要是通过定额对不同方案所需人工、材料和机械台班消耗量等进行比较。这种比较可以判明不同方案对工程造价的影响。对于新结构、新材料、新工艺和新技术的应用和推广，也需要借助于预算定额进行技术分析和经济比较，从技术与经济的结合上考虑普遍采用的可能性和产生的效益。

预算定额是施工单位编制施工组织设计或施工方案的依据。在公路工程设计的各个阶段，必须编制相应的施工组织设计文件。根据预算定额确定的劳动力、建筑材料、成品、半成品和施工机械台班的需用量，能够为组织材料供应和预制构件加工、平衡劳动力和施工机械提供可靠的依据。

预算定额是施工企业进行经济活动分析的参考依据。公路工程实行经济核算的根本目的，是用经济的方法促使企业在保证质量和工期的前提下，用较少的劳动消耗取得预定的经济效果。在目前，我国的预算定额仍决定着施工企业的收入，企业必须以预算定额作为评价企业工作的重要标准。施工企业可以根据预算定额，对施工中的劳动力、材料、机械和其他的消耗情况进行具体的分析，以便找出低工效、高消耗的薄弱环节及其原因。为实现经济效益的增长由粗放型向集约型转变，提供对比数据，促进企业在市场上的竞争力。

预算定额是合理编制标底、投标报价的重要参考。目前在公路建设项目中，一般都实行招投标制度。由于预算定额本身具有科学性和权威性，在公路工程招投标中，在市场经济体制下预算定额作为编制标底的依据和施工企业报价的基础作用仍将存在。建设单位在编制招标标底时应以预算定额为基础，施工单位投标报价应采用自己的报价定额，也可以预算定额作为投标报价的参考。

预算定额是编制概算定额和估算指标的基础。概算定额和估算指标是在预算定额基础上经综合扩大而编制成的，可利用预算定额作为概算定额和估算指标的编制依据，这样做不但可以节省编制工作中的人力、物力和时间，收到事半功倍的效果，还可以使概算定额和概算指标与预算定额一致，以避免造成执行中的不一致。

二、预算定额编制的原则和依据

1　预算定额编制的原则

为保证预算定额的质量，充分发挥预算定额的作用，使之在实际使用中简便、合理、有效，在编制工作中应遵循以下原则。

（1）社会平均水平确定预算定额的原则

预算定额是确定和控制建筑安装工程造价的主要依据，所以它必须遵照价值规律的客观要求，按生产过程中所消耗的社会必要劳动时间来确定定额水平，或者说是按照“在现有的社会正常生产条件下，在社会平均的劳动熟练程度和劳动强度下，制造某种具有使用价值的产品所需要的劳动时间”来确定定额水平。所谓的社会平均水平，是指在正常的施工条件，合理的施工组织和工艺条件、平均劳动熟练程度和劳动强度下，完成单位分项工程基本构造要素所需的劳动时间。预算定额的水平以施工定额水平为基础，二者有着密切的联系，但预算定额绝不是简单地套用施工定额的水平，预算定额是平均水平，施工定额是平均先进水平。

（2）预算定额的编制必须遵循简明适用的原则

公路工程可以分为分项工程和分部工程，预算定额项目是在施工定额的基础上的进一步综合。编制预算定额贯彻简明适用原则是对执行定额的可操作性便于掌握而言的。为此，编制预算定额时，对于那些主要的、常用的、价值量大的项目，分项工程的划分宜细，而对于那些次要的、不常用的、价值量相对较小的项目，分项工程可以放粗一些。在贯彻简明适用性原则中，预算定额的项目齐全具有重要意义。合理确定预算定额的计量单位、简化工程量的计算、规范材料的计算单位也是至关重要的。

（3）坚持统一性和因地制宜相结合原则

所谓预算定额的统一性，就是从全国统一市场规范计价行为出发。计价定额的制定规划和组织实施，由国务院建设行政主管部门负责，并负责全国统一制定或修订，颁发有关工程造价管理的规模制度等。这样就有利于通过定额和工程造价的管理，实现建筑安装工程价格的宏观调控。通过编制全国统一定额，使建筑安装工程具有一个统一的计价依据，也使考核设计和施工的经济效果具有一个统一的尺度。

所谓预算定额的差别性，就是在统一性的基础上，各部门和省、自治区、直辖市主管部门可以在自己的管辖范围内，根据本部门和地区的具体情况，再编制部门和地区性定额、补充性制度和管理办法，以适应我国幅员辽阔、地区发展不平衡和差异过大的实际情况。

（4）预算定额与公路工程建设相适应的原则

公路工程预算定额是为公路工程建设服务的，必须满足公路建设发展的需要。定额项目要能覆盖当前及今后一定时期绝大部分的工程项目，当前普遍采用或今后将普遍采用的新技术、新工艺、新材料、新设备都应在定额中得到反映，使所确定的预算定额与公路工程建设发展相适应。

（5）预算定额编制应贯彻国家政策、法规的原则

预算定额作为工程造价的计价依据，涉及国家、企业和劳动者的利益，具有“责任性大、通用性强、关系公共利益”的特点，必须认真贯彻国家的方针政策，包括技术、经济和安全方面的法规、条例。

2. 预算定额的编制依据

预算定额的编制依据，见表1–4。

表1–4 预算定额的编制依据

编制依据	内容
国家的有关规定	编制预算定额必须依据国家有关基本建设的方针、政策和各项管理制度，如基本建设程序、设计文件编制办法、预算管理工作等
技术标准和规范	包括公路工程现行的技术标准、设计规范、施工技术及验收规范等。如交通部缺少标准的规范，可以参考其他部委同类工程的设计规范、施工规范和规程等
设计施工图纸	以交通部批准的标准设计图纸为主，没有标准设计图纸的定额项目，则可选择有代表性的设计图纸或施工详图。至于某些辅助性的工程，如围堰、施工平台、脚手架等，既无施工详图，又无技术资料可采用时，可根据施工技术规范的要求，绘制简图进行计算，并附在计算底稿内备查
公路工程施工定额	根据各有关单位提供的公路工程施工定额资料，通过汇总、平衡、分析提出一个合理的施工定额。现行的《公路工程施工定额》和各施工单位查定的施工定额成果资料是编制补充预算定额的依据
施工方法的选择	施工方法的选择要符合当前和今后一个阶段的实际施工技术状况和管理水平，鼓励先进、鞭策落后，体现企业的经济效益，当一种结构类型有两种以上施工方法时，应采用技术、经济效益好的方法作为编制依据。对于确因具体条件不同的，可分别按不同的施工方法划分子目

三、预算定额编制的步骤

预算定额的编制一般分为准备工作阶段、编制初稿阶段、征求意见和修改初稿阶段以及审查定稿阶段四个阶段进行。

1. 准备工作阶段

根据国家或授权机关关于编制预算定额的指示，由工程建设定额管理部门主持，组织编制预算定额的领导机构和各专业小组；拟订编制预算定额的工作方案，提出编制预算定额的基本要求，确定预算定额的编制原则、适用范围，确定项目划分以及预算定额表格形式等；在拟订编制预算定额工作方案的基础上，分头组织有关人员进行调查研究，收集各种编制依据和资料；学习国家现行的方针政策和有关工程造价管理方面的文件和规定，就一些原则性、方向性的问题，如定额水平、作用、

项目划分和编排形式等统一认识。

2. 编制初稿阶段

这个阶段的主要任务是对调查和收集的各种编制依据资料，分别进行深入细致的分析、研究和测算；按编制方案中项目划分的规定和所选定的典型施工图纸计算出工程量，并根据取定的各项消耗指标和有关编制依据，计算分项定额中的人工、材料和机械台班消耗量，编制出预算定额项目表；在计算工程量以及确定人工、材料、机械台班的消耗量指标基础上，进而确定基价，拟定文字说明，最后汇总编制预算定额的初稿。

3. 征求意见和修改初稿阶段

预算定额编制完成后，要分别组织有关人员（如工人、施工技术人员、施工管理人员、设计人员等），对"预算定额征求意见稿"进行讨论并提出修改意见，将征求的意见交编制小组，编制小组根据所提出的意见对初稿进行实事求是的修改。

4. 审查定稿阶段

（1）审查定稿阶段，主要是对新编预算定额水平进行测算，并与原预算定额水平进行主要项目的比较；对于同一工程，用新、旧预算定额编制出两份预算，进行工程预算造价比较。

（2）在施工现场对工、料、机消耗水平进行测定，进行定额消耗量与实际消耗量的比较。根据测算和比较结果，详细分析预算定额的水平高低，并对初稿进行进一步的修改。

（3）初稿修改完毕后，组织有关部门进行讨论，再次广泛征求群众的意见，根据征求的意见最后进行修改、定稿，编写编制说明和送审报告，连同预算定额送审稿，一并报送领导机关和相关部门进行审批。

四、预算定额的编制方法

（1）确定预算定额项目和内容。预算定额项目的划分要与预算定额的编制原则相符。对于每一个分部工程、分项工程，都应简明扼要地对工作内容加以说明，不得出现遗漏，并要说明有关施工方法。

（2）确定预算定额的计量单位。预算定额的计量单位的确定，关系到预算工作的繁简和准确性。因此，要依据分部工程、分项工程的形体不同及其所固有的规律来确定计量单位。在公路工程预算定额中常用的计量单位有米（m）、平方米（m^2）、立方米（m^3）、吨（t）、千克（kg）、个、片、组、套、台等。

（3）按图纸和资料计算工程量。计算工程量是为了通过计算出典型设计图纸所包括的施工过程的工程量，以便在编制预算定额时，有可能利用施工定额的人工、材料和机、材消耗指标，来确定预算定额所含工序的消耗量。

（4）确定预算定额的消耗指标。

（5）确定预算定额的定额基价。

（6）编写预算定额的主要说明。预算定额的说明主要包括两部分：册说明、章说明以及附注，并精编定额附录；编制原则、依据、分工，编制过程中一些具体问题的处理办法和结果，及其需要说明的问题。

五、预算定额的组成内容

公路工程预算定额的组成内容主要包括：预算定额总说明、工程量计算规则、分部工程说明、分项工程定额表头说明和定额项目表等。

1. 预算定额总说明

公路工程预算定额总说明主要包括以下内容：预算定额的适用范围、指导思想、目的和作用；预算定额的编制原则、主要依据及上级下达的有关定额编制文件；使用本定额必须遵守的规则；定额所采用的材料规格、材质标准，允许换算的原则；定额在编制过程中已经包括及未包括的内容；各分部工程定额的共性问题的有关统一规定及使用方法。

2. 工程量计算规则

工程量是核算工程造价的基础，是分析建筑工程技术经济指标的重要数据，是编制计划和统计工作的指标依据。必须根据国家有关规定，对工程量的计算做出统一的规定。

3. 分部工程说明

公路工程预算定额分部工程说明主要包括以下内容：分部工程所包括的定额项目内容；分部工程各定额项目工程量的计算方法；分部工程定额内综合的内容及允许换算和不得换算的界限及其他规定；使用本分部工程允许增减系数范围的界定。

4. 分项工程定额表头说明

公路工程预算定额分项工程定额表头说明主要包括以下内容：在定额项目表表头上方说明分项工程工作的内容；本分项工程包括的主要工序及操作方法。

5. 定额项目表

公路工程预算定额的定额项目表主要包括以下内容：分项工程定额编号（子目号）；分项工程定额名称；预算价值（基价），其中包括人工费、材料费、机械费；人工表现形式，包括工日数量、工日单价；材料（含构配件）表现形式，材料栏内一系列主要材料和周转使用材料名称及消耗数量，次要材料一般都以其他材料形式以金额“元”或占主要材料的比例表示；施工机械表现形式，机械栏内有两种列法，一种是列出主要机械名称的规格和数量，另一种是次要机械以其他机械费形式以金额“元”或占主要机械的比例表示；预算定额的基价。人工工日单价、材料价格、机械台班单价均以预算价格为准；说明和附注，在定额表下说明应调整、换算的内容和方法。

第二章　公路工程工程量的计量

第一节　工程量计算的原则与方法

一、公路工程量计算基本依据

公路工程量计算基本依据，见表 2–1。

表 2–1　公路工程量计算基本依据

基本依据	内容
经审定的施工设计图纸及设计说明	施工设计图纸是计算工程量的基础资料，在施工设计图纸中详细标注了工程实物的构造和各部位的具体尺寸，这是计算工程量的基本依据。在取得设计图纸和设计说明等资料后，必须全面细致地熟悉和核对设计图纸及资料，检查施工图纸是否齐全、正确。如果发现设计图纸有错误、遗漏或相互间有矛盾之处，应及时向有关部门提出修改意见，予以更正。经过审核、修正后的设计（施工）图纸才能作为计算工程量的依据
工程量清单计价规范与工程定额	在《公路工程工程量清单计量规则》和各省、市、自治区颁发的地区性工程定额中，都比较详细地规定了各个分部分项工程的计算规则和计算方法。在计算工程量时，必须严格按照工程适用的规定中的计量单位、计算规则和方法进行；否则，将可能出现计算结果的数据和单位等的不一致
经审定的施工组织设计及技术方案	在计算工程量时，除直接计算施工设计图纸中的实物工程量外，还必须参照施工组织设计或施工技术方案进行，因此，经审定的施工组织设计或施工技术方案也是工程量计算的主要依据。例如，计算挖基坑土方工程量时，仅依据施工设计图纸是不够的，因为施工设计图纸中并未注明实际施工场地土壤的类别及施工中是否放坡开挖，或者是否采用基坑支挡防护、围堰等方式。对于这类施工设计图纸上无法确定的问题，就需要借助于施工组织设计或施工技术方案加以解决
经确定的其他有关技术经济文件	其他有关技术经济文件是指国家和行业主管部门发布的、现行的，与工程概（预）算等造价文件编制有关的法规、规范、规程等技术经济文件，如工程项目所在地规定的征地拆迁费用、土地青苗补偿标准等。另外，招标文件中的计量规定及计量方法等有关技术经济文件也是工程量计算的依据

二、计算工程量应遵循的原则

工程量是编制施工图预算的基础数据，同时也是施工图预算中最烦琐、最细致的工作。而且工程量计算项目是否齐全，结果准确与否，直接影响着预算编制的质量和进度。为快速准确地计算工程量，计算时应遵循以下原则。

1. 工程量计算所用的原始数据必须和设计图纸相一致

设计图纸不仅是工程施工的标准和依据，而且也是进行工程计算的重要依据。工程量是按每一分项工程，根据设计图纸进行计算的，计算时所采用的原始数据都必须以施工图纸所表示的尺寸或施工图纸能读出的尺寸为准进行计算，不得任意加大或缩小各部位尺寸。

特别是对工程量有重大影响的尺寸（如建筑物的外包尺寸、轴线尺寸等）以及价值较大的分项工程（如钢筋混凝土工程等）的尺寸，其数据的取定，均应根据图纸所注尺寸线及尺寸数字，通过计算确定。

2. 计算口径必须与工程量清单计价规范或定额相一致

在计算工程量时，根据施工图纸列出的工程子目的口径（指工程子目所包括的工作内容），必须与定额中相应的工程子目的口径相一致。不能将定额子目中已包含了的工作内容拿出来另列子目计算。例如，定额中的某些工程子目已包括了刷素水泥浆，计算工程量时就不应将其另列子目重复计算。工程量清单项目的划分，一般是以一个“综合实体”进行设置的，每一清单项目中包括许多分项工程内容，据此规定的工程量计算规则与概（预）算定额中的计算规则有所区别。

3. 计算单位必须与工程量清单计价规范或定额相一致

计算工程量时，所计算工程子目的工程量单位必须与定额中相应子目的单位相一致。例如，预算定额是以立方米作单位的，所计算的工程量也必须以立方米作单位。定额中许多用扩大定额（按计量单位的倍数）的方法来计量，如“10m”、“$100m^2$”等。因此，在计算时应注意分清，务必使工程子项的计量单位与定额一致，不能随意决定工程量的单位，以免由于搞错计量单位而影响工程量的正确性。

4. 计算规则必须与工程量清单计价规范或定额相一致

工程量计算必须与定额中规定的工程量计算规则（或计算方法）相一致，才符合定额的要求。预算定额中对分项工程的工程量计算规则和计算方法都作了具体规定，计算时必须严格按规定执行。

5. 工程量计算的准确度必须符合现行规范的规定要求

工程量的数字计算要准确，一般应当精确到小数点后三位，在进行汇总时，其准确度取值要达到：立方米（m^3）、平方米（m^2）及米（m）一般取两位小数；吨（t）以下取三位小数；千克（kg）、件、建筑面积等取整数。

三、公路工程工程量的计算顺序

1. 按施工设计图纸顺序进行计算

按施工设计图纸顺序进行计算，要求对定额的章节内容比较熟悉，这是进行公路工程工程量计算的关键，否则容易出现项目间的混淆或漏项。

2. 按工程量清单编码的顺序计算

按工程量清单编码的顺序计算，要求首先必须熟悉施工设计图纸，要有很好的工程设计基础知识。使用这种方法要特别注意，工程图纸是按使用要求设计的，有些设计采用了新工艺、新材料，或有些零星项目可能没有相应的清单编码或定额编码，在计算工程量时应单列出来，不能因缺项而漏掉。

3. 按施工方案拟定施工顺序计算

按施工方案拟定施工顺序计算，要求具有一定的施工经验，能掌握组织施工的全过程，并且要求对定额及设计图纸内容十分熟悉，否则就容易出现漏项。

计算工程量要参考路线施工图及结构施工图的设计总说明、每张图纸中的说明，以及选用标准图集的总说明和分项说明等，因为很多工程项目的做法及工程量来自说明中。此外，在计算每项工程时，要准确而详细地填写“工程量清单”或“工程量计算表”中的各项内容，尤其要填写项目名称、项目特征。

需要特别指出的是，虽然在公路工程不同设计阶段的设计图表中，已经由设计人员计算出了相应分项工程数量，并用表格的形式在设计文件中给出，在结构设计图中，也给出了相应的工程数量。但是，在设计图中给出的工程数量往往不能直接作为造价文件编制的工程数量，其原因在于设计人员在工程数量计算中采用的工程量计算规则或计算方法，可能会与造价文件编制中要求的工程量计算方法、计算规则有出入；且设计图中的单位工程量与造价文件编制中要求的单位工程量不一致。因此，在造价文件编制的工程量计算中，首先应认真熟悉并弄懂设计文件，正确计算或在设计图中正确摘取工程数量。

第二节　公路工程工程量清单

一、公路工程工程量清单说明

1. 工程量清单说明

（1）工程量清单应与投标人须知、合同条款、计量规则、技术规范及设计施工图纸等文件结合起来查阅与理解。

（2）工程量清单中所列工程数量是估算的或设计的预计数量，仅作为投标的共同基础，不能作为最终结算与支付的依据。实际支付应按实际完成的工程量，由承包人按计量规则、技术规范规定的计量方法，以监理工程师认可的尺寸、断面计量，按工程量清单的单价和总额价计算支付金额；或者根据具体情况，按《土木施工工程合同条款》第 52 条的规定，由监理工程师确定的单价或总额价计算支付额。

（3）除非合同另有规定，工程量清单中有标价的单价和总额价，均已包括了为实施和完成合同工程所需的劳务、材料、机械、质检（自检）、安装、缺陷修复、管理、保险（工程一切险和第三方责任险除外）、税金、利润等费用，以及合同明示或暗示的所有责任、义务和一般风险。

（4）工程一切险的投保金额为工程量清单第 100 章（不含工程一切险和第三方责任险的保险费）至第 800 章的合计金额，保险费率为 ______，第三方责任险的投保金额为 _______ 元，保险费率为 _____%。工程量清单第 100 章内列有上述保险费的支付细目，投标人根据上述保险费率计算出保险费，填入工程量清单。除上述工程一切险和第三方责任险外，所投其他保险的保险费均由承包人承担并支付，不在报价中单列。

（5）工程量清单中本合同工程的每一个细目，都需填入单价；对于没有填入单价或总额价的细目，其费用应视为已包括在工程量的其他单价或总额价中，承包人必须按监理工程师指令完成工程量清单中未填入单价或总额价的工程细目，但不能得到结算与支付。

（6）符合合同条款规定的全部费用应认可已被计入有标价的工程量清单所列各项目之中，未列细目不予计量的工作，其费用应视为已分摊在本合同工程的有关细目的单价或总额价之中。

（7）工程量清单各章是按计量规则、技术规范相应章次编号的。因此，工程量清单中各章的工程细目的范围与计量等应与计量规则、技术规范相应章节的范围、计量与支付条款结合起来理解或解释。

（8）对作业和材料的一般说明或规定，未重复写入工程量清单内的，在给工程量清单各细目标价前，应参阅招标文件中计量规则、技术规范的有关部分。

（9）对于符合要求的招标文件，在签订合同协议书之前，如发现工程量清单中有计算方面的算术性差错，应按投标人须知第 23 条规定予以修正。

（10）工程量清单中所列工程量的变动，丝毫不会降低或影响合同条款的效力，也不免除承包人按规定标准进行施工和修复缺陷的责任。

（11）承包人用于本合同工程的各类装备的提供运输、维护、拆卸、拼装等支付的费用，已包括在工程量清单的单价与总额价之中。在工程量清单中标明的暂定金额，除合同另有规定外，应由监理工程师按合同条款第52条和第58条的规定，结合工程的具体情况，报经业主批准后指令全部或部分使用，或者根本不予动用。

（12）计量方法：用于支付已完工程的计量方法，应符合计量规则、技术规范中相应章节的“计量与支付”条款的规定；图纸中所列的工程数量表及数量汇总表仅是提供资料，不是工程量清单的外延。当图纸与工程量清单所列数量不一致时，以工程量清单所列数量作为报价的依据。

2. 工程量清单计价模式的费用构成

工程量清单计价模式的费用构成，主要包括分部分项工程费、措施项目费、其他项目费，以及规费和税金。

（1）分部分项工程费是指完成工程量清单列出的各分部分项工程量所需的费用，主要包括人工费、材料费、机械使用费、管理费、利润以及风险费。

（2）措施项目费是指由“措施项目一览表”确定的工程措施项目金额的总和，主要包括人工费、材料费、机械使用费、管理费、利润以及风险费。

（3）其他项目费是指预留金、材料购置费（仅指由招标人购置的材料费）、总承包服务费等。

（4）规费是指政府和有关部门规定的必须缴纳的费用的总和。

（5）税金是指国家税法规定的应计人建筑安装工程造价内的营业税、城市维护建设税以及教育费、附加费等的总和。

二、公路工程工程量清单格式

1. 专项暂定金额汇总表

公路工程的专项暂定金额汇总表，如表2–2所列。

表2–2　专项暂定金额汇总表

清单编号	细目号	名称	估计金额 / 元
400	401–1	桥梁荷载试验（举例）	60000
…	…	…	…
…	…	…	…
…	…	…	…
专项暂定金额小计［结转工程量清单汇总表（表2–7）］			

2. 计日工明细表

（1）总则

①计日工明细表应参照《土木工程施工合同通用条款》第52条第4款一并理解。

②未经监理工程师书面指令，任何工程不得按计日工施工，接到监理工程师按计日工施工的书面指令时，承包人也不得拒绝。

③投标人应在本节计日工单价表中填列计日工细目的基本单价或租价，该基本单价或租价适用于监理工程师指令的任何数量的计日工的结算与支付。计日工的劳务、材料和施工机械由招标人（或业主）列出正常的估计数量，投标人报出单价，计算出计日工总额后列入工程量清单汇总表并进入评标价。

④计日工不允许调价。

（2）计日工劳务

①在计算应付给承包人的计日工工资时，工时应从工人到达施工现场，并开始从事指定的工作算起，到返回原出发地点为止，扣去用餐和休息的时间。只有直接从事指定的工作，且能胜任该工作的工人能计工，随同工人一起做工的班长应计算在内，但不包括领工（工长）和其他质检管理人员。

②承包人可以得到用于计日工劳务的全部工时的支付，此支付按承包人填报的“计日工劳务单价表”（如表2–3）所列单价计算，该单价应包括基本单价及承包人的管理费、税费、利润等所有附加费。这些费用主要包括：劳务基本单价，包括承包人劳务的全部直接费用，如工资、加班费、津贴、福利费及劳动保护费等；承包人的利润管理、质检、保险、税费、易耗品的使用、水电及照明费、工作台、脚手架、临时设施费、手动机具与工具的使用及维修，以及上述各项伴随而来的费用。

表2–3　计日工劳务单价表

合同段：

细目号	名称	估计数量/h	单价/(元/h)	合价/元	细目号	名称	估计数量/h	单价/(元/h)	合价/元
101	班长				105	混凝土工			
102	普通工				106	木工			
103	焊工				107	钢筋工			
104	电工				…	…			
计日工劳务［结转计日工汇总表（表2–6）］									

（3）计日工材料

承包人可以得到计日工使用的材料费用（上述“计日工劳务”中已计入劳务费内的材料费用除外）的支付，此费用按承包人“计日工材料单价表”（见表2–4）中所填报的单价计算，该单价应包括基本单价及承包人的管理费、税费、利润等所有的附加费。其计算项目说明如下。

表 2–4 计日工材料单价表

合同段：

细目号	名称	单位	估计数量 /h	单价 /（元/h）	合价 / 元	细目号	名称	单位	估计数量 /h	单价 /（元 /h）	合价 / 元
201	水泥	t				206	沙子	m^3			
202	钢筋	t				207	碎石	m^3			
203	钢绞线	t				208	片石	m^3			
204	沥青	t									
205	木材	m^3									
计日工材料小计［结转计日工汇总表（表 2–6）］											

①材料基本单价按货价加运杂费（到达承包人现场仓库）、保险费、仓库管理费以及运输损耗等计算。

②包括承包人的利润管理、质检、保险、税费及其他附加费。

③从施工现场运至使用地点的人工费和施工机械使用费，不包括在上述基本单价内。

（4）计日工施工机械

①承包人可以得到用于计日工作业的施工机械费用的支付，该费用按承包人填报的“计日工施工机械单价表”（如表 2–5 所列）中的租价计算。该租价应包括施工机械的折旧、利息、维修、保养、零配件、油燃料、保险和其他消耗品的费用，以及全部有关使用这些机械的管理费、税费、利润和司机与助手的劳务费等费用。

表 2–5 计日工施工机械单价表

合同段：

细目号	名称	估计数量 /h	单价 /（元/h）	合价 / 元	细目号	名称	估计数量 /h	单价 /（元 /h）	合价 / 元
301	装卸机				302–1	90kW 以下			
301–1	$1.5m^3$ 以下				302–2	90 ~ 180kW			
301–2	1.5 ~ $2.5m^3$				302–3	180kW 以上			
303–3	$2.5m^3$ 以上								
302	推土机				…	…			
计日工施工机械小计［结转计日工汇总表（表 2–6）］									

②在计日工作业时，承包人计算所用的施工机械费用，应按实际工作小时支付。除非经监理工程师同意，计算的工作小时才能包括施工机械从某个现场运到监理工程师指令的计日工作业的另一现场往返时间。

表 2–6　计日工汇总表

合同段：

名称	金额 / 元	名称	金额 / 元
计日工：		3. 施工机械	
1. 劳力			
2. 材料			
计日工合计［结转工程量清单汇总表（表 2–7）］			

表 2–7　工程量清单汇总表

合同段：

序号	章次	科目名称	金额 / 元	序号	章次	科目名称	金额 / 元
1	100	总则		8	800	房建工程	
2	200	路基		9	第 100 章至第 800 章清单合计		
3	300	路面		10	已包括在清单合计中的专项暂定金额小计		
4	400	桥梁、涵洞		11	清单合计减去专项暂定金额（即 9 项 –10 项 =11 项）		
5	500	隧道		12			
6	600	安全设施及预埋管线		13			
7	700	绿化及环境保护		14			

3．暂定金额的形式

工程量清单的暂定金额一般有三种形式：计日工、专项暂定金额与一定百分率的不可预见因素的预备金。这些金额都是可能发生，也可能不发生的、招标时难以确定的金额，均应按《土木工程施工合同通用条款》第 58 条规定办理。

投标中包括此三项暂定金额是表明承包人对此有合同义务。不可预见费，含工程地质与自然条件的意外费和价格意外费，按初步设计文件招标的应控制在合同价的 10% 以内；按施工图设计文件招标的，应控制在合同价的 5% 以内；暂定金额应控制在合同价的 2% 以内。

三、公路工程工程量计量说明

1．一般要求

《公路工程国内招标文件范本》所有工程项目，除个别注明者外，均采用中国法定的计量单位，即国际单位及国际单位制导出的辅助单位进行计量；《公路工程国内招标文件范本》的计量与支付，应与合同条款、工程量清单以及图纸同时阅读，工程量清单中的支付项目号和《公路工程国内招标文件范本》的章节编号是一致的；任何工程项目的计量，均应按《公路工程国内招标文件范本》规定或监理工程师的书面指示进行；按合同提供的材料数量和完成的工程量所采用的测量与计算方法，应符合《公路工程国内招标文件范本》中的规定。所有这些方法，应经监理工程师批准或指令。承包人应提供一切计量设备和条件，并保证其设备精度符合要求；除非监理工程师另有准许，一切计量工作都应在监理工程师在场的情况下，由承包人测量、记录。有承包人签名的计量记录原本，应提交给监理工程师审查和保存；工程量应由承包人进行计算，然后由监理工程师加以审核。工程量计算副本应提交给监理工程师并由监理工程师保存；施工中所需的全部模板、脚手架、装备、机具、螺栓、垫圈和钢制件等其他材料，应包括在工程量清单所列的有关支付项目中，均不得单独计量；除监理工程师另有批准外，凡超过图纸所示的面积或体积，都不予计量与支付；承包人应严格标准计量基础工作和材料采购检验工作。沥青混凝土、沥青碎石、水泥混凝土、高强度水泥砂浆的施工现场必须使用电子计量设备称重。因不符合计量规定引发的质量问题，所发生的费用由承包人承担；如《公路工程国内招标文件范本》中规定的任何分项工程或其细目未在工程量清单中出现，则应被认为是其他相关工程的附属工作，不再另行计量。

2．重量

凡以重量计量或以重量作为配合比设计的材料，都应在精确与批准的磅秤上，由称职合格的人员在监理工程师指定或批准的地点进行称重；称重计量时应满足以下条件：监理工程师在场；称重记录，载有包装材料、支撑装置、垫块、捆束物等重量的说明书，在称重前提交给监理工程师作为称重的依据；钢筋、钢板或型钢计量时，应按图纸或其他资料标示的尺寸和净长计算。搭接、接头套筒、焊接材料、下脚料和定位架立钢筋等，则不予计量。钢筋、钢板或型钢应以千克计量，四舍五入，不计小数。钢筋、钢板或型钢由于理论单位重量与实际单位重量的差异，而引起材料重量与数量不相匹配的情况，计量时不予考虑；金属材料的重量不得包括施工需要加放或使用的灰浆、楔块、填缝料、垫衬物、油料、接缝料、焊条、涂敷料等的重量；承运按重量计量的材料的货车，应每天在监理工程师指定的时间和地点称出空车重量，每辆货车还应标示清晰易辨的标记；对有规定标准的项目，如钢筋、金属线、钢板、型钢、管材等，均有规定的规格、重量、截面尺寸等指标，这类指标应视为通常的重量或尺寸。除非引用规范中的允许偏差值加以控制，否则可用制造商列示的允许偏差值。

3．面积

除非另有规定，在计算面积时，其长度和宽度应按图纸所示尺寸线或按监理工程师指示计量。对于面积在 $1m^2$ 以下的固定物（如检查井等）不予扣除。

4．结构物

（1）结构物应按照施工图纸所示净尺寸线，或根据监理工程师指示修改的尺寸线计量。

（2）水泥混凝土的计量应按监理工程师认可的并已完工工程的净尺寸计算，钢筋的体积不扣除，倒角处不超过 $0.15m \times 0.15m$ 时不扣除，体积不超过 $0.03m^3$ 的开孔及开口不扣除，面积不超过 $0.15m \times 0.15m$ 的填角部分也不增加。

（3）所有以延米计量的结构物（如管涵等），除非施工图中另有标示，应按平行于该结构物位置的基面或基础的中心方向计量。

5．土方

土方体积可采用平均断面积法进行计算，但与似棱体公式计算结果比较时，如果误差超过 5%，监理工程师可指示采用似棱体公式；各种不同类别的挖方与填方计算，应以施工图纸所示界线为限，而且应在批准的横断面图上标明；用于填方的土方量，应按压实后的纵断面高程和路床面为准来计量。承包人在报价时，应考虑在挖方或运输过程中引起的体积差；在现场钉桩后 56 天内，承包人应将设计和进场复测的土方横断图连同土方的面积与体积计算表，一并提交给监理工程师批准。所有横断面图都应标有图题框，其大小由监理工程师指定。一旦横断面图得到最后批准，承包人应交给监理工程师原版图及三份复制图。

6．运输车辆体积

（1）用体积计量的材料，应以经监理工程师批准的车辆装运，并在运到地点进行计量。

（2）用于体积运输的车辆，其车厢的形状和尺寸应使其容量能够容易而准确地测定并应保证精确度。每辆车都应有明显的标记。每车所运材料的体积，应于事前由监理工程师与承包人相互达成书面协议。

（3）所有车辆都应装载成水平容积的高度，车辆到达送货地点时，监理工程师可以要求将其装载物重新整平，对超过定量运送的材料将不予支付。运量达不到定量的车辆，应被拒绝或按监理工程师确定减少的体积接收。

根据监理工程师的指示，承包人应在货物交付点，随机将一车材料刮平，在刮平后如发现货车运送的材料少于定量时，从前一车起所有运到材料的计量都按同样比率减为目前的本载量。

7. 重量与体积换算

如承包人提出要求并得到监理工程师的书面批准后，已规定要用立方米计量的材料可以称重，并将此重量换算为立方米计量；从重量计量换算为体积计量的换算系数应由监理工程师确定，并应在此种计量方法之前征得承包人的同意。

8. 沥青和水泥

公路工程施工中所用的沥青和水泥，应以千克（kg）计量；如用卡车或其他运输工具装运沥青材料，可以按经过检定的重量或体积计算沥青材料的数量，但要对漏失或泡沫进行矫正；水泥可以以袋作为计量的依据，但一袋的标准应为50kg。散装水泥应称重计量。

9. 成套的结构单元

如规定的计量单位是一成套的结构物或结构单元（实际上就是按“总额”或称为“一次支付”计的工程细目），该单元应包括所有必需的设备、配件和附属物及相关作业。

10. 标准制品项目

如规定采用标准制品（如护栏、钢丝、钢板、轧制型钢、管子等），而这类项目又是以标准规格（单位重、截面尺寸等）标示的，则这种标示可以作为计量的标准；除非采用标准制品的允许误差比规范要求的允许误差要求更加严格，否则，生产厂家确定的制造允许误差不予认可。

11. 图纸

（1）业主提供的图纸中的工程数量表内的数值，仅供施工作业时参考，并不代表支付项目，因此不能作为计量与支付的依据。

（2）承包人施工时应核对图中标注的构造物尺寸和标高。当发现错误时，应立即和监理工程师联系，按照监理工程师批准的尺寸及标高实施。

（3）合同授予后，监理工程师（业主）可提供进一步的详细施工图纸或补充图纸，供完成施工工艺图参考，但这并不免除承包人完成施工工艺图和对施工质量负责的任何义务。承包人应向监理工程师提出图纸的使用计划，以保证施工进度不被延误。

12. 工程变更

（1）在工程施工过程中，在出现下列情况时，可以进行工程项目的增减、结构形式的局部更改、结构物位置的变动等工程变更；业主认为有必要提出的工程变更；施工中发现设计图纸有错误、遗漏者；施工中发现地质条件与设计图纸不符，工程不变更就不能保证其质量；施工中环境条件发生变化，不变更不能发挥工程效能者。

（2）业主提出的工程变更，由监理工程师向承包人下达变更令后执行。

（3）承包人提出的工程变更，必须报经监理工程师审查批准，必要时报业主同意。复杂的工程变更，或其变更涉及或影响到主体工程结构的变化，应经由监理工程师会同原设计单位研究解决，重大的变更应由原设计单位进行变更设计，并应按设计文件报批程序进行审批。所有的工程变更均须由监理工程师向承包人下达变更令后执行。

（4）由于工程变更而出现的工程造价和工期等的改变问题，应接《土木工程施工合同通用条款》第51条、第52条的规定和《公路工程国内招标文件范本》中的有关规定办理。

13. 税金和保险

工程项目承包人应根据《中华人民共和国税法》的规定缴纳工商统一税；在工程施工期及缺陷责任期内，承包人应按照合同条款的要求办理保险，包括工程一切险和第三方责任保险；承包人应按照合同条款要求办理其施工机械设备的保险和雇用职工的安全事故保险，其费用由承包人负担。

14. 各支付项的范围

（1）承包人应得到并接受按合同规定的报酬，作为实施各工程项目（不论是临时的或永久的）与缺陷修复中需提供的劳务（包括劳务的管理）、材料、施工机械及其事务的充分支付。

（2）除非另有规定，工程量清单中各支付细目所报的单价或总额，都应认为是该支付细目全部作业的全部报酬。主要包括所有劳务、材料和设备的提供、运输、安装和维修、临时工程的修建、维护与拆除、责任和义务等的费用，均应认为已计入工程量清单标价的各项工程细目中。

（3）工程量清单未列入的细目，其费用应认为已包括在相关的工程细目的单价和费率中，不再另行支付。

第三节　路基工程的工程量计量

一、路基工程工程量项目说明

路基工程工程量清单项目说明：

（1）公路路基（又称路槽、路床、路胎、道胎），是指按照路线位置和一定技术要求修筑的作为路面基础的带状构筑物。

（2）路床整形：按设计要求和规定的标高，将边沟、边坡、路基起高垫低、夯实、碾压成形。整形路床的平均厚度一般在10cm以内。

（3）路基盲沟：为路基设置的充填碎石、砾石等组粒材料，并铺以过滤层（有的其中埋设透水管）的排水、截水的暗沟。

（4）软土路基及软土路基处理：软土路基主要是指由天然含水量大、压缩性高、承载能力低的土构成。软土路基处理的主要方法有：改变土壤结构、做石灰砂桩、打塑性排水板桩、铺设土工布、用水泥稳定土、铺设垫层料、打粉喷桩等，以确保路基的强度和稳定性，达到设计的要求。

（5）石灰砂桩：为加速软弱地基的固结，在地基上钻孔并灌入生石灰（或中粗砂）而形成的吸水柱体，称为石灰砂桩。

（6）塑料排水板桩：为加速软弱地基的固结，使用带门架（或不带门架）的打桩设备将装有塑料排水桩的钢管打入地基中，通过塑料排水板的纵向和横向的排水，加速软弱地基的固结，提高路基的强度。

（7）铺设土工布：为增加路基的稳定性和基层的刚度，在路基的底层铺设土工布，并折向边坡作为防护。

（8）水泥稳定土：在软地基中掺入一定量的低强度等级水泥，通过拌和、摊铺、碾压等工序实现土壤的固结。

（9）砂垫层：砂垫层设置于路堤填料与软土地基之间的一层砂砾材料，可使填土荷载均匀地作用于软土地基上并使地基中的孔隙水排出，起到增加地表强度，加快软土地基固结的作用，以提高地基的强度和稳定性，砂垫层的厚度在0.6 ~ 1.0m。

（10）铺设垫层料：垫层料分为砂垫层、石屑垫层和炉渣垫层，都是以5cm为起点，每增减1cm，工程造价随之增减，主要作为地基找平层之用。

（11）粉喷桩：粉喷桩是属于深层搅拌法加固地基方法的一种形式，也叫加固土桩，是软土地基处理方法之一，用钻机打孔将石灰、水泥（或其他材料）用粉体发送器和空气压缩机压送到土壤中，从而形成加固柱体，实现地基的固结。

二、路基工程工程量清单计量规则说明

路基工程工程量清单计量规则说明：

路基石方的界定。用不小于165kW（220马力）推土机单齿松土器无法勾动，需用爆破、钢吃或气钻方法开挖，且体积大于或等于1m^{3}的孤石为石方。

土石方体积用平均断面积法计算。但与似棱体公式计算的结果比较，误差超过5%时，采用似棱体公式计算。

路基挖方以批准的路基设计图纸所示界限为限，均以开挖天然密度体积计量。其中包括边沟、排水沟、截水沟、改河、改渠、改路的开挖。

挖方作业应保持边坡稳定，应做到开挖与防护同步施工，如因施工方法不当，排水不良或开挖后未按设计及时进行防护而造成的塌方，则塌方的清除和回填由承包人负责。

借土挖方按天然密实体积计量，借土场或取土坑中非适用材料的挖除、弃运及场地清理、地貌恢复、施工便道便桥的修建与养护、临时排水与防护作为借土挖方的附属工程，不另行计量。

路基填料中石料含量大于或等于70%时，按填石路堤计量；小于70%时，按填土路堤计量。

路基填方以批准的路基设计图纸所示界限为限，按压实后路床顶面设计高程计算。应扣除跨径大于5m的通道、涵洞空间体积，跨径大于5m的桥则按桥长的空间体积扣除。为保证压实度，两侧加宽超填的增加体积，零填零挖的翻松压实，均不另行计量。

桥涵台背回填只计按设计图纸或工程师指示进行的桥涵台背特殊处理数量。但在路基土石方填筑计量中应扣除涵洞、通道台背及桥梁桥长范围外台背特殊处理的数量。

回填土指零挖以下或填方路基（扣除10 ~ 30cm清表）路段挖除非适用材料后好土的回填。

填方按压实的体积以立方米计量，包括挖台阶、摊平、压实、整型，其开挖作业在挖方中计量。

本节项目未明确指出的工程内容，如养护、场地清理、脚手架的搭拆、模板的安装、拆除及场地运输等，均包含在相应的工程项目中，不另行计量。

排水、防护、支挡工程的钢筋、锚杆、锚索除锈制作安装运输，以及锚具、锚垫板、注浆管、封锚、护套、支架等，包括在相应的工程项目中，不另行计量；取弃土场

的防护、排水及绿化在本节的相应工程项目中计量。

三、路基工程工程量的计量与支付

1．路基工程工程量的计量

（1）场地清理

①施工场地清理的计量应按监理工程师书面指定的范围（路基范围以外临时工程用地清场等除外），验收后进行现场实地测量，以 m^2 计量。现场清理路基范围内的所有垃圾、灌木、竹林及胸径小于 150mm 的树木、石头、废料、表土（腐殖土）、草皮的铲除与开挖，借土场的场地清理与拆除（包括临时工程）均应列入土方单价之内，不另行计量。

②砍伐树木仅计胸径（即离地面 1.3m 高处的直径）大于 150mm 的树木，以棵计量。包括砍伐后的截锯、移运（移运至监理工程师指定的地点）、堆放等一切有关的作业；挖除树根以棵计量，包括挖除、移运、堆放等一切有关的作业。

③挖除旧路面应按各种不同结构类型的路面分别以 m^2 计量；拆除原有公路结构物应分别按结构物的类型，以监理工程师现场指示的范围和量测方法量测，以 m^3 计量。

④所有场地清理、拆除与挖掘工作的一切挖方、回填、压实，以及适用材料的移运、堆放和废料的移运处理等作业均不另行计量。

（2）挖方路基

①路基土石方开挖数量包括边沟、排水沟、截水沟，应以经监理工程师校核批准的横断面地面线和土石分界的补充测量为基础，按路线中线长度乘以经监理工程师核准的横断面面积进行计算，以 m^3 计量。

②挖除路基范围内非适用材料（不包括借土场）的数量，应以承包人测量，并经监理工程师审核批准的断面或实际范围为依据计算数量，以 m^3 计量。

③除非监理工程师另有指示，凡超过图纸或监理工程师规定尺寸的开挖，均不予计量。

④石方爆破安全措施、弃方的运输和堆放、质量检验、临时道路和临时排水的维修等均不另计量，应作为承包人应做的附属工作。

⑤在挖方路基的路床顶面以下，土方断面应挖松深 300mm 再压实；石方断面应辅以人工凿平或填平压实。此两项应作为承包人应做的附属工作，均不予计量。

⑥改河、改渠、改路的开挖工程应按合同图纸施工，计量方法可按上述①进行。

（3）填方路基

①填筑路堤的土石方数量，应以承包人的施工测量和补充测量经监理工程师校

核批准的横断面地面线为基础，以监理工程师批准的横断面施工图为依据，由承包人按不同来源（包括利用土方、利用石方和借方等）分别计算，以经监理工程师校核认可的工程数量作为计量的工程数量。

②零填挖路段的翻松、压实不另行计量。

③零填挖路段的换填土，按压实的体积，以 m^3 计量。计价中包括表面不良土的翻挖、运弃（不计运距），换填好土的挖运（免费运距以内）、摊平、压实等一切与此有关作业的费用。

④利用土、石填方及土石混合填料的填方，按压实的体积，以 m^3 计量。计价中包括运输、挖台阶、摊平、压实、整形等一切与此有关作业的费用。其开挖作业在第 203 节路基挖方中计量。

⑤借土填方，按压实的体积，以 m^3 计量。计价中包括借土场（取土坑）中非适用材料的挖除、弃运及借土场的资源使用费、场地清理、施工便道、便桥的修建与养护、临时排水与防护等和填方材料开挖、运输、挖台阶、摊平、压实、整形等一切与此有关作业的费用。

⑥粉煤灰路堤，按压实的体积，以 m^3 计量。计价中包括材料铲运、摊铺、晾晒、土质护坡、压实、整形等一切与此有关的作业费用。

⑦结构物台背回填，按压实的体积，以 m^3 计量。计价中包括挖运、摊平、压实、整形等一切与此有关作业的费用。

⑧临时排水以及超出施工图纸要求以外的超填，均不计量。

⑨改造其他公路的路基土方填筑的计量方法同上述的①。

（4）特殊地区路基处理

工程完成经验收后，由承包人计算经监理工程师校核的数量作为计量的工程数量。

抛石挤淤。按照施工图纸或验收的尺寸，计算抛石体积的片石数量，以 m^3 计量，包括有关的一切作业。

砂垫层、砂砾垫层及灰土垫层。按照垫层的类型分别以 m^3 计量，包括材料、机械及有关的一切作业。

预压和超载预压。按施工图纸或监理工程师要求的预压宽度和高度，以 m^3 计量，包括材料、机械及有关的一切作业。

袋装砂井。按照不同直径及深（长）度分别以 m 计量，砂及砂袋不单独计量。

塑料排水板。按照规格及深（长）度分别以 m 计量，包括材料、机械及有关的一切作业。

粉喷桩、碎石桩、砂桩。按照直径及深（长）度分别以 m 计量，包括材料、机械及有关的一切作业。

土工织物。铺设土工织物按照其净面积以 m^2 计量，包括材料、机械及有关的一切作业。

滑坡处理。按照实际发生挖除及回填体积，经监理工程师验收合格后以 m^3 计量。

岩溶洞按照实际填筑体积，经监理工程师验收合格后以 m^3 计量。

膨胀土路基。按施工图纸及监理工程师指示进行铺筑，经监理工程师验收合格后，按不同厚度以 m^2 计量。

黄土陷穴。按照实际开挖和回填的体积，经监理工程师验收合格后以 m^3 计量。

湿陷性黄土。一般宜采用强夯进行处理，经监理工程师验收合格后以 m^2 计量。

盐渍土路基。一般宜采用换填进行处理，经监理工程师验收合格后按不同厚度以 m^2 计量。

工地沉降观测。一般不予计量与支付，作为承包人应做的工作。

临时排水与防护设施。一般不另行计量，认为已包括在相关工程中。

（5）路基整修

①工程内容包括按规定进行路堤整修和路堑边坡的修整，以符合施工图纸中规定的线形、纵坡、边坡、边沟和路基断面的有关作业。

②工作内容均不作计量与支付，其所涉及的费用应包括在其相关的工程细目的单价或费率之中。

（6）坡面排水

①边沟、排水沟、截水沟的加固采用浆砌片石铺砌，按照图纸施工并经验收合格的实际长度以 m 计量。由于边沟、排水沟、截水沟加固铺砌而需扩挖部分的开挖，均作为承包人应做的附属工作，不另行计量与支付。有钢筋混凝土盖板的边沟长度也以 m 计量。

②急流槽按照图纸施工，经验收合格的断面尺寸计算体积（包括消力池、消力槛、抗滑台等附属设施），以 m^3 计量。

③路基盲沟按照图纸施工，经验收合格的断面尺寸及所用材料，按长度以 m 计量。

④所用砂砾垫层或基础材料、填料材料、钢筋以及地基平整夯实及回填等均不另行计量与支付。

（7）护坡、护面墙

①浆砌片石护坡、护面墙等工程的计量，应以图纸所示和监理工程师的指示为依据，按实际完成并经验收的数量按不同工程细目的不同砂浆砌体分别以 m^3 计量。砂砾或碎石垫层按完成数量以 m^3 计量。

②预制空心砖和拱形及方格骨架护坡，按其铺筑的实际面积数量以 m^2 计量。

③种草及铺草皮，应以图纸所示面积为依据，按实际完成并经验收的数量以 m^2

计量。

④嵌缝材料、砂浆勾缝、泄水孔及其滤水层，以及基础的开挖和回填等有关作业，均作为承包人应做的附属工作，不另行计量。

（8）挡土墙

①浆砌块（片）石和混凝土挡土墙工程，应以图纸所示或监理工程师的指示为依据，按实际完成并经验收的数量，按砂浆强度等级及混凝土强度等级分别以 m^3 计量。砂砾或碎石垫层按完成数量以 m^3 计量。

②混凝土挡土墙所用的钢筋，按图纸所示经监理工程师验收后，以 kg 计量。

③嵌缝材料、砂浆勾缝、泄水孔及其滤水层，混凝土工程的脚手架、模板、浇筑和养生、表面修整，基础开挖、运输与回填等有关作业，均作为承包人应做的附属工作，不另行计量。

（9）锚杆挡土墙

①锚杆挡土墙工程计量，应以图纸所示和监理工程师的指示为依据，按实际完成并经验收合格的数量，混凝土挡板和立柱以 m^3 为单位计量，钢筋及锚杆以 kg 为单位计量。

②锚孔的钻孔、锚杆的制作和安装、锚孔灌浆、钢筋混凝土立柱和挡土板的制作安装、墙背回填、防排水设置及锚杆的抗拔力试验等，均为完成锚杆挡土墙所必需的工作，不另行计量。

（10）加筋土挡土墙

加筋土挡土墙的墙面板、钢筋混凝土带、混凝土基础以及混凝土帽石，经监理工程师验收合格，以 m^3 计量。浆砌片石基础以 m^3 计量；铺设聚丙烯土工带，按施工图纸及验收数量以 kg 计量；基坑开挖与回填、墙顶抹平层、沉降缝的填塞、泄水管的设置及钢筋混凝土带的钢筋等，均作为承包人的附属工作，不另行计量；加筋土挡土墙的路堤填料按图纸的规定和要求，在填方路基中计量。

（11）喷射混凝土和喷浆边坡防护

①锚杆按图纸或以监理工程师指示为依据，经验收合格的实际数量，以 m 为单位计量。

②喷射混凝土和喷射水泥砂浆边坡防护的计量，应以图纸所示和监理工程师指示为依据，按实际完成并经验收的数量，以 m^2 计量；钢筋网、铁丝网以 kg 计量；土工格栅以 m^2 计量。

③喷射前的岩面清洁、锚孔钻孔、锚杆制作以及钢筋网和铁丝网编织、挂网、土工格栅的安装铺设等工作，均为承包人为完成锚杆喷射混凝土和喷射砂浆边坡防护工程应做的附属工作，不另行计量。

（12）预应力锚索边坡加固

预应力锚索长度按设计图纸要求，经监理工程师验收合格以 m 为单位计量；混凝土锚固板按设计图纸要求，经监理工程师验收合格以 m^3 为单位计量；钻孔、清孔、锚索安装、注浆、张拉、锚头、锚索护套、场地清理以及抗拔力试验等均为锚索的附属工作，不另行计量；混凝土的立模、浇筑、养生等锚固板的附属工作，不另行计量。

（13）抗滑桩

①抗滑桩按图纸规定尺寸及深度为依据，现场实际完成并验收合格的实际桩长以 m 计量，设置支撑和护壁、挖孔、清孔、通风、钎探、排水及浇筑混凝土以及无破损检验，均作为抗滑桩的附属工程，不另行计量。

②抗滑桩用钢筋按设计图纸规定及经监理工程师验收的实际数量以 kg 计量。

（14）河道防护

河床铺砌、顺坝、丁坝、调水坝及锥坡砌筑等工程及抛石防护，应分别按图纸尺寸和监理工程师的指示，按实际完成并经验收的数量，以 m^3 计量。砂砾（碎石）垫层以 m^3 计量；砌体的基础开挖、回填、夯实砌体勾缝等工作，均作为承包人应做的附属工作，不另行计量。

2. 路基工程工程量的支付

路基工程工程量大部分的支付方式是按照规定计量，经监理工程师验收并列入工程量清单以下支付细目的工程量，其每一计量单位，将以合同中规定的单价支付。支付的内容包括材料、劳力、设备、运输等，以及其他为完成这些项目所必需的全部费用。

其中，挖方路基中土方和石方的单价费用，包括开挖、运输、堆放、分理填料、装卸、弃方和剩余材料处理，以及其他有关的全部相关费用；而特殊地区路基处理部分的支付方式为按照规定计量，经监理工程师验收的项目，第一次支付按完成工程数量的 85%，其余部分经监理工程师核准承包人递交的沉降监测报告后再支付 15%，此项包括材料、劳力、设备、运输等，以及其他为完成这些项目所必需的全部费用。

第四节　路面工程的工程量计量

一、路面工程工程量清单细目说明

（1）基层又称为基础、垫层、过滤层、隔离层、扎根层、主料层，它是指设在面层以下的结构层，主要是承受由面层传递的车辆荷载，并将荷载分布到垫层或路基上。当基层为多层时，最下面的一层为底基层。

根据所用的材料不同，基层可分为白灰土基层、石灰炉渣土基层、石灰粉煤灰土基层、石灰粉煤灰砂砾基层、石灰粉煤灰碎石基层、石灰土碎石基层以及以粉煤灰为主要材料的多种混合料基层。

根据所用的材料不同，底基层可分为：砂砾石（天然级配）、卵石、碎石、块石、混石、矿渣、山皮石以及沥青稳定碎石等，按照一定的配合比，经过路拌或厂拌均匀后，用机械或人工摊铺到路基上，经碾压、养生后形成的基层。

（2）石灰炉渣基层是按设计厚度的要求，将消石灰、炉渣与土按一定的配比，经过路拌或厂拌均匀后，用机械或人工摊铺到路基上，经碾压、养生后形成的基层。

（3）石灰粉煤灰砂砾基层是按设计厚度的要求，将消石灰、粉煤灰、砂砾按一定的配比，经过路拌或厂拌均匀后，用机械或人工摊铺到路基上，经碾压、养生后形成的基层。

（4）石灰粉煤灰碎石基层是按设计厚度的要求，将消石灰、粉煤灰、碎石按一定的配比，经过路拌或厂拌均匀后，用机械或人工摊铺到路基上，经碾压、养生后形成的基层。

（5）石灰土碎石基层是按设计厚度的要求，将消石灰土、碎石按一定的配比，经过路拌或厂拌均匀后，用机械或人工摊铺到路基上，经碾压、养生后形成的基层。

（6）粉煤灰基层是按设计厚度的要求，将粉煤灰用机械或人工摊铺到路基上，经碾压、养生后形成的基层。

（7）砂砾石（天然级配）基层是按设计厚度的要求，将砂砾用机械或人工摊铺到路基上，经碾压、养生后形成的基层。

（8）卵石底基层是按设计厚度的要求，将卵石用机械或人工摊铺到路基上，经碾压、养生后形成的基层。

（9）碎石底基层是按设计厚度的要求，将碎石用机械或人工摊铺到路基上，经碾压、养生后形成的基层。

（10）块石底基层是按设计厚度的要求，人工将块石铺筑到路基上，经灌浆、养生后形成的基层。

（11）混石底基层是按设计厚度的要求，人工将块石、片石等混合石料铺筑到路基上，经灌浆、养生后形成的基层。

（12）矿渣底基层是按设计厚度的要求，将矿渣用机械或人工摊铺到路基上，经碾压、养生后形成的基层。

（13）山皮石底基层是按设计厚度的要求，将山皮石用机械或人工摊铺到路基上，经碾压、养生后形成的基层。

（14）沥青稳定碎石基层是在摊铺好的碎石层上用热沥青洒布法固结而形成的基层。

（15）简易路面与低级路面相同，可以用各种材料改善土质的路面。

（16）沥青表面处理是用沥青和集料按照层铺法或拌和法铺筑而成的厚度不超过 3cm 的沥青面层。

（17）沥青贯入式路面是用沥青贯入碎石（砾石）作为面层的路面。

（18）喷洒沥青油料是将液化沥青（结合油、透层油、乳化沥青、油皮等）混合材料，采取人工或汽车洒布机按层均匀地喷洒在路面上，以达到耐磨、封闭表面、除尘和防滑的目的，延长路面的使用年限。

（19）沥青碎石路面也称为碎石路面，是由一定级配颗粒的矿料（有少量矿粉或不掺矿粉）用沥青作为结合料，按照一定的配合比，均匀拌和经机械或人工摊铺、压实成形的路面。

（20）粗粒式沥青混凝土是用沥青混凝土面层下层，摊铺厚度在 6 ~ 8cm，骨料最大粒径在 30 ~ 35mm 的沥青混凝土。

（21）细粒式沥青混凝土是用沥青混凝土面层上层（或磨耗层、沥青碎石面层的封层），摊铺厚度在 1.5 ~ 3cm，骨料最大粒径在 13 ~ 15mm 的沥青混凝土。

（22）水泥混凝土路面是用普通水泥混凝土修筑而成的路面。

（23）缩缝是在水泥混凝土路面板上按设计要求设置的伸缩缝，其作用是使水泥混凝土在伸缩时不致于产生不规则的裂缝，一般采用真缝。

（24）涨缝也称为伸缝，在水泥混凝土路面板上设置的膨胀缝，其作用是使水泥混凝土板在温度升高时，能自由地伸展，应采用的假缝。

（25）水泥混凝土养生是采用围土洒水、塑料薄膜覆盖、锯末草帘覆盖、洒水等方法，使浇筑成活的水泥混凝土路面板达到设计强度。

二、路面工程工程量清单计量规则说明

（1）水泥混凝土路面模板的制作安装及缩缝、涨缝的填灌缝材料、高密度橡胶板，均包含在浇筑不同厚度水泥混凝土面层的工程项目中，不另行计量。

（2）水泥混凝土路面养生所用的养护剂、覆盖的麻袋、养护器材等，均包含在浇筑不同厚度水泥混凝土面层的工程项目中，不另行计量。

（3）水泥混凝土路面的钢筋，包括传力杆、拉杆、补强角隅钢筋及结构受力连续钢筋、支架钢筋。

（4）沥青混凝土路面和水泥混凝土路面中所需的外掺剂，不另行计量。

（5）沥青混合料、水泥混凝土和基（底）层混合料拌和场站、贮料场的建设、

拆除、恢复，均包括在相应的工程项目中，不另行计量。

（6）钢筋的除锈、制作安装、成品运输，均包括在相应的工程项目中，不另行计量。

三、路面工程工程量的计量与支付

1．路面工程工程量的计量

（1）通则

路面工程内容均不作计量与支付，其所涉及的费用应包括在与其相关的工程细目的单价或费率之中。

（2）垫层

①碎石、砂砾垫层应按施工图纸和监理工程师的指示铺筑，经监理工程师验收合格的面积，按不同厚度以 m^2 计量。

②对于个别特殊形状的面积，应采用适当的计量方法，并经监理工程师批准以 m^2 计量。除监理工程师另有指示外，超过施工图纸所规定的面积，均不予计量。

（3）石灰稳定土底基层

①石灰稳定土底基层应按施工图纸和监理工程师指示铺筑的面积，经监理工程师验收合格，按不同厚度以 m^2 计量。

②对于个别特殊形状的面积，承包人可采用适当的计算方法，并报监理工程师批准，以 m^2 计量。除监理工程师另有指示外，超过施工图纸所规定的面积，均不予计量。

（4）水泥稳定土底基层和基层

①水泥稳定土底基层、基层，应按施工图纸和监理工程师的指示铺筑，经监理工程师验收合格的面积，按不同厚度以 m^2 计量。

②对于个别特殊形状的面积，承包人可采用适当的计算方法计量。除监理工程师另有指示外，超过施工图纸所规定的面积，均不予计量。

（5）石灰粉煤灰稳定土底基层和基层

石灰粉煤灰稳定土基层和底基层，应按施工图纸和监理工程师的指示铺筑，经监理工程师验收合格的面积，按不同厚度以 m^2 计量。任何地段的长度应沿路幅中线水平量测。对于个别不规则地段，应采用经监理工程师批准的计算方法计量。

（6）级配碎（砾）石底基层、基层

级配碎（砾）石底基层和基层，应按施工图纸和监理工程师指示的铺筑面积，经监理工程师验收合格后，按不同厚度以 m^2 计量。除监理工程师另有指示外，超过施工图纸所规定的面积，均不予计量。

（7）透层、黏性和封层

①透层、黏层和封层，应按施工图纸规定的或监理工程师批示的喷洒面积，经监理工程师验收合格，以 m^2 计量。

②对于个别特殊形状的面积，承包人可采用适当的计算方法计量。除监理工程师另有批示外，超过施工图纸所规定的面积，均不予计量。

（8）热拌沥青混合料面层

热铺沥青混凝土，应按施工图纸和监理工程师指示的铺筑面积，经监理工程师验收合格，按照粗、中、细粒式沥青混凝土和不同厚度分别以 m^2 计量。除监理工程师另有指示外，超过施工图纸所规定的面积，均不予计量。

（9）沥青表面处治

①沥青表面处治，应按施工图纸规定的或监理工程师批示的喷洒面积，经监理工程师验收合格，按不同厚度分别以 m^2 计量。

②表面处治所洒布的透层、黏层和封层，作为表面处治的附属工作，除监理工程师另有指示外，超过施工图纸所规定的面积均不予计量。

（10）改性沥青及改性沥青混合料

改性沥青混合料按施工图纸要求及监理工程师的指示，按不同厚度及实际摊铺的面积，以 m^2 计量。

（11）水泥混凝土面板

①水泥混凝土面板按施工图纸和监理工程师指示铺筑的面积，经监理工程师验收合格后，按不同厚度分别以 m^2 计量。除监理工程师另有指示外，任何超过施工图纸所规定尺寸的计算面积，均不予计量。

②水泥混凝土面板所用的拉杆、传力杆、接缝材料和所需的补强钢筋等，不单独计量与支付。

（12）培土路肩、中央分隔带回填土、土路肩加固及路缘石

培土路肩及中央分隔带回填土，按压实后并经验收的工程数量分别以 m^3 为单位计量；水泥混凝土加固土路肩经验收合格后，沿路肩表面量测其长度以延米为单位计量，加固土路肩的混凝土立模、摊铺、振捣、养生、拆模、预制块预制铺砌、接缝材料等，以及其他有关加固土路肩的杂项工作，均属于承包人的附属工作，均不另行计量；路缘石按施工图纸所示的长度进行现场量测，经验收合格以延米为单位计量。埋设路缘石的基槽开挖与回填、夯实等有关杂项工作，均属于承包人的附属工作，均不另行计量。

（13）路面及中央分隔带排水

中央分隔带处设置的排水设施，按照设计图纸施工，经监理工程师验收合格的

实际工程数量，分别按下列项目进行计量：排水管按不同材料、不同直径分别以 m 计量；纵向雨水沟（管）按长度以 m 计量；集水井按不同尺寸以座计量；渗沟按不同截面尺寸以延长米计量；防水沥青油毡以 m^2 计量；路肩排水沟，经监理工程师验收合格的实际工程数量，分别按下列项目计量：混凝土路肩排水沟按长度以 m 计量；路肩排水沟砂砾垫层（路基填筑中已计量者除外）按 m^3 计量；土工布以 m^2 计量；排水管基础、胶泥隔水层及出水口预制混凝土垫块等不另行计量，包含在排水管单价中；渗沟上的土工布不另行计量，包含在渗沟的单价中；拦水带按长度以 m 计量。

2. 路面工程工程量的支付

路面工程工程量大部分的支付方式分为以下两个部分。

（1）费用的支付，主要包括以下项目：承包人提供工程所需的材料、机具、设备和劳力等；原材料的检验、级配颗粒组成与塑性指数的试验，以及经监理工程师批准的按照规范所要求的试验路段的全部作业；铺筑前对下承层的检查和清扫、材料的运输、拌和、摊铺、整形、压实、养护等；工程质量检验所要求的检测、取样和试验等工作。

（2）按上述规定进行计量，经监理工程师验收并列入工程量清单的以下支付项目的工程量，其每一计量单位，将以合同单价支付。此项支付包括一切为完成本项工程所必需的全部费用。

第三章 公路工程概算与预算

第一节 公路工程概算与预算概述

一、基本建设工程投资与概预算

根据我国基本建设投资的管理与控制的实际，公路工程投资基本上分为三个层次。

第一个层次是国家。国家通过基本建设计划和有关政策、法律，从宏观上对基本建设投资进行管理和控制。如制定基本建设程序，要求每一个基本建设项目严格遵守基本建设程序。计划部门代表国家根据建设项目可行性研究报告的评审意见来进行项目的审批，并按项目的设计概算来控制投资总额。

第二个层次是项目申报单位，即项目建设单位。项目建设单位具体对基本建设项目的造价进行控制，由项目建设单位或其委托的设计单位编制可行性研究报告，提出项目建议书，并根据批准的可行性研究报告组织设计，根据批准的设计概算（或施工图预算）编制标底组织施工招标，确定施工单位和委托监理单位。在施工过程中，委托监理工程师对工程费用进行严格管理。通过这一系列工作对建设成本（或造价）进行控制。

第三个层次是施工单位（或承包单位）。建设项目由施工单位具体实施，并在施工前编制施工预算，对工程成本进行严格控制。施工预算中规定了建筑工程在单位工程或分部、分层、分段上的人工、材料、施工机械台班的消耗数量标准和直接费付出的标准。

以上三个层次涉及计划、建设、设计、监理、质检和施工各部门，他们都必须以维护国家利益为原则，从各自的工作和实际需要出发，对基本建没项目进行严格和科学的管理，为国家把好经济关。要达到上述目的，其基本手段就是制定概预算定额。

建设项目的投资是一项复杂的活动，尤其对公路工程项目投资是一个涉及面广，影响因素众多的动态系统。要对这个动态的过程进行有效的控制，一方面应全面了解它的运动变化规律和特征，另一方面应对投资活动的变化发展进行量化。正是这种数量变化上的特征，为我们提供了观察和控制投资活动的可能，也提供了投资控制的基础和控制指标。这个量或指标就是投资额。投资额不同于投资，虽然两个概念紧密联系并且我们在使用上对两者不加区分，但二者仍有区别。

投资额只是投资活动的数量表现，是衡量投资活动规模的一个指标，表示投资活动所耗费资源的总和。在商品经济条件下，各种资源均折算成货币，因此，投资额总以货币表示，也就是说，投资额就是投资活动所需的货币总额。按计算范围、资金来源和用途不同，投资额可以分为一系列指标，如总投资、全部投资、固定资产投资、流动资产投资、技术更新改造投资和设备投资等。

为了进行控制，我们必须对投资在量的方面有一个参考值，这个值又叫目标值或计划值。控制时，就以其为参考物，而实际所发生的量的变化就围绕它上下波动。控制的任务是使这种波动尽可能地减小。因此，目标值的确定是控制的一个关键工作。投资本身是一个逐步开展和不断深化的过程，因此，在其运动过程的不同阶段便有不同的测算工作，形成不同的投资额和不同的测算种类。

随着投资活动的不断深化，要求对投资额进行不同深度和精度的测算，相应地形成了一个完整地反映投资在数量变化上的投资额测算体系。即从项目决策到竣工交付使用的整个过程中，根据在不同阶段投资额的作用和精度要求的不同，形成了投资估算、设计概算、施工图预算、施工预算、标底、投标报价、结算和决算 8 种测算方式，并由此构成了建设项目投资额的测算体系。

在以上 8 种测算方式中，工程概预算具有特别重要的意义和作用，是基本建设工程投资管理的基本环节。概、预算是编制建设工程经济文件的主要依据，也是其他测算方式（投资估算除外）的基础。

基本建设工程（或简称建设项目）设计概算和施工图预算，是指在执行基本建设程序过程中，根据不同设计阶段设计文件的具体内容和国家规定的定额、指标及各项费用的取费标准，预先计算和确定每项新建、扩建、改建和重建工程所需要的全部投资额的文件，它从经济上反映建设项目在不同建设阶段的特点，是按照国家规定的特殊计划程序，预先计算和确定基本建设工程价格的计划文件，是基本建设程序的重要组成部分。由于概、预算的重要性，所以在投资额测算体系中居于主导地位。

二、概预算制度的形成和发展

建筑安装工程是按期货方式进行交换的商品，但它们的生产过程不同于一般的工业产品，具有单件性和固定性的特点，建筑产品按照特定的使用要求单独设计，每项工程不仅在建筑规模、工程结构上有较大差别，而且其价值也受自然和经济条件的影响各不相同。产品是固定的，生产是流动的，这就决定了建筑产品的特殊计价方法，即将分项工程作为假定的产品，根据社会正常生产水平规定其人工、材料和施工机械消耗定额，即概预算定额作为确定建筑安装工程价值的统一标准。建筑安装工程概算、预算是根据工程设计包含的分部分项工程量和其相对应的地区人工、材料、机械单价表及有关费用标准编制而成。

建筑工程概预算制度产生于早期的资本主义国家，其历史可以追溯到16世纪，如英国概预算制度至今已有四百多年的发展史。概预算制度的发展过程大致可分为三个阶段。16世纪到18世纪末，是概预算发展的第一个阶段，由“测量员”对已完工程的工程量进行测量并估价。19世纪初期，是概预算发展的第二个阶段，由“预算师”在开工之前，按照施工图纸进行工程量计算，以作为承包商投标的基础，中标后的预算书就成为合同文件的重要组成部分。20世纪40年代，是概预算发展的第三个阶段，建立了“投资计划和控制的制度”，他们的投资计划相当于我国的初步设计概算或投资估算，作为投资者预测其投资效果，进行投资决策和控制的依据。

建立统一的概预算制度，我国开始于大规模经济建设的“一五”计划时期，是从苏联学来的。1058年后，中央不再对概预算工作进行统管，下放给各省、市、自治区管理，不久后在“文化大革命”中被作为“修正主义的管、卡、压”进行了批判。1967年废除了预算制度，实行经常费办法，即施工企业的工资和管理费由国家拨付，材料费向建设单位实报实销。这实际上是供给制造成了不讲管理、不讲核算、不讲成本地吃“大锅饭”局面，以致损失浪费严重，投资效果极差。1973年取消经常费办法，恢复预算制度。

十一届三中全会以后，国家加强了基本建设预算管理，多次部署整顿和加强“三算”的管理工作，要求做到设计要有概算、施工要有施工图预算、工程竣工要有决算，以促进经济核算，发挥投资的预定效果。同时，国家还组织设计、施工和建设银行及各主管部门制定了工程概算、预算定额及各项费用标准，作为编制基本建设概预算的依据。

工程建设的实践证明，建立科学的概预算制度，不仅可以为按等价交换原则办理工程价款的拨付和结算提供依据，而且还可以促进施工企业加强经济核算和企业管理，促进设计部门改进设计方案和提高设计水平，从而为基本建设的投资、决策、分配、管理、核算和监督提供依据。由此可见，建立和完善基本建设预算制度，对于加强基本建设管理，提高投资效益，都具有极其重要的意义。

在计划经济时期，我国用处理自然经济和产品经济的方式来对待建筑业，致使建筑产品的价格和价值严重背离，在行政和当时政策的干预下，多数工程是先施工后定价，这些弊病严重限制了商品经济的发展。特别是建筑市场开放，实行工程招标投标后，这种矛盾则更加突出和加剧。

建筑产品价格是否合理，不能单纯从价格反映价值出发。价格既要反映价值，又要反映供求关系，所以建筑产品价格的制定和调整，既要以价值为基础，又要充分考虑供求关系。一方面，国家通过投资需求和预算定额体系指导调节建筑产品的价格，这说明建筑业同其他物质部门的区别，也表明预算定额体系的特定意义；另一方面，招标投标带来的建筑产品价格改革，必然打破旧的、一统到底的预算制模式，使建筑产品的市场价格逐步纳入在概预算定额体系指导下形成的合同价格。

目前，我国实行监理制度的工程项目，其价格能较好地体现建筑产品价格的本质特性和要求，随着建设监理制度的不断完善和深化，建筑产品的价格将会更准确地体现价值规律的要求和市场竞争特征。通过以上所述可知，建筑工程概预算制度都是随着商品经济的发展而逐步形成和不断完善的。

公路工程概预算制度，其形成和发展一方面与我国经济建设的发展密切相关，另一方面也直接反映我国公路建设的发展情况。随着公路建设事业的发展和对公路基本建设投资管理水平的不断提高，公路工程概预算也在不断改进和加强。

三、公路工程概预算分类和投资额测算体系

1. 公路工程概预算的分类

根据我国设计和概预算文件编制及管理办法，对公路工程的概预算有如下规定。

（1）按不同设计阶段分类

①对于技术比较简单、方案非常明确的小型公路工程建设项目，可采用一阶段施工图设计，必须编制施工图预算。

②根据我国公路建设的实际情况，多数公路工程建设项目一般采用两阶段设计，即初步设计和施工图设计。在初步设计阶段，必须编制总概算；在施工图设计阶段，必须编制施工图预算。

③技术上复杂而又缺乏经验的建设项目或建设项目中的个别路段、特大桥、互通式立体交叉、隧道等，必要时采用三阶段设计，即初步设计、技术设计和施工图设计。在技术设计阶段，必须编制修正概算。

④在进行公路工程建设全过程中，除按上述要求编制各种概预算外，在其他建设阶段，还必须编制以概预算为基础（投资估算除外）的其他有关投资额测算的文件。

（2）按不同建设内容分类

按不同建设内容分类，可分为公路基本建设工程概（预）算，公路大、中修工程概（预）算和公路小修保养工程概（预）算。

（3）按不同建设项目分类

按不同建设项目分类，可分为单位工程概（预）算，单项工程概（预）算和建设项目概（预）算。单位工程概（预）算是计算单位工程建设费用的文件，单项工程概（预）算是由若干个单位工程概预算综合而成的文件，建设项目概（预）算是计算整个建设项目全部投资额的文件。

2. 公路工程投资额测算体系

为了对公路基本建设工程进行全面而有效的工程造价管理，在工程项目的各阶段都必须编制相应的造价文件，这些不同造价文件的投资额应根据其主要内容的要求，由不同的测算工作来完成。公路工程投资额测算体系，按公路工程的建设程序可分为投资估算、工程概算、施工图预算、施工预算、标底编制、投标报价、工程结算、竣工决算。

（1）投资估算

投资估算是拟建项目申请立项时（可行性研究阶段），对工程投资额进行的首次测算。对于任何一个大型的拟建项目，国家都要对可行性研究报告进行全面的评审，然后才能决定是否正式立项。在可行性报告中，除应考虑国家经济发展上的需要和技术上的可行性外，还应考虑经济上的合理性，以及国家的经济实力。而投资估算则是国家投资决策的重要依据，是可行性研究报告的重要内容。因此，投资估算是论证拟建项目在经济上是否可行的重要依据，也是国家审批拟建项目是否立项的依据。

根据投资估算的作用及内容深度的不同，公路工程投资估算分为项目建议书投资估算和工程可行性研究投资估算两大类。由申请建设立项的单位根据交通部颁布的《公路工程投资估算编制办法》和《公路工程估算指标》编制而成。可行性研究报告被批准后，投资估算则是控制设计概算的依据，也是国家对建设项目所下达的投资限额，并可作为资金筹措计划的依据。

（2）工程概算

拟建项目批准立项后，即进入工程设计阶段，根据工程结构设计内容深浅程度的不同，概算又分为设计概算和修正概算两种。设计概算是指在初步设计阶段，由设计单位根据设计图纸、《公路工程概算定额》、各类其他费用定额、建设地区的自然条件和技术经济条件等资料，预先计算和确定建设项目从筹建至竣工验收的全部工程投资额的造价文件，它是设计文件的重要组成部分。修正概算是在技术设计阶段，对初步设计成果作进一步修改、调整后，重新计算其工程投资额的造价文件。

由于设计概算和修正概算除所处的设计阶段不同外，其采用的定额及《公路基本建设工程项目概算预算编制办法》均相同，故统称为概算。建设项目的概算一经批准，则是国家确定和控制公路基本建设投资总额的依据，在其随后的其他阶段是不能随意突破的。

（3）施工图预算

公路基本建设工程无论采用几阶段设计，施工图设计都是设计阶段的最后一个项目，是建设项目的最终设计，也是最详尽的设计。施工图预算一般是以设计单位为主，必要时可邀请施工单位、建设单位参加，根据施工图设计提供的工程数量和施工方案，按照交通部颁布的《公路工程预算定额》和《公路基本建设工程概、预算编制办法》所编制的反映工程造价的具体文件。

随着基本建设程序的不断深入，工程项目的工作内容日益明晰，因此，施工图预算与前述的概算、估算相比，其计算精度更高，更接近工程的实际造价，因此，施工图预算既是确定工程造价的依据，也是签订建筑安装合同，实行建设单位和施工单位投资包干和办理工程结算的依据；对于进行施工招标的工程，施工图预算也是编制工程标底的依据；同时，还是施工单位加强经营管理，搞好经济核算的基础。

（4）施工预算

施工预算是指施工阶段，在施工图预算的控制下，施工企业单位根据施工图计算的分项工程量、《公路工程施工定额》、施工组织设计或分部分项工程施工过程设计等相关技术资料，从施工单位自身技术水平和管理的角度，再次核定工程成本的经济文件。因此，施工预算所反映的是完成工程项目的实际成本，是工程成本控制的主要目标。

施工企业通过编制施工预算，从而进一步分析施工所需的人工、材料、机械台班消耗的数量和费用，以便采取有效措施，使施工计划成本低于工程预算成本，确保施工单位获得良好的经济效益。因此，施工预算是施工企业进行成本控制与成本核算的依据，是施工企业内部进行劳动组合和经营核算的重要依据，是施工企业进行材料和机械管理的依据，也是企业管理工作的一项重要制度和措施，对施工组织和施工生产有着极为重要的作用。

（5）标底编制

实行招标的公路工程项目，在招标前建设单位都要对发包工程的总投资额再进行一次测算，其测算值即为标底。标底是一项重要的投资额测算，它是进行工程评标的一个基本尺度，即投标方的报价只有在标底规定的范围内，才有可能中标，否则，会导致投标失败。因此，标底在招标工作中起着关键的作用，其性质与概、预算很相近，编制方式也基本相同，即一方面要严格遵守国家的有关规定和要求，另一方面对编制的精度要求很严，应力求准确。标底一般以设计概算和施工图预算为基础，并以其中的建筑安装工程费为主，且不超过批准的概算或施工图预算。

（6）投标报价

报价是由投标单位根据招标文件及有关定额和招标项目所在地区的自然、社会和经济条件及施工组织方案、投标单位自身条件，计算完成招标工程所需各项费用的造价文件。为使报价符合本企业的具体情况，使报价具有较强的竞争力，投标单位可根据自身的施工经验与管理水平，在编制报价时采用所制定的企业定额。

报价是投标文件最重要的组成部分和主要内容，是工程投标工作的关键和核心，也是决定能否中标的主要依据。因此，能否准确计算和合理确定工程报价，是决定投标竞争中能否获胜的前提条件。中标单位的报价，将直接成为工程承包合同价的主要基础，并对将来的施工过程起着严格的制约作用，承包商和业主均不得随意更改报价。

报价与施工预算比较接近，但又不同于施工预算。报价的费用组成和计算方法同概预算类似，但其编制体系和要求均不同于概预算，尤其目前在招投标工作中，一般常采用单价合同，因而使报价时的费用分摊与概预算计算方式有很大差别。

总的看来，报价与概预算的差别主要体现在以下两个方面：一是概预算文件必须按国家现行的有关规定进行编制，尤其是各项费用的计算，更能体现施工单位的一般水平。二是概预算经设计单位编制完毕，必须经建设单位或其主管部门、建设银行等审查批准后，才能作为建设单位与施工单位结算工程价款的依据；而报价则可以根据投标单位对工程和招标文件的理解程度，在预算造价方面上下浮动，不需要送有关单位审核。由此可见，报价比概预算更复杂，也比概预算更灵活。

工程报价与标底具有极为密切的关系，标底同概预算的性质很相近，编制方法也完全相同，都有比较严格的要求，报价则比标底的编制要灵活。虽然报价与标底有很明显的差别，从不同的角度对同一工程的价值进行预测，计算的结果也很难达到一致，但两者又有极密切的相关关系。

随着公路工程投资体制的进一步改革，公路工程投招标制度的进一步完善，公路工程施工监理制度的进一步推广，将会进一步加强和完善标底与报价的测算工作，也必然会使各方和更多的人们认识到标底与报价测算工作的重要性，从而把标底与报价工作做得更好。

（7）工程结算

工程结算也称为工程价款结算，是指施工单位与建设单位之间根据双方签订的合同（含补充协议）进行工程合同价款结算。工程结算是工程项目承包中的一项十分重要的工作，主要表现为：工程结算是反映工程进度的主要指标；工程结算是加速资金周转的重要环节；工程结算是考核经济效益的重要指标。

工程项目的建设是一个极其复杂的过程，涉及的单位是一些相对独立的经济实体，有着各自的经济利益，在工程项目建设过程中承担着不同的工程内容。因此，在工程建设的过程中，各经济实体之间必然会发生货币收支行为。这种在项目建设过程中而引起的货币收支行为，则为项目结算。

在社会主义市场经济条件下，公路建设项目的建设过程也是一种商品的生产过程，其间发生的一系列的工作和活动，最终都要通过工程价款结算的方式进行解决和评价。因此，正确而及时地组织工程项目的结算，全面做好项目结算的各项工作，对于加速资金的周转，加强企业经济核算，促进施工任务完成，保证项目顺利进行和加强对财政信用监督等，都具有十分重要的意义。

项目的结算过程，实际上也是组织基本建设活动，实行基本建设拨、贷款的投资过程，还是及时掌握项目投资活动中的动态及其变化情况的过程。项目结算是项目结算中最重要和最关键的部分，是建设项目结算的主体内容，大约占整个项目结算额的 80%。工程价款结算，一般以实际完成的工程量和有关合同单价，以及施工过程中现场实际情况的变化资料计算当月应付的工程价款。

目前，由于各地区施工单位流动资金支付方式的差别和具体工程项目的不同，工程价款结算方法有多种形式。我国在《建设工程价款结算办法》中，规定了不同的结算方法；对于实行 FIDIC 条款的合同，则明确规定了计量支付条款，对结算内容、方式、时间和程序给予了明确规定，一般是按月申报、期中支付、分段结算、最终结清。

（8）竣工决算

竣工决算是指在建设项目完工后竣工验收阶段，由建设单位编制的建设项目从筹建到建成投产或使用的全部实际成本的技术经济文件。竣工决算是建设工程投资管理的重要环节，是建设工程经济效益的全面反映，是项目法人核定各类新增资产价值，办理工程交付使用的依据，也是进行公路建设项目财务总结和银行对其实行监督的必要手段。

通过竣工决算，一方面能够正确反映建设工程的实际造价和投资结果；另一方面可以通过竣工决算与概算、预算的对比分析，考核投资控制的工作成效，总结经验教训，积累技术经济方面的基础资料，提高未来建设工程的投资效益。

竣工决算由文字说明和结算报表两部分组成，文字说明主要包括：工程概况，设计概算和基本建设规划执行情况，各项技术经济指标完成情况，各项拨款（或贷款）使用情况，建设成本和投资效果分析，建设过程中的主要经验，存在的问题和解决意见等。

竣工决算完成后，施工单位也可根据竣工决算的结果，编制单位工程竣工成本决算，核算单位工程的预算成本、实际成本和成本降低额。施工企业的工程结算人员，经企业内部成本分析，要突出经营效果，总结经验教训，努力提高经营管理水平。

第二节　概预算作用与文件组成

工程概预算是决定工程结构物设计价值的造价文件，是基本建设管理工作中的重要环节和内容。工程概预算编制的质量好坏，与国家基本建设资金能否正确合理使用有密切的关系。工程概预算既是衡量完成国家计划的依据，又是正确组织施工的前提。

一个工程设计在技术上是否先进合理，工程造价是衡量的标准之一。当基本建设项目确定后，如何将大量的劳动力、材料和机械用好、管好，做到消耗最少、质量最好，是工程组织管理的重要内容，因此，从设计、施工直至竣工投产，都离不开工程概预算。

一、公路工程概预算的作用

1. 设计概算、修正概算的作用

（1）设计概算、修正概算是编制建设项目投资计划、确定和控制建设项目投资的依据。国家有关部门规定，编制年度固定资产投资计划，确定计划投资总额及其构成数额，要以批准的初步设计概算为依据，没有批准的初步设计及其概算的建设工程不能列入年度固定资产投资计划。

经批准的建设项目设计总概算的投资额，是该工程建设投资的最高限额。在工程建设过程中，年度固定资产投资计划安排、银行拨款或贷款、施工图设计及其预算、竣工决算等，未经按规定的程序批准，都不能突破这一限额，以确保国家固定资产投资计划的严格执行和有效控制。

（2）设计概算、修正概算是签订建设工程合同和贷款合同的依据。《中华人民共和国合同法》明确规定，建设工程合同是承包人进行工程建设，发包人支付价款的合同。合同价款的多少是以设计概预算为依据的，而且总承包合同不得超过设计总概算的投资额。

设计概算是银行拨款或签订贷款合同的最高限额，建设项目的全部拨款或贷款以及各单项工程的拨款或贷款的累计总额，不能超过设计概算。如果项目的投资计划所列投资额或拨款与贷款突破设计概算时，必须查明原因后由建设单位报请上级主管部门调整或追加设计概算总投资额，凡未批准之前，银行对其超支部分拒不拨付。

（3）设计概算、修正概算是控制施工图设计和施工图预算的依据。经批准的设计概算是建设项目投资的最高限额，设计单位必须按照批准的初步设计和总概算进行施工图设计，施工图预算不得突破设计概算。如确需突破总概算时，应按规定程序报经审批。

（4）设计概算、修正概算是衡量设计方案技术经济合理性和选择最佳设计方案的依据。设计概算是设计方案技术经济合理性的综合反映，据此可以用来对不同的设计方案进行技术与经济合理性的比较，以便选择最佳的设计方案。

（5）设计概算是工程造价管理及编制招标标底和投标报价的依据。设计总概算一经批准，就可作为工程造价管理的最高限额，并据此对工程造价进行严格的控制。以设计概算进行招投标的工程，招标单位编制标底是以设计概算造价为依据的，并以此作为评标定标的依据。承包单位为了在投标竞争中取胜，也以设计概算为依据，编制出合适的投标报价。

（6）设计概算是考核建设项目投资效果的依据。通过设计概算与竣工决算对比，可以分析和考核投资效果的好坏，同时还可以验证设计概算的准确性，有利于加强设计概算管理和建设项目的造价管理工作。

2．施工图预算的作用

施工图预算的作用，见表 3–1。

表 3–1　施工图预算的作用

作用	内容
施工图预算是确定单位工程造价的依据	建筑工程由于体积庞大、结构复杂、形态多样、用途各异、地点固定、生产周期长、材料消耗庞杂，不能像其他工业产品那样由国家制定统一的出厂价格，而必须依据各自的施工设计图纸，预算定额单价、取费标准（间接费定额）等，分别计算各个建筑工程的预算造价。因此，建筑工程预算起着为建筑产品定价的作用。实行招标的工程，预算也是确定“标底价”的依据
施工图预算是编制年度建设项目计划的依据	按照国家工程建设管理制度的要求，年度基本建设计划必须根据审定后的建设预算进行编制。凡没有编好建设预算的工程项目，必须在开工前编出建设预算，否则不能列入年度基本建设计划
施工图预算是签订施工合同的依据	凡是承发包工程，建设单位与施工单位都必须以经审查后的施工图预算为依据签订施工合同。因为施工图预算所确定的工程造价，是建筑产品的出厂价格，双方为了各自的经济利益，应以施工图预算为准，明确责任，分工协作，互相制约，共同保证完成国家基本建设计划
施工图预算是建设银行办理工程贷（拨）款、结算和实行财政监督的依据	一个建设项目的各项工程用款，建设银行都是以经审查后的预算为依据进行贷（拨）款、结（决）算的，并监督建设单位和施工单位按工程的施工进度合理地使用建设资金

续表

作用	内容
施工图预算是衡量设计标准和考核工程建设成本的依据	单位建筑工程施工图预算是以货币形式，综合反映工程项目设计标准和设计质量的经济价值数量。设计上的浪费或节约，通过计算工程数量和各项费用，可以全部反映到预算文件中去。因此，建设项目的施工图预算编制完毕后，就可以利用预算中的有关指标（如单位建筑面积造价指标、三大材料耗用指标、单位生产能力造价指标等），对设计的标准和质量进行经济分析和评价，从而达到衡量设计是否技术先进、经济合理的目的
施工图预算是施工企业编制施工计划和统计完成工作量的依据	施工企业对所承担的建设项目施工准备的各项计划（包括施工进度计划、材料供应计划、劳动力安排计划、机具调配计划、财务计划等）的编制，都是以批准的施工图预算为依据的

二、公路工程概预算项目

公路建设工程从筹建至竣工、验收、运营使用的全过程中，主要由建筑安装工程设备、工器具购置和工程建设其他费用三部分组成。由此可见，公路工程概预算价值的主要组成部分是建筑安装工程的概预算价值。在一定意义上讲，编制公路工程概预算，主要是编制建筑安装工程概预算，它是编制公路工程概预算的关键。

三、公路工程概预算文件组成

公路工程概（预）算文件，主要由封面及目录，概（预）算编制说明及全部概（预）算表格组成。

1．文件封面及目录

公路工程概（预）算文件的封面和扉页，应按《公路工程基本建设项目设计文件编制办法》中的规定制作，扉页的次页应有建设项目的名称、编制单位、编制人员和复核人员姓名并加盖执业（从业）资格印章、编制日期及第几册等内容。目录应按概（预）算表的表号顺序编排。

2．概（预）算编制说明

公路工程概（预）算文件编制完成后，应根据工程实际和有关要求编制说明，内容应当比较全面，文字力求简明扼要。根据我国公路工程的实际，一般应包括如下内容。

（1）建设项目设计资料的依据及有关文号，如建设项目可行性研究报告的批准文号、初步设计和概算批准文号，以及根据何时的测设资料及比选方案进行编制的等。

（2）采用的定额、费用标准、人工、材料、机械台班单价的依据或来源，补充定额及编制依据的详细说明。

（3）与工程概（预）算有关的委托书、协议书、会议纪要的主要内容，如果不能获得原件，也可将抄件附在后面。

（4）总概（预）算金额，人工、钢材、水泥、木材、沥青、砂石等材料总需要量情况，各设计方案的经济技术比较及编制中存在的问题。

（5）其他与概（预）算有关但不能在表格中反映的事项。

3．全部概预算表格

公路工程概（预）算应按统一的概预算表格计算，概预算表格是一个有机的整体，它们互相关联，共同反映工程的费用。由此可见，工程概预算文件的主要内容和组成部分是概预算表格。概预算的材料和机械台班单价及各项费用的计算都应通过表格反映，其中概预算表格的格式相同，在印制表格时，应将概算表和预算表分别印制。

4．甲组文件与乙组文件

工程概（预）算是设计文件的重要组成部分，按不同的需要一般分为甲组文件和乙组文件两种。甲组文件是各项费用计算表，乙组文件为建筑安装工程费各项基础数据计算表（只供审批用）。甲、乙组文件应按《公路工程基本建设项目设计文件编制办法》关于设计文件报送份数，随设计文件一并报送。

在报送乙组文件时，还应提供“建筑安装工程费各项基础数据计算表”的电子文档和编制补充定额的详细资料，并随同概预算文件一并报送。乙组文件中的建筑安装工程费计算数据表和分项工程概（预）算表，应根据审批部门或建设项目业主单位的要求全部提供或仅提供其中的一种。

公路工程概（预）算应按一个建设项目（如一条路线或一座独立的大中型桥梁、隧道等）进行编制。当一个建设项目需要分段或分部进行编制时，应根据需要分别编制，但必须汇总编制总概（预）算汇总表。

公路工程概（预）算的甲组文件主要包括以下内容：编制说明；总概（预）算汇总表；总概（预）算人工、材料、机械台班数量汇总表；总概（预）算表；人工、主要材料、机械台班数量汇总表；建筑安装工程费计算表其他工程费及间接费综合费率计算表；设备、工具、器具购置费计算表；工程建设其他费用及回收金额计算表；人工、材料、机械台班单价汇总表。

公路工程概（预）算的乙组文件主要包括以下内容：建筑安装工程费计算数据表；分项工程概（预）算表；材料预算单价计算表采材料料场价格计算表机械台班单价计算表；辅助生产工、料、机械台班单位数量表。

第三节　概预算各项费用的计算

工程概（预）算是指在工程建设的过程中，根据不同设计阶段的设计文件的具体内容和有关定额、指标及取费标准，预先计算和确定建设项目的全部工程费用的技术经济文件。由此可见，概（预）算中各项费用的计算是编制工程概（预）算的基础和关键，必须认真、仔细地进行计算，才能确保概（预）算的准确性。

一、建筑安装工程费计算

建筑安装工程是施工企业按预定生产目标创造的直接生产成果，主要包括建筑工程和设备安装工程两大类。建筑安装工程的形成，必须通过施工企业的生产活动、组织管理和消耗一定资源来实现。

从理论上讲，建筑安装工程费以建筑安装工程价值为基础。建筑安装工程的价值由三部分组成：一是建筑业转移的生产资料价值；二是生产者为自己劳动所创造的价值；三是生产者为社会劳动所创造的价值。建筑安装工程费用就是这些价值的货币量化值，因此，它也由三部分组成：第一部分为施工企业转移的生产资料费用，主要包括建筑材料、构（配）件的价值和进行建筑安装生产所使用施工机械等固定资产的折旧费用等；第二部分为施工企业的劳动报酬和其他必要的费用等；第三部分为施工企业向财政缴纳的税金和税后留存的利润。前两部分构成建筑安装工程的成本。

按现行的《公路工程基本建设项目设计文件编制办法》中的规定，建筑安装工程费是指概（预）算中直接用于形成工程实体所发生的费用。它由直接费、间接费、利润和税金四部分组成。建筑安装工程费是概（预）算费用的主体部分，在概（预）算编制中，其计算量占整个概（预）算文件计算的 90% 以上，其中直接费是建筑安装工程费计算的核心和关键，其他三部分费用则分别以规定的基数按各自的百分率计算取费。

1．直接费计算

直接费是指施工企业生产作业中直接体现在工程上的费用，即直接使生产资料发生转移而形成预定使用功能所投入的费用。直接费是建筑安装工程费的主体，它由直接工程费和其他工程费组成，直接费的高低直接决定工程造价的高低。

直接费的多少取决于设计方案、施工方法、概预算定额、工程所在地人工工日单价、材料预算价格、机械台班单价和工程所在地的其他工程费的费率。

直接费的计算方法如下。

①将工程项目按照有关要求分解成分项工程，并计算各分项工程的工程量。

②查阅和套用定额项目表中各分项工程的人工、材料、机械消耗量及定额基价。

③根据分项工程的工程量大小和定额的规定计算出各分项工程的人工、材料、机械消耗量及定额基价。

④用人工工日单价、材料预算单价和机械台班单价计算出各分项工程的人工费、材料费和机械使用费。

⑤以直接工程费为基数，按其他工程费费率计算其他工程费。

⑥由人工费、材料费和机械使用费和其他工程费求得直接费。

由此可见，直接费的计算以直接工程费为基础，以人工工日单价、材料预算单价和机械台班单价和其他工程费费率为依据，关键是人工工日单价、材料预算单价和机械台班单价及其他工程费费率的计算。

（1）直接工程费

直接工程费是指施工过程中耗费的构成工程实体和有助于工程形成的各项费用，包括人工费、材料费、施工机械使用费。

1）人工费。人工费是指列入概（预）算定额的直接从事建筑安装工程施工的生产工人开支的各项费用，主要包括基本工资、工资性补贴、生产工人辅助工资、职工福利费等。人工费中不包括材料采购及保管人员，驾驶施工机械和运输工具的工人，材料到达工地以前的搬运、装卸工人等人员的工资以及由施工管理费支付的人员的工资。

①人工费的内容。

a. 基本工资。基本工资是指发放生产工人的基本工资、流动施工津贴和生产工人劳动保护费，以及职工缴纳的养老、失业、医疗保险费和住房公积金等。

生产工人劳动保护费是按国家有关部门规定标准发放的劳动保护用品的购置费及修理费、徒工服装补贴、防暑降温费，在有碍身体健康环境中施工的保健费用等。

b. 工资性补贴。工资性补贴是指按规定标准发放的物价补贴，煤、燃气补贴，交通补贴，地区津贴等。

c. 生产工人辅助工资。生产工人辅助工资是指生产工人年有效施工天数以外非作业天数的工资，包括开会和执行必要的社会义务时间的工资，职业学习、培训期间的工资，调动工作、探亲、休假期间的工资，因气候影响停工期间的工资，女工哺乳时间的工资，病假在 6 个月以内的工资及产假、婚假和丧假期间的工资。

d. 职工福利费。职工福利费是指按国家规定标准计提的职工福利费。

②人工费的计算。人工费可用下式进行计算。

人工费 =Σ（分项工程数量 × 相应项目定额单位工日数 × 工日单价）

上式中各项内容的规定和计算如下。

分项工程数量。分项工程数量是由设计图纸按工程量计算规则计算而得出的定额单位工程数量。

定额单位工日数。定额单位工日数是指完成一定数量单位的分项工程量（如 $10m^3$ 实体、1t 钢筋等）定额规定所需人工工日，可从现行的《公路工程概算定额》和《公路工程预算定额》中直接查得。

工日单价。工日单价是由标准工资、工资性质的津贴、地区生活补贴和劳动保护费组成。这项费用有两种计算方式：一种按公式进行计算，另一种按地区规定。

a. 按公式计算工日单价如下。

人工工日单价（元 / 工日）=［基本工资（元 / 月）+ 地区生活补贴（元 / 月）+ 工资性津贴（元 / 月）×（1+14%）×12］+240（工日）

式中工人基本工资——按工程所在地政府主管部门发布的最低工资标准的 1.3 ~ 1.6 倍计算；

地区生活补贴——指国家规定的边远地区生活补贴、特区补贴；

工资性津贴——指物价补贴，即煤、燃气补贴，交通费补贴，住房补贴，流动施工津贴等。

以上各项标准由各省、自治区、直辖市公路（交通）工程造价（定额）管理站，根据当地人民政府的有关规定核定后公布执行，并抄送交通部公路司备案。人工费用单价仅作为编制概（预）算的依据，不作为施工企业实发工资的依据。

b. 按地区规定计算工日单价。有的省区，根据本省公路建设的实际情况，单独另行发文规定工日单价的标准，而不是按上式进行计算。

应当特别注意，不管人工工日单价以哪种方式确定，它都仅作为编制工程概预算的依据，而不能作为施工企业实发工资的依据。

c. 计算各分项工程的人工费和汇总得出项目人工费。将各分项工程的工程数量及定额人工工日数计算出来，按工日单价即可算出各分项工程的人工费，然后按上式计算可得人工费。而且应根据工程所在地最低工资标准的变化情况，及时调整公路工程生产工人的工资标准。

必须强调指出，人工费用单价仅作为编制工程概（预）算的依据，不作为施工企业实发工资的标准。因此，只要得到了地区生活补贴与工资性津贴的数额，就能很容易按上式计算出人工工日单价。

d. 按地区规定计算人工工日单价。有的省、自治区、直辖市，根据本地区公路建设的实际情况，单独另行发文规定人工工日单价的标准，而不按上式进行计算。这样，在编制公路工程概（预）算时，更加简便、快速。

2）材料费。材料费是指列入概（预）算定额的、在建设工程施工过程中消耗的符合国家或有关部门质量标准的常用规格合格产品的材料数量与材料预算价格的乘积。即在施工过程中耗用的构成工程实体的原材料、辅助材料、构配件、零件、半成品的费用和周转使用材料的摊销（或租赁）费用。

材料费在建筑安装工程费用中的比重一般在 40% ~ 50%。因此，准确计算材料费对工程概（预）算的质量和造价有很大影响。工程材料费的计算公式如下。

材料费 =Σ（分项工程数量 × 相应项目定额单位材料消耗量 × 材料预算价格）

式中的“分项工程数量”的含义与上述相同，定额材料消耗量由定额查得。但特别要注意：任何一个分项工程其材料消耗的种类、品质都有差别，以各种材料的品质要求由设计规定。这两项内容和工作都比较简单，而关键是材料预算价格的计算。

材料预算价格是指材料从其来源地到达施工工地仓库后出库的综合平均价格。材料二次搬运费属于建筑安装工程费用中的其他直接费。材料预算价格一般由材料原价、供销部门手续费、包装费、运杂费、采购及保管费组成。

材料预算价格也有两种确定的办法：一种按公式进行计算，另一种按地区规定的材料预算价格计算，但其价格组成内容是一致的。交通部颁布的《公路工程基本建设项目概算预算编制办法》（JTGB06—2007）采用的是公式计算法。由于材料预算价格的重要性及其计算的复杂性，还专门设计了“材料预算单价计算表”来进行计算。

①材料预算价格的公式计算法，也称为表算法。一般可按下式进行计算。

材料预算价格 =（材料供应价格 + 运杂费）×（1+ 场外运输损耗率）×（1+ 采购及保管费率）– 包装品回收价值

式中各项内容的规定与计算如下。

A. 材料供应价格。材料供应价格是指材料原价、供销部门手续费和包装费。这三项费用不需要分别进行计算，在“材料预算单价计算表”原价一栏（第四栏）填写的即为材料供应价格。对于不同来源的材料，其供应价格的规定与计算如下。

a. 外购材料。外购材料是指国家或地方统一分配的工业产品和其他工业产品，按国营企业产品出厂价格计算，并根据情况加计供销部门手续费和包装费。如果供应情况、交货条件不明确时，也可采用当地规定的价格计算。

b. 地主性材料。地主性材料也称为地方材料，主要包括外购的砂石材料等，按当地主管部门规定的价格进行计算。

c. 自采性材料。自采性材料是指施工企业自采的砂、石、黏土等材料，按预算定额分析开采单价并加计辅助生产间接费。在概（预）算编制工作中，应通过“自采材料料场价格计算表”进行计算。

材料供应价格是材料预算价格最主要的组成部分，关系到材料预算价格是否准确，应进行仔细调查和认真分析，按实际计取。

B. 材料运杂费。材料运杂费是指材料自供应点至工地仓库（施工地存放材料的地方）的装卸费、运输费，有时还应计入囤存费及其他杂费，如过磅、标签、支撑加固等费用。

材料运杂费在材料预算价格中也占有很大的比重，它与运输费用的高低、与材料供应地和运输方式的选择有密切的关系。材料供应地一经确定，运输方式和运距也就随之确定下来。材料供应地的选择，要综合考虑材料质量、可供应量、供应价格、运输条件、运距长短等因素，进行经济比较后确定，以达到降低材料预算价格和工程造价的目的。

材料运杂费的计算方法如下。外雇的汽车、拖拉机、马车等运输的材料，按铁路、航运、公路和当地交通部门规定的运价计算运费。施工单位自办的运输，运距在 30km 以上的长途汽车运输，按当地交通部门规定的统一运价计算运费；运距在 30km 以内的短途运输，当工程所在地交通不便，社会运输力量缺乏时，允许单程在 10 ~ 30km 的汽车运输，可按当地交通部门规定的统一运价另加 50% 计算运费；10km 以内的汽车运输及人力场外运输，按预算定额计算运费，其中人力装卸和运输另按人工费加计辅助生产间接费。

a. 铁路运杂费的计算。当材料通过铁路运输时，其运杂费主要应考虑装卸费、调车费、运费及其他杂费等。

当由铁路专用线或非公用装货地点取送车辆时，还需要计算调车费。我国铁道部关于调车费的规定是：用铁路机车往专用线上取送车辆时（不论需要的车皮多少），按往返里程计算，不足三机车公里者，收取三机车公里费；在站界范围内其他线路（专用装卸货地点）取送车辆，按次数进行取费；在站界公用装卸货地点取送车辆免费。调车费应分摊到每次托运的全部货物上。

铁路运费应按照铁道部《铁路货物运输管理规则》中的有关规定进行计算。一般按以下三个条件来决定：货物质量规定运费标准（整车或零担）；按运载的货物等级分别规定运费标准；按不同里程分别规定里程的运费标准。

根据以上三个条件，在计算铁路运费时，首先，按交货的条件，查出铁路运价里程，有几个交货地点时，按每个地点的供应数量，采用加权平均方法确定其运距；其次，根据货物运价号表查出所托运的材料运价等级；最后，按托运货物的数量确定是整车或零担运输，找出相应的运输标准。其他杂费（如标签、过镑等）也应按铁路部门的规定进行计费。

b. 水路运杂费的计算。水路运杂费是指在沿海、内河的运输过程中，应按交通部规定的建筑材料设备沿海和主要大河、地方内河的运输价格表计算。一般应考虑驳船费、运费和其他杂费等。

在港口用驳船从码头至船舶取送货的费用（如驳船费），每吨货物驳船费率由各港口分别按不同类别货物规定。一般各港口按不同货物分别规定每吨货物的装卸费率，以及按货物的不同等级、不同运价里程和质量规定的各种运费标准来进行运费的计算。

c. 公路运杂费的计算。当材料经过公路，从汽车自供应地点（如供应厂、场、仓库、起运站、码头等）运至工地仓库或施工现场堆料点时，应计算材料的公路运杂费。目前，公路工程建设项目的筑路材料绝大部分是通过汽车运输的，一般应主要考虑材料装卸费、运费和其他杂费。

全国各地区公路运输运价的规定，基本上都是根据交通部颁发的最新《汽车运价规则》（2009 年 9 月 1 日执行）中的有关规定，再结合各地区的实际情况，按各省交通厅（局）制定的实施细则执行。

道路货物运输根据营运形式分为道路货物整批运输、零担运输和集装箱运输。整批货物运价指整批普通货物在等级公路上运输的每吨千米运价；零担货物运价指零担普通货物在等级公路上运输的每千克千米运价；集装箱运价指各类集装箱重箱在等级公路上运输的每箱千米运价。

货物按其性质分为普通货物和特种货物两种。特种货物分为大型特型笨重物件、危险货物、贵重货物、鲜活货物四类。货物重量的确定如下。

一般货物：无论整批、零担货物计费重量均按毛量计算。整批货物吨以下计至 100kg，尾数不足 100kg 的，四舍五入。零担货物起码计费重量为 1kg，质量在 1kg 以上，尾数不足 1kg 的，四舍五入。

轻泡货物：指每立方米重量不足 333kg 的货物。

装运整批轻泡货物的高度、长度、宽度，以不超过有关道路交通安全规定为限度，按车辆核定载质量计算重量。

零担运输轻泡货物以货物包装最长、最宽、最高部位尺寸计算体积，按每立方米折合 333 千克计算重量。

轻泡货物也可按照立方米作为计量单位收取运费。

包车运输按车辆的核定质量或者车辆容积计算。

货物重量一般以起运地过镑为准。

散装货物，如砖、瓦、砂、石、矿石、木材等，按重量计算或者按体积折算。

运输费用的计算如下。

整批货物运费 = 整批货物运价 × 计费重量 × 计费里程 + 车辆通行费 + 其他法定收费

零担货物运费 = 零担货物运价 × 计费重量 × 计费里程 + 车辆通行费 + 其他法定收费

重（空）集装箱运费 = 重（空）箱运价 × 计费箱数 × 计费里程 + 车辆通行费 + 其他法定收费

包车运费 = 包车运价 × 包用车辆吨位 × 计费时间 + 车辆通行费 + 其他法定收费

施工单位自办短途汽车运输以及人力场外运输，一般应按《公路工程预算定额》中不同材料采用不同运输方法的定额规定，计算出消耗的人工、机械台班单位计算出运费，其中人力运输、装卸还应加辅助生产间接费。材料运杂费的计算，是通过“材料预算单价计算表”中的第 5 ~ 9 栏进行计算的。

一种材料如有两个以上的供应点时，都应根据不同的运距、运量、运价采用加权平均的方法计算运费。

由于预算定额中汽车运输台班已考虑工地便道，以及定额中已计入“工地小搬运”项目，因此，平均运距中汽车运输便道里程不得乘以调整系数，也不得在工地仓库或堆料场之外再加场内运距或二次倒运的运距。

C. 场外运输损耗。有些建筑材料在正常的运输过程中，会发生一些正常的损耗，这部分损耗应摊销入材料的预算单价中。材料场外运输损耗率见表 3–2，该项费用在“材料预算单 价计算表”中的第 11 栏、第 12 栏计算。

表 3–2　材料场外运输操作损耗率表　　单位：%

材料名称		场外运输（包括一次装卸）	每增加一次装卸
块状沥青		0.5	0.2
石屑、碎砾石、砂砾、煤渣、工业废渣、煤		1.0	0.4
砖、瓦、确装沥青、石灰、黏土		3.0	1.0
草皮		7.0	3.0
水泥（袋装、散装）		1.0	0.4
砂子	一般地区	2.5	1.0
	多风地区	5.0	2.0

D. 采购及保管费。材料采购及保管费是指材料供应部门（包括工地仓库以及各级材料管理部门）在组织采购、供应和保管材料过程中，所需要的各项费用及工地仓库在材料的储存过程中的损耗。

材料采购及保管费，以材料的供应价格加运杂费及场外运输损耗的合计数为基数，乘以费率计算得出。材料采购及保管费的费率，一般取 2.5%。

外购的构件、成品及半成品的预算价格计算方法与材料基本相同。但设备、构件（如外购的钢桁梁、钢筋混凝土构件及加工钢材等半成品）的采购及保管费费率为 1.0%。商品混凝土预算价格的计算方法与材料相同，但其采购及保管费费率为 0。采购及保管费在“材料预算单价计算表”中的第 13 栏中计算。

将以上各项的内容汇总，按上面公式即可算出材料预算价格，填入“材料预算单价计算表”中的第 14 栏中。

②地区材料预算价格的计算方法，按照工程所用的每种材料单独编制材料预算价格，不仅要花费很大的人力和时间，而且也不一定符合拟建工程所在地的实际情况。在一个地区范围内，各种建设工程所用的材料价格构成因素和编制依据，基本上是相同的或相似的，只要根据实际情况，从组织上、技术上采取一定措施，就有可能制定出合理的地区统一材料预算价格。

地区材料预算价格，一般由当地定额站每月发布“建筑材料价格信息”，其中的信息价即地区材料预算价格。

地区材料预算价格也是由材料原价、供销部门手续费、包装费、运杂费、采购保管费等构成的。材料来源地的确定，必须贯彻就地、就近取材的原则，根据物资合理分配条件及历年物资实际分配确定。

A. 材料原价。在编制地区材料预算价格时，如果同一种材料因来源不同而有不同价格时，可以根据各种来源的物资供应数量比重及其价格，采用加权平均的方法确定。

B. 供销部门手续费、包装费、采购保管费，这几项费用在同一地区的取费标准应当是一致的。

C. 运杂费。运杂费应根据材料来源地、运输里程、运输方法和运价标准合理计算。对于同一种材料、统一的地区运输费，采用加权平均的方法计算确定。如运输方法相同，也可采用加权平均法计算平均运距，然后再用平均运距计算运输费。

③材料费的计算步骤。

A. 分项并计算工程数量：将所建工程按要求进行分项，计算各分项工程的工程量，并按定额单位计算定额工程数量。

B. 查有关定额：根据工程组成的各分项工程查相应的定额，确定材料的消耗种类及相应数量。

C. 计算材料预算价格：将定额中所出现的各种材料，按有关规定分别计算各种材料的预算价格。

D. 计算材料费：先计算各分项工程的材料费，然后按有关公式计算工程项目的材料费。

E. 有容器或包装的材料及长而大的轻浮材料，应按表 3–3 规定的毛重计算。桶装沥青、汽油、柴油，可按每吨摊销一个旧汽油桶计算包装费（不计回收）。

表 3–3　材料毛重系数及单位毛重表

材料名称	单位	毛重系数	单位毛重
爆破材料	t	1.35	–
水泥、块状沥青	t	1.01	–
铁钉、铁件、焊条	t	1.10	–
液体沥青、液体燃料、水	t	桶装 1.17，油罐车装 1.00	–
木料	m^3	–	1.000t
草袋	个	–	0.004t

3）施工机器使用费。

①施工机器使用费的计算。施工机器使用费是指列入概（预）算定额的施工机械台班数量，按相应的机械台班费用定额计算的施工机械使用费和小型机具使用费。施工机器使用费可用下式计算。

施工机器使用费 =Σ（分项工程数量 × 相应项目定额单位机械台班消耗量 × 机械台班单价）+ 小型机具使用费

分项工程数量——是由设计图纸按工程量计算规则计算的定额单位工程数量。

定额单位机械台班消耗量——由定额直接查得完成一定数量单位的分项工程定额所规定消耗的机械种类和台班数量。

机械台班单价——施工机械台班单价按市场价格计算或按交通部颁布的《公路工程机械台班费用定额》（JTG/TB06—03—2007）计算。在编制公路工程造价时，施工机械台班单价不得采用社会出租台班单价计价。

小型机具使用费——小型机具使用费是指未列入机械台班费用定额，但实际使用的小型机具的费用。

②机械台班单价的组成。机械台班单价由不变费用和可变费用两部分组成。

A. 机械台班单价的不变费用。不变费用包括折旧费、大修理费、经常修理费、安装拆卸及辅助设施费。全国除青海、西藏、新疆三省区允许调整外，其余各地均应直接采用。至于边远地区的维修工资、配件材料等，由于价差较大而需调整不变费用时，可根据具体实际情况，由省、自治区交通厅制定调整系数并报交通部备案后执行。

B. 机械台班单价的可变费用。可变费用包括机上人员的工资、动力燃料费、养路费及车船使用税。可变费用中随机操作人员的数量及动力物资消耗量，应以机械台班费用定额中的数值为准。台班人工费工日单价同生产工人人工费单价。动力燃料费用则按当地的动力物资的工地预算价格计算。

4）直接工程费的计算。直接工程费的计算比较简单，在以上各项费用计算的基础上，可根据《公路基本建设工程概、预算编制办法》中的规定进行计算，其计算公式为

$$直接工程费 = 人工费 + 材料费 + 施工机械使用费$$

$$直接工程费 = \Sigma\ 分项工-量 \times 分项工程的工料单价$$

（2）其他工程费

其他工程费是指直接工程费以外施工过程中发生的直接用于工程的费用。按其工程所在地及施工的季节等情况不同，包括冬季施工增加费、雨季施工增加费、夜间施工增加费、特殊地区施工增加费、行车干扰工程施工增加费、安全及文明施工措施费、临时设施费、施工辅助费、工地转移费 9 项，它们均以直接费为基数按费率取费计算。

公路工程中的水、电费及因场地狭小等特殊情况而发生的材料二次搬运等其他工程费，已包括在概（预）算定额中，不再另行计算。

由于其他工程费是以各类工程的直接工程费之和或人工费与机械使用费之和为基数，以规定的费率计算的，而工程项目的内容千差万别，无法个别地按具体工程来制定费率标准。因此，其他工程费的取费费率需按工程类别来取得，包括以后的间接费的计算，也必须按以下工程类别来取得。工程类别可划分为如表 3–4 中的 13 类。

1）冬季施工增加费。冬季施工增加费是指按照《公路工程施工及验收规范》所规定的冬季施工要求，为保证工程质量和安全生产所需采取的防寒保温设施、工效降低和机械作业率降低以及操作过程的改变等所增加的有关费用。

根据我国冬季气候和公路工程的实际情况，工程冬季施工增加费主要包括：因冬季施工所需增加的一切人工、材料与机械的支付；施工机具所需修建的暖棚（包括拆移），增加油脂及其他保温设备的费用；因施工组织设计确定，需增加的一切保温、加温及照明等有关支出；与冬季施工有关的其他各项费用，如清除工作地点的

冰雪等费用。

冬季气温区的划分是根据气象部门提供的满 15 年以上的气温资料确定的。工程上所指的冬季期，与平常所指的冬季不同。每年秋季第一次连续 5 天出现室外日平均温度在 5℃以下、日最低温度在 -3℃以下的第一天算起，至第二年春季最后一次连续 5 天出现同样温度的最末一天为冬季期。

冬季期内平均气温在 -1℃以上者为冬一区，平均气温在 -1 ~ -4℃者为冬二区；平均气温在 -4 ~ -7℃者为冬三区；平均气温在 -7 ~ -10℃者为冬四区；平均气温在 -10 ~ -14℃者为冬五区；平均气温在 -14℃以下者为冬六区。冬一区内平均气温低于 0℃的连续天数在 70 天以内的为Ⅰ副区，70 天以上的为Ⅱ副区；冬二区内平均气温低于 0℃的连续天数在 100 天以内的为Ⅰ副区，100 天以上的为Ⅱ副区。

气温高于冬一区，但砖石、混凝土施工还需要采取一定措施的地区为准冬季区。准冬季区分为两个副区，简称准一区和准二区。凡一年内最低气温在 0℃以下的天数多于 20 天，日平均气温在 0℃以下的天气少于 15 天的为准一区，多于 15 天的为准二区。

表 3–4　工程类别划分表

工程类别	包括内容
人工土方	指人工施工的路基、改河等土方工程，以及人工施工的砍树、挖根、除草、平整场地、挖盖山土等工程项目，并适用于无路面的便道工程
机械土方	指机械施工的路基、改河等土方工程，以及人工施工的砍树、挖根、除草等工程项目
汽车运输	指汽车、拖拉机、机动翻斗车等运送的路基、改河土（石）方、路面基层和面层混合料、水泥混凝土及预制构件、绿化树苗等
人工石方	指人工施工的路基、改河等石方工程，以及人工施工的挖盖山石项目
机械石方	指机械施工的路基、改河等石方工程（机械打眼即属机械施工）
高级路面	指沥青混凝土路面、厂拌沥青碎石路面和水泥混凝土路面的面层
其他路面	指除高级路面外的其他路面面层，各等级路面的基层、底基层、垫层、透层、黏层、封层，采用结合料稳定的路基和软土等特殊路基处理等工程，以及有路面的便道工程
构造物Ⅰ	指无夜间施工的桥梁、涵洞、防护（包括绿化）及其他工程，交通工程及沿线设施工程［设备安装及金属标志牌、防撞钢护栏、防眩板（网）、隔离栅、防护网除外］，以及临时工程中的便桥、电力电信线路、轨道铺设等工程项目
构造物Ⅱ	指有夜间施工的桥梁工程
构造物Ⅲ	指商品混凝土（包括沥青混凝土和水泥混凝土）的浇筑和外购构件及设备安装工程。商品混凝土和外购构件及设备的费用不作为其他工程费和间接费的计费基数

续表

工程类别	包括内容
技术复杂大桥	指单孔跨径在 120m（含 120m）以上和基础水深在 10m（含 10m）的大桥主桥部分的基础、下部和上部工程
隧道	指隧道工程的洞门及洞内工程
钢材及钢结构	指钢桥及钢索吊桥的上部构造，钢沉井、钢围堰、钢套箱及钢护筒等基础工程，钢索塔、钢锚箱、钢筋及预应力钢材，模数式及橡胶板式伸缩缝，钢盆式橡胶支座，四氟板式橡胶支座，金属标志牌、防撞钢护栏、防眩板（网）、隔离栅、防护网等工程项目

冬季施工增加费的计算方法，是根据各类工程的具体特点，规定各气温区的取费标准。为了简化计算手续，一般宜采用全年平均摊销的方法，即不论是否在冬季施工，均按规定的取费标准计取冬季施工增加费。当一条公路路线穿过两个以上的气温区时，可分段计算或按各区的工程量比例求得全线的平均增加率，然后再计算冬季施工增加费。

2）雨季施工增加费。雨季施工增加费是指雨季期间施工为保证工程质量和安全生产所需采取的防雨、排水、防潮和防护措施、功效降低和机械作业效率降低以及技术作业过程的改变等，所需增加的有关费用。雨季施工增加费的内容如下。

①因雨季施工所需增加的人工、材料、机械费用的支出，包括工作效率的降低及易被雨水冲毁的工程所增加的工作内容等。如基坑坍塌和排水沟等堵塞的清理、路基边坡冲沟的填补等。

②路基土方工程的开挖、装卸和运输，因雨季施工（非土壤中水的影响）而引起的黏附工具降低生产效率所增加的费用。

③因防止雨水必须采取的防护措施而增加的费用，如挖临时排水沟，防止基坑坍塌所需支撑、挡板等费用。

④某些建筑材料因受潮、受湿而造成耗损的费用；雨季施工需要增加防雨、防潮材料或设备的费用。

⑤其他有关雨季施工所需增加的费用，如因河水高涨致使工作困难而增加的费用、土料因雨水浸泡含水量过大需翻晒而增加的费用等。

雨量和雨季期对于雨季施工增加费的大小有密切关系。雨量区和雨季期的划分，是根据气象部门提供的满 15 年以上的降雨资料确定的。凡月平均降雨天数在 10 天以上，月平均日降雨量在 3.5 ~ 5mm 者为 I 区，月平均日降雨量在 5mm 以上者为 II 区。

雨季施工增加费的计算方法，是将全国划分为若干雨量区和雨季期，并根据各类工程的特点，规定各雨量区和雨季期的取费标准，采用全年平均摊销的方法，即不论是否在雨季施工，均按规定的取费标准计取雨季施工增加费。

3）夜间施工增加费。夜间施工增加费是施工组织措施费中的一种费用，是指根据设计、施工的技术要求和合理的施工进度要求，必须在夜间连续施工而发生的工效降低、夜班津贴以及有关照明设施（包括所需照明设施的安装拆卸、摊销、维修及油燃料、电）等增加的费用。

夜间施工增加费按夜间施工的工程项目（如桥梁工程项目包括上部构造和下部构造全部工程）的直接工程费之和为基数，按表 3–5 中的费率进行计算。

表 3–5 夜间施工增加费费率 单位：%

工程类别	费率	工程类别	费率
构造物Ⅱ	0.35	技术复杂大桥	0.35
构造物Ⅲ	0.70	钢材及钢结构	0.35

4）特殊地区施工增加费。公路工程在不同的地区施工，其施工条件、气候等不同，对施工效率均有所影响，特别是气候比较恶劣的环境，生产效率降低需要增加一定的费用才能正常施工。特殊地区施工增加费包括高原地区施工增加费、风沙地区施工增加费和沿海地区施工增加费三项。

①高原地区施工增加费。高原地区施工增加费是指在海拔 1500m 以上的地区施工，由于受气候、气压的影响，致使人工、机械效率降低而增加的费用。一条路线通过两个以上（含两个）不同的海拔高度分区时，应分别计算高原地区施工增加费或按工程量比例求得平均的增加率，再计算全线高原地区施工增加费。

②风沙地区施工增加费。风沙地区施工增加费是指在沙漠地区施工时，由于受风沙的影响，按照施工及验收规范的要求，为保证工程施工质量和安全生产而增加的有关费用。该项主要包括防风、防沙及气候影响的措施费，材料费，人工、机械效率降低增加费用，以及积沙、风蚀的清理修复等费用。

风沙地区的划分，根据《公路自然区划标准》、《沙漠地区公路建设成套技术研究报告》的公路自然区划和沙漠公路区划，结合风沙地区的气候状况将风沙地区分成三区九类：即半干旱、半湿润沙地为风沙一区，干旱、极干旱寒冷沙漠地区为风沙二区，极干旱炎热沙漠地区为风沙三区；根据覆盖度（沙漠中植被、戈壁等覆盖程度）又将每区分为固定沙漠（覆盖度大于 50%）、半固定沙漠（覆盖度为 10% ~ 50%）、流动沙漠（覆盖度小于 10%）三类，覆盖度由工程勘察设计人员在公路工程勘察设计时确定。

全国风沙地区公路施工区划见表 3–6。如果当地气象资料及自然特征与表 3–6

中的风沙地区划分有较大出入时，由公路工程所在省、自治区、直辖市公路（交通）工程造价（定额）管理站，按当地气象资料和自然特征及上述标准确定工程所在地的风沙区划，并抄送交通运输部公路司备案。

表 3–6　全国风沙地区公路施工区划表

区划	沙漠（地）名称	地理位置	自然特征
风沙一区	呼伦贝尔沙地、嫩江沙地	呼伦贝尔沙地位于内蒙古呼伦贝尔平原，嫩江沙地位于东北平原西北部嫩江下游	属半干旱、半湿润严寒区，年降水量为 280 ~ 400mm，年蒸发量为 1400 ~ 1900mm，干燥度为 1.2 ~ 1.5
	科尔沁沙地	散布于东北平原西辽河中、下游主干及支流沿岸的冲积平原上	属半湿润温冷区，年降水量为 300 ~ 450mm，年蒸发量为 1700 ~ 2400mm，干燥度为 1.2 ~ 2.0
	浑善达克沙地	位于内蒙古锡林郭勒盟南部和昭乌达盟西北部	属半湿润温冷区，年降水量为 100 ~ 400mm，年蒸发量为 2200 ~ 2700mm，干燥度为 1.2 ~ 2.0，年平均风速为 3.5 ~ 5.0m/s，年大风日数为 50 ~ 80d
	毛乌索沙地	位于内蒙古鄂尔多斯中南部和陕西北部	属半干旱温热区，年降水量为 400 ~ 440mm，西部仅 250 ~ 320mm，年蒸发量为 2100 ~ 2600mm，干燥度为 1.6 ~ 2.0
	库布齐沙漠	位于内蒙古鄂尔多斯北部，黄河河套平原以南	属半干旱温热区，年降水量为 150 ~ 400mm，年蒸发量为 2100 ~ 2700mm，干燥度为 2.0 ~ 4.0，年平均风速为 3.0 ~ 4.0m/s
风沙二区	乌兰布和沙漠	位于内蒙古阿拉善东北部，黄河河套平原西南部	属干旱温热区，年降水量为 100 ~ 145mm，年蒸发量为 2400 ~ 2900mm，干燥度为 8.0 ~ 16.0，地下水相当丰富，埋深一般为 1.5 ~ 3.0m
	腾格里沙漠	位于内蒙古阿拉善东南部，甘肃武威部分地区	属干旱温热区，沙丘、湖盆、山地、残丘及平原交错分布，年降水量为 116 ~ 148mm，年蒸发量为 3000 ~ 3600mm，干燥度为 4.0 ~ 12.0
	巴丹吉林沙漠	位于内蒙古阿拉善西南边缘，甘肃酒泉部分地区	属干旱温热区，沙山高大密集，形态复杂，起伏悬殊，一般高度为 200 ~ 300m，最高达 420m，年降水量为 40 ~ 80mm，年蒸发量为 1720 ~ 3320mm，干燥度为 7.0 ~ 16.0
	柴达木沙漠	位于青海柴达木盆地	属极干旱寒冷区，风蚀地、沙丘、戈壁、盐湖和盐土平原交错分布，盆地东部年平均气温为 2 ~ 4℃，西部为 1.5 ~ 2.5t，年降水量东部为 50 ~ 170mm，西部为 10 ~ 25mm，年蒸发量为 2500 ~ 3000mm，干燥度为 16.0 ~ 32.0

续表

区划	沙漠（地）名称	地理位置	自然特征
风沙二区	古尔班通古特沙漠	位于新疆北部准噶尔盆地	属于旱温冷区，其中固定、半固定沙丘占沙漠面积的 97%，年降水量为 70 ~ 150mm，年蒸发量为 1700 ~ 2200mm，干燥度为 2.0 ~ 10.0
风沙三区	塔克拉玛干沙漠	位于新疆南部塔里木盆地	属极干旱炎热区，年降水量东部仅 20mm 左右，西部为 40mm 左右，南部为 30mm 左右，北部为 50mm 以上，年蒸发量 1500 ~ 3700mm，中部达高限，干燥度大于 32.0
	库姆达格沙漠	位于新疆东部、甘肃西部，罗布泊低地南部和阿尔金山北部	属极干旱炎热区，全部为流动沙丘，风蚀严重，年降水量仅 10 ~ 20mm，年蒸发量为 2800 ~ 3000mm，干燥度大于 32.0，8 级以上大风天数在 100d 以上

一条公路工程路线穿过两个以上（含两个）不同风沙区时，按路线长度经过不同的风沙区加权计算项目全线风沙地区施工增加费。

风沙地区施工增加费以各类工程的人工费和机械使用费之和为基数，根据工程所在地的风沙区划及类别，按表 3–7 中的费率进行计算。

表 3–7　风沙地区施工增加费费率表　　单位：%

风沙区划 工程类别	风沙一区			风沙二区			风沙三区		
	沙漠类型								
	固定	半固定	流动	固定	半固定	流动	固定	半固定	流动
人工土方	6.00	11.00	18.00	7.00	17.00	26.00	11.00	24.00	37.00
机械土方	4.00	7.00	12.00	5.00	11.00	17.00	7.00	15.00	24.00
汽车运输	4.00	8.00	13.00	5.00	12.00	18.00	8.00	17.00	26.00
人工石方	–	–	–	–	–	–	–	–	–
机械石方	–	–	–	–	–	–	–	–	–
高级路面	0.50	1.00	2.00	1.00	2.00	3.00	2.00	3.00	5.00
其他路面	2.00	4.00	7.00	3.00	7.00	10.00	4.00	10.00	15.00
构造物 I	4.00	7.00	12.00	5.00	11.00	17.00	7.00	16.00	24.00
构造物 II	–	–	–	–	–	–	–	–	–
构造物 III	–	–	–	–	–	–	–	–	–
技术复杂大桥	–	–	–	–	–	–	–	–	–

续表

风沙区划 工程类别	风沙一区			风沙二区			风沙三区		
	沙漠类型								
	固定	半固定	流动	固定	半固定	流动	固定	半固定	流动
隧道	–	–	–	–	–	–	–	–	–
钢材及钢结构	1.00	2.00	4.00	1.00	3.00	5.00	2.00	5.00	7.00

③沿海地区施工增加费。沿海地区工程施工增加费是指工程项目在沿海地区施工受到海风、海浪和潮汐的影响，致使人工、机械效率降低等需增加的费用。本项增加的费用由沿海各省、自治区、直辖市交通厅（局）制定具体的适用范围（地区），并抄送交通运输部备案。沿海地区工程施工增加费以各类工程直接工程费之和为基数，按表 3–8 中的费率计算。

表 3–8 沿海地区工程施工增加费费率表 单位：%

工程类别	费率	工程类别	费率
构造物Ⅱ	0.15	技术复杂大桥	0.15
构造物Ⅲ	0.15	钢材及钢结构	0.15

5）行车干扰工程施工增加费。行车干扰工程施工增加费是指由于在边施工边维持通车的情况下，施工受到行车干扰的影响，致使人工、机械效率降低而增加的费用。这项费用以受行车影响部分的工程项目的人工费和机械使用费之和为基数，按表 3–9 中的费率计算。

6）安全及文明施工措施费。安全及文明施工措施费是指在施工期间为满足安全生产、文明施工、职工健康生活所发生的费用。这项费用不包括施工期间为保证交通安全而设置的临时安全设施和标志、标牌的费用，需要时应根据设计要求进行计算。安全及文明施工措施费以各类工程的直接工程费之和为基数，按表 3–10 中的费率计算。

表 3–9 行车干扰工程施工增加费费率表 单位：%

工程类别	施工期间平均每昼夜双向行车次数（汽车、畜力车合计）/ 次							
	51 ~ 100	101 ~ 500	501 ~ 1000	1001 ~ 2000	2001 ~ 3000	3001 ~ 4000	4001 ~ 5000	5000 以上
人工土方	1.64	2.46	3.28	4.10	4.76	5.29	5.86	6.44

续表

工程类别	施工期间平均每昼夜双向行车次数（汽车、畜力车合计）/ 次							
	51 ~ 100	101 ~ 500	501 ~ 1000	1001 ~ 2000	2001 ~ 3000	3001 ~ 4000	4001 ~ 5000	5000 以上
机械土方	1.39	2.19	3.00	3.89	4.51	5.02	5.56	6.11
汽车运输	1.36	2.09	2.85	3.75	4.36	4.84	5.36	5.89
人工石方	1.66	2.40	3.33	4.06	4.71	5.24	5.81	6.37
机械石方	1.16	1.71	2.38	3.19	3.70	4.12	4.56	5.01
高级路面	1.24	1.87	2.50	3.11	3.61	4.01	4.45	4.88
其他路面	1.17	1.77	2.36	2.94	3.41	3.79	4.20	4.62
构造物Ⅰ	0.94	1.41	1.89	2.36	2.74	3.04	3.37	3.71
构造物Ⅱ	0.95	1.43	1.90	2.37	2.76	3.06	3.39	3.72
构造物Ⅲ	0.95	1.42	1.90	2.37	2.75	3.05	3.38	3.72
技术复杂大桥	–	–	–	–	–	–	–	–
隧道	–	–	–	–	–	–	–	–
钢材及钢结构	–	–	–	–	–	–	–	–

表 3–10 安全及文明施工措施费费率　　单位：%

工程类别	费率	工程类别	费率
人工土方	0.59	构造物Ⅰ	0.72
机械土方	0.59	构造物Ⅱ	0.78
汽车运输	0.21	构造物Ⅲ	1.57
人工石方	0.59	技术复杂大桥	0.86

续表

工程类别	费率	工程类别	费率
机械石方	0.59	隧道	0.73
高级路面	1.00	钢材及钢结构	0.53
其他路面	1.02	–	–

7）临时设施费。临时设施费是指施工企业为进行建筑安装工程施工，所必需的生活和生产用的临时建筑物、构筑物和其他临时设施的费用等，但不包括概（预）算定额中的临时工程。

临时设施包括：临时生活及居住房屋（包括职工家属房屋及探亲房屋）、文化福利及公用房屋（如广播室、文体活动室、阅览室等）和生产、办公房屋（如仓库、加工厂、加工棚、发电站、变电站、空压机站、停机棚等），工地范围内的各种临时的工作便道（包括汽车、畜力车、人力车道）、人行便道、工地临时用水、用电的水管支线和电线支线，临时构筑物（如水井、水塔等）以及其他小型临时设施。

临时设施费主要包括临时设施的搭设、维修、拆除费或摊销费。临时设施费以各类工程的直接工程费之和为基数，按表 3–11 中的费率计算。

8）施工辅助费。施工辅助费是指生产工具用具使用费、检验试验费和工程定位复测费、工程点交费、场地清理费等。

生产工具用具使用费是指施工所需不属于固定资产的生产工具、检验用具、试验用具及仪器、仪表等购置、摊销和维修费，以及支付给工人自备工具的补贴费。

表 3–11　临时设施费费率表

工程类别	费率	工程类别	费率
人工土方	1.57	构造物 I	2.65
机械土方	1.42	构造物 II	3.14
汽车运输	0.92	构造物 III	5.81
人工石方	1.60	技术复杂大桥	2.92
机械石方	1.97	隧道	5.57
高级路面	1.92	钢材及钢结构	2.48
其他路面	1.87	–	–

检验试验费是指施工企业对建筑材料、构件和建筑安装工程进行的一般鉴定、检查所发生的费用，包括自设试验室进行试验所耗用的材料和化学药品的费用，以及技术革新和研究试验费，但不包括新结构、新材料的试验费和建设单位要求对具

有出厂合格证明的材料进行检验、对构件破坏性试验及其他特殊要求检验的费用。

“工程点交费”是指交工验收发生的费用。“工程定位复测费”是指项目在施工过程用于定位测量和复测而发生的相关费用。“场地清理费”是指为保证工程顺利开工和实施，进行施工场地清理所发生的费用。

施工辅助费以各类工程的直接工程费之和为基数，按表 3–12 中的费率计算。

表 3–12　施工辅助费费率表　　单位：%

工程类别	费率	工程类别	费率
人工土方	0.89	构造物 I	1.30
机械土方	0.49	构造物 Ⅱ	1.56
汽车运输	0.16	构造物 Ⅲ	3.03
人工石方	0.85	技术复杂大桥	1.68
机械石方	0.46	隧道	1.23
高级路面	0.80	钢材及钢结构	0.56
其他路面	0.74	–	–

9）工地转移费。工地转移费是指施工企业根据建设任务的需要，由已竣工的工地或后方基地迁至新工地的搬迁费用。工地转移费主要包括以下内容。

①施工单位全体职工及随职工迁移的家属向新工地转移的车费、家具行车运费、途中住宿费、行程补助费、杂费及工资与工资附加费等。

②公物、工具、施工设备器材、施工机械的运杂费，以及外租机械的往返费及本工程内部各工地之间施工机械、设备、公物、工具的转移费等。

③非固定工人进退场及一条路线中各工地转移的费用。

工地转移费以各类工程的直接工程费之和为基数，按表 3–13 中的费率计算。

2. 间接费计算

间接费是指直接费以外，企业用于管理工程项目和向国家缴纳的所需费，这项费用由规费和企业管理费两项组成。

（1）规费

规费是现代社会许多国家在对一部分单位和个人提供特殊服务时所收取的带有工本费性质的一种收费。公路工程的规费是指法律、法规、规章、规程规定施工企业必须缴纳的费用（简称规费）。根据我国现行规定，公路工程主要包括养老保险费、失业保险费、医疗保险费、住房公积金和工伤保险金。

表 3-13　工地转移费费率表　　单位：%

工程类别	工地转移距离 /km					
	50	100	300	500	1000	每增加 100
人工土方	0.15	0.21	0.32	0.43	0.56	0.03
机械土方	0.50	0.67	1.05	1.37	1.82	0.08
汽车运输	0.31	0.40	0.62	0.82	1.07	0.05
人工石方	0.16	0.22	0.33	0.45	0.58	0.03
机械石方	0.36	0.43	0.74	0.97	1.28	0.06
高级路面	0.61	0.83	1.30	1.70	2.27	0.12
其他路面	0.56	0.75	1.18	1.54	2.06	0.10
构造物Ⅰ	0.56	0.75	1.18	1.54	2.06	0.11
构造物Ⅱ	0.66	0.89	1.40	1.83	2.45	0.13
构造物Ⅲ	1.31	1.77	2.77	3.62	4.85	0.25
技术复杂大桥	0.75	1.01	1.58	2.06	2.76	0.14
隧道	0.52	0.71	1.11	1.45	1.94	0.10
钢材及钢结构	0.72	0.97	1.51	1.97	2.64	0.13

1）养老保险费。养老保险费是指施工企业按规定标准为职工缴纳的基本养老保险费。

2）失业保险费。失业保险费是指施工企业按规定标准为职工缴纳的失业保险费。

3）医疗保险费。医疗保险费是指施工企业按规定标准为职工缴纳的基本医疗保险费和生育保险费。

4）住房公积金。住房公积金是指施工企业按规定标准为职工缴纳的住房公积金。

5）工伤保险金。工伤保险金是指施工企业按规定标准为职工缴纳的工伤保险金。

各项规费以各类工程的人工费之和为基数，按国家或工程所在地法律、法规、规章、规程规定的标准计算。

（2）企业管理费

企业管理费是指建筑安装企业组织施工生产和经营管理所需的费用，主要由基本费用、主副食运费补贴、职工探亲路费、职工取暖补贴和财务费用五项组成。

1）基本费用。企业管理费的基本费用是指施工企业为组织施工生产和经营管理所需的费用，其包括的内容比较广泛，主要有以下几个方面。

①管理人员工资。指管理人员的基本工资、工资性补贴、职工福利费、劳动保

护费以及缴纳的养老、失业、医疗、生育、工伤保险费和住房公积金等。

②办公费。指施工企业办公用的文具、纸张、账表、印刷、邮电、书报、会议、水、电、烧水和集体取暖（包括现场临时宿舍取暖）用煤（气）等的费用。

③差旅交通费。指职工因公出差和工作调动（包括随行家属的旅费）的差旅费，住勤补助费，市内交通费和误餐补助费，职工探亲路费，劳动招募费，职工离退休、退职一次性路费，工伤人员就医路费，以及管理部门使用的交通工具的油料、燃料、养路费及牌照费。

④固定资产使用费。指管理和试验部门及附属生产单位使用的属于固定资产的房屋设备、仪器等的折旧、大修、维修或租赁等费用。

⑤工具用具使用费。指管理使用的不属于固定资产的生产工具、器具、家具、交通工具和检验、试验、测绘、消防用具等的购置、维修和摊销费。

⑥劳动保险费。指施工企业支付离退休职工的易地安家补助费、职工退职金、6个月以上的病假人员工资、职工死亡丧葬补助费、抚恤费、按规定支付给离开退休干部的各项经费。

⑦工会经费。指施工企业按职工工资总额计提的工会经费。

⑧职工教育经费。指施工企业为职工学习先进技术和提高文化水平，按职工工资总额计提的费用。

⑨保险费。指施工企业财产保险、管理用车辆等的保险费用。

⑩工程保修费。指工程竣工交付使用后，在规定保修期以内的修理费用。

⑪工程排污费。指施工现场按规定缴纳的排污费用。

⑫税金。指施工企业按规定缴纳的房产税、车船使用税、土地使用税、印花税等。

⑬其他。指上述项目以外的其他必要的费用支出，包括技术转让费、技术开发费、业务招待费、绿化费、广告费、投标费、公证费、定额测定费、法律顾问费、审计费、咨询费等。

基本费用以各类工程的直接费之和为基数，按表3-14中的费率计算。

表3-14　基本费用费率表　　单位：%

工程类别	费率	工程类别	费率
人工土方	3.36	构造物Ⅰ	4.44
机械土方	3.26	构造物Ⅱ	5.53
汽车运输	1.44	构造物Ⅲ	9.79
人工石方	3.45	技术复杂大桥	4.72
机械石方	3.28	隧道	4.22

续表

工程类别	费率	工程类别	费率
高级路面	1.91	钢材及钢结构	2.42
其他路面	3.28	–	–

2）主副食运费补贴。主副食运费补贴是指施工企业在远离城镇及乡村的野外施工购买生活必需品所需增加的费用。

3）职工探亲路费。职工探亲路费是指按照有关规定，施工企业职工在探亲期间发生的往返车船费、市内交通费和途中住宿费等费用。

4）职工取暖补贴。职工取暖补贴是指按规定发放给职工的冬季取暖费或在施工现场设置的临时取暖设施的费用。

5）财务费用。财务费用是指施工企业为筹集资金而发生的各项费用，主要包括企业经营期间发生的短期贷款利息净支出、汇兑净损失、调剂外汇手续费、金融机构手续费，以及企业筹集资金发生的其他财务费用。财务费用以各类工程直接费为基数，按表 3–15 中的费率计算。

表 3–15　财务费用费率表

单位：%

工程类别	费率	工程类别	费率
人工土方	0.23	构造物Ⅰ	0.37
机械土方	0.21	构造物Ⅱ	0.40
汽车运输	0.21	构造物Ⅲ	0.82
人工石方	0.22	技术复杂大桥	0.46
机械石方	0.20	隧道	0.39
高级路面	0.27	钢材及钢结构	0.48
其他路面	0.30	–	–

（3）辅助生产间接费

辅助生产间接费是指施工企业自行开采加工的砂、石等材料及施工企业自办的人工装卸和运输的间接费。辅助生产间接费按人工费的 5% 计算。该项费用并入材料预算单价内构成材料费，不直接出现在概（预）算中。

高原地区施工企业的辅助生产，可按其他工程费中高原地区施工增加费费率，以直接工程费为基数，计算高原地区施工增加费。其中人工采集、加工材料、人工装卸、运输材料按人工土方费率计算；机械采集、加工材料按机械石方费率计算；机械装运材料按汽车运输费率计算。辅助生产高原地区施工增加费不作为辅助生产间接费计算基数。

（4）利润

利润是指施工企业完成所承包工程应取得的赢利，属于计划利润。利润按直接费与间接费之和扣除规费之后的 7% 计算。

利润 =（直接费 + 间接费 – 规费）× 7%

（5）税金

税金是指按国家税法规定应计入建筑安装工程造价内的营业税、城市维护建设税及教育费附加等。

1）营业税。营业税是对在我国境内从事交通运输、建筑业、金融保险、邮政电信、文化体育、娱乐业、服务业、转让无形资产、销售不动产等业务的单位、个人，就其营业收入或转让收入征收的一种税。公路工程施工企业的营业税可按下式计算：

营业税 =（直接费 + 间接费 + 利润）× 3%

2）城市维护建设税。城市维护建设税是我国为了加强城市的维护建设，扩大和稳定城市维护建设资金的来源开征的一个税种。公路工程施工企业的城市维护建设税可按下式计算，计算城市维护建设税应纳税额的法定比例，按纳税人所在地，分别规定为市区 7%、县城和镇 5%、其他地区 1%。

城市维护建设税 = 营业税城市 × 维护建设税税率

3）教育费附加。教育费附加是国家为扶持教育事业发展，计征用于教育的政府性基金。教育费附加可按下式计算：

教育费附加 = 营业税 × 3%

4）综合税金额。综合税金额可按下式计算：

综合税金额 =（直接费 + 间接费 + 利润）× 综合税率

（6）公路交工前养护费和绿化工程费

1）公路交工前养护费。公路交工前养护费是指对路线工程陆续交工的路段，在路段交工初验时，以路面为主包括路基、构造物在内的养护费用。

①养护费指标。公路交工前养护费指标，按工程的全线里程及平均养护月数，参照下列标准计算：三级和四级公路按 60 工日 /（月 · km）计算；二级及二级以上公路按 30 工日 /（月 · km）计算。

②养护费用计算。按路面工程类别，以其人工费为基数计算其他工程费和间接费。本项费用应计算其建筑安装费。

③养护用工计算。公路交工前养护用工的数量，按上述指标标准，以路线里程及平均养护月数之乘积计算。

2）绿化工程费。绿化工程费是属于建筑安装费的工程项目。凡新建、改建路线工程，应计算绿化工程费。绿化工程应由施工单位负责在适宜的气候条件下完成绿化施工。绿化工程费是按路线总里程，按下列绿化补助费指标进行计算。

①对于新建公路，平原微丘区为 5000 元 /km；山岭重丘区为 1000 元 /km。以上费用标准内已包括其他工程费和间接费。

②对于改建公路，按上列指标的 80% 计算。

二、设备、工具、器具及家具购置费

1. 设备购置费

设备购置费是指为满足公路的营运、管理、养护的需要，购置的达到固定资产标准的设备和虽低于固定资产标准但属于设计明确列入设备清单的设备费用。这项费用主要包括渡口设备，隧道照明、消防、通风的动力设备，高等级公路的收费、监控、通信、供电设备，养护用的机械、设备和工具、器具等的购置费用。

设备购置费应由设计单位列出计划购置的清单（包括设备的规格、型号和数量），以设备原价加综合业务费和运杂费按下式计算。

设备购置费 = 设备原价 + 运杂费（运输费 + 装卸费 + 搬运费）+ 运输保险费 + 采购及保管费

需要安装的设备，应在第一部分建筑安装工程费的有关项目内另计设备的安装工程费。

2. 设备与材料的划分

工程建设设备与材料的划分，直接关系到投资构成的合理划分、概（预）算的编制以及施工产值的计算等方面，为合理确定公路工程造价，加强对建设过程的投资管理，统一工程概（预）算编制的口径，现对公路工程中的设备与材料的划分提出如下原则和规定。当本规定与国家主管部门新颁布的规定相抵触时，应按国家规定执行。

（1）设备与材料的划分原则

①凡是经过加工制造，由多种材料和部件按各自用途组成生产加工、动力、传送、储存、运输、科研等功能的机器、容器和其他机械、成套装置等均为设备。

设备分为标准设备和非标准设备两种。标准设备（包括通用设备和专用设备）是指按国家规定的产品标准批量生产的、已进入设备系列的设备。非标准设备是指国家未定型、非批量生产的、由设计单位提供制造图纸，委托承制单位或施工企业在工厂或施工现场制作的设备。设备一般包括以下各项。

a. 各种设备的本体及随设备到货的配件、备件和附属于设备本体制作成型的梯子、平台、栏杆及管道等。

b. 各种计量器、仪表及自动化控制装置、实验的仪器及属于设备本体部分的仪器仪表等。

c. 附属于设备本体的油类、化学药品等设备的组成部分。

d. 用于生产、生活或附属于建筑物的水泵、锅炉及水处理设备、电气、通风设备等。

②为完成建筑、安装工程所需的原料和经过工业加工在工艺生产过程中不起单元工艺生产用的设备本体以外的零配件、附件、成品、半成品等均为材料。材料一般主要包括以下各项。

a. 设备本体以外的不属于设备配套供货，但需要由施工企业进行加工制作或委托加工的平台、梯子、栏杆及其他金属构件等，以及成品、半成品形式供货的管道、管件、阀门、法兰等。

b. 设备本体以外的各种行车轨道、滑触线、电梯的滑轨等均为材料。

（2）设备与材料的划分界限

1）设备

①通信系统。市内、长途电话交换机、程控电话交换机、微波、载波通信设备，电报和传真设备，中、短波通信设备及中、短波电视天线装置，移动通信设备，卫星地球站设备，通信电源设备，光纤通信数字设备，有线广播设备等各种生产及配套设备和随机附件等。

②监控和收费系统。自动化控制系统、计算机及其终端、工业电视、检测控制装置、各种探测器、除尘设备、分析仪表、显示仪表、基地式仪表、单元组合仪表、变送器、传送器及调节阀、盘上安装器、压力表、温度表、流量表、差压表、物位仪表，成套供应的盘、箱、柜、屏（包括箱和已经安装就位的仪表、元件等）及随主机配套供应的仪表等。

③电气系统。各种电力变压器、互感器、测压器、感应移相器、电抗器、高压断路器、高压熔断器、稳压器、电源调整器、高压隔离开关、装置式空气开关、电力电容器、蓄电池、磁力启动器、交直流报警器、成套箱式变电站、共箱母线、密封式母线槽、成套供应的箱、盘、柜、屏及其随设备带来的母线和支持瓷瓶等。

④通风及管道系统。空气加热器、冷却器、各种空调机、风尘管、过滤器、制冷机组、空调机组、空调器、各类风机、除尘设备、净化工作台、风淋室、冷却塔、公称直径 300mm 以上的人工阀门和电动阀门等。

⑤房屋建筑。电梯、成套或散装到货的锅炉及其附属设备、汽轮发电机及其附属设备、电动机、污水处理装置、电子秤、地中衡、开水炉、冷藏箱，热力系统的

除氧器水箱和疏水箱，工业水系统的工业水箱，油冷却系统的油箱，酸碱系统的酸碱储存槽，循环水系统的旋转滤网、启闭装置的启闭机等。

⑥消防及安全系统。隔膜式气压水罐（气压罐）、泡沫发生器、比例混合器、报警控制器、报警联动一体机、重复显示器、远程控制器、消防广播控制柜、广播功放机、录音机、广播分配器、消防通信电话交换机、消防报警备用电源、X射线安全检查设备、金属武器探测门、摄像设备、监视器、镜头、云台、控制台、监视器柜、支台控制器、视频切换器、全电脑视频切换设备、音频、视频、脉冲分配器、视频补偿器、视频传输设备、汉字发生设备、录像、录音设备、电源、CRT显示终端、模拟盘等。

⑦炉窑砌筑。装置在炉窑中的成品炉管、电机、鼓风机和炉窑传动、提升装置，属于炉窑本体的金属铸体、锻件、加工件及测温装置、仪器仪表、消烟、回收、除尘装置，随炉供应已安装就位的金具、耐火衬里、炉体金属预埋件等。

⑧各种机动车辆。

⑨各种工艺设备在试车时必须填充的一次性填充材料（如各种瓷环、钢环、塑料环、钢球等），各种化学药品（如树脂、珠光砂、干燥剂、催化剂等）及变压器油等，不论是随设备带来的，还是单独订货购置的，均视为设备的组成部分。

2）材料

①各种管道、管件、配件、公称直径300mm以内的人工阀门、水表、防腐保温及绝缘材料、油漆、支架、消火栓、空气泡沫枪、泡沫枪、灭火器、灭火机、灭火剂、泡沫液、水泵接合器、可曲橡胶接头、消防喷头、卫生器具、钢制排水漏斗、水箱、分气缸、疏水器、减压器、压力表、温度计、调压板、散热器、供暖器具、凝结水箱、膨胀水箱、冷热水混合器、除污器、分水缸（器）、各种风管及其附件和各种调节阀、风口、风帽、罩类、消声器及其部（构）件、散流器、保护壳、风机减震台座、减震器、凝结水收集器、单双人焊接装置、煤气灶、火管式沸水器、水型热水器、开关、引火棒、防雨帽、放散管拉紧装置等。

②各种电线、母线、绞线、电缆、电缆终端头、电缆中间头、吊车滑触线、接地母线、接地极、避雷线、避雷装置（包括各种避雷器、避雷针等）、高低压绝缘子、线夹、穿墙套管、灯具、开关、灯头盒、开关盒、接线盒、插座、闸盒保险器、电杆、横担、铁塔、各种支架、仪表插座、桥架、梯架、立柱、托管、人孔手孔、挂墙照明配电箱、局部照明变压器、按钮、行程开关、刀闸开关、组合开关、转换开关、铁壳开关、电扇、电铃、电表、蜂鸣器、电笛、信号灯、低音扬声器、电话单机、熔断器等。

③循环水系统的钢板闸门及拦污栅、启闭构架等。

④现场制作与安装的炉管及其他所需的材料或填料、现场砌筑用的耐火、耐酸、耐温砖、防腐、捣打料、绝热纤维、天然白泡石、玄武岩、金具、炉门及窥视孔、预埋件等。

⑤所有随管线（路）同时综合安装的一次性仪表、配件、部件及元件（包括就地安装的温度计、压力表）等。

⑥制造厂以散件或分段分片供货的塔、器、罐等，在现场拼接、组装、焊接、安装内件或改制时所消耗的物料均为材料。

⑦各种金属材料、金属制品、焊接材料、非金属材料、化工辅助材料、其他材料等。

对于一些在制造厂未整体制作完成的设备，或分片压制成型，或分段散装供货的设备，需要建筑安装工人在施工现场加工、拼装、焊接的，按上述划分原则和其投资构成应属于设备购置费。为合理反映建筑安装工人付出的劳动和创造的价值，可按其在现场加工组装焊接的工作量，将其分片或组装件按其设备价值的一部分，以加工费的形式计入安装工程费内。

供应原材料，在施工现场制作安装或施工企业附属生产单位为本单元承包工程制作并安装的非标准设备，除配套的电机、减速机外，其加工制作消耗的人工、材料（包括主材）、机械台班费用等均计入安装工程费内。

凡是制造厂未制造完成的设备，已分片压制成型、散装或分段供货，需要建筑安装工人在施工现场拼装、组装、焊接及安装内件的，其制作、安装所需的物料为材料，内件、塔盘为设备。

（3）设备购置费的计算

1）国产设备原价的构成及计算国产设备的原价一般是指设备制造厂的交货价，即出厂价或订货合同价。它一般根据生产厂或供应商的询价、报价、合同价确定，或采用一定的方法计算确定。其内容包括按专业标准规定的在运输过程中不受损失的一般包装费，及按产品设计规定配备的工具、附件和易损件的费用。国产设备原价可用下式计算。

国产设备原价 = 出厂价（或供货地点价）+ 包装费 + 手续费

2）进口设备原价的构成及计算进口设备的原价是指进口设备的抵岸价，即抵达买方边境港口或边境车站，且交完关税为止形成的价格。进口设备原价可用下式计算。

进口设备原价 = 货价 + 国际运费 + 运输保险费 + 银行财务费 + 外贸手续费 + 关税 + 消费税 + 增值税 + 商检费 + 检疫费 + 车辆购置附加费

①货价。一般是指装运港船上交货价（FOB，习惯称离岸价）。设备货价分为原币货价和人民币货价。原币货价一律折算以美元表示，人民币货价按原币货价乘

以外汇市场美元兑换人民币的中间价确定。进口设备货价按有关生产厂商询价、报价、订货合同价计算。

②国际运费。国际运费是指从装运港（站）到我国抵达港（站）的运费。国际运费可用下式计算。

国际运费 = 原币货价（FOB 价）× 运费费率

③运输保险费。对外贸易货物运输保险是由保险人（保险公司）与被保险人（出口人或进口人）订立保险契约，在被保险人交付议定的保险费后，保险人根据保险契约的规定，对货物在运输过程中发生的承保责任范围的损失给予经济上的补偿。运输保险费是一种财产保险，可用下式计算。

运输保险费 = [原币货价（FOB 价）+ 国际运费] / [（1- 保险费费率）× 保险费费率]

运输保险费费率按保险公司规定的进口货物保险费费率计算，一般为 0.35%。

④银行财务费。银行财务费一般是指中国银行手续费。银行财务费可按下式简化计算。

银行财务费 = 人民币货价（FOB 价）× 银行财务费费率

银行财务费费率一般为 0.4% ~ 0.5%。

⑤外贸手续费。指按规定计取的外贸手续费。外贸手续费可按下式计算。

外贸手续费 = [人民币货价（FOB 价）+ 国际运费 + 运输保险费] × 外贸手续费费率

外贸手续费费率一般为 1.0% ~ 1.5%。

⑥关税。是指进出口商品在经过一国关境时，由政府设置的海关向进出口国所征收的税收。关税可按下式计算。

关税 = [人民币货价（FOB 价）+ 国际运费 + 运输保险费] × 进口关税税率

⑦消费税。消费税是在对货物普遍征收增值税的基础上，选择少数消费品再征收的一个税种。在公路工程中主要是指对部分进口设备征收的税。可按下式计算。

应纳消费税税额 = [人民币货价（FOB 价）+ 国际运费 + 运输保险费 + 关税] +（1- 消费税税率）× 消费税税率

消费税税率应根据现行规定的税率计算。

⑧增值税。是指对从事进口贸易的单位和个人，在进口商品报关进口后征收的税种。按《中华人民共和国增值税条例》的规定，进口应税产品均按组成计税价格和增值税税率直接计算应纳税额。增值税可按下式计算。

增值税税额 = [人民币货价（FOB 价）+ 国际运费 + 运输保险费 + 关税 + 消费税] × 增值税税率

增值税税率根据现行规定的税率计算，目前进口设备适用的税率为17%。

⑨商检费。指进口设备按规定付给商品检查部门的进口设备检验鉴定费。商检费可按下式计算。

商检费 = [人民币货价（FOB 价）+ 国际运费 + 运输保险费] × 商检费费率

商检费费率一般为0.8%。

⑩检疫费。指进口设备按规定付给商品检疫部门的进口设备检验鉴定费。检疫费可按下式计算。

检疫费 = [人民币货价（FOB 价）+ 国际运费 + 运输保险费] × 检疫费费率

检疫费费率一般为0.17%。

⑪车辆购置附加费。指进口车辆需要缴纳的进行车辆购置的附加费。车辆购置附加费可按下式计算。

进口车辆购置附加费 = [人民币货价（FOB 价）+ 国际运费 + 运输保险费 + 关税 + 消费税 + 增值税] × 进口车辆购置附加费费率

在计算进口车辆设备原价时，应注意工程项目的性质，有无按国家有关规定减免进口环节税的可能性。

3）设备运杂费的构成及计算。国产设备运杂费指由设备制造厂交货地点起至施工工地仓库（或施工组织设计指定的需要安装设备的堆放地点）止所发生的运费和装卸费；进口设备运杂费指由我国到岸港口或边境车站起至施工工地仓库（或施工组织设计指定的需要安装设备的堆放地点）止所发生的运费和装卸费。设备运杂费可按下式计算。

设备运杂费 = 设备原价 × 运杂费费率

设备运杂费费率主要与运输里程有关，可参考表3–16中的数值取用。

表3–16　设备运杂费费率表　　单位：%

运输里程 / km	100以内	101 ~ 200	201 ~ 300	301 ~ 400	401 ~ 500	501 ~ 750	751 ~ 1000	1001 ~ 1250	1251 ~ 1500	1501 ~ 1750	1751 ~ 2000	2000以上每增250
费率	0.8	0.9	1.0	1.1	1.2	1.5	1.7	2.0	2.2	2.4	2.6	0.2

4）设备运输保险费的构成及计算。设备运输保险费主要是指国内设备运输中的保险费。设备运输保险费可按下式计算。

设备运输保险费 = 设备原价 × 保险费费率

设备运输保险费费率一般为1.0%。

5）设备采购及保管费的构成及计算。设备采购及保管费是指采购、验收、保管和收发设备所发生的各种费用，这项费用主要包括设备采购人员、保管人员和管理人员的工资、工具用具使用费、劳动保护费、检验试验费等。设备采购及保管费可按下式计算。

设备采购及保管费 = 设备原价 × 采购及保管费费率

需要安装的设备的采购及保管费费率为 2.4%，不需要安装的设备的采购及保管费费率为 1.2%。

3．工器具及生产家具购置费

工器具及生产家具购置费是指建设项目交付使用后，为满足初期正常营运必须购置的第一套不构成固定资产的设备、仪器、仪表、工卡模具、器具、工作台（框、架、柜）等的费用。这项费用不包括构成固定资产的设备、工器具和备品、备件，以及已列入设备购置费中的专用工具和备品、备件。

对于工器具及生产家具的购置，应由设计单位列出计划购置的清单（包括规格、型号、数量），购置费的计算方法与设备购置费相同。

4．办公和生活用家具购置费

办公和生活用家具购置费是指为保证新建、改建项目初期正常生产、使用和管理所必须购置的办公和生活用家具、用具的费用。

办公和生活用家具购置费包括：行政、生产部门的办公室、会议室、资料档案室、阅览室、单身宿舍及生活福利设施等的家具、用具。办公和生活用家具购置费按表 3–17 中的规定进行计算。

表 3–17　办公和生活用家具购置费标准表

工程所在地	路线 /（元 /km）				有看桥房的独立大桥 /（元 / 座）	
	高速公路	一级公路	二级公路	三、四级公路	一般大桥	技术复杂大桥
内蒙古、黑龙江、青海、新疆、西藏	21500	15600	7800	4000	24000	60000
其他省、自治区、直辖市	17500	14600	5800	2900	19800	49000

三、公路工程建设其他有关费用

公路工程建设其他有关费用，是工程造价的重要组成部分，主要包括土地征用及拆迁补偿费、建设项目管理费、研究试验费、建设项目前期工作费、专项评价（估）费、施工机构迁移费、供电贴费、联合试运转费、生产人员培训费、固定资产投资方向调节税、建设期贷款利息。

1. 土地征用及拆迁补偿费

土地征用及拆迁补偿费是指按照《中华人民共和国土地管理法》、《中华人民共和国土地管理法实施条例》、《中华人民共和国基本农田保护条例》等法律和法规的规定，为进行公路建设需征用土地所支付的土地征用及拆迁补偿费等费用。

（1）土地征用及拆迁补偿费的主要内容

土地征用及拆迁补偿费，主要包括土地补偿费、征用耕地安置补助费、拆迁补偿费、复耕费、耕地开垦费、森林植被恢复费。

1）土地补偿费。土地补偿费是指被征用土地地上、地下附着物及青苗补偿费，征用城市郊区的菜地等缴纳的菜地开发建设基金，租用土地费，耕地占用税，地图编制费及勘界费，征地管理费等。

2）征用耕地安置补助费。征用耕地安置补助费是指征用耕地需要安置农业人口的补助费。

3）拆迁补偿费。拆迁补偿费是指被征用或占用土地上的房屋及附属构造物、城市公用设施等拆除、迁建补偿费，拆迁管理费等。

4）复耕费。复耕费是指临时占用的耕地、鱼塘等，待工程竣工后将其恢复到原有标准所发生的费用。

5）耕地开垦费。耕地开垦费是指公路建设项目占用耕地的，应由建设项目法人（业主）负责补充耕地所发生的费用；没有条件开垦或开垦的耕地不符合要求的，按规定缴纳的耕地开垦费。

6）森林植被恢复费。森林植被恢复费是指公路建设项目需要占用、征用或者临时占用林地的，经县级以上林业主管部门审核同意或批准，建设项目法人（业主）单位按照有关规定向县级以上林业主管部门预缴的森林植被恢复费。

（2）土地征用及拆迁补偿费的计算方法

土地征用及拆迁补偿费应根据审批单位批准的建设工程用地和临时用地面积及其附着物的情况，以及实际发生的费用项目，按国家有关规定及公路工程所在地的省、自治区、直辖市人民政府颁发的有关规定和标准计算。

森林植被恢复费应根据审批单位批准的建设工程用林地的类型及面积，按国家有关规定及公路工程所在地的省、自治区、直辖市人民政府颁发的有关规定和标准计算。

当与原有的电力电信设施工程、水利工程、铁路工程及铁路设施互相干扰时，应与有关部门进行联系，商定合理的解决方案和补偿金额，也可由这些部门按规定编制费用以确定补偿金额。

2. 建设项目管理费

建设项目管理费主要包括建设单位管理费、工程质量监督费、工程监理费、工程定额测定费、设计文件审查费和竣（交）工验收试验检测费等。

（1）建设单位管理费

建设单位（业主）管理费是指建设单位（业主）为建设项目的立项、筹建、建设、竣（交）工验收、总结等工作所发生的管理费用，不包括应计入设备、材料预算价格的建设单位采购及保管设备、材料所需的费用。

建设单位（业主）管理费主要包括：工作人员的工资、工资性补贴、施工现场津贴、社会保障费用（基本养老、医疗、失业、工伤保险费）、住房公积金、职工福利费、劳动保护费；办公费、会议费、差旅交通费、固定资产使用费（包括办公及生活房屋折旧、维修或租赁费，车辆折旧、维修、使用或租赁费，通信设备购置费、使用费，测量、试验设备仪器折旧、维修或租赁费，其他设备折旧、维修或租赁费等）、零星固定资产购置费、招募生产工人费；技术图书资料费、职工教育经费、工程招标费（不含招标文件及标底或造价控制值编制费）；合同契约公证费、法律顾问费、咨询费；建设单位的临时设施费、完工清理费、竣（交）工验收费（含其他行业或部门要求的竣工验收费用）、各种税费（包括房产税、车船使用税、印花税等）；建设项目审计费、境内外融资费用（不含建设期贷款利息）、业务招待费、安全生产管理费和其他管理性开支。

由施工企业代替建设单位（业主）办理“土地、青苗等补偿费”的工作人员所发生的费用，应在建设单位（业主）管理费项目中支付。当建设单位（业主）委托有资质的单位代理招标时，其代理费应在建设单位（业主）管理费项目中支出。

建设单位（业主）管理费以建筑安装工程费的总额为基数，按照表3–18中的费率，以累进的方法进行计算。

表3–18 建设单位（业主）管理费费率表

第一部分建筑安装工程费 / 万元	费率 /%	算例 / 万元	
		建筑安装工程费	建设单位（业主）管理费计算
500 以下	3.48	500	500 × 3.48%=17.40
501 ~ 1000	2.73	1000	17.40+500 × 2.73%=31.05
1001 ~ 5000	2.18	5000	31.05+4000 × 2.18%=118.25
5001 ~ 10000	1.84	10000	118.25+5000 × 1.84=210.25
10001 ~ 30000	1.52	30000	210.25+20000 × 1.52%=514.25
30001 ~ 50000	1.27	50000	514.25+20000 × 1.27%=768.25

续表

第一部分建筑安装工程费 / 万元	费率 /%	算例 / 万元	
		建筑安装工程费	建设单位（业主）管理费计算
50001 ~ 100000	0.94	100000	768.25+50000 × 0.94%=1238.25
100001 ~ 150000	0.76	150000	1238.25+50000 × 0.76%=1618.25
150001 ~ 200000	0.59	200000	1618.25+50000 × 0.59%=1913.25
200001 ~ 300000	0.43	300000	1913.25+100000 × 0.43%=2343.25
300000 以上	0.32	310000	2343.25+100000 × 0.32%=2663.25

水深 >15m、跨度≥ 400m 的斜拉桥和跨度≥ 800m 的悬索桥等独立的特大型桥梁工程的建设单位（业主）管理费，按照表 3–18 中的费率乘以 1.0 ~ 1.2 的系数计算；海上工程［指由于风浪影响，工程施工期（不包括封冰期）全年月平均工作日少于 15 天的工程］的建设单位（业主）管理费，按照表 3–18 中的费率乘以 1.0 ~ 1.3 的系数计算。

（2）工程质量监督费

工程质量监督费是指根据国家有关部门规定，各级公路工程质量监督机构对工程建设质量和安全生产实施监督应收取的管理费用，也是各级交通工程质量监督部门代表政府对工程质量实施强制性监督管理工作的保障经费。

工程质量监督费以建筑安装工程费总额为基数，一般按 0.15% 计算。也可按工程所在地省、自治区、直辖市颁布的有关规定计算。

（3）工程监理费

工程监理费是指建设单位（业主）委托具有公路工程监理资格的单位，按施工监理规范进行全面监督和管理所发生的费用。

工程监理费主要包括：工作人员的基本工资、工资性津贴、社会保障费用（基本养老、医疗、失业、工伤保险费）、住房公积金、职工福利费、劳动保护费；办公费、会议费、差旅交通费、固定资产使用费（包括办公及生活房屋折旧、维修或租赁费，车辆折旧、维修、使用或租赁费，通信设备购置费、使用费，测量、试验设备仪器折旧、维修或租赁费，其他设备折旧、维修或租赁费等）、零星固定资产购置费、招募生产工人费；技术图书资料费、职工教育经费、招标费用；合同契约公证费、咨询费、业务招待费；财务费用、监理单位的临时设施费、各种税费和其他管理性开支。

工程监理费以建筑安装工程费总额为基数，按表 3–19 中的费率计算。

表 3–19　工程监理费费率

工程类别	高速公路	一级及二级公路	三级及四级公路	桥梁及隧道
费率 /%	2.0	2.5	3.0	2.5

表 3–19 中的桥梁指水深大于 15m、斜拉桥和悬索桥等独立特大型桥梁工程；隧道指水下隧道工程。建设单位（业主）管理费和工程监理费均为实施建设项目管理的费用，执行时根据建设单位（业主）和施工监理单位所实际承担的工作内容和工作量，在保证监理费用的前提下，可以统筹使用。

（4）工程定额测定费

工程定额测定费是指各级公路（交通）工程定额（造价管理）站为测定劳动定额、收集定额资料、编制工程定额及定额管理所需要的工作经费。工程定额测定费属国家行政事业性收费，专项用于工程建设定额的编制和造价的动态管理，费用项目在概、预算费用定额中列项。

工程定额费以建筑安装工程费总额为基数，按 0.12% 进行计算。

（5）设计文件审查费

设计文件审查费是指国家和省级交通主管部门在项目审批前，为保证勘察设计工作的质量，组织有关专家或委托有资质的单位，对设计单位提交的建设项目可行性研究报告和勘察设计文件，以及对设计变更、调整概算进行审查所需要的相关费用。

设计文件审查费以建筑安装工程费总额为基数，按 0.10% 进行计算。

（6）竣（交）工验收试验检测费

竣（交）工验收试验检测费是指在公路建设项目交工验收和竣工验收前，由建设单位（业主）或工程质量监督机构委托有资质的公路工程质量检测单位，按照有关规定对建设项目的工程质量进行检测，并出具检测意见所需要的相关费用。

竣（交）工验收试验检测费，按表 3–20 中的规定进行计算。

表 3–20　竣（交）工验收试验检测费标准表

项目	路线 /（元 /km）				独立大桥 /（元 / 座）	
	高速公路	一级公路	二级公路	三、四级公路	一般大桥	技术复杂大桥
试验检测费	15000	12000	10000	5000	30000	100000

关于竣（交）工验收试验检测费，表 3–20 中的高速公路、一级公路按四车道计算，二级及以下等级公路按双车道计算，每增加一条车道，可按表 3–20 的费用增加 10%。

3. 研究试验费

研究试验费是指为本建设项目提供或验证设计数据、资料，进行必要的研究试验和按照设计规定在施工过程中必须进行试验、验证所需的费用，以及支付科技成果、先进技术的一次性技术转让费。但是，研究试验费不包括下列费用。

①应由科技三项费用（即新产品研制费、中间试验费和重要科学研究补助费）开支的项目。

②应由施工辅助费开支的施工企业对建筑材料、构件和建筑物进行一般鉴定、检查所发生的费用及技术革新研究试验费。

③应由勘察设计费或建筑安装工程费用中开支的项目。

研究试验费的计算方法：按照设计提出的研究试验内容和要求进行编制，不需验证设计基础资料的不计本项费用。

4. 建设项目前期工作费

建设项目前期工作费是指委托勘察设计、咨询单位对建设项目进行可行性研究、工程勘察设计，以及设计、监理、施工的招标文件及招标标底或造价控制文件编制时，按有关规定应支付的费用。建设项目前期工作费主要包括以下内容。

编制项目建议书（或预可行性研究报告）、可行性研究报告、投资估算，以及相应的勘察、设计、专题研究等所需要的费用；项目初步设计和施工图设计的勘察费（包括测量、水文调查、地质勘探等）、设计费、概（预）算及调整概算编制费等；设计、监理、施工招标文件及招标标底（或造价控制值或清单预算）文件编制所需要的费用等。

建设项目前期工作费的计算方法：依据委托合同进行计列，或按国家颁发的收费标准和有关规定进行编制。

5. 专项评价（估）费

专项评价（估）费是指依据国家法律、法规的规定，必须进行评价（评估）、咨询，按规定应交付的费用。这项费用包括：环境影响评价费、水土保持评估费、地震安全性评价费、地质灾害危险性评价费、压覆重要矿床评估费、文物勘察费、通航论证费、行洪论证（评估）费、使用林地可行性研究报告编制费、用地预审报供编制费等费用。

专项评价（估）费的计算方法：按国家颁发的收费标准和有关规定进行编制。

6. 施工机构迁移费

施工机构迁移费是指施工机构根据建设任务的需要，经有关部门决定成建制地（指工程处等）由原驻地迁移到另一地区所发生的一次性搬迁费用。

施工机构迁移费主要包括：职工及随同家属的差旅费，调迁期间的工资，施工机械、设备、工具、用具和周转性材料的搬运费。但是，施工机构迁移费不包括以下内容。

应由施工企业自行负担的，在规定距离范围内调动施工力量以及内部平衡施工力量所发生的迁移费用；由于违反基本建设制度，盲目调迁施工队伍所发生的迁移费；因所投标工程中标而引起的施工机构迁移而所发生的迁移费。

施工机构迁移费的计算方法：应经建设项目的主管部门同意按实进行计算。但计算施工机构迁移费后，如迁移地点即新工地地点（如独立大桥），则其他工程费内的工地转移费应不再计算；如施工机构迁移地点至新工地还有一定的距离，则工地转移费的距离，应以施工机构新地点为计算起点。

7. 供电贴费

供电贴费是指按照国家有关规定，建设项目应交付的供电工程贴费、施工临时用电贴费。在 2003 年以前，应按照国家有关规定计列。

2003 年 12 月，国家发展改革委员会发布的《关于停止收取供配电贴费有关问题的补充通知》（发改价格〔2003〕2279 号）中指出："停止征收供（配）电贴费，是国务院为扩大电力市场、促进经济发展而作出的一项重大决策，是规范用电秩序、减轻用户负担的重要政策措施。各地区要严格执行国家有关规定，对各类用电一律停止征收供（配）电贴费。"

8. 联合试运转费

联合试运转费是指新建、改（扩）建工程项目，在竣工验收前按照设计规定的工程质量标准，进行动（静）载实验所需的费用，或进行整套设备带负荷联合试运转期间所需的全部费用抵扣试车期间收入的差额。这项费用不包括应由设备安装工程项下开支的调试费的费用。

费用内容包括：联合试动转期间所需的材料、油燃料和动力的消耗，机械和检测设备使用费，工具用具和低值易耗品费，参加联合试运转人员工资及其他费用等。

联合试运转费以建筑安装工程费总额为基数，独立特大型桥梁按 0.075% 计算，其他工程按 0.050% 计算。

9. 生产人员培训费

《公路工程基本建设项目概算预算编制办法》（JTGB06—2007）中规定：生产人员培训费是指新建、改（扩）建公路工程项目，为保证生产的正常运行，在工程竣工验收交付使用前对运营部门生产人员和管理人员进行培训所必需的费用。

生产人员培训费用主要包括：培训人员的基本工资、工资性补贴、职工福利费、差旅交通费、劳动保护费、培训及教学实习费等。生产人员培训费一般按设计定员和 2000 元 / 人的标准计算。

10. 固定资产投资方向调节税

固定资产投资方向调节税是指为了贯彻国家产业政策，控制投资规模，引导投资方向，调整投资结构，加强重点建设，促进国民经济持续稳定协调发展，依据《中华人民共和国固定资产投资方向调节税暂行条例》规定，公路建设项目应缴纳的固定资产投资方向调节税。固定资产投资方向调节税是国家对在我国境内进行固定资产投资的单位和个人，就其固定资产投资的各种资金征收的一种税。

根据国务院的决定，自 2000 年 1 月 1 日起新发生的投资额，暂停征收固定资产投资方向调节税，但该税种并未取消。

11. 建设期贷款利息

根据《公路工程基本建设项目概算预算编制办法》中的规定：建设期贷款利息是指建设项目中分年度使用国内贷款或国外贷款部分，在建设期内应归还的贷款利息。费用内容包括各种金融机构贷款、企业集资、建设债券和外汇贷款等利息。

建设期贷款利息计算方法：根据不同的资金来源按需付息的分年度投资计算。其计算公式如下。

建设期贷款利息 =Σ（上年末付息贷款本息累计 + 本年度付息贷款额 ÷2）× 年利率

世界银行和亚洲银行的贷款除收取利息外，还要征收承诺费，一般为贷款额的 0.75%。所谓承诺费是对已由世界银行、亚洲银行承诺，但对借款人还未支取部分的贷款征收的费用。如第一年已拨贷款总额的 15% 则按贷款合同规定的年利息率支付利息，未使用部分的 85% 要按 0.75% 征收承诺费。

四、公路工程预备费

公路工程的预备费由价差预备费及基本预备费两部分组成。在公路工程建设期限内，凡需要动用预备费时，属于公路交通部门投资的项目，需经建设单位提出，按建设项目的隶属关系，报交通部或交通厅（局）基建主管部门核定批准；属于其他部门投资的建设项目，按其隶属关系报有关部门核定批准。

1. 价差预备费

根据《公路工程基本建设项目概算预算编制办法》中的规定，价差预备费是指设计文件编制年至工程竣工年期间，第一部分费用的人工费、材料费、机械使用费、其他工程费、间接费等以及第二、三部分费用由于政策、价格变化可能发生上浮而预留的费用和外资贷款汇率变动部分的费用。

①计算方法：价差预备费以概（预）算或修正概算第一部分建筑安装工程费总额为基数，按设计文件编制年始至建设项目工程竣工年终的年数和年工程造价增长

率计算。

价差预备费可按下式计算。

价差预备费 =P［（1+i）$^{n-1}$–1］

式中 P——公路建筑安装工程费总额 / 元；

i——年造价增长率 /%；

n——设计文件编制年至建设项目开工年 + 建设项目建设期 / 年。

②年工程造价增长率应按照有关部门公布的工程投资价格指数进行计算，或由设计单位会同建设单位根据该工程人工费、材料费、施工机械使用费、其他工程费、间接费以及第二、三部分费用可能发生的上浮等因素，以第一部分建筑安装工程费为基数进行综合分析预测。

③设计文件编制至工程完工在一年以内的工程，不列此项费用。

2. 基本预备费

基本预备费是针对在工程项目实施过程中可能发生的难以预料的支出，需要实现预留的费用，又称工程建设不可预见费。基本预备费主要指设计变更及施工过程中可能增加工程量的费用。

（1）基本预备费的组成

在进行技术设计、施工图设计和施工过程中，在批准的初步设计和概算范围内所增加的工程费用。

在设备订货时，由于规格、型号改变的价差；材料货源变更、运输距离或方式的改变，以及因规格不同而代换使用等原因发生的价差。

由于一般自然灾害所造成的损失和预防自然灾害所采取的技术措施费用。

在项目主管部门组织竣（工）验收时，验收委员会（或验收小组）为鉴定工程质量必须开挖和修复隐藏工程的费用；投保的工程项目，由于工程特点和保险合同发生的工程保险费用。

基本预备费的计算方法是以第一、二、三部分费用之和（扣除固定资产投资方向调节税和建设期贷款利息两项费用）为基数，按下列费率计算：设计概算按 5% 计列；修正概算按 4% 计列。

（2）包干费用的内容

采用施工图预算加系数包干承包的公路工程，包干系数为施工图预算中直接费与间接费之和的 3%。施工图预算包干费用由施工单位包干使用。该包干费用包括如下内容。

在工程施工的过程中，设计单位对分部工程、分项工程修改设计而增加的费用，但不包括因水文地质条件变化造成的基础变更、结构变更、标准提高、工程规模改变而增加的费用。

在预算审定后，施工单位负责采购的材料由于货源变更、运输距离或方式的改变，以及因规格不同而代换使用等原因发生的价差。

由于一般自然灾害所造成的损失和预防自然灾害所采取的技术措施费用（如一般防台风、防洪的费用）等。

五、公路工程回收金额

根据《公路工程基本建设项目概算预算编制办法》（JTGB06—2007）中的规定，概预算定额所列材料一般不计回收，只对按全部材料计价的一些临时工程项目和由于工程规模或工期限制达不到规定周转次数的拱盔、支架及施工金属设备的材料计算回收金额。回收率见表 3-21。

表 3-21　回收率表　　单位：%

回收项目	使用年限或周转次数				计算基数
	一年或一次	两年或两次	三年或三次	四年或四次	
临时电力、电信线路	50	30	10	-	材料原价
拱盔、支架	60	45	30	15	
施工金属设备	65	65	50	30	

第四节　公路工程概预算文件编制

公路工程概预算的编制是一项十分细致的工作，编制前应全面了解工程所在地的建设条件，掌握各种基础资料，正确引用规定的定额、取费标准和材料及设备价格。在编制时严格执行国家现行的方针、政策和有关规定，符合公路设计规范和施工技术规范。

一、公路工程概预算的编制依据

公路工程概预算的编制依据，主要包括以下几个方面。

1. 法令性文件

法令性文件是指编制概预算中所必须遵循的国家、交通部和地方主管部门颁布的有关法令性文件或规定，如交通部颁发的《公路工程基本建设项目工程概算、预算编制办法》、《公路工程基本建设项目设计文件编制办法》及工程所在地省级交通主管部门发布的补充计价依据等。

2. 概算、预算定额，取费标准，材料、设备预算价格等资料

概算文件应根据概算定额、施工管理费定额、其他工程费和间接费标准、计划利润率、税金、施工技术装备费、材料及设备预算价格等资料进行编制。

施工图预算应根据国家或主管部门编制的公路工程预算定额或其他专用定额、省（自治区、直辖市）编制的补充定额、施工管理费及其他费用标准、计划利润率、施工技术装备费、综合税率、材料设备预算价格等进行编制。

3. 工程设计资料

概算文件应根据批准的可行性研究报告，建设项目的初步设计（或扩大初步设计）进行编制；修正概算文件应根据批准的初步设计文件、技术设计文件进行编制；施工图预算应根据批准的初步设计文件（或技术设计文件）、施工图纸等设计文件进行编制。

编制人员应认真熟悉设计资料、结构特点及设计意图。设计图纸上的工程细目数量往往不能满足概（预）算编制的要求，还需要做出必要的计算或补充，对设计文件中提出的施工方案还需进行补充和完善。

4. 施工组织设计资料

从施工组织设计中可以看出，与概（预）算编制有关的资料主要包括：工程施工的开工日期、竣工日期、施工方案、主要工程项目的进度要求、材料开采与堆放地点，大型临时设施的规模、建设地点和施工方法等。

5. 当地物资、劳力、动力等资源可供利用的情况，当地运输方面的情况

本着因地制宜、就地取材的原则，对当地情况应进行深入的调查了解，经反复比较后确定最优成果。对于以上各方面，主要了解以下内容。

物资对于外购材料要确定其地点、货源、质量、供货到货等情况；对于自采加工材料要确定料场、开采方式、运输条件（道路、运输工具及各种运输工具的比重、运价、装卸费等）、堆放地点等；劳力当地与公路工程施工有关的各种技工、普工可以提供的数量以及技术水平、劳动力分布地点、工资标准和其他要求等；动力公路工程所在地可供施工利用的电力资源情况，包括可提供的数量、单价以及可能出现的输电线路变压器问题等情况；运输向公路工程所在地运输部门了解各种运输工具可供利用的情况，各种运输工具的运价、基价、装卸费等有关规定。

6. 公路工程当地自然条件及其变化规律

主要包括气温、雨季、冬季、洪水季节及其规律，风力、风向、雨量、雪量、冰冻、地下水、水源、地质等。

7. 施工单位的施工能力及潜力

在编制工程概算时，施工单位尚未明确，可以按中等施工能力考虑。在编制施工图预算时，如果已明确施工单位，就应根据施工单位的技术水平与管理水平，确定新工艺、新技术采用的可能程度，明确施工单位可以提供的施工机具、劳力、设备以及外部协作关系。

8. 其他工程及沿线设施

如原有建筑物的拆迁，水利、电信、铁路、城市管网的干扰及解决措施，清理施工场地，工程管理养护及服务设施等。

二、公路工程概（预）算的编制步骤

公路工程概（预）算文件的编制是一项政策性很强、内容比较复杂、要求非常高的工作，编制质量的高低及各项计算的准确度，直接影响工程投资是否合理，也关系着国家的经济利益。为了确保公路工程概（预）算的编制质量，必须根据公路工程概（预）算内在的规律和国家的有关规定，按照一定的步骤进行编制。

1. 熟悉设计图纸和资料

在编制公路工程概（预）算文件之前，应认真学习、阅读和掌握设计文件、设计图纸、施工组织设计，对拟建公路工程的全局做到全面了解、融会贯通、心中有数。

在学习、阅读的过程中，应对相应阶段的初步设计、技术设计、施工图设计的内容进行检查和整理，对设计图纸和表格进行核对，若图纸中所用材料规格或要求不清楚时，要进行校对核实。

2. 准备概（预）算资料

在编制公路工程概（预）算文件之前，还应将有关文件如《公路工程概预算编制办法》、《公路工程基本建设项目设计文件编制办法》、国家及地方现行的有关文件等准备齐全，同时也要把定额（如《公路工程概算定额》、《公路工程预算定额》）等工具书及概（预）算表格准备好，以便于顺利、快速、准确编制概预算文件。

3. 分析外业调查的资料

公路工程外业资料调查的内容十分广泛，原则上凡对施工生产有影响的一切因素都必须进行调查。其中主要包括：筑路材料的主要来源，材料运输方式及运距，运费标准，占用土地的补偿费、安置费及拆迁补偿费，沿线可利用的房屋及劳动力供应情况等。对这些外业调查资料应进行分析，若有不明确或不完全的部分，还应进行补充调查，以确保公路工程概预算的准确和合理。

4. 分析拟订的施工方案

对于相应设计阶段配套的施工组织设计，特别是比较具体的施工方案，应认真分析其科学性、可行性、合理性和经济性。工程实践表明，施工方案将直接影响概预算金额的高低和定额的查用，因此编制公路工程概预算时，重点应对施工方案进行认真分析。

5. 对工程进行具体列项

公路工程概（预）算是以分项工程概预算表为基础计算和汇总而来的，所以对工程进行列项是公路工程概（预）算工作中的一项重要工作。列项是根据工程设计的内容，按“公路工程概、预算项目表”的要求，将一个复杂的建设项目分解成若干个分项工程，并以项、目、节、细目的顺序依次列出，然后按定额项目表的要求，将分项后的每一个工程与相应的定额号一一对应。一般公路工程在进行分项时，必须满足如下 3 个方面的要求。

（1）按照概（预）算项目表的要求进行分项这是最基本的要求。公路工程概（预）算项目表实质上是将一个复杂的建设项目分解成许多分项工程的一种科学划分方法。

（2）符合定额项目表的要求。定额项目表是定额的主体内容，分项后的分项工程必须能够在定额项目表中直接查到。

（3）符合费率的要求。其他工程费和间接费都是按不同工程类别确定的费率定额，因此，所划分的项目应满足其要求。

按照上述 3 个方面的要求分项后，便可将工程细目一一列出并填入 08 表中。

6. 计算分项工程工程量

在编制公路工程概预算时，应对各分项工程量按工程量计算原则进行计算。分项工程量计算，一是对设计中已有的工程量进行核对，二是对设计文件中缺少或未列的工程量进行补充计算。在计算时应注意计算单位和计算规则与定额的计量单位及计算规则一致，最后将计算所得的分项工程量填入表中。

7. 初编建筑安装工程费计算数据表和分项工程概（预）算表

首先要根据工程项目的内容和有关要求，填写好建筑安装工程费计算数据表。“项”、“目”、“节”、“细目”、“定额”等的代号，应根据实际需要按照现行的编制办法，概（预）算定额的序列及内容填写。

在分项工程概（预）算表中按具体分项工程名称、数量、定额表号、定额值对应概（预）算定额的子目填写。由于人工、材料、机械台班的单价及各种费率尚未知，所以只能初编建筑安装工程费计算数据表和分项工程概（预）算表。

8. 编制自采材料料场价格计算表

根据初编分项工程概（预）算表所发生的自采材料规格、名称，按照外业料场调查资料编制自采材料料场价格计算表，并将计算结果汇入材料预算单价计算表的材料原价栏中。

主要用于分析计算自采材料料场价格，应将选用的定额人工、材料、机械台班数量全部列出，并包括相应的人工、材料、机械台班单价。材料规格、用途相同而生产方式不同，如人工加工碎石和机械加工碎石，应分别计算其单价，再以各种生产方式所占比重，根据合计价格加权平均计算料场价格。

9．编制材料预算单价计算表

根据初编分项工程概（预）算表所列出的各种材料名称及其来源，先在编制材料预算单价计算表上按调拨、外购、自采加工顺序并考虑其材料代号次序进行记录、填表计算，然后随着分项工程概（预）算表编制的需要不断记录、计算，最后在前面工作的基础上正式编制材料预算单价计算表。编制材料预算单价计算表要与分项工程概（预）算表的编制交叉进行。

10．编制机械台班单价计算表

编制时应根据分项工程概（预）算表中所列出的各种机械名称，按《机械台班费用定额》的内容及材料预算单价计算表中的人工、动力燃料单价填入相应栏内，并按代号的顺序依次登记、计算机械台班单价，并将其值分别转入建筑安装工程费计算数据表、自采材料料场价格计算表相应的机械台班单价栏中。不变费用如有调整系数，应填人调整值。

11．编制人工、材料、机械台班单价汇总表

将人工单价及材料预算单价计算表材料预算价、机械台班单价计算表机械台班单价，按人工、材料、机械的代号顺序依次汇总于人工、材料、机械台班单价汇总表中。

12．编制其他工程费及间接费综合费率计算表

在进行编制时，应根据工程的自然条件、施工条件、工程分类等具体情况，将其他工程费、间接费所包含的分项内容，按各自相应的费率，逐项填入其他工程费及间接费综合费率计算表中，计算其综合费率。

要特别注意：其他工程费率共 11 项内容，其计算基数不完全相同，表中的 6、7、9 这三项的计算基数是人工费，其余 8 项内容的计算基数是直接工程费，所以其综合费率有Ⅰ、Ⅱ之分。

13．编制设备、工具、器具购置费计算表”

在进行编制时，根据工程的实际需要，按《公路工程概预算编制办法》中的规定及设备购置清单进行计算，各种设备的规格、数量、单位、单价以及需说明的有关问题都应在表中反映出来。

14．详细编制分项工程预算表

根据工程项日表、建筑安装工程费计算数据表、人工、材料、机械台班单价汇总表、材料预算单价计算表、自采材料料场价格计算表、机械台班单价计算表、其

他工程费及间接费综合费率计算表、设备、工具、器具购置费计算表，在初编建筑安装工程费计算数据表的过程中经过各表间的相互补充、交叉，最后完成分项工程概（预）算表。

15. 编制建筑安装工程费计算表

根据分项工程概（预）算表、其他工程费及间接费综合费率计算表的计算结果，按分项工程内容把直接工程费、其他工程费（Ⅰ、Ⅱ）、间接费（规费、企业管理费）、利润、税金等各项费用填入相应的栏内，并进行计算后即可编制建筑安装工程费计算表。

16. 编制工程建设其他费用及回收金额计算表

根据施工组织设计和外业调查资料（包括协议书），以及有关的政策性文件规定编制工程建设其他费用及回收金额计算表。工程建设其他费用及回收金额计算表按具体发生的工程建设其他费用项目进行填写，需要说明和具体计算的费用项目，依次在说明及计算式栏内填写或计算。此外，预备费及回收金额的计算也应在该表进行。

17. 编制总概、预算表及总概、预算汇总表

根据经过复核无误的建筑安装工程费计算表、设备、工具、器具购置费计算表、工程建设其他费用及回收金额计算表。总概、预算表反映一个单项工程或单位工程的各项费用组成、概（预）算的金额、技术经济指标等。

此表是根据建设项目的要求，当一个建设项目分段或分部编制总概、预算表时，应将各分段（或分部）总概、预算表汇总到总概、预算汇总表中。

至此，概（预）算总费用金额已得出结果，计算完毕。

18. 编制辅助生产工、料、机械台班单位数量表

根据自采材料料场价格计算所列的自采材料规格和名称及其他辅助生产项目列入“规格名称”栏内，以供人工、主要材料、机械台班数量汇总表计算辅助生产工日、材料、机械台班数量之用。

19. 编制人工、主要材料、机械台班数量汇总表及总概预算人工、主要材料、机械台班数量汇总表

将工程项目中所消耗的人工、主要材料、机械台班等规格名称按代号的顺序列入“规格名称”栏内。然后以“项”为单位，分别统计各实物的消耗量及总数量。发生的冬雨季及夜间施工增工及临时设施用工，按照有关规定计算后列入本表有关项目内。

当一个建设项目按若干单项工程编制工程概（预）算时，应通过总概预算人工、主要材料、机械台班数量汇总表汇总全部建设项目的人工、主要材料、机械台班数量。该表各栏数据均由各单项或单位工程概（预）算中的人工、主要材料、机械台班数量汇总表转来。“编制范围”指单项工程或单位工程。

20．编写“编制说明”

在编制完毕概（预）算全部计算表格后，应根据编制的全过程，详细阐述工程概（预）算的编制内容、编制依据和编制成果，即工程总造价、各实物消耗量指标等。对于编制中存在的问题以及与概（预）算有关，但又不能在表格中反映的事项均应在“编制说明”中以文字的形式表达清楚。

21．最后结束工作

当工程概（预）算各表及编制说明全部完成后，应再进行一次全面的复核，当确认无误并按要求签字后，即可按规定对甲、乙组文件印制规定的份数，并对甲、乙组文件分别装订成册，上报有关单位待批。

以上所述步骤是公路工程概预算的基本步骤，但也并不是一成不变的。其中不仅有些表可以按规定或实际不编制，而且各表的编制次序也可以变换。为了正确地编制公路工程概预算文件，最根本的还是要掌握编制办法的各项规定，明确各表格的作用和相互关系，精通表中各栏的填列方法。

三、公路工程概（预）算各项费用的计算程序及注意事项

1．公路工程概（预）算各项费用计算程序

公路工程概（预）算总金额由四部分费用组成，即建筑安装工程费，设备、工具、器具及家具购置费，工程建设其他费用，预备费。在各项费用中，每项费用都有其具体的费用内容和计算方法，并要按照一定的规则和程序进行。公路工程概（预）算中各项费用的计算程序及计算方式，见表 3-22。

表 3-22 公路工程各项费用的计算程序及计算方式

代号	项目名称	说明及计算式
（一）	直接工程费（即工、料 > 机费）	按编制年工程所在地的预算价格进行计算
（二）	其他直接费	（一）× 其他工程费综合费率（或各类工程人工费和机械费之和 × 其他工程综合费率）
（三）	直接费	（一）+（二）
（四）	间接费	各类工程人工费 × 规费综合费率 +（三）× 企业管理费综合费率
（五）	利润	［（三）+（四）- 规费］× 利润率
（六）	税金	［（三）+（四）+（五）］× 综合税率
（七）	建筑安装工程费	（三）+（四）+（五）+（六）

续表

代号	项目名称	说明及计算式
（八）	设备、工器具购置费（包括备品和备件）	（设备、工具、器具购置数量 × 单价 + 运杂费）×（1+ 采购保管费费率）
	办公和生活用家具购置费	按有关定额计算
（九）	工程建设其他费用	
	土地征用及拆迁补偿费	按有关定额计算
	建设单位（业主）管理费	（七）× 费率
	工程质量监督费	（七）× 费率
	工程监理费	（七）× 费率
	工程定额测定费	（七）× 费率
	设计文件审查费	（七）× 费率
	竣（交）工验收试验检测费	按有关定额计算
	研究试验费	按批准的计划编制
	前期工作费	按有关定额计算
	专项评价（估）费	按有关定额计算
	施工机构迁移费	按实进行计算
	供电贴费	按有关定额计算
	联合试运转费	（七）× 费率
	生产人员培训费	按有关定额计算
	固定资产投资方向调节税	按有关定额计算
	建设期贷款利息	按实际贷款数额及利率计算
（十）	预备费	包括价差预备费和基本预备费两项
	价差预备费	按规定的公式计算
	基本预备费	[（七）+（八）+（九）− 固定资产投资方向调节税—建设期贷款利息] × 费率
	预备费中施工图预算包干系数	[（三）+（四）] × 费率
（十一）	建设项目总费用	（七）+（八）+（九）+（十）

2. 公路工程概（预）算文件编制注意事项

在公路工程概（预）算文件编制中，会遇到这样那样的问题。为了提高工程造价的编制质量，除要掌握以上编制程序外，还应注意如下事项。

①正确引用定额值。在引用定额值时，必须做到瞻前顾后，注意章、节说明和

表下的小注。特别是在每次编制之前，都要认真查询一下是否有新的定额或新的文件，切不可套用已经作废的定额。

②正确计算工程量。按照有关计算规则和方法，正确计算工程量是准确确定工程造价的重要一环。特别应当注意的是，在设计文件中，设计人员提供的工程数量与现行定额中所用的工程数量含义不尽相同。

③08表的“编制范围”要按项目表顺序填写“细目”名称，没“细目”的填写“节”的名称，没“节”的填写“目”的名称，应注意将费率相同的各“细目”填列于一张表中，不能将不同的“细目”、“节”或“目”填列于一张表内，以便于进行小计。

④08表与09表、11表、10表、07表在编制的过程中是交叉进行、相互补充的。09表与10表之间、09表与11表之间也是相互利用、相互补充的关系。

⑤在进行02表编制时，不要忘记汇总那些按费率或指标计算的增工、增料数量。如自办运输、人工装卸用工、公路交工前用工，冬雨季和夜间施工增工、临时设施用工及辅助生产所需工日、材料、机械台班数量等。为了统计汇总这些工日、材料、机械台班数量，最主要的是不要忘记在02表的“分项”中列项，特别是对12表单位数量的应用更应注意。

⑥按照地方有关规定计算费用时，要注意各地规定中的细则要求，如各省、地区对人工工日单价计算、对各种费率的取费标准、对运杂费的计算标准等的规定和要求是有所不同的。

⑦要特别注意加强复核工作，这是由于公路工程概（预）算编制是一项系统工程，是由环环相扣、相互交叉的特点所决定的。为避免出现错误和相互校核，每个表格均应由“编制”与“复核”两人完成，在编制中分步进行，每步复核无误后再进行下一步，不要未经复核就引用，尤其要杜绝单人自编制、自复核。

四、编制公路工程概预算工程量计算要点

具体实施工程设计概（预）算的过程，也是概预算编制人员不断学习，提高业务能力和工作水平的一个过程。工程概（预）算的编制工作人员的业务水平，概（预）算的合理性、可靠性及准确性，将对投标工作产生重要影响。在具体编制的工作实践中，遵循一定的工作程序，抓住编制重点，是确保概（预）算编制的有效手段。因而，科学地进行工程量计算，做到不重不漏是编制概（预）算的基础工作。

首先，深入熟悉设计图纸资料，了解施工方案是编制概（预）算的基础，设计图纸是计算工程量的主要依据。它除了表示各种不同结构的尺寸外，也可作为计算工程量而用的计价基础资料，基本上都反映在图表上，而有些又是隐含在图纸上的，如混凝土和砂浆的强度等级、砌石工程的规格种类以及施工要求，对新材料、新工

艺的应用，核对各种图纸，如构造物的平面、立面、结构大样图等，相互之间是否有矛盾和错误，图与表反映的工程量是否一致，都应进行核对，对影响较大的关键部位或量大价高的工程量，必要时应重新进行复核计算，熟悉各种设计图集，都是必不可少的。

1. 路基工程

①路基工程土石方的开挖工作，是按工作的难易程度，将土壤和岩石分为松土、普通土、硬土、软石、次坚石、坚石六类，而土石方的运输和压实则只分为土方和石方两项，并均以 m^3 为计算单位。所以，应注意按土石类别或土方和石方分别计算工程量，以便套用定额进行计价。

②路基土石方的开挖、装卸、运输是按天然密实体积计算的，填方则是按压（夯）实的体积计算。当移挖作填或借土填筑路堤时，应考虑定额中所规定的换算系数。即采用以天然密实方为计量单位的定额乘以规定的换算系数进行计价。

③由于施工机具存在经济运距的问题，如推土机推移土石方的经济距离，中型推土机一般为 50 ~ 100m，超过经济运距是不经济的，而汽车的运距若小于 500m，也难以发挥汽车运输的优势。所以，为了合理确定路基土石方的运输费用，同时考虑公路路基土石方的施工又是以推土机为主的情况下，在计算土石方的增运数量时，应考虑分别不同机械类型及其经济运距计算数量和运量，进行统计和汇总计算出平均运距，以此作为土石方运输计价的依据。

④路基排水及防护工程概算定额综合了挖基、排水等工程内容，以圬工实体作为计价依据，如石砌挡土墙，不分基础、墙身，也不分片石和块石。

⑤软土地基处理，当采用砂或碎石等材料作为垫层时，要核查设计图表资料是否已扣减相应的路基填方数量，以免重复计价。

⑥填方数量，要根据实际情况，确定需要洒水的数量。

⑦在计算路基土石方数量时，不扣除涵洞和通道所占路基土石方的体积；而高等级公路应据实际情况，适当扣减路基填方数量。

⑧有些项目在设计图表中不能反映出来，应考虑在施工组织设计中，清除表土或零星填方地段的基底压实，耕地填前夯实后回填至原地面标高所需的土石方数量，因路基沉陷需增加填筑的土石方数量；为保证路基边缘的压实须加宽填筑时所需的土石方数量。

2. 路面工程

①开挖路槽的废方，在计算路基土石方数量时，是否做了综合平衡调配。原则上不应在某一地段一面进行借土填筑路堤，另一面又产生大量废方需远运处理的不合理现象。若路槽废方需远运处理时，应确定弃土场的地点及其平均运距，根据路

基横断面和沿线路基土石方成分确定挖路槽的土石方体积，不应以路基土石方的比例作为划分的依据。

②根据概算定额的规定，各类稳定土基层级配碎石、级配砾石路面的压实厚度在 15cm 以内，填隙碎石一层的压实厚度在 12cm 以内，垫层和其他种类的基层压实厚度在 20cm 以内，面层的压实厚度在 15cm 以内，拖拉机、平地机和压路机台班按定额数量计算。如超过以上压实厚度进行分层拌和、碾压时的拖拉机、平地机和压路机台班按定额数量加倍，每 1000m^2 增加 3.2 工日。

③在沥青混凝土路面的概算定额中，旧沥青路面上或水泥混凝土路面上应洒布粘层油，在计算工程量时，不应漏计这些工程内容。

④桥梁、涵洞、通道、隧道等工程。如已计列了桥面铺装，应确定是否已扣除了桥梁所占的长度和面积，以免重复计价。

⑤根据施工组织设计或标段的划分，结合现有拌和设备的生产能力，综合考虑临时用地、材料和混合中的运输费用等，合理确定拌和场的地点和面积，需要安拆的拌合设备的型号，并计算出混合料的平均运距。

3. 桥梁工程

桥梁工程中项目较多，计算工作难度也大。

①开挖基坑。桥梁工程中围堰、筑岛根据实际情况详细计算出数量。基程有砌石、混凝土、沉井打桩和灌注桩等多种结构形式。

基础砌石和混凝土圬工，为天然地基上的基础。砌石基础应按片石、块石分别进行统计，若设计图表上只有砌体总数时，考虑基础外缘和分层砌筑等因素，可分别按 80% 的片石、20% 的块石计算。

②钻孔的土质划分为八种，并按不同桩径和钻孔的深度划分为多项定额标准，应按地质钻探资料，比照定额土质种类的规定，分别确定其钻孔的工程量。因钻孔的计量单位是以米计量的，其钻孔深度，应以地表与设计桩底的深度为准；当在水中采用围堰筑岛填心施工时，就以围堰的顶面与设计桩底的深度为准。

③桥梁下部构造工程，有砌石、现浇混凝土和预制安装混凝土构件等不同结构形式。墩台的计价工程量为墩台身及翼墙、墩台帽、拱、盖梁及耳背墙、桥台的锥形护坡以座计。台背及锥坡内的填土夯实综合在定额内，不需要另计。桥台上路面归入路面工程内计算。

④桥梁的上部构造工程，划分为行车道系、桥面铺装和人行道系三个部分，有砌石、现浇混凝土、预制安装混凝土构件、钢桁架和钢索吊桥等不同结构形式。

行车道系和桥面铺装都是以 m^3 为计量单位，人行道系则以桥长米作为计量单位。在计算工程量时，应按行车道系、桥面铺装和人行道系的顺序分别计算工程量以免重复和遗漏。

⑤涵洞工程在概算中通常以洞身、洞口的体积计量，而在预算中要根据施工步骤进行计量，因考虑涵洞所处的地质类型，如软土地基、湿陷性黄土、多年冻土等特殊地质，要进行特殊地基处理。

⑥钢筋工程。编制概算时，涵洞工程已将钢筋工程的工料消耗综合在定额中，其余的钢筋工程可按定额提供的不同混凝土的钢筋含量参考表，分别计算钢筋的数量，单位是 t。

钢筋应以其设计长度所计算的理论质量为准，施工焊接和下料等操作损耗，已计入定额内，不计入钢筋的工程量内。

钢绞线和高强钢丝的工程量以锚固长度或质量的和计量，如预应力空心板（标准跨 10 ~ 16m），一般可按板长增加 1.5m 计算。

当编制概算，若设计图纸上未提出钢筋数量时；可参考《公路工程概算定额》说明中提供的钢筋含量确定其钢筋数量。

4. 其他工程

交叉工程、其他工程及沿线设施、临时工程、便道、便桥、轨道铺设、电力线路、电信线中等工程应根据实际情况，分别取定。

材料中自采材料的平均运距因采用的计算方法不同，其结果也不一样，通常运用加权平均运距法计算和算术平均法计算。料场的选定与经济分界点确定尤为重要，用加权平均法计算所得运距较为精确。在材料运杂费的计算上，应注意在运输环节中，通过公路、铁路、水路等部门运输的材料应按国家或地方有关部门规定的运价计算。

工程概算中工程量的计算是一项烦琐的计算工作，涉及有关建设的方针政策，如果个人的知识能力有限，难免产生某些错误，所以，对编制的工程概算的内容及工程量计算情况应进行一次全面的、专人的检查核对，注意各项计价工程量的取值是否符合工程计价要求，分部分项工程的划分是否符合规定，有无漏项和重复计列情况，特别是注意计量单位的小数点位置，定额抽换和增计的系数是否符合要求等。以便发现错误及时进行纠正，从而提高工程概算的准确性和编制质量。

第四章　公路工程施工招标、投标造价的编制

第一节　公路工程施工招投标概述

为正确进行公路工程施工招标投标活动，维护公路工程公平竞争的市场环境，保证公路工程质量，提高投资效益，维护招标投标活动各方当事人的合法权益，在《公路工程施工招标投标管理办法》中，对于公路工程施工招标和施工投标，作出了详细的规定和要求。

一、工程招标投标的含义和特点

1．工程招标投标的含义

招标与投标是一种国际上普遍应用的、有组织的市场交易行为，是贸易中一种工程、货物或服务的买卖方式。在通常情况下，采购人事先提出采购的条件和要求，邀请众多的交易对象参与竞争，并按照规定的程序从中选择理想的成交者。

工程招标与投标是工程建设项目采用的最普遍、最重要的方式。招标投标涉及决策咨询、勘察设计、工程施工、建设监理、工程材料和设备供应等许多方面。实际上是招标人对参与工程项目实施的申请人（即投标者）进行审查、评比和选定的过程。

严格地规范工程建设项目的招标与投标活动，对于招标人和投标人都是至关重要的。对于招标人来讲，关系到是否对工程的投资、质量和进度进行有效的控制，最终是否能获得合格的工程产品，达到预期的投资效益；对于投标人来讲，关系到能否在公平合理的市场竞争环境下，以自身的优势获得工程的承包权，并经过努力取得合理利润，保证施工企业的生存和发展。

为顺利进行公路工程的招标与投标，招标方必须确定拟建工程项目的标底，以确保工程的价值和投标人的公平竞争。投标人为取得工程的承包权，必须根据拟建

工程和本企业的情况，确定自己的工程报价，用以让业主相信其在各种条件下，承诺工程产品的预期价格。

2. 工程招标投标的特点

招标与投标是市场经济条件下一种特别的采购方式，其主要目的是使采购活动能尽量节省开支，并且最大限度地满足采购目标。招标与投标同其他采购方法相比，具有以下特点。

（1）采购的程序规范化

目前，各国的招标投标活动大多数参考国际惯例，有组织、有计划地进行，由固定的招标机构组织实施，并有必要的技术专家参与。招标投标的程序、招标文件事先由招标方编制拟订，对招标与投标的双方均具有法律约束力，招标投标活动必须严格按照既定的程序和条件进行，在一般情况下不得随意变更。尤其是对于评标工作，必须依照明确的标准和方法慎重地评选出中标者，以体现招标投标的公正性和公平性。

（2）广泛征用投标者

采取招标的主要目的是在较广泛的范围内选择比较理想的中标者。如果是公路工程招标，则要求承包者具有丰富的工程施工经验，具有必要的技术条件及足够的财务能力，能够在预定的建设期限内，按照规定的工程质量标准，以合理的工程造价完成建设任务。为此，招标人通常要在国内外指定的报刊、杂志或网络等媒体上刊登招标广告，邀请具备条件要求的潜在投标人前来投标，以便从中挑选更加合适的投标者。

（3）以公开、公平和公正为原则

规范的招标投标活动，均以公开、公平、公正为原则，严格按照事先拟定的程序进行，公开发布招标广告，公开招标条件，在招标文件中对拟建工程或服务内容进行详细的介绍，并说明评价和比较投标文件、确定中标人的标准；在所有投标人或其授权代表在场的情况下公开开标，宣读投标人的名称、投标报价、承诺工期和质量等。

招标投标活动的高透明度是为了便于投标人监督，确保招标项目的公平竞争。评价工作由专门的评标委员会负责，评标时禁止投标人对其投标的实质内容进行修改，禁止投标人或与其利益相关的其他任何人以某种不正当的手段影响评标结果。招标方应客观公正地对待所有的投标者，充分保证评标过程的公正性。

（4）交易双方一次性成交

招标与投标方式不同于一般的商品交易。一般商品的交易买卖过程，多数要经过多次讨价还价后才能成交。而招标采购方式要求投标者进行一次性报价，即在投标截止时间之前必须确定唯一报价。公开开标后即进入评标阶段，投标者只能依靠自身的技术水平、经济实力和合理低标价而中标。

二、工程招投标的作用

公路工程招标与投标，是适应社会主义市场经济需要的必然产物，是公路工程市场竞争的必然结果，是提高管理水平和工程质量的重要措施。公路工程实行招、投标制，对于改进公路施工企业的经营管理和施工技术水平，保证公路工程建设的健康发展，保护双方的利益，具有强有力的推动作用。具体而言，其作用表现在表4–1中的几个方面。

表 4–1　工程招投标的作用

作用	主要内容
可以提高施工企业的经营管理水平	实行公路工程招投标制，是我国公路建筑业的一项重大体制改革，它使业主和施工企业进入公路工程市场进行公平交易、平等竞争、依法择优，从而迫使施工企业提高经营管理水平和技术水平，以优素质、高质量、低成本、短工期的良好企业信誉参加市场竞争，并立于不败之地
可以提高施工企业的施工技术水平	体现公路施工企业的竞争实力，很重要的方面是其施工技术水平的高低，其目的是保证和提高工程质量。参与工程招投标竞争，在激烈的工程竞争中获胜，必须努力提高企业的施工技术水平，立足培养高素质的技术人才，采用先进的施工工艺和施工机械，只有这样才能在强手如林的竞争中占领市场
可以加快施工速度、缩短工期	我国自20世纪80年代开始实行工程招投标制，众多工程实践证明，实行招投标制后，工程合同工期不仅低于计划经济时期，而且还低于现行的定额工期，工程能早日交付使用，提前发挥工程的作用和经济效益。在工程招投标中，工期长短已成为衡量施工企业是否具有竞争实力的一个重要指标
可以降低工程造价、节约建设资金	实行工程招投标制后，企业之间的竞争十分激烈，为了占领公路建筑市场，承揽工程任务，很多施工企业在投标时，往往是采取报价低于标底的策略，在保证有利可图的前提下，让部分利于甲方。这样，自然就会降低工程造价，节约建设资金
可以避免甲乙双方之间的矛盾	实行招标投标的公路工程，必然要签订工程承包合同，在工程承包合同中，不仅明确了双方各自的利益和职责，而且对工程的质量、工期、造价等进行了法律性规定，这样，在施工过程中，不仅可以避免双方相互推诿的扯皮现象，而且也避免了双方之间的矛盾，能使工程顺利进行

三、公路工程施工招标

1. 公路工程施工招标应具备的条件

根据《公路工程施工招标投标管理办法》中的规定，结合公路建设项目招标承包实践的要求，除涉及国家安全、国家秘密、抢险救灾或者利用扶贫资金实行以工代赈等不适宜进行招标的项目外，下列公路工程施工项目必须进行招标：投资总额在 3000 万元人民币以上的公路工程施工项目；施工单项合同估算价在 200 万元人民币以上的公路工程施工项目；法律、行政法规规定应当招标的其他公路工程施工项目。

根据《公路工程施工招标投标管理办法》和《公路建设市场管理办法》（交通部令 2004 年第 14 号）的规定，结合公路建设项目招标承包实践的要求，公路工程项目在进行施工招标前，应具备以下条件。

拟建公路工程的初步设计和概算文件已经审批；拟建公路工程已正式列入国家或地方公路建设计划，业主已办理项目报建手续；拟建公路工程的建设资金和主要建筑材料、设备等的来源已经落实；拟建公路工程的征地工作已基本完成或落实，能保证分年度连续施工；拟建公路工程的施工图设计已完成或能满足招标（编制招标文件）的需要，并能满足工程开工后连续施工的要求；拟建公路工程已经过建设项目所在地规划部门批准，施工现场的"三通一平"已完成或一并列入施工招标范围。

公路工程施工招标的招标人，应当是依照《公路工程施工招标投标管理办法》规定提出公路工程施工招标项目、进行公路工程施工招标的项目法人。

公路工程施工招标可采用项目的全部工程招标、单位工程招标、特殊专业工程招标等，但按照有关规定，不得对单位工程的分部工程、分项工程进行招标。

重视和充分注意公路工程施工招标的基本条件，对搞好招标工作特别是保证合同的正常履行非常重要，否则将严重影响公路工程施工的连续性和合同的严肃性，不仅会造成大量的施工索赔，而且甚至会给国家或社会造成重大损失。

2. 公路工程施工项目招标的方式

根据《中华人民共和国招标投标法》和《公路工程施工招标投标管理办法》的规定，公路工程项目招标分为公开招标和邀请招标两种。只有不属于法律规定必须招标的项目，如涉及国家安全、国家秘密、抢险救灾、利用扶贫资金以工代赈，以及低于国家规定必须招标标准的小型工程、投标单位较少的改建、扩建工程，可以采用议标的方式或直接委托的方式。

（1）公开招标

《公路工程施工招标投标管理办法》第 10 条第 2 款中明确指出："采用公开招标的，招标人应当通过国家指定的报刊、信息网络或者其他媒体发布招标公告，邀请具备相应资格的不特定的法人投标。"

这项规定表明，拟建的公路工程建设项目，凡具备相应资质符合招标条件的法人或其他组织不受地域和行业的限制，均可以申请投标。公开招标是在市场经济条件下广泛采用的招标方式，近年来，工程建设领域出现了一种新的动向，就是公开招标备受青睐，有些地方甚至在名义上取消了邀请招标。要求凡适于招标的工程项目，一律采用公开招标的方式进行（只有极少量经批准采用议标的除外）。统计资料显示，一些地方建设工程的公开招标率，已高达 80% 以上。

公开招标是一种无限制的竞争方式，其优点在于投标不受地域和行业的限制，招标人有较大的选择余地，可以在众多的投标者中选择报价合理、工期较短、信誉良好的承包商，有利于加快工程进度、提高工程质量、降低工程投资，有助于打破垄断，实行公平竞争。但是，公开招标存在招标周期较长、工作比较复杂、投入资金较多等缺点；对于保密工程、专业性较强的特殊工程和公开招标时费用较大的工程，不宜采用公开招标的方式。

（2）邀请招标

《公路工程施工招标投标管理办法》第 10 条第 3 款中明确指出："采用邀请招标的，招标人应当以发送投标邀请书的方式，邀请三家以上具备相应资格的特定的法人投标。"

邀请招标也称为选择性招标或有限竞争性招标，由招标人根据自己掌握的资料和信息，选择若干具备承担招标工程项目、施工资质适宜、企业信誉良好和业绩显著的法人或其他组织，并发出投标邀请函，将招标工程的概况、工作范围和实施条件等进行简单扼要的说明，请他们参加投标竞争。

邀请招标选择的法人或其他组织，一般不得少于三家。被邀请的法人或其他组织同意参加投标后，从招标处获取招标文件，按照招标程序和招标须知进行投标报价。邀请招标是一种简化的招标方式，不需要发布招标公告和设置资格预审程序，从而节约了招标费用和时间。

邀请招标的缺点是由于招标人对施工企业掌握的资料和信息有限，往往邀请的范围不够广泛，可能在技术上和报价上最有竞争能力者未在邀请范围之内，使工程施工未选到最佳法人或其他组织，因此，邀请招标最显著的缺点是具有局限性。

应当指出，邀请招标虽然在潜在投标人的选择上和通知形式上与公开招标有所不同，但其所适用的程序和原则与公开招标是相同的，其在开标、评标标准等方面都是公开的。

3. 公路工程施工招标的程序

工程施工招标是建设单位选择施工单位，并与其签订工程承包合同的过程，而投标则是施工单位力争获取施工项目参加竞争的过程，建设单位和施工单位均应遵循招标投标法律和法规进行招投标活动。公路工程施工招标可按照以下程序进行。

（1）组建招标工作机构

招标工作机构通常由建设方负责，由授权的代表和建筑师、室内设计师、预算经济师、水电、通信、设备工程师、装饰工程师等专业技术人员组成。招标工作机构的组成形式主要有三种：一是由建设方的基建主管部门抽调或聘请各专业人员负责招投标的全部工作；二是由政府主管部门设立的招投标办公机构，统一办理招投标工作；三是有资格的建筑咨询机构受建设方的委托，负责招标的技术性和事务性工作，但决策权还在建设方。

（2）提出招标申请并进行登记

由建设单位（业主）向招标与投标管理机构提出工程招标申请，申请的主要内容包括：工程项目名称、建设地点、招标方式、要求投标单位的资质等级、承包方式、施工前期准备情况等。经招标投标管理机构审查批准后，进行招标登记，领取工程招标申请书。招标申请书的格式，如表 4–1 所示。

表 4–1 招标申请书

工程项目		建设地点	
批准投资及计划建设文号		投资额 / 元	
设计单位		投资来源	
工程内容			
施工前期准备工作情况		1. 二次装饰条件；2. 空调安装；3. 施工图纸；4. 概预算（标底）；5. 施工执照；6. 三通一平	
材料、设备情况		1. 钢材；2. 木材；3. 水泥；4. 沥青；5. 玻璃	
要求		1. 质量类别；2. 工期；3. 承包方式；4. 材料供应	
申请招标方式		招标单位（盖章）负责人（签字）	
审批意见		审批单位（盖章）负责人（签字）	
备考			
填表日期		年月日	

（3）准备招标文件、编制标底

招标文件是投标单位编制投标报价的主要依据，由建设单位自行编制或委托相应机构代办，为贯彻公平竞争的原则，在编制招标文件时，还应制定相应的评标办法。

当招标文件中的商务条款一经确定后，即可进入标底的编制阶段，标底编制完毕后，应将必要的资料报送招标管理机构审定。

（4）发布招标公告

建设单位（业主）根据招标方式的不同，发布招标公告或招标邀请函。

（5）进行投标资格审查

招标领导小组对投标单位进行投标资格审查是一项非常重要的工作。按照国家现行规定，只有通过招标资格审查合格后，才具有参加该项工程投标的资格。对建筑装饰企业的资格审查,应重点审查企业过去承包类似工程的质量、企业的管理水平、队伍的整体素质、技术装备情况、社会信誉和资金情况等。

（6）组织装饰工程投标

组织装饰工程进行投标，实际上是对通过资格审查的施工企业的具体了解，最后从中择优的过程。主要包括以下具体工作。

向通过资格审查的投标单位发售招标、设计文件、有关要求和有关技术资料等；组织投标单位的代表勘察施工现场，解答文件中的有关疑点；按限定的期限、限定的地点接受投标单位报送的投标书；按规定的期限开标、定标，向中标单位发出中标通知书；按规定的程序和国家有关规定，招标单位与中标承包单位签订建筑装饰工程承包合同。

4. 招标文件与造价的关系

招标文件是招标人向投标人提供的为进行投标工作所必需的文件。招标文件的作用在于：阐明需要采购货物或工程的性质，通报招标程序将依据的规则和程序，告知订立合同的条件。招标文件既是投标商编制投标文件的依据，又是采购人与中标商签订合同的基础。因此，招标文件在整个采购过程中起着至关重要的作用。招标人应十分重视编制招标文件的工作,并本着公平互利的原则,务必使招标文件严密、周到、细致、内容正确。

工程造价是指进行某项工程建设所花费的全部费用。在不同的场合，工程造价的含义不同。由于研究对象不同，工程造价有建设工程造价、单项工程造价、单位工程造价及建筑安装工程造价等。招标文件与工程造价的关系，见表 4–2。

表 4–2　招标文件与工程造价的关系

招标文件的内容	招标文件与工程造价的关系	
投标须知	投标人能享受一定幅度的价格优惠条件	对世界银行贷款项目土建工程国际竞争性招标，世界银行采购指南规定：在比较已经通过资格审查的借款国的土建工程承包人和外国承包商的投标时，对于人均国民生产总值低于规定水平的借款国承包人可给予 7.5% 幅度的价格优惠，享受价格优惠的承包人合格条件标准将在投标须知中写明 我国目前人均国民生产总值低于规定水平，因此，我国的承包人可享受价格优惠。其具体做法是：在计算评标价格时，在国外承包人的投标报价上加上 7.5% 的幅度，再同国内承包人的价格进行比较。此种价格优惠，虽然对实际签订的合同价格没有任何影响，对中、外企业的投标价也没有任何变动，但在计算评标价时有效，有利于我国投标人中标，因此，中、外企业的投标人在确定投标报价时，必然会考虑到这一因素

续表

招标文件的内容	招标文件与工程造价的关系	
投标须知	投标费用	工程的投标费用包括招标文件购买费、投标人员差旅费、投标文件编制费等 在一般情况下，招标文件购买费在投标邀请书中已写明，这是比较明确的 投标人员差旅费包括到工程现场和周围环境进行现场考察、参加标前会议、去有关厂家和设备材料供应部门调查研究，递交投标文件及参加开标和澄清会等的费用 投标文件编制费包括组织各方面的技术人员编制投标文件和聘请咨询、顾问人员的费用、投标文件的打印、装订成册费用等。参加国际招标的还有翻译费用 投标费用一般规定由投标人自己承担，也有的招标文件中规定给不中标的投标人以一定的补偿费。不管怎样，投标费用应考虑到报价中去
	投标保证金和投标有效期	投标须知中规定了投标保证金金额和投标有效期。投标保证金可以用现金、保兑支票、银行汇票、政府发行的国库券、银行保函等。银行开保函是有条件的，一是投标人在该银行有一定数额的存款和信誉，二是要交纳一定的手续费。银行开保函的手续费和担保金额与担保时间有关，投标保证金、银行保函的有效期为投标有效期加上给予中标人提供履约保证金和签订合同的时间，一般为投标有效期后 30 天内有效。投标人也会将银行手续费等考虑在报价中
	工期的限定范围与提前完工的效益	投标须知中规定了工期的限定范围和提前完工的效益。要提前完工，承包人一般要多投入，可能要增加一定的费用，但早完工可以给业主带来超前收益，因此在投标须知中规定了提前完工的效益，通常规定为每月或每天效益占投标价的百分比，评标时将每个投标人不同的提前完工的效益贴现为现值，计算到评标价中去，投标人就必须考虑是增加造价好，还是缩短工期好，应权衡利弊，两者选取一最佳的数字，使工程的评标价最低
	动员预付款的比例和年贴现率	在投标须知中写明业主将向承包人提供一笔无息预付款，主要用于工程的动员费用，即动员预付款。动员预付款是用改善投标人的营运资金的方法降低投标报价。动员预付款的比例为合同价格的百分数 在投标须知中有两种处理方式：一是由投标人在规定的范围内选择比例进行报价，世界银行对于土建工程规定为 5% ~ 20%，由投标人选定此范围内的一个数值，在评标时按投标须知规定的年贴现率贴现为现值，加到各个投标人的标价上去，作为评标的比较之用；二是投标须知中规定了一个固定的百分比，则评标时不做考虑 但是，在工程投标须知中无论采用哪一种方法，作为投标人来讲，都要考虑到自己营运资金投入的多少和利息，对于报价都是有影响的。作为第一种方法，投标人要考虑到评标怎样才能达到最低，是选择动员预付款比例大而报价低的方案，还是选择动员预付款比例小或报价高的方案，要反复推敲。作为第二种方法虽然动员预付款比例一定，但投标人要根据这一定的比例再计算自己需投入的营运资金和利息，所以对报价还是有影响的

续表

招标文件的内容		招标文件与工程造价的关系
投标须知	技术性选择方案	在投标须知中应告知投标人，业主有无技术性选择方案的邀请和对投标人主动提出的技术性选择方案是否考虑，如业主对技术性选择方案是考虑的，而且规定只有符合基本技术要求且评估价最低的投标人，其所提交的选择方案才会被考虑，则投标人需考虑有没有技术性选择方案，其报价和招标文件中的技术方案比较是高还是低
	其他附加的评标准则	在工程投标须知中，应将有关投标文件的编制与投标、开标、评标，直至签订合同的信息全部给出，因此，除将常规需要考虑的评标准则在投标须知中分条款列出外，如有附加的评标准则，如施工借地的数量和其他优惠条件等，也应在这里列出。投标人应考虑据此对报价的影响
合同条款	履行保证金和有效期	承包人为履行合同应当向业主提供履约保证金，履约保证金一般规定为合同总价的 5% ~ 10%，一般均用银行保函，开保函牵涉到保函的有效期和银行收取的手续费，这些必然要反映到报价中去
	保险	保险条款是施工合同条款中必不可缺少的内容，对工程一切险和第三者责任险是否要承包人以承包人和业主的共同名义进行保险，需要加以明确。要求保险势必要支付保险费，保险费按不同项目的危险程度、地理位置、工地环境、工期长短和免赔额高低等因素确定。除建筑工程一切险和第三者责任险外，承包人自己的设备、人员等是否要求保险，也是承包人要考虑的内容
合同条款	税收	合同价中是否包括税金，各地的做法并不完全相同。有的条款规定承包人为建设承包工程需要运往施工现场的设备和材料的关税、增值税、承包人的营业税等，均由业主负担或免收。有的条款规定一切税收均由承包人照章缴纳，也有的条款规定哪些是业主负担或免收的，哪些是承包人负担的
	业主可能提供的材料和设备	为完成合同工程所需的器具和材料，若采用“包工包料方式”，一般应该由承包人负责采购、运输、验收、保管，但由于目前的物资管理体制、工程建设所需材料、设备的采购供应可以有几种办法，因而必须在合同条款中予以明确 如果一部分材料和设备由业主采购供应，则应明确所供应材料、设备的具体规格和品种，是供应到施工现场，还是承包人去提货。如果承包人去提货，则应确定提货地点、交接和验收办法，价款的结算办法也应在合同条款中写明
	业主为承包人提供的设施和场地	业主为承包人提供的设施和场地，对于承包人是非常重要的，不仅关系到施工是否顺利，而且也关系到工程造价。主要包括：施工现场的征地、拆迁和水、电、通信等设施业主提供到的程度，施工现场征地和拆迁工作的完成时间，场地平整工作由谁负责，电力线路业主负责到什么程度，自来水管和电信线路的保证程度，施工用道路怎么办等，这些都与报价有密切的关系

续表

招标文件的内容		招标文件与工程造价的关系
合同条款	支付条款	合同条款中规定的支付条款应当合情合理，并且符合有关的商业惯例，一旦承包人履行了合同规定的义务，即应当支付其全部款项，这样的支付条款将会促使潜在投标人提出较低的报价 支付条款对于工程项目报价的影响较大，支付条款主要包括动员预付款、材料和设备预付款、保留金、暂定金、中期支付和最终支付、价格调整、货币和兑换率、索赔条款等支付条款
	其他条款	除以上这些内容外，诸如检验费用由谁负担、工期和缺陷责任期的长短等，也都影响到工程的报价
技术规范	工程量的计量	技术规范中计量与支付是非常重要的，没有计量与支付的明确规定，承包人就无法进行投标报价，施工中也无法进行计量与支付工作。计量与支付的规定不同，承包人的报价也会不同。计量与支付的规定中包括计量项目、计量单位、计量项目中的工作内容、计量方法以及支付规定
	税金和保险	按招标文件技术规范的要求，凡需要单独计量支付的项目，必须在技术规范中有计量支付项目，对有些税金和保险一时难以确定而需要单独计量时，就应在总则中有所体现。以税金来讲，大的方面有营业税和随营业税一起征收的城市建设维护税及教育费附加，有进口材料关税和增值税，还有印花税等 营业税等三项税金和关税需要与合同条款对应，如业主不能马上确定是否能减免，则应在总则中列一个项目，让承包人报个价，并说明凭单据按实结算；至于印花税等是固定的，应分摊在管理费中，不必单独列项 对于保险也一样，如建筑工程的一切险和第三者险，是否要单独列，应由业主决定并在技术规范中写明，如要单独列项，应凭单据按实结算为好。至于承包人的财产和人身安全等的保险，由承包人自己决定是否交保险，发生时同样应摊入管理费中
	工程管理	恢复定线测量和测量标记的保护，在大型工程项目中需要专门组织人员和配备仪器，竣工文件包括图表应做到的程度，需要交给业主一式几份，都应当有具体的规定，并专门列项，以便于投标人报价
	承包人驻地建设	承包人驻地建设如属于承包人为进行建筑安装工程施工所必需的生活和生产用的临时建筑物、构筑物和其他临时设立等的临时设施费，是工程施工现场经费的内容，应包括在报价工程单价内 如国际招标工程承包人（主要是外商）驻地建设费中需要修建某些永久性房屋，则可在总则中单列项目计列，这些情况都应在招标文件技术规范总则中阐明，避免在标底和报价编制中产生重复计算

续表

<table>
<tr><th>招标文件的内容</th><th colspan="2">招标文件与工程造价的关系</th></tr>
<tr><td rowspan="3">技术规范</td><td>临时工程和设施</td><td>临时工程和设施是指为保证永久性工程的顺利施工所必需的各项工程和设施，诸如便道、便桥、码头、堆场、供电、供水、电信、环境保护工程等。投标人根据规范总则中的基本要求和施工组织方案安排，列出工程细目，进行分项计算，以总额进行报价。所谓总额报价，即总额包干，每个分项工程不管实际费用多少，总额价不变</td></tr>
<tr><td>为监理工程师提供的设施</td><td>监理工程师的办公、生活、交通等服务设施，究竟是由承包人提供，还是业主负责办理或监理工程师自理，在合同条款中应当明确。
如果由承包人提供，则在技术规范的总则中应详细列明提供的程度，监理人员的人数，办公和生活用房的面积和标准，配备的仪器、家具、车辆等的数量和规格，服务的时间长短等，承包人才能按此进行报价，并说明工程竣工后的处理措施</td></tr>
<tr><td>专业工程的各项质量和验收要求</td><td>对于各专业工程来说，当然质量要求越高，其成品（指建成后的工程，如路基、路面等）质量也会越好，但往往质量高与造价低难以达到统一，这就存在一个适度的问题。作为业主，其技术规范应当制定得恰如其分，就可既满足质量标准，又满足经济要求；而承包人只有对规范有充分地了解才能进行正确报价</td></tr>
</table>

四、公路工程施工投标

公路工程投标，是指公路工程或某一阶段的特定目标的可能实施者，经招标单位审查获得投标资格后，按照招标文件要求在规定的期限内向招标单位填报投标书，并争取中标的法律行为。

1. 公路工程投标的程序

公路工程投标的基本程序，即指在工程投标过程中各项活动的步骤与相关内容，它反映了工程投标中各工作环节的内在联系和逻辑关系。公路工程投标的具体步骤如下。

①根据获得的公路工程招标的信息，编制公路工程的投标书，并按照招标信息中的规定，按期参加投标。

②接受招标单位及有关单位对施工企业的资格审查，参加投标的施工企业应符合招标所提出的相应资质。

③施工企业在通过资格审查后，应及时向招标单位领取或购买招标文件、施工图纸及有关资料等。

④组织有关技术人员仔细阅读和分析招标文件，研究制订工程承包方案，并根

据本工程和企业的实际计算投标价。

⑤按时勘察施工现场，询问招标文件或施工图纸中的疑问，修改、落实施工方案和标价。

⑥按照招标文件所提出的具体要求，编制装饰工程投标书，并在规定的时间内报送招标单位。

⑦按时参加开标会，实事求是地阐述承包工程的优势。如果中标，在规定的时间内与招标单位签订工程承发包合同。

招标和投标是企业法人之间的经济活动，是在双方同意基础上的一种交易行为，它受到国家法律的保护和监督。

2．投标机构及其职责

工程投标是一项极其复杂的而具有相当风险的事业。在瞬息万变的工程承包市场中，投标竞争的胜负不仅决定于竞争者实力的大小，而且也取决于竞争的策略是否正确。施工企业为了在投标竞争中获胜，应配备投标专职人员，设置专门的投标机构。

（1）投标机构的组成人员

投标机构通常由下列人员组成。

1）项目经理或业务副经理。作为项目投标的负责人和决策人，其主要职责是决定最终是否参加投标及确定投标报价金额。

2）总工程师或主任工程师。作为工程项目技术方面的负责人，其主要职责是决定施工组织设计方案、技术措施及技术问题。

3）公路工程的造价工程师。作为工程项目造价方面的专业技术人员，其主要职责是负责编制计划及投标报价工作。

4）机械管理部门的工程师。作为工程施工机械管理方面的技术人员，其主要职责是负责根据本投标项目工程特点，选型配套供应本项目施工设备。

5）其他有关方面专业人员。材料部门人员了解提供当地材料供应及运输能力的情况；财务部门人员提供企业工资、管理费、利润等有关成本资料；生产技术部门人员负责安排施工作业计划等。

（2）投标机构的主要任务

投标机构的主要任务是：经常掌握公路工程项目的市场信息和动态，搜集工程招标方面的有关情报；对于招标工程项目进行分析，研究有无参加投标的价值；定期收集招标地区颁发的建筑材料价格，以及其他方面的价格等资料；研究项目投标策略和报价编制策略，以便科学投标和编制报价；认真分析历次投标中成功的经验和失败的教训，为今后投标打下基础。

3. 工程施工投标决策

工程施工投标是一个复杂的过程。在投标过程中，围绕招标文件要求，依法参与投标过程的各项活动，正确编制标书，合理确定报价，主动参与竞争，是施工投标的基本特点。参与竞争是市场实质，充分响应招标文件、完成标书编制是基本内容，中标是基本目标。

施工投标是施工企业为争取获得承包工程的竞争活动，是施工企业在公路建设市场竞争中承接任务的一种经营手段。在公路工程施工投标中，必须根据公路建筑市场行情和企业自身的实际情况进行正确决策。投标决策主要应针对具体工程项目分析研究，做出是否投标的决定，而掌握信息和分析信息是进行科学决策的基础。

（1）信息收集

信息的收集是指通过各种方式获取所需要的信息。信息收集是信息得以利用的第一步，也是最关键的一步。信息收集工作的好坏，直接关系到整个信息管理工作的质量。

信息收集在整个工程投标活动中占有举足轻重的地位，谁最先掌握全面准确的信息，谁就掌握了投标的主动权。工程项目的投标信息，主要来自企业内外与投标有关的一切经济、技术和社会方面等信息。对于有条件的施工企业，应当组织好信息网，通过各种渠道搜集有关项目信息及招标资料，为选择项目、决策投标提供可靠的依据。

1）对信息的基本要求。对于招标工程项目信息的基本要求，可以归纳为“快、全、准、用”四个字。“快”，即迅速及时；“全”，即全面系统；“准”，即准确可靠；“用”，即便于利用。

2）信息需收集的内容对于招标工程项目信息的收集，主要应注意以下几个方面的内容。

①当地建筑市场信息及投标建设项目的工程情况，如项目规模、资金来源、招标单位、工程名称、招标时间、项目是否列入国家计划等市场信息。

②拟建工程项目当地的法律、法规和风俗习惯，这是施工企业是否参与投标的重要因素。

③拟建工程项目当地劳动力、建筑材料和机械设备的供应情况和价格信息，当地施工企业和有关技工的技术水平状况。

④工程建筑材料与施工技术的发展动态，如招标项目有无新结构、新技术、新材料和新工艺，有无需要采购的新设备等。

⑤工程项目招标单位的倾向性和困难。如招标单位倾向让哪类层次或地区的施工单位来承包工程，招标单位有无资金不足、材料供应困难等。

⑥各竞争对手的基本情况。有多少施工单位参加投标，每个标段各有几个单位投标，投标单位的名称、资质、技术水平、以往业绩、装备能力、管理水平、企业信誉、队伍作风、是否急于想中标、投标报价动向、与业主间的人际关系等。

⑦拟建工程项目设计单位、监理单位及其他协作单位的情况。

⑧类似工程的施工方案、工程报价、施工工期等。本施工企业是否承担过类似工程，其报价、施工方案和工期等方面的信息。

⑨查看本施工企业内部今年和明年的任务是否饱满，是否有力量投入新的投标项目。如果承担此项目，为投标项目购置新设备、采用新技术的可能性。

⑩本施工企业欲完成本项目投标工程和同类已完成工程的技术经济指标。如形象进度、成本降低率、单位面积人工、材料耗用定额和造价、劳动定额执行情况等。

（2）投标决策

投标决策正确与否，关系到能否中标和中标后的效益问题，关系到施工企业的信誉和发展前景及职工的切身经济利益，甚至关系到国家的信誉和经济发展问题。因此，企业的决策班子必须充分认识到投标决策的重要意义，把这一工作摆在企业的重要议事日程上来着重考虑。在选择投标项目时，应考虑表 4–3 中的内容。

表 4–3　在选择投标项目时应考虑的因素

因素	内容
项目的可行性	与可能性选择的投标项目是否可取，首先，要从本企业的实际情况出发，实事求是，量力而行。应以保证均衡施工和连续施工为前提。同时，根据本企业的施工力量、机械设备、技术力量、施工经验等方面的条件，考虑招标项目是否具有一定的利润，本企业能否保证工期和质量要求。其次，要着重考虑能否发挥本企业的特点、特长、技术优势和装备优势，做到扬长避短，选择适合于发挥本企业优势的项目，避开本企业缺乏经验的项目。最后，要根据竞争对手的技术经济情报和市场投标报价动向，考虑这个项目是否有一定竞争取胜的把握和机会。反之，不宜勉强投标，更不宜参与陪标，以免有损企业的声誉，影响今后参加投标的机会
招标工程项目的可靠性	首先是充分了解建设项目是否已经被正式批准，建设资金来源是否可靠，主要材料和设备供应是否落实，设计文件完成的情况等；其次是认真研究业主的资信条件及合同条件有无重大风险性等，以避免参加不可靠的工程项目竞争，造成不应有的损失
施工企业获得利润测算	承包企业在确定投标前，除必须弄清招标文件的内容和要求外，还须研究项目中标后可获得的利润程度，通过工程技术和经济效益的分析，测算出工程中标后可获得的利润金额
企业近期和远期利润目标	施工企业要建立起本企业的目标管理标准，制定出本企业的近期利润目标和远期利润目标，才能明确投标竞争的战略战术。不同时期和不同竞争环境，企业可制定不同的近期和远期利润目标。因而在面临许多招标项目时，就可以很容易做出选择，得出参加投标的决策

续表

因素	内容
企业在其他方面的因素	本企业技术人员和工人的操作水平能否达到招标项目的要求；本企业投入招标项目所需机械设备的可能性；本企业是否具有同类型工程的施工经验和管理经验；本企业有无项目要求的施工设计能力；本企业战胜竞争对手的可能性。本企业是否有足够的资金为本工程新购器材、设备，新购器材、设备的交货时间是否满足项目的要求；工程中标承包后对本企业在该地区的影响；本企业在流动资金周转方面的可能性

（3）应放弃的项目

在一般情况下，对于下列招标项目应当非常慎重，必要时应考虑放弃：本企业主营和兼营能力之外的项目；工程规模、技术要求远远超过本企业所能完成的规模等级和技术能力的项目；本企业的等级、能力、业绩、信誉、经验等明显不如竞争对手的项目；建设单位的工作态度和实际情况不利于本企业承包的项目；招标项目工程量不大，可能获得的赢利很低，且风险较大的项目；建设单位在资金和主要材料供应方面不落实，而本企业无资金和材料垫支的项目。

第二节 公路工程招标标底的编制

工程标底又称工程“招标价”，是建筑工程市场交易中的一种预期价格，一般由招标单位自行编制或委托经建设行政主管部门认定具有编制标底能力的相应机构编制，并经招标主管单位审定。按照工程招标的有关规定，工程施工招标必须编制标底。

工程标底的编制过程是业主对招标项目所需工程费用的自我测算过程，它可以使业主对各项费用心中有数，为搞好评标工作进而搞好施工过程的投资控制工作打好基础。

一、工程标底的作用与分类

1．工程标底的作用

（1）标底是招标单位确定工程总造价的依据，是评标中衡量投标报价是否合理的尺度，是进行招标、评标和定标的主要依据之一。

根据《公路工程施工招标投标管理办法》中的规定，投标单位的报价最高不应超出标底的 10%，最低不应低于标底的 20%。按照这一规定，在工程评标的过程中，一般要求投标单位的报价在无特殊理由的情况下，均不能超出上述范围，否则业主有权视为不合理报价处理。

在《公路工程国内招标文件范本》中提出，应选择其评标价在上述范围内最低的单位为中标单位，因此，投标单位是否能取得中标资格，其报价与标底的差距大小是重要的影响因素。

（2）标底是控制投资额，核实建设规模的文件。如果按规定的程序和方法编制的标底造价超过批准的概算或修正概算时，应首先进行详细复核并认真分析，对其中不合理部分应进行剔除或调整。如果经过反复复核和分析，仍超过批准的概算或修正概算时，应会同设计单位一同查找原因，必要时由设计单位调整原来的概算或修正概算。标底是代表工程项目的计划价格，其投资额应控制在工程的计划投资范围内，以免工程造价（标底）突破投资。同时，主管部门也可根据工程标底对工程项目产品的价格进行有效的监督。

（3）标底是衡量投标单位对工程报价高低的标准。凡经审定的标底，应反映出一定时期工程造价的社会平均水平。而投标单位在报价时，根据自己的优势所提出的价格，则是企业的个别水平，一般应略低于社会平均水平，即报价应等于或低于标底。这样的标底就可以用来审核各投标单位工程报价的高低，并以此判断报价的合理程度。

（4）标底是保证工程质量的基础。凡经审定的标底，应能充分体现当地公路工程市场的水平，即在确保工程质量、施工工期前提下的合理价格。这样，能避免招标单位片面压价，又可防止投标单位盲目投低价。因此，编制准确的标底是公路工程质量可靠的经济保证。

2. 工程标底的分类

根据不同工程的特点，标底主要有以下几种：按公路工程量的单位造价包干的标底（如 m^3，m^2，m，km）；按公路工程施工图预算包干的标底；按公路工程施工图预算加系数一次性包干的标底；按扩大初步设计图纸及说明书资料实行总概算的标底。

二、工程标底经济特征与注意事项

1. 工程标底的经济特征

标底是建设产品在建筑市场交易中的预期价格，在招标投标的过程中，标底是衡量投标报价是否合理和是否具有竞争力的重要工具。但是，工程招投标实践表明，标底并不是决定投标能否中标的标准价，而只是对投标进行评审和比较时的一个参考价。

设立标底的做法是针对我国目前建筑市场的状况和国情而采取的措施，是具有中国特色的招标投标制度的一个具体表现。在具体实践中充分证明，标底不仅具有制止盲目报价、抑制低价抢标的作用，而且具有控制工程造价、核实工程投资规模的作用。因此，科学合理地制定标底是做好评标工作的前提和基础。科学合理的标底应具备以下经济特征。

（1）标底的编制应遵循价值规律。工程标底作为拟建工程的价格应当反映建设项目的价值。价格与价值相适应是价值规律的基本要求，是标底具有科学性的基础。因此，在标底的编制过程中，应充分考虑建设项目在施工过程中的社会必要劳动消耗量、机械设备使用量以及材料和其他资源的消耗量。

（2）标底的编制应服从供求规律。在标底的编制过程中，应考虑建筑市场的供求情况对建筑产品价格的影响，力求使标底和建筑产品的市场价格相适应。当建筑市场的需求增大或缩小时，相应的市场价格将会上升或下降；同样，当建筑市场的供给增大或缩小时，相应的市场价格将会下降或上升。在编制时标底，应考虑到建筑市场供求比例的变化所引起的市场价格的升降，并在标底方面做出相应的调整。

（3）标底在编制的过程中，应反映建筑市场当前平均先进的劳动生产力水平。即在标底编制过程中应反映竞争规律对建筑产品价格的影响，以便能通过标底促进投标竞争和提高社会生产力水平。

2. 工程标底的注意事项

科学合理地制定标底是做好投标、评标工作的前提，在进行标底编制中应注意以下事项。

标底的编制应根据设计图纸及有关资料、招标文件，参照国家现行的技术、经济标准定额及规范，确定工程量和设定标底；标底价格应由工程成本、利润和税金组成，一般应控制在批准的建设项目总概算及投资包干的限额内；标底价格作为招标人的期望值，应力求与建筑市场的实际情况相吻合，要有利于竞争和保证工程施工质量；制定标底价格应考虑人工、材料和机械台班费用等价格不断变动的因素，还应包括施工不可预见费、包干费和措施费等。工程质量要求达到优良的，还应增加相应的费用。

三、标底的编制原则和依据

1. 标底的编制原则

为实现施工企业争取获得承包工程的目标，在进行公路工程标底的编制过程中，应注意以下原则。

（1）商品经济中有许多经济规律，价值规律是基本的规律。价值规律作为商品经济的基本规律，同其他任何规律一样，是客观的，是不以人的意志为转移的。工程标底的价格应反映建筑产品的价值，即在公路工程标底编制过程中，应当遵循价值规律。

（2）供求规律是指商品的供求状况与价格变动之间的内在必然联系。在价值规律的作用下，价格自发地围绕价值上下波动，为市场提供不断变动的价格信号，使市场总量和结构状况得到调整，从而形成均衡和不均衡两种市场供求状态。工程标底的价格应反映建筑市场的供求状况对建筑产品价格的影响，即要服从供求规律。

（3）工程标底的价格应反映出一种平均先进的社会生产力水平，以达到通过招标的形式，促进社会劳动生产力水平提高的目的。

（4）工程的标底价格应由成本、利润、税金等组成。一般控制在批准总概算及投资包干的限额内。同时，一个工程只能编制一个标底。

（5）工程的标底价格不仅应考虑人工、材料、机械台班等价格变动因素，而且还应考虑施工不可预见费、包干费和措施费等，工程要求优良的，还应增加相应费用。

2. 标底的编制依据

根据我国公路工程标底编制的实践经验，其编制的依据主要有以下几个方面。

（1）工程招标文件

招标文件是招标者招标承建工程项目或服务的法律文件；是投标人准备投标文件及投标的依据；是进行工程评标的依据；是进行施工招标的前提条件。

标底作为衡量和评审投标价的尺度，要将招标文件作为编制标底必须遵守的主要依据。另外，在工程项目的招标期间业主发出的修改书和标前会的问题解答，也是招标文件的组成部分，同样是工程标底编制的依据。

（2）概预算定额

《公路工程预算定额》和《公路工程概算定额》，都是全国公路专业的统一定额。《公路工程预算定额》是编制施工图预算的依据；也是编制工程概算定额的基础。《公路工程概算定额》是编制初步设计概算的依据，也是编制建设项目投资估算指标的基础。

《公路工程预算定额》和《公路工程概算定额》，都是一种具有法定的指标。标底要起到控制投资额和作为招标工程的预期价格，就应该按颁布的现行概预算定额来编制。标底与投标报价的不同点之一就是，投标人可根据自己企业的施工特长、技术措施、管理水平、企业定额或以往的工作经验来编制报价书，而不受国家规定计价依据的约束；而标底则必须根据国家规定的计价依据进行编制。

（3）工程费用定额

费用定额是指在某一期间内应该发生的费用标准，这是编制标底不可缺少的依据之一。费用定额与编制标底有关的取费标准，主要有其他工程费、间接费、利润、施工技术装备费、税金、施工图预算包干费等。在编制工程标底时，费用定额的项目和费率的取定，可根据招标工程的工程规模、招标方式、招标文件的有关规定，以及参加投标的各施工企业的情况而定，但其基本费率的取费依据是费用定额。

（4）工、料、机的价格

工、料、机价格是计算直接工程费的主要依据。人工工资应按国家规定的计价依据和当地规定的有关工资标准（如工资性津贴）进行计算；材料费用应按编制概预算时材料预算价格调查的原则进行实地调查和计算，对于公路工程特别要核实路基土石方的取土坑、废土堆场和运输条件，砂、石料的料场的位置、开采量、质量、运输条件和料场价格，当地电力、汽油、柴油、煤等的价格；机械价格应按交通部颁布的《公路工程机械台班费用定额》来确定。

（5）工程设计文件

工程设计文件主要是指初步设计文件或施工图设计文件，经上级主管部门或有关方面审查批准的初步设计和概算文件，或者施工图设计和预算文件。工程设计文件不仅是进行施工组织设计的依据，而且也是编制标底的主要依据，但标底不能超过批准的投资额。

（6）施工组织方案

公路工程建设充分证明，具有完善的施工组织方案或施工组织设计，才能确保工程的顺利进行和标底的编制。标底的编制在许多方面都与施工组织方案有关，不同的施工组织方案会得出不同的标底，如临时工程的数量，路基、路面采用的施工机械，钻孔灌注桩采用的钻机型号，架设主梁的方案等。

四、标底的编制程序和方法

公路工程标底的编制方法与程序，与概算和预算基本相同，但标底比概算和预算的要求更为具体、确切，必须根据招标工程的实际情况进行编制。

1．标底与概算和预算的主要区别

标底的编制原则决定了标底不同于工程的概算和预算，但是，标底的编制又离不开工程的概算和预算。这有两方面的原因：一方面，国家规定标底必须控制在批准的概算或投资包干的限额之内，如标底突破批准的概算，必须再经原概算批准机关重新审查批准；另一方面，由于技术、经济和所掌握资料的限制，标底编制单位不得不以概算、预算定额和其编制办法为基础来进行预测，并以此作为标底编制的依据。

在公路工程中，标底和概算、预算的主要区别在于以下几个方面。

（1）标底要按工程量清单的项目和数量进行编制，而概算和预算则按定额项目和以图纸计算的工程数量套用相应的定额进行编制。

（2）标底可以根据施工现场具体情况，考虑必要的工程特殊措施费，如边通车边施工的路段具体的维持通车的措施费；而概算和预算除在其他工程费中计算行车干扰工程施工增加费外，一般不能再计入其他费用。

（3）标底可以根据具体工程和不同的承包方式，考虑不同的包干系数，而概算和预算则按规定的不可预见费率进行计算。

（4）标底中的其他工程费、间接费、利润、税金的费率，应根据招标工程的规模、地区条件、招标方式和招标单位的实际情况取定，而概算和预算则按费用定额规定编制。

（5）标底只计算工程量清单的费用，即主要是计算建筑安装工程费用，而概算和预算则是计算建设项目全部投资的预计数额，除工程施工费外，还包括设备购置、征地拆迁、勘察设计、贷款利息和建设单位管理费等其他费用。

（6）标底应根据工程对工期具体要求和施工组织设计进行编制，而概算和预算则难以考虑工程施工工期等具体情况。

2．标底编制的程序和方法

（1）标底编制准备工作

标底编制准备工作，见表 4–4。

表 4–4　标底编制准备工作

项目	内容
熟悉招标工程图纸和说明	在进行标底编制前，应认真阅读招标工程的图纸和说明，如发现图纸、说明和技术规范有矛盾、不符合、不明确的地方，应要求招标文件的编制单位给予交底或澄清，以便正确进行标底的编制
熟悉工程招标文件的内容	这是进行标底编制非常重要的环节，即对投标须知、合同条款、工程量清单和辅助资料表中与报价有关的内容要搞清楚，对业主“三通一平”的提供程度、价格调整的有关规定、预付款额度、工程质量和工期要求等都要非常明确
到工程现场进行认真考察	工程处于不同地区，其施工现场的条件也不同，对于标底的编制影响很大。对工程施工现场条件和周围环境进行实地考察，以作为考虑施工方案、工程特殊技术措施费和临时工程设置等的依据，这样才能使标底更加符合工程实际
进行材料与设备价格调查	工程材料与设备的价格，随着地区和时间的不同而变化，在标底编制前必须要调查当地材料与设备的实际市场价格，掌握砂、石等材料的料场价、运距、运费和料源等方面的资料

（2）标底的工程量计算

1）复核工程量清单。首先要弄清楚工程量清单中工程数量的范围，应根据设计图纸和技术规范中计量支付的规定计算复核工程数量，如与工程量清单有出入，必须搞清楚出入的原因，核实后加以纠正。

2）按定额计算工程量。以工程量清单的每一个细目作为一个项目，根据设计图纸和施工组织方案，考虑其由几个定额子目组成，并计算这几个定额项目的工程量。

（3）确定工、料、机的单价

人工、材料和机械台班单价是计算工程标底的基础，根据准备工作中所收集到的资料，经过认真核实和对照无误后，计算和确定符合拟建工程的人工、材料和机械台班的单价。

（4）计算工程综合费率

公路工程的综合费率由其他工程费、间接费、计划利润、技术装备费等组成，要根据工程招标文件中的有关条款和《公路工程基本建设概算预算编制办法》中的有关规定计算和确定各项的费率。

（5）计算工程项目总额

按《公路工程基本建设概算预算编制办法》中的有关规定，计算各项工程的总金额，也就是编制一个完整符合要求的工程概算、预算。

（6）编制工程标底单价

根据工程量清单各工程细目所包括的工作内容及相应的计量与支付办法，按照《公路工程国内招标文件范本》中的规定，在进行概算、预算的基础上，对概算、预算 08 表中的分项工程进行适当合并、分解或用其他技术处理，然后按综合费率再增加税金、包干费等项目后，确定出各工程细目的标底单价。也可直接利用标底 03 表，在增加包干费等项目后，算出每项的合计金额除以该项工程量则得出标底单价。

（7）编写标底编制说明

按工程量清单计算各章金额，其中第 100 章总则中的保险费、临时工程费、监理工程师设施等按实际费用计算列出，其余各章按工程量清单中的数量乘以相应的标底单价进行计算，然后计算工程量清单汇总表，即得出标底总金额。

3. 不完全竞争下的标底编制方法

工程标底的编制可分为完全竞争下的标底编制和不完全竞争下的标底编制两种。完全竞争下的标底编制，可直接根据建筑产品的市场交易价格来确定。不完全竞争下的标底编制方法，主要有工料单价法和统计平均法两种。

（1）工料单价法

工程标底不同于工程概（预）算，但由于标底在编制中具有局限性，特别是在施工项目的施工方法、施工成本等方面未拥有完全的信息，从而使得标底在编制过程中，不得不依赖于概（预）算定额及编制方法来确定标底。这种依赖于概（预）算定额及编制方法来确定标底的方法称为工料单价法。

1）工料单价法的工作步骤。收集标底编制的有关资料；进行详细的市场调查；研究招标文件，参加现场考察，明确承包人的义务及风险责任；进行施工方案和施工方法的确定，并编制工程施工进度计划；编制施工图预算（或概算），计算建筑安装费及根据合同应发生在承包方的其他费用；进行工程细目的分析；根据各方面的情况分析与比较，综合后形成科学合理的标底。

2）工料单价法的注意事项

①按照概算进行编制标底时，应在概算定额的基础下适当进行下浮，一般可以下浮 3% ~ 5%。因为概算定额所考虑的工、料、机的消耗量，通常比预算定额有一定的富余。如果完全按概算定额编制标底，必然会使标底较高，对参与工程竞争不利。

②对于概（预）算中未考虑到而根据合同承包人必须发生的费用应在标底中如实予以考虑。例如，投标中发生的费用、履约担保费、监理设施费等，这些费用在概（预）算的建筑安装费中未考虑进去，而根据合同规定是承包人必须发生并承担的费用，因此，在编制标底时应予以考虑。

③对于工程概（预）算中明显偏高或偏低的费用，应如实予以调整或对概（预）算定额中的数据如实进行抽换。

④由于概（预）算的项目划分与招标文件中工程量清单的项目划分不一致，且各自对应的计量方法也不相同，因此，在编制工程细目的单价时，应在分项工程概（预）算的基础上，计算出与工程量清单中的工程细目相适应的单价。

⑤由于当前的劳动生产力水平总高于概（预）算定额数据中反映的劳动生产力水平，而招标又是建立在买方市场基础上，其价格通常比卖方市场的价格要低，因此，在最后确定标底时，应在概（预）算的基础上根据建筑市场的供求状况及当前的劳动生产力水平乘以一个小于 1 的修正系数。

（2）统计平均法

工料单价法是标底编制者借助概（预）算定额及编制办法，确定建筑产品的施工方法、施工成本和价格的一种方法。由于概（预）算定额及编制办法具有局限性和时效性，使得标底编制者在依据概（预）算编制标底时，不得不进行一系列的修正工作，而这些修正工作的准确性，主要取决于标底编制者对施工方法、施工成本及市场价格信息的掌握程度，由此可见，工料单价法具有很大的局限性。

统计平均法确定标底的基本思想是根据投标人的报价来确定标底。对于经验丰富的投标人，由于他们在施工方法、施工成本及市场价格上拥有完全的信息，因此，理性的投标人能提出一个充分反映自身竞争实力的投标报价，因此，只要对这些投标报价进行适当的技术处理，即可确定出施工项目的标底，这种方法称为统计平均法。

统计平均法的基本做法是：对于多个投标者，剔除投标报价中的最低报价和最高报价，计算平均值作为标底总价。在确定标底的过程中，对于投标中各工程细目单价的最低报价与最高报价剔除后，计算各细目的平均值，如果各细目单价的总和与标底总价不相符时，可通过修正系数对细目单价进行修正。

工程实践证明，统计平均法能较好地符合标底编制的基本原则。其优越性主要表现在以下方面。

①理性的投标人都是根据工程的实际情况和自身所需的施工成本进行报价的，因此将非理性投标的报价（最低报价或最高报价）剔除后所得到的平均值，反映了建筑产品的社会必要劳动消耗量和资源消耗量，即反映了建筑产品的价值规律。

②由于投标人在报价中对建筑市场供求状况及对价格的影响拥有完全的信息，他们通常会自觉地根据建筑市场的供求状况来确定工程投标报价水平的高低，所以其平均值必然也反映了供求规律对报价的影响。

③由于招标文件对投标人提出了具体条件和要求，投标人多是经过资格预审后生产力水平较高的单位，他们在质量、技术、工期和价格上各有竞争的不同优势，因此以其平均值所取得的标底能很好地反映竞争规律对工程造价的影响。

④按照上述方法所确定的单价除能满足标底编制原则外，还避免了不平衡报价对标底单价的影响。只要投标人不是在同一工程细目中采用相同的不平衡报价方法，上述方法就可以将不平衡报价对单价的影响剔除。

⑤采用统计平均法的标底编制方法，还能解决标底不能有效保密而导致的信息不对称性，消除对工程项目不公平竞争及引起的建筑市场混乱现象，这样可以有效地保证标底编制方法的科学性。

⑥采用统计平均法的标底编制方法，是先剔除最高报价和最低报价（非理性），再将其余的计算平均值，然后剔除大于平均值的投标人，再计算小于或等于平均值的投标人报价的平均值，这样确定的标底符合平均先进的原则。

4．影响标底编制质量的因素

影响标底编制质量的因素，见表 4–5。

表 4-5　影响标底编制质量的因素

影响因素	内容
投资环境不良	地方政府为了发展地方经济，一方面积极争取项目上马，另一方面为了保护地方利益，在征地、赔偿、用水等方面尽可能地提高单价，使工程其他费用投资逐年增加，从而提高了工程造价
受基本建设管理体制的影响	由于基本建设长期以来是国家投资，国家审查，由建设行政主管部门对工程进行分配和平衡，建设单位和施工企业没有树立起足够的市场竞争观念和控制工程造价的积极性。编制预算的工作得不到高度重视，影响编制的准确性
受设计深度、规模的影响	为加快建设项目的进度，上级部门要求缩短初步设计、施工图设计周期，导致施工图设计达不到深度，若再提交的资料不详细，就会造成计算工程量不足或漏项，从而影响标底的编制质量
受预算编制人员的业务素质及专业水平的影响	编制人员是否具有良好的职业道德，能否遵循客观、公正的原则编制，能否站在客观的、公正的立场上，兼顾招标单位和投标单位的双方利益，以保证标底的客观、公正性，以及编制人员的专业水平和从业经历等都会影响标底编制的准确性。如果专业水平较低、经验少，甚至会出现少算、漏算甚至错算，使编制的标底有失水准
受材料价格的影响	材料价格的来源很多，目前主要建筑材料采用由各级造价管理部门发布的材料指导信息价格，全国各地的工程造价管理部门都在发布材料价格信息，材料信息发布是否准确、及时也会影响到标底编制的准确性

第三节　公路工程施工投标报价的编制

工程通过招投标，进行公平交易、平等竞争，有利于确保和提高工程质量、缩短工期、降低造价、提高工程效益，促进基建工程按程序办事，促进施工企业技术进步，使建设单位（业主）通过招标建设程序能够公平、公正、客观、准确地选择施工单位。

施工投标是施工企业为争取获得承包工程的竞争活动，是企业在公路建设市场竞争中承接任务的一种经营手段。投标决策主要应针对具体工程项目分析研究做出是否投标的决定，而掌握信息和分析信息是决策的基础。确定投标之后，投标报价的编制是关系到是否能够中标的关键因素。

一、施工投标报价的概念

报价是投标单位根据招标文件及现行的有关定额，并根据招标项目所在地区的自然、社会和经济条件，结合施工组织方案、投标单位的自身条件，计算完成招标工程所需的各项费用，这个招标工程各项费用的总和则称为报价。为符合施工企业本身的实际情况，投标单位可根据自身的施工经验与管理水平，采用所制定的企业定额。

报价是投标文件中最重要的组成部分，是工程投标工作的关键和核心，也是决定能否中标的主要依据。如果报价过高，中标率就会大大降低；如果报价过低，虽然中标率增大，但可能使施工企业的利润减少，甚至承担工程亏本的风险。

通过以上所述可知，能否准确计算和合理确定工程造价，是施工企业在投标竞争中能否获胜的前提条件。中标单位的报价，将直接成为工程承包合同价的主要基础，并对工程的施工过程起着控制作用。投标单位如以某一报价中标后，承包单位和业主均不能随意更改报价。

二、投标报价的费用组成

公路工程投标报价的费用构成，主要有直接费、间接费、利润、税金及不可预见费等。

直接费是指在工程施工中直接用于工程实体上的人工、材料、设备和施工机械使用费及相关影响因素增加费用的总和。

间接费是指在组织和管理工程施工中所需的各项费用，由施工管理费和其他间接费组成。

利润和税金是指按照国家有关部门的规定，工程施工企业在承担施工任务时应计取的利润，以及按有关规定应计入工程造价内的营业税、城市建设维护税等税金。

不可预见费是指考虑建设期可能发生的风险因素而导致的建设费用增加的费用，实际上是工程项目的风险费。

为了便于计算工程量清单中各个分项的价格，进而汇总整个工程的标价，通常将工程费用分为直接工程费和待摊费用。待摊费用的概念是工程项目实施过程中所必需的，但在工程量清单中没有单列的项目费用，需要将其作为待摊费用分摊到工程量清单的各个报价分项中去。

三、投标报价编制的原则

根据《建设工程工程量清单计价规范》的要求，工程量清单的编制与计价必须遵循“四统一”原则。即项目编码统一、项目名称统一、计量单位统一和工程量计算规则统一。

“四统一”原则即在同一工程项目内对内容相同的分部分项工程只能有一组项目编码与其对应，同一编码下分部分项工程的项目名称、计量单位、工程量计算规则必须一致。“四统一”原则下的分部分项工程计价必须一致。

遵循市场形成价格的原则。市场形成价格是市场经济条件下的必然产物。长期以来我国工程招投标标底价格的确定受国家（或行业）工程预算定额的制约，标底价格反映的是社会平均消耗水平，不能表现个别企业的实际消耗量，不能全面反映企业的技术装备水平、管理水平和劳动生产率，不利于市场经济条件下企业间的公平竞争。

工程量清单计价由投标人自主报价，有利于企业发挥自己的最大优势。各投标企业在工程量清单报价条件下必须对单位工程成本、利润进行分析，统筹考虑，精心选择施工方案，并根据企业自身能力合理地确定人工、材料、施工机械等生产要素的投入与配置，优化组合，有效地控制现场费用和技术措施费用，形成最具有竞争力的报价。工程量清单下的投标报价价格反映的是由市场形成的具有社会先进水平的生产要素市场价格。

体现公开、公平、公正的原则。工程投标报价是工程建设的核心内容，也是建设市场运行的核心。建筑市场上存在的许多不规范行为大多与工程造价有关。工程量清单下的标底价格应充分体现公开、公平、公正原则。公开、公平、公正不仅是投标人之间的公开、公平、公正，亦包括招投标双方间的公开、公平、公正。即标底价格（工程建设产品价格）的确定，应同其他商品一样，由市场价值规律来决定（采用生产要素市场价格），不能人为地盲目压低或提高。

风险合理分担原则。风险无处不在，对建设工程项目而言，存在风险是必然的。工程量清单计价方法，是在建设工程招投标中，招标人按照国家统一的工程量计算规则计算提供工程数量，由投标人依据工程量清单所提供的工程数量自主报价，即由招标人承担工程量计量的风险，投标人承担工程价格的风险。在标底价格的编制过程中，编制人应充分考虑招投标双方风险可能发生的概率，风险对工程量变化和工程造价变化的影响，在标底价格中应予以体现。

标底的计价内容、计价口径与工程量清单计价规范下招标文件的规定完全一致的原则。投标报价的计价过程必须严格按照工程量清单给出的工程量及其所综合的工程内容进行计价，不得随意变更或增减。

四、投标报价编制的依据

公路工程投标报价编制的依据，主要有以下几个方面。

招标单位提供的招标文件。为保证投标的有效性，必须对招标文件给予全面的响应，由此可见，招标文件是必不可少的编制依据。另外，业主在开标前规定的日期内颁发的有关合同、规范、图纸的书面修改书和书面变更通知，也具有与招标文件同等的效力，也是工程报价的依据。

在工程招标文件中所规定的各种国家标准、部颁标准和有关技术规范等，这些都是投标报价编制的重要依据。

国家、地方主管部门颁发的有关收费标准和定额，以及施工企业的人工、材料、机械台班费用消耗定额，也是进行报价计算的重要依据。

拟建公路工程所在地区的政治形势、社会经济状况和技术经济条件，如当地材料储量、交通运输条件等，也影响工程投标报价的高低；拟建公路工程的现场情况，主要包括地形、地质、气象、雨量、河流、植被、劳动力、生活品供应、当地的地方病等；拟建公路工程所在地区施工机械出租的可能性、品种、数量、单价，发电厂供电的正常率及提供本项目用电的功率和单价等；拟建公路工程所在地区劳动力的思想素质、生活水平、技术水平、技术特长、主要来源、供应数量等；拟建公路工程业主供应材料情况、交货地点、交货方式和单价；当地材料供应盈缺情况，建材主管部门公布的材料单价，并预测在施工期间当地材料市场的涨落情况。

本施工企业为拟建公路工程提供新添施工设备经费的可能性，设备投资在标价中分摊费与成本的比率。

拟建公路工程的施工组织设计和施工方案。不同施工方案会直接影响投标报价。

参与拟建公路工程投标的竞争对手情况，包括竞争对手的资质、技术水平、装备水平、以往业绩、企业信誉等，这是决定是否参与竞争、有无取胜机会的重要因素。

有关投标报价方面的参考资料，如当地近几年来同类已完工程的造价分析，以及本企业近几年已完工程的成本分析。

五、投标报价编制的程序

1. 投标报价前的准备工作

（1）建立投标组织及人员分工投标活动是激烈的市场竞争活动，当公司想在竞争中获胜，首先必须要组织一个知识结构合理、经验丰富、有敬业精神的投标班子，并根据编标人员的不同专业和部门按照投标的工作需要进行任务分解和人员分工，明确责任，各尽其责。

（2）研究招标文件及设计图纸

①施工招标作为业主选择项目施工队伍的手段，一般均要求投标人的标书要全面地响应招标文件的要求，预算报价也不例外。在阅读招标文件时，对招标文件中清单项目的组成规定、定额选择的要求、费用的选择规定及甲方供应材料单价等要尤其要留意。在编制报价预算时，一定要全面符合招标文件中的要求，否则容易造成报价偏离业主及其他投标人的报价而成为废标。

②在报价前要充分审查拟建工程的招标图纸，列出图纸中的所有项目，并将图

纸中工程数量重新计算，与工程量清单相比，以供不平衡报价参考，特别要注意其中的地面标高、地质岩层分布等内容，这些直接影响到土方的数量、土石比例，桩基础入岩深度的项目对总体报价影响最大。

③投标人将在阅读招标文件及图纸中发现的问题汇总，在标前会时向业主提出，要求业主在会上或会后解答，这点非常重要，通过这些问题的明确，可以使各位投标人的报价有一个共同的基础，位于“同一起跑线”上，避免因各投标人对招标文件的不同理解而造成标价分散，而合理标价反而成为废标的可能。

（3）做好投标前各项调查工作

投标前的现场考察是必不可少的。考察时应根据施工图纸和招标文件的要求，了解当地地方材料（不含甲供材料）的价格、材料的来源、弃土地点的距离；施工水电是否可以在附近租借、管线的长度；临时便道、便桥的情况；施工机具的进场路径等，掌握准确的第一手资料。

对材料价格要做到货比三家，对不同来源的材料价格进行分析，选择合理的单价。对进入施工地点的线路有多条选择的，要考虑选取一条方便而临时便道、便桥数量最少、造价最低的线路。弃土点的选择也要在满足方便运输的前提下，选择运距最小的弃土点。

只有通过以上的选择，投标人做出的标价才具有竞争力。同时还要对招标方的具体情况、监理工程师的基本状况、竞争对手、生产要素市场进行详细调查和分析。

2. 认真仔细核实工程量

工程量是计算工程报价的基础，是不可缺少的数据。招标项目的工程量在招标文件的工程量清单中有详细说明，但由于种种原因，工程量清单中的工程数量有时会和图纸中的数量存在不一致的现象。因此，在进行投标报价编制时有必要进行复核。

（1）核实工程量的主要作用

全面掌握拟建工程项目需发生的各分项工程的数量，便于在投标中进行准确报价；及时发现工程量清单中关于工程量方面的错误和漏洞，为制定投标策略提供依据；有利于促进投标单位对技术规范中的计量支付做进一步的讲究，便于精确地编写各工程细目的单价。

（2）核实工程量的主要工作

核实工程量一般可以从两个方面入手：一是认真研究招标文件，吃透技术规范；二是通过认真考察，取得第一手资料。具体来讲，核实工程量应主要做好如下几项工作。

全面核实设计图中各分项工程的工程量，对于发现的错误和漏洞进行纠正、补充；要特别注意计算受施工方案影响，而需额外发生和消耗的工程量，这是最容易忽略的工程量；根据技术规范中计量与支付的规定，对以上数量进行折算，在折算过程中有时需要对设计图纸中的工程量进行分解或合并。

（3）重视施工组织设计编制

施工组织设计是由承建单位根据自身的实际情况和工程项目的特点，施工前在设计和施工、技术和经济、前方和后方、人力和物力、时间和空间等方面所作的一个导向，是统筹施工全过程的重要的技术文件。

施工组织设计是对拟建工程施工全过程合理的安排，是实行科学管理的重要手段和措施。通过组织设计的编制，可以全面考虑拟建工程的各种施工条件，扬长避短，制订合理的施工计划，提供最优的临时设施，以及材料和机具在施工场地上的布置方案，以确保施工的顺利进行，因此，它在整个施工管理过程中起着核心作用。

高效率和低消耗是编制施工组织设计的总原则，在编制施工组织设计时应遵循连续性、均衡性、协调性和经济性的原则。其中，经济性原则是施工组织设计的核心，因此在编制施工组织设计时，应注意以下事项。

①充分满足技术上的先进性、可靠性和可行性，最大限度地提高劳动生产率，努力降低施工成本，这是科学确定工程投标报价的关键。

②根据拟建工程的实际，充分利用现有的施工机械设备，提高施工机械的使用率，以降低机械施工成本，这是降低工程投标报价的重要措施。

③采用先进的管理手段，优化施工进度计划，选择最优施工排序，均衡地安排施工，尽量避免施工高峰的赶工现象和施工低谷的窝工现象，机动安排非关键线路上的剩余资源，从非关键线路上要效益。

④根据拟建工程的实际和当地劳动力资源情况，适当聘用工程所在地的临时工，降低施工队伍调遣费，减少窝工现象。

（4）明确报价组成部分及内容

在编制工程投标报价时，首先必须明确报价的组成部分及其内容，这是正确和准确编制报价的基础。公路工程项目的投标报价，一般由施工成本、利润和税金、风险费用三部分组成。在投标报价中应按照有关规定，根据收集的信息和资料，结合本企业的实际情况，科学地编制以上三项费用，使工程的总报价既有较强的竞争力，又有比较理想的经济效益。

（5）根据市场信息，确定报价策略

报价策略是投标单位在激烈竞争的环境下，为了企业的生存与发展而可能使用的对策，报价策略的运用是否得当，对投标单位能否中标和获得的利润大小有很大影响。

六、投标报价策略与技巧

施工企业在正常经营条件下，要想在竞争性工程投标中获得胜利，最关键的问题就是要有一个科学的报价。科学的工程报价应是一种适度的报价，同时还应当有一定的策略，这样才能在竞争中获胜。

1. 投标报价的策略

投标策略的灵魂就是知己知彼，投标人在决定要参加投标前，要对项目进行投标可行性研究，可行性研究应从投标承包条件、投标主观条件、投标竞争形势、投标风险等方面来进行，然后做出是否进行投标的决定。

报价策略的关键就是如何确定本企业的报价，既能保证在投标竞争中取胜，又能保证中标后能取得一定的经济效益。根据我国公路工程招标投标的实践经验，报价策略一般有以下几种。

（1）较大赢利策略

即在报价中重点考虑企业较大的利润值。这种投标策略通常在以下情况采用：建筑市场任务多；投标单位施工任务饱满，利润比较丰厚；投标单位对该项目拥有技术上的垄断优势；工程施工工期短、竞争对手少、支付条件不理想、风险性较大时才可以采用。

（2）微利保本策略

这种策略即在施工成本、利润和税金、风险费用三项费用中，以降低利润目标，甚至不考虑利润。这种投标策略通常在企业工程任务不饱满、无后继工程，或已出现部分窝工的情况；建筑市供不应求、参加投标者多、竞争对手强；本企业对该项目在技术上无优势；业主按最低标定标时可采用。

（3）低价亏损策略

低价亏损报价策略在报价中不仅不考虑企业的利润，相反是考虑一定的亏损后而提出的报价策略。这种报价策略通常适用于下列情况：施工单位为了参加市场竞争，打入其他新的地区开辟新的业务，取得拓宽市场的立足点；在本企业一统天下的地盘里，为挤垮企图插足的竞争对手；在项目竞争十分激烈的情况下，为中标而压低报价；本企业任务不满，已出现严重窝工和亏损，如果承担该工程可减少亏损。

低价亏损策略，可以用最大限度低的报价、保本价、无利润价，甚至亏 5% 的投标价进行投标。采用这种报价策略时应注意以下事项：第一，业主肯定是按最低价确定中标单位；第二，这种报价方法属于正当的商业竞争行为。

（4）冒险投标策略

冒险投标策略即在报价中不考虑风险费用。如果实施过程中风险不发生，即意味着承包人的冒险投标策略报价成功；如果实施过程中风险发生，即意味着承包人要承担极大的风险损失。这种报价策略与低价亏损报价策略一样，只有在市场竞争激烈、急于寻找施工任务、独占建筑市场和想打入新的建筑市场时才予以采用。

（5）其他报价策略

以上是工程投标报价中常见的4种策略，实际上在投标报价的过程中，可在以上4种策略的基础上，采用以下几种附带的策略（见表4–6）。

表4–6　其他报价策略

策略	主要内容
优化设计策略	在编制投标书过程中，仔细研究设计图纸、合同文件和规范，发觉有不合理或未尽完善之处，或者认为可利用某项新技术能达到降低造价的目的时，可按原设计提出报价，中标后提出新工艺或修改设计方案，往往可以得到监理工程师的批准，达到降低标价的目的
优惠条件策略	当得知业主在资金上、“三材”方面有一定困难，工期要求很紧时，承包人可主动提出自带资金、材料先行开工的优惠策略，待数月后，业主资金到位，一并归还。利用这种优惠条件，解决业主的短期困难，替业主分忧，创造中标条件
缩短工期策略	在本单位施工技术水平和管理水平高、设备先进的前提下，认真做好施工组织设计，发挥本单位管理水平和设备先进的优势，用网络图指导施工计划，工艺先进，交叉作业，平衡施工，科学管理，达到缩短工期、降低造价的目的。当投标工期是竞争的关键时，则业主在评标过程中会将缩短工期后所带来的预期收益考虑进去，此时对承包人获取中标资格是有利的
低价中标策略	在研究合同条款、技术规范及补遗文件时，发觉有许多不符之处，在报价时可以采用低报价，待中标后，注意图纸工程量的变化，取得工期的延长和费用的增加，以及其他方面的索赔等。如额外的地质变化、材料的价格上涨、业主要求赶工、提前竣工及业主的违约责任等

2. 报价策略应考虑的因素

工程投标不仅要掌握报价的策略和技巧，还应在制定报价策略时考虑有关的各种因素，如表4–7所示。

表4–7　在制定报价策略时应考虑的各种因素

高报价策略	低报价策略
1. 施工条件较差。如施工场地狭窄，不易开展工作，或者施工干扰（如交通干扰等）很多的工程	1. 施工条件较好。如施工技术简单，适应于大机械化作业，技术标准高或规模大的高速公路路基土石方工程（作业面大，便于发挥机械施工效率）
2. 专业要求高的技术密集型工程。竞争对手无施工经验，本企业有技术专长，中标声望较高	2. 本企业因发展急需打入该建筑市场，或虽在该地区施工多年，但眼前无施工任务，如果转移到外地施工迁移费用很高，不利于企业的发展

续表

高报价策略	低报价策略
3．总价较低的小工程，以及本企业不愿意投标而被邀请投标，由于种种原因之所在，又不便于不投标的工程	3．附近有工程，而本项目可以综合利用已到场的闲置机械设备和劳动力，或有条件可以在短期内完成的工程，或可以综合利用即将作为弃方的土石方工程，或可利用原有周转性材料的工程
4．业主对工程工期要求紧急的工程	4．业主对工程工期要求不是很急的工程
5．投标单位较少，竞争对手能力不强的工程	5．投标单位很多，竞争对手较强，竞选激烈的工程
6．支付条件不理想，风险较大的工程	6．支付条件较好，风险较小的工程

3．投标报价的技巧

（1）投标报价的宏观技巧

①报价时决策者应和编标人员一起对影响报价的各种因素进行综合分析，对竞争对手作出准确的估计，对期望的利润和承担的风险作出一定的平衡，从而作出报价的最终决定。

②报价的高低应根据以下情况作出具体确定：施工环境的好坏、气候环境以及施工人员对这种环境的适应性等；专业技术要求的高低，当公司具有这方面特长，而对手又没有这方面业绩时，报价可高些；施工难度大小、利润高低、工期的长短、支付条件的好坏、竞争对手的多少；本公司现有的有利于该工程施工的条件，如可用于该工程的设备、劳力，是否已有前期工程正在施工以及工程所在地总的工程情况的好坏等因素。

③工程进行单价投标时，如果图纸不明确或投标书工程量清单中工程量少，对整个造价影响较小，有可能要增加的可报最高限价。对于不参与评分的暂定项目单价可提高些，这样工程量增加时可提高利润。而对于单价报得较低的项目，调低幅度一定要合理，以防工程量增加时造成重大经济损失。如果是单纯的计日工报价或假定工程量不大的计日工报价，可以报得高一些，以利于在施工过程中业主增加使用工、料、机时获得更大的利润。

④做好报价保密工作，打破自己以往的报价规律，在标前会或其他场合发出一些迷惑对手的信息，慎重考虑降低幅度后确定报价。在采取低价中标时一定要仔细研究招标文件和图纸，能不算或可以少算的项目应尽可能不算或少算，以便中标后施工时进行变更，增加费用。

⑤对于某一地区发展前途较好，或某一项目后续工程较多、有利可图，可以采

用低价甚至近于成本的报价来取得中标，并努力做好中标工程，加强宣传，提高信誉，搞好与业主之间的关系，取得业主的信任，争取后期工程能够中标，并凭借前期工程经验，已有设施、设备等，来降低成本，赚得更高的利润。

⑥材料、设备对造价影响很大。因此，材料、设备价格要深入调查，不能只局限于价格信息。对价格变化幅度大、变化频率高的材料应分析施工期内的价格变化趋势，确定出合理单价。

（2）投标报价的具体技巧

在进行投标报价时，不仅要有报价的宏观策略，而且还要采取一定的具体技巧，这样中标后才能获得更多的收益。常采用的报价具体技巧如下。

1）不平衡报价法。不平衡报价法是在总价基本确定不变的前提下，调整工程各子项的单位的报价方法。不平衡报价法可以从以下两种情况考虑。

①从时间上处理。由于资金具有时间价值，获得收入的时间不同，对于承包商来说其收益也是不一样的。单从时间而言，不平衡报价法有以下 4 种方法。

a. 早期摊入法。早期摊入法即将投标期间和开工初期需发生的费用全部摊入早期完工的分项工程中。这些费用有投标期间的各种开支、投标保函手续费、工程保险费、部分临时设施费、由承包商承担的监理设施费、施工队伍调遣费、临时工程及其他开支费用。采用不平衡报价法时，可以将工程量清单中的这些费用支付项目适当提高报价，由于这些费用支付时间较早，这样报价便于承包商尽早收回成本或减少周转资金。

b. 递减摊入法。递减摊入法即将施工前期发生较多而后逐步减少的一些费用，按随时间发生逐步减少分摊比例的方法，分摊到各个分项工程中。这些费用主要包括履约保函手续费、贷款利息、部分临时设施费、业务费、管理费。

c. 递增摊入法。递增摊入法与递减摊入法相反，这些费用主要包括物价上涨费等费用。当承包人预测物价上涨率在施工后期较高，甚至超过银行利率时，可以采用递增摊入法来进行报价。

d. 平均摊入法。平均摊入法即将费用平均分摊到各分项工程的单价中。这些费用主要包括意外费用、利润、税金等。

②从单价上处理。从单价上处理工程报价，主要有以下 6 种方法。

a. 先期开工的项目（如公路工程的开工费、土方工程、基础工程等）的单价报价高，后期开工的项目（如公路工程的路面、交通设施安装、绿化工程等）的单价报价低。

b. 根据本企业的施工经验和通过对图纸的审核，估计到以后增加工程量的项目的单价报价高，估计到今后会取消项目或工程量减少的单价报价低。

c. 设计图纸不明确或有错误的，估计今后会修改的项目单价报价高，估价今后会取消的项目单价报价低。

d. 项目中没有工程量，只填写单价的项目（如土石方超运等）其单价报价高，这样既不影响投标总价，又有利于多获利润。

e. 对于暂定金额项目，经分析如果承包人得到该工程的可能性较大时其单价报价高，反之，应当单价报价低。

f. 对于允许价格调整的工程，当利率低于物价上涨时，则后期施工的工程细目的单价报价高，反之，应当单价报价低。

2）扩大标价报价法。扩大标价报价法即除了按正常的已知条件编制价格之外，对工程中变化较大或没有把握的工作，采用扩大单价、增加“不可预见费”的方法来减少风险。

3）多方案报价法。对于一些招标文件，如果发现工程范围不很明确，条款不清楚或很不公正或技术规范要求过于苛刻时，则要在充分估计投标风险的基础上，按多方案报价处理；即按原招标文件报一个高价，然后再提出，某某条款作某些变动，报价可降低多少,由此可报出一个较低的价,这样可以降低造价,吸引业主,避免风险。

4）增加建议方案报价法。有时招标文件中规定，可以提一个建议方案，投标者应抓住机会，组织一批有经验的设计和施工技术人员，对原招标文件的设计和施工方案仔细研究，提出更为合理的方案以吸引业主，促成自己的方案中标；新方案主要说明降低造价或缩短工期，但新方案不要太具体，应保留关键技术措施，防止有关人员将新方案泄密，另外，切记原招标方案一定也要报个价。

5）开口升级报价法。开口升级报价法是把投标看成取得议标资格的步骤，并不是真的降低报价，只是在详细研究招标文件的基础上，将其中的疑难问题（如有特殊技术要求或较大的项目）找出，作为活口，暂不计入报价，只在报价单中适当地加以注解，这样其余报价就会很低，以至于低到其他投标人无法与之竞争的最低数额来吸引建设单位，从而取得与之议标的机会，但是此种方法往往会导致废标，风险比较大，应当谨慎采用。

6）突然降价法。突然降价法在竞争激烈的商战时代，这种报价是一种迷惑对手的竞争手段，是一项保密要求极高的报价方式。在工程投标的过程中，竞争对手往往相互刺探，打听对方工程报价，所以在开始编制报价时，可适当做得高一些。在投标截止日前临送达时，可突然将总价降低若干个百分点，令竞争对手手忙脚乱，以提高企业在评标时的有利地位，提高竞争能力和中标机会。

7）以人为本法。投标企业注重与业主、设计院以及地方政府等各方搞好关系，邀请他们到本企业进行实地考察，以显示本企业的实力和信誉，求得这些单位的理解与支持，争取中标。

8）联合保标法。在竞争对手众多的情况下，可以采取几家实力雄厚的承包商联合起来控制标价的方法，由一家出面争取中标，再将其中部分项目转让给其他承包商分包，或轮流相互保标。

4．报价决策注意事项

为了在激烈的工程招投标竞争中获胜，并取得良好的经济效益，在进行工程项目报价决策中，应注意如下事项。

（1）施工企业在投标中，应从自身条件、特长、兴趣、能力和远近期经营战略目标出发来进行报价决策。一个施工企业，在承揽工程上要从战略眼光出发，投标时既要看到近期利益，更要看到长远目标，承揽的当前工程要为今后的工程创造机会。在进行工程投标中，施工企业一定要注意扬长避短，注重信誉，报价要量力而行，要坚决杜绝不顾实际、盲目压价的竞争行为。

（2）在工程报价决策中，应重视对业主条件和心理方面的分析。业主的条件是否具备投标中应当重视的问题，它与承包人的切身利益密切相关，条件不成熟的项目对业主是一种风险，应在报价决策中作出相应的考虑。对业主的心理分析，也对工程报价决策起着非常重要的作用。业主资金短缺者，一般考虑最低标价中标；工程急需开工者和完工者，通常要求工期尽量提前。因此，加强对业主的心理分析和情报收集，对做好报价决策非常重要。

（3）认真做好报价的宏观审核。工程报价编制完毕后，报价是否科学合理，有无中标的可能性，可以采用工程报价宏观审核指标的方法进行分析判断。如可采用单位工程造价、全员劳动生产率、各分项工程价值比例、各类费用的正常比例、单位工程用工用料等正常指标进行审核。

（4）努力提高施工企业的管理水平。为了使所投标的工程中标，施工企业应认真做好施工组织设计，发挥本企业管理水平和设备先进的优势，用网络计划技术指导施工，采取优化组合、先进工艺、交叉作业、平衡施工、科学管理等一系列措施，达到缩短施工工期、降低工程报价的目的。

（5）充分发挥本企业的优势。每个施工企业都有自身的长处和优势，充分发挥具有的优势，可以降低工程报价。这种优势主要表现在：职工素质高、技术装备强、施工技术好、管理水平高等方面。

（6）在使用以上各种策略和技巧时，注意不要违反招标文件中规定的投标的一致性，否则会作为废标处理。

第五章　公路工程造价控制

第一节　施工招投标阶段造价控制

一、招标投标的概念和性质

1. 工程招标投标的概念

工程招标是指招标人依照法定的程序，以公开招标或邀请招标的方式，鼓励潜在投标人依据招标文件参与竞争，通过综合性的评定，从中择优选定中标人的一种经济活动。

工程投标是工程招标的对称概念，指具有合法资格和能力的投标人根据招标文件的具体要求，在指定期限内填写标书，提出报价并等候开标，决定能否中标的经济活动。

从法律意义上讲，建设工程招标一般是建设单位（或业主）就拟建的工程发布通告，用法定方式吸引建设项目的承包单位参加竞争，进而通过法定程序从中选择条件优越者来完成工程建设任务的法律行为。建设工程投标一般是经过特定审查而获得投标资格的建设项目承包单位，按照招标文件的要求，在规定的时间内向招标单位填报投标书，并争取中标的法律行为。

2. 工程招标投标的性质

我国法学界一般认为，建设工程招标是要约邀请，而投标是要约，中标通知书是承诺。在《中华人民共和国合同法》中也明确规定，招标公告是要约邀请。也就是说，招标实际上是邀请投标人对其提出要约（即报价），属于要约邀请。投标则是一种要约，它符合要约的所有条件，如具有缔结合同的主观目的。一旦中标，投标人将受投标书的约束，投标书的内容具有足以使合同成立的主要条件等。招标人向中标的投标人发出的中标通知书，则是招标人同意接受中标的投标人的投标条件，即同意接受该投标人的要约的意思表示，应属于承诺。

二、招标投标的意义和内容

实行建设项目的招标投标是我国建筑市场趋向规范化、完善化的重要举措，对于择优选择承包单位、全面降低工程造价，进而使工程造价得到合理有效的控制，具有十分重要的意义，具体表现在以下方面。

（1）实行建设项目的招标投标基本形成了由市场定价的价格机制，使工程价格更加趋于合理。其最明显的表现是若干投标人之间出现激烈竞争（相互竞标），这种市场竞争最直接、最集中的表现就是在价格上的竞争。通过竞争确定出工程价格，使其趋于合理或下降，这将有利于节约投资、提高投资效益。

（2）实行建设项目的招标投标能够不断降低社会平均劳动消耗水平，使工程价格得到有效控制。在建筑市场中，不同投标者的个别劳动消耗水平是有差异的。通过推行招标投标，最终是那些个别劳动消耗水平最低或接近最低的投标者获胜，这样便实现了生产力资源较优配置，也对不同投标者实行了优胜劣汰。面对激烈竞争的压力，为了自身的生存与发展，每个投标者都必须切实在降低自己个别劳动消耗水平上下功夫，这样将逐步而全面地降低社会平均劳动消耗水平，使工程价格更为合理。

（3）实行建设项目的招标投标便于供求双方更好地相互选择，使工程价格更加符合价值基础，进而更好地控制工程造价。由于供求双方各自的出发点不同，存在利益矛盾，因而单纯采用“一对一”的选择方式，成功的可能性较小。采用招投标方式就为供求双方在较大范围内进行相互选择创造了条件，为需求者（如建设单位、业主）与供给者（如勘察设计单位、施工企业）在最佳点上的结合提供了可能。需求者对供给者选择（即建设单位、业主对勘察设计单位和施工单位的选择）的基本出发点是“择优选择”，即选择那些报价较低、工期较短、具有良好业绩和管理水平的供给者，这样就为合理控制工程造价奠定了基础。

（4）实行建设项目的招标投标有利于规范价格行为，使公开、公平、公正的原则得以贯彻。我国招投标活动由特定的机构进行管理，必须遵循严格的程序，有高素质的专家支持系统、工程技术人员的群体评估与决策，能够避免盲目过度的竞争和营私舞弊现象的发生，对建筑领域中的腐败现象也是强有力的遏制，使价格形成过程变得透明而较为规范。

（5）实行建设项目的招标投标能够减少交易费用，节省人力、物力、财力，进而使工程造价有所降低。我国目前从招标、投标、开标、评标直至定标，均在统一的建筑市场中进行，并有较完善的一些法律、法规规定，已进入制度化操作。招投标中，若干投标人在同一时间、地点报价竞争，在专家支持系统的评估下，以群体决策方式确定中标者，必然减少交易过程的费用，这本身就意味着招标人收益的增加，对工程造价必然产生积极的影响。

建设项目招标投标活动包含的内容十分广泛，具体来说包括建设项目强制招标的范围、建设项目招标的种类与方式、建设项目招标的程序、建设项目招标投标文件的编制、标底编制与审查、投标报价以及开标、评标、定标等。所有这些环节的工作均应按照国家有关法律、法规的规定认真执行并落实。

三、现行招投标机制下控制造价存在的问题

鉴于我国目前工程造价体系管理体制现状和我国的企业定额尚未形成的情况下，还需要按照预算定额的体系向实行实物工程招投标方法过渡，因此，还不能真正形成由市场形成价格的机制。

（1）存在不合理评价体系。在目前的公路建设工程评标中，有些地区仍然采用“无标底招标，有标底评标”的办法，它的评标价是由参考工程造价与各投标单位平均投标报价按一定的权数组合，再乘以市场平均下浮率确定的。这种评价体系决定中标的主要条件是接近投标人的平均报价，带有很大程度的随机性，造成投标人的废止性，甚至串标或哄抬造价或恶意竞价。

（2）存在着恶意竞标现象。由于建筑市场的规范需要一个长期过程，国内的承包商与发达国家成熟的承包商不同，缺乏成熟的市场行为，有时为了争抢主要问题无视市场风险，视招标投标为博彩，以中标为目的，采用恶意降价，存有先中标再说的想法。有的中标价格甚至连买材料都不够，这些单位中标以后，不是严重亏损，就是采用一些非正常的手段追加费用。有的承包商追加不到费用时，以停工要挟，有的承包商偷工减料，更有的承包商以更低价的手段分包转包，致使工程质量受到严重影响，留下了极大的隐患。返工重建的费用远远突破了成本，导致造价失去控制。

（3）价格锁链尚未打开。涉及招投标核心内容的工程计价定价模式，尽管已逐步在向按市场计价定价模式转变，但招标项目一般仍按定额计价的方式计费定价，承包商没有建立企业内部定额，多数业主和招投标代理机构离不开定额计价定价模式。“控制量、竞争费、指导价”的计价模式尚未真正放开和达到市场化的要求，要真正达到通过对投标者的优胜劣汰的竞争，促使投标得自觉地降低自身的劳动力消耗水平，提高技术装备水平、管理水平和资源的有效合理配置，从而降低成本，合理降低工程造价，还有很长的路要走。

四、公路工程招标投标的编制

1．标底的概念及编制原则

在建设工程招投标活动中，标底的编制是工程招标中重要的环节之一，是评标、

定标的重要依据。标底是招标工程的预期价格，能反映出拟建工程的资金额度，以明确招标单位在财务上应承担的义务。按规定，我国国内工程施工招标的标底，应在批准的工程概算或修正概算以内，招标单位用它来控制工程造价，并以此为尺度来评判投标者的报价是否合理。

由于标底是衡量投标单位报价的准绳，是评标、定标的重要依据，所以，在编制标底时应遵循下列原则。

根据设计图纸及有关资料、招标文件，参照国家规定的技术、经济标准定额及规范，确定工程量和编制标底；标底价格应由成本、利润、税金组成，一般应控制在批准的总概算（或修正概算）及投资包干的限额内；标底价格作为建设单位的期望计划价，应力求与市场的实际变化吻合，要有利于竞争和保证工程质量；标底价格应考虑人工、材料、机械台班等价格变动因素，还应包括施工不可预见费、包干费和措施费等。工程要求优良的，还应增加相应费用；一个工程只能编制一个标底。

2．标底与概预算的区别

工程概预算是计划经济的产物，反映的是工程计划价格。在工程概预算编制过程中，除材料和有些设备的价格按市场价格来确定材料费外，其他费用（如人工费、机械台班折旧费等）和管理费等，均按国家颁布的概预算编制办法中的预算价格（即计划价格）来确定。标底是市场经济的产物，它反映的是建筑产品的市场价格，在编制工程标底的过程中，施工中所消耗的各种资源的价格，原则上应根据市场价格来确定，特别是在完全竞争的市场环境中更是如此。

工程概预算在编制中主要反映的是价值规律的作用和影响，而标底除考虑价值规律的作用外，还应考虑供求关系的作用。

工程概预算反映的是施工企业过去的劳动生产力水平，而工程标底反映的是施工企业当前的劳动生产力水平。编制的概预算定额所依据的统计数据，是施工企业在过去施工工程中所发生的数据，随着生产力水平的提高，这些数据滞后于当前的生产力水平，不能真实地反映在当前先进的劳动生产力水平下的工、料、机的消耗。

工程概预算与标底包括的费用范围不同。工程概预算是根据设计文件、概预算定额和编制办法来确定的工程造价，而工程标底是根据招标文件（或合同）中明确的承包商的义务进行编制的。例如，在编制工程标底时，其费用通常应包括建筑安装费、根据合同需由承包商承担的不可预见风险费、施工投标中发生的费用、合理利润等费用。

概预算定额及编制办法是由政府有关部门颁发的，具有明显的法令性，在编制工程概预算时，除允许抽换的外，原则上应遵照执行。但在编制工程标底时，却不受上述规定的限制，当采用概预算定额和编制办法来编制和确定标底时，对于定额中不合理、不能真实地反映当前劳动生产力水平的工、料、机的消耗，应当如实地进行抽换。

3. 工程标底的编制依据

国家现行的有关法律、法规及有关部门制定的有关工程造价的文件和规定，这些都是编制工程标底的基本依据；工程招标文件中确定的计价依据和计价办法，招标文件的商务条款，包括合同条款中规定由工程承包方应承担义务而可能发生的费用，以及招标文件的澄清、答疑等补充文件和有关资料，在工程标底价格计算时，计算口径和取费内容必须与招标文件中有关取费等要求一致；设计文件、设计图纸、技术说明及工程量清单等相关基础资料；国家、行业、地方颁布的工程建设标准，包括工程施工必须执行的技术标准、施工规范和规程等；采用的施工组织设计、施工方案、各种施工技术措施等，这些均与工程标底有直接的关系；拟建工程施工现场工程地质、水文勘探资料，现场施工环境和条件，以及与工程施工有关的其他资料；工程招标时的人工、材料、设备及施工机械台班等市场价格信息，以及国家和地方有关政策性调价文件的规定。

4. 工程标底的编制方法

根据我国公路工程建设的实际情况，其标底编制的方法主要有：完全竞争市场下的标底编制方法和不完全竞争下的标底编制方法两种。

（1）完全竞争市场下的标底编制方法

在完全竞争市场下，由于市场价格是一种反映了资源使用效率的价格，因此完全竞争市场下的标底，可以直接根据建筑产品的市场交易价格来确定。

（2）不完全竞争下的标底编制方法

不完全竞争下的标底编制方法，又包括工料单价法编制标底和统计平均法确定标底。

1）工料单价法编制标底。这是一种依据概预算定额及编制办法，从而确定标底的编制方法。在运用工料单价法编制标底时，应注意以下事项。

①按概算编制工程标底时，应在概算的基础上适当进行下浮，这是因为概算定额所考虑的人工、材料和机械台班消耗量，通常比预算定额要高一些，一般情况下富余3%～5%。

②对概预算中未考虑到的，而根据合同中承包商需发生的费用应在标底中予以考虑。如投标中发生的费用、履约担保费等，这些费用在工程概预算的建筑安装费中未加以考虑，却是根据合同承包商须发生和承担的，因此，在编制工程标底时应给予考虑。

③对于工程概预算中明显偏高或偏低的费用，应根据实际情况如实地进行调整，或对概预算定额中的数据如实地进行抽换。

④由于工程概预算的项目划分与招标文件中工程量清单的项目划分不一致，并且各自对应的计量方法也不相同，因此在编制工程细目的单价时，应在分项工程概预算的基础上，组合出与工程量清单中的工程细目相适应的单价。

概预算定额的测定、计算、颁布、应用，均需要一定的时间，因此，概预算中反映出的劳动生产力水平，必然低于当前的劳动生产力水平，而工程招标又是建立在买方市场的基础上的，所以在确定工程标底时，应在分项工程概预算的基础上乘以小于 1 的修正系数。

2）统计平均法确定标底。统计平均法是业主事先不编制标底，待招标单位开标后，根据报价确定标底。在进行标价计算时，去掉报价中的最高、最低价，计算其他平均价作为标底价；在进行单价分析中，也是去掉最高价、最低价，求平均报价。这种方法基本体现了公路建筑市场的供求状况。

实践证明，所有工程投标人或至少大部分投标人都是比较理性的，既想力争中标，又想获得一定的利益，所以他们的报价是严格基于自身的施工成本和在相应的投标策略下的一种报价，而不是一种盲目的报价。因此，采用统计平均法确定标底是比较可行的。

对于实践经验丰富的投标人，由于他们在施工方法、施工成本和价格上拥有完全的信息，对此理性的投标人就能提出一个充分反映自身竞争实力的投标报价，因此只要对这些投标报价进行一定的技术处理，即可确定出施工项目的标底。

4．影响标底编制的主要原因

影响标底编制的主要原因，见表 5–1。

表 5–1　影响标底编制的主要原因

影响因素	内容
投资环境不良	地方政府为了发展地方经济，一方面积极争取项目上马，另一方面为了保护地方利益，在征地、赔偿、用水等方面尽可能地提高单价，使工程其他费用投资逐年增加，从而提高了工程造价
受基本建设管理体制的影响	由于基本建设长期以来是国家投资，国家审查，由建设行政主管部门对工程进行分配和平衡，建设单位和施工企业没有树立起足够的市场竞争观念和控制工程造价的积极性。编制预算的工作得不到高度重视，影响编制的准确性
受设计深度、规模的影响	为加快建设项目进度，上级部门要求缩短初步设计、施工图设计周期，导致施工图设计达不到深度，若再提交的资料不细，就会造成计算工程量不足或漏项，从而影响标底的编制质量

续表

影响因素	内容
受预算编制人员的思想素质、业务素质及专业水平的影响	编制人员是否具有良好的职业道德；能否遵循客观、公正的原则编制；能否站在客观、公正的立场上，兼顾招标单位和投标单位的双方利益，以保证标底的客观性、公正性、公平性；编制人员的专业水平和从业经历也会影响标底编制的准确性，如果专业水平较低、经验较少，很容易出现少算、漏算甚至错算，以上这些因素都会使编制的标底有失水准
受材料价格的影响	材料价格的来源很多，目前主要建筑材料采用由各级造价管理部门发布的材料指导信息价格。全国各地的工程造价管理部门都在发布材料价格信息，材料信息发布是否准确、及时也会影响到标底编制的准确性

五、公路工程投标报价的编制

1. 投标报价各种信息的收集

编制公路工程投标报价需要的信息很多，根据工程实践经验主要包括：政治法律、自然条件、市场状况、工程情况、业主情况、自身情况、对手资料等。

（1）政治法律。在不同的历史时期，国家对基本建设有不同的政策和方针。投标人应当了解在招标投标活动中以及在合同履行过程中有可能涉及的法律，也应当了解与项目有关的政治形势和国家政策等，这些都是进行工程投标报价编制的重要信息。

（2）自然条件。公路工程施工具有线路很长、工程量大、条件复杂等特点，尤其是在露天条件下施工，自然条件的好坏对工程造价有直接影响。自然条件主要包括工程所在地的地理位置、地形、地质、地貌、气象状况及其他自然灾害状况等。

（3）市场状况。工程项目投标人调查市场状况主要包括：建筑材料、施工机械设备、动力燃料、水电和生活用品的供应情况、价格水平，还包括过去几年的物价指数以及对今后物价指数变化趋势的预测；劳务市场情况，如工人技术水平、工资水平、有关劳动保护和福利待遇和规定等；金融市场情况，如银行贷款的难易程度以及银行贷款利率等。

（4）工程情况。工程项目方面的情况，主要包括工程规模、技术难度和对材料性能、工人技术水平的要求；施工场地的地形、地质、地下水、交通运输、供水、供电、通信等方面的情况；工程项目的资金来源及可靠性；工程价款的支付方式，外汇所占的比例；监理工程师的资历、业务水平、职业道德和工作作风等。

（5）业主情况。对业主情况的了解是极其重要的，主要了解业主的资信情况、对工程的质量要求、功能要求、进度要求和其他特殊要求等，这是进行工程报价编制不可缺少的信息。

（6）自身情况。工程项目投标人对自己的内部情况、有关资料等，也应当进行整理归类管理，并有比较详细的了解。这类资料主要用于招标人要求资格审查和本企业履行项目进行施工组织用。

（7）对手资料。即参与工程项目投标竞争对手的资料，这是非常重要的资料，关系到本企业是否参与投标，参与投标采取什么对策，还关系到工程报价的高低。主要包括：竞争对手的资质等级、装备水平、技术特长、经济实力、工程业绩、薄弱环节、争标程度等方面。

2. 对于项目是否投标的决策

工程投标是一件费工、费时、费资金的工作，也是施工企业最关心的问题。施工企业并不是对所有的工程项目均要进行投标，而是必须根据拟建工程情况、自身竞争实力、企业经济效益、目前施工状况、竞争对手情况等，进行认真分析研究，最后决定是否参与投标。根据工程实践经验，对于工程项目是否参与投标，应主要考虑以下几个方面。

（1）承包招标工程项目的可行性与可能性。如本企业的技术力量、机械设备、组成人员等，是否有能力承包该工程项目，能否抽调管理人员和技术力量参加该项目承包；参与工程项目的竞争对手是否有明显的优势，承包该工程项目后是否能达到预测的经济效益。

（2）招标工程项目的可靠性。这是能否参与工程项目投标的重要方面，主要取决于项目的审批程序是否已经完成，建设资金是否已经落实，工程项目是否已列入基本建设计划，拆迁补偿工作是否已经到位。

（3）招标工程项目的承包条件。如果业主对承包商要求非常苛刻，工程施工难度很大，施工现场条件很恶劣，经济效益很不理想，施工企业感觉无力承包时，也应当放弃投标。

3. 研究招标文件并制订施工方案

经过对招标项目进行考察后，认为其可行性、可能性和可靠性均较好时，投标人就可以准备进行以下两项工作。

（1）研究招标文件

投标单位在通过资格审查之后，首要的工作就是认真研究招标文件，这是进行投标的关键性工作。在充分了解招标文件内容和要求的基础上，以便有针对性地安排投标工作。

在研究招标文件时，必须对招标文件的每句话、每个字都认认真真地研究，投标时要对招标文件的全部内容进行响应，如误解招标文件的内容，会造成不必要的损失。必须掌握招标的范围，防止出现施工图纸、技术规范和工程量清单三者之间的范围、做法和数量之间互相矛盾的现象。

除此之外，对招标文件规定的工期、投标书的格式、签署方式、密封方法、投标的截止日期要熟悉，并形成备忘录，避免由于失误而造成不必要的损失。

（2）制订施工方案

施工方案如何不仅关系到施工工期，而且对工程成本和报价也有密切关系。一个优良的施工方案，既要采用先进的施工方法，安排合理的工期，又要充分有效地利用机械设备，均衡地安排劳动力和器材进场，以尽可能减少临时设施和资金占用。

施工方案应由投标单位的技术负责人主持制订，主要应考虑采用的施工方法、主要施工机具的配置、各工种劳动力的安排及现场施工人员的平衡、施工进度及分批竣工的安排、安全施工和文明施工的技术措施、对环境保护的设想等。

4. 公路工程报价的具体编制

（1）公路工程标价的构成及计算

1）公路工程标价的构成。公路工程标价费用的构成，主要有成本、利润、税金及不可预见费等。

2）公路工程标价的计算。公路工程标价的计算可以按照定额或市场的单价，逐项计算每个项目的单价与合价，分别填入招标人提供的工程量清单中，主要包括人工费、材料费、机械台班使用费、其他工程费、间接费、利润、税金及材料差价和风险费用等全部费用。

①人工、材料、机械台班单价。在进行工程投标报价时，采用的人工、材料、机械台班单价，应根据本企业自身的情况及建筑市场当前价格和劳动力、机械设备租赁市场情况等，经综合分析、计算后确定。

②其他工程费、间接费、利润、税金的计算。在计算出直接工程费的基础上，依据施工企业自身的情况，确定以上各项费率及法定税率，依次计算出其他工程费、间接费、利润和税金。

③风险费的计算。风险费是指在工程承包过程中，由于各种不可预见的风险因素而发生增加的费用。通常由投标人经过对具体工程项目的风险因素分析后，确定一个比较合理的工程总价的百分数作为风险费。

在计算工程标价时，正确选用定额是影响投标成败的关键因素。因此，投标人应根据工程条件和竞争情况加以认真分析，对定额予以适当调整。根据工程报价实践经验，在国外承包工程时，一般选用较高定额，可按国内现行定额提高 10% ~ 30% 进行计算。

（2）公路工程标价的分析

对公路工程标价的分析，是一项非常重要的工作，不仅关系到标价是否正确，而且关系到工程能否中标。一般情况下，主要从标价的宏观审核、标价的动态分析和标价的盈亏分析等方面进行。

1）标价的宏观审核

①首先应当分项统计计算标书中的汇总数据，并分别计算其比例指标。这些比例指标是评价工程标价的重要数据。

②通过对各类指标及其比例关系的分析，从宏观上分析标价结构的合理性。例如，分析总直接工程费和总管理费的比例关系，劳务费和材料费的比例关系，临时设施和机具设备费和总直接费的比例关系，利润、流动资金及其利息与总标价的比例关系等。

③分析探讨上述指标平均人月产值和人年产值的合理性和实现的可能性。如果从本企业的实践经验角度判断这些指标过高或过低，就应当考虑和审核所采用定额的合理性。

④参照已建同类工程的经验，扣除不可比的因素后，分析单位工程价格及人工、材料用量的合理性。

⑤通过以上分析，对明显不合理的工程标价构成部分进行微观方面的分析检查。重点是在提高施工效率、改进施工方案、降低材料设备价格和节约管理费用等方面，针对实际情况提出切实可行的措施，并修正初步计算的标价。

2）标价的动态分析。是假定某些因素的变化，测算标价的变化幅度，特别是这些变化对工程的计划利润的影响。

①延误工期的影响。一般而言，由于材料设备交货期延误、质量管理不严而导致反工、监理工程师的刁难等原因，会造成工期的延误，因而会增加管理费用、工资和劳务费、机械设备使用费以及资金占用的利息。一般情况下，可以测算工期延长某一定时间，上述各项费用增大的数额及其占总标价的比率。这种增大开支部分只能用计划利润来弥补。因此，可以通过多次测算得知工期拖延多久，利润将全部丧失，这实际上是投标项目关于工期的灵敏度分析。

②物价和工资上涨的影响。通过调整标价计算中的材料、设备和工资上涨系数，测算其对工程计划利润的影响；同时，切实调查当地工程物资和当地工资的升降趋势及幅度，以便做出恰当、合理判断。通过这一分析，可以得知利润对物价和工资上涨因素的承受能力。

③其他可变因素的影响。在国内工程承包中，影响标价的可变因素很多，而且有些是投标人无法控制的，如贷款利率的变化、政策法规的改变等。在国际工程承包中，也有很多的可变因素，如汇率、利率的变动，投标中外汇支付比例的变化等。通过分析这些因素的变化，可以了解投标项目预期利润的受影响水平。

3）标价的盈亏分析。初步计算的标价经过宏观审核与动态分析后，可能要对某些不合理的分项的单价进行必要的调整，从而形成一个“基础标价”。为了使标价具有较强的竞争力，还必须进行必要的盈亏分析，在适宜的范围内提出可能的低标价和高标价，供投标报价决策时选择。公路工程标价的盈亏分析，包括盈余分析和亏损分析两个方面。

①盈余分析。盈余分析是从标价组成的各个方面挖掘潜力、节约开支，计算出“基础标价”可能降低的数额，即所谓“挖潜盈余”，进而计算出低标价。

盈余分析主要从以下几个方面进行：人工、材料、机械台班消耗定额以及人工、机械效率分析；对劳务工资、材料设备、施工机械台班（时）价格三方面进行分析；对工程管理费、临时设施费等方面逐项进行分析；对其他方面进行分析，如流动资金与贷款利息，保险费、维修费等方面进行逐项复核，找出有潜力可挖掘之处。

以上所分析的挖潜，不可能全部实现，尚需乘以一定的修正系数，一般取 0.5 ~ 0.7。据此可以求得投标的低标价，即“低标价 = 基础标价 − 挖潜盈余 × 修正系数”。

②亏损分析。亏损分析是在分析计算标价时，由于对未来施工过程中可能出现的不利因素考虑不周和估计不足，可能会产生的费用增加和损失。

亏损分析主要从以下几个方面进行：人工、材料、机械设备的价格；拟建公路工程所在地的自然条件；由于管理不善而造成质量、工作效率、管理费失控等问题；设计单位、建设单位、监理工程师方面的问题等。

以上分析所估计的亏损额，也不一定全部出现，同样也应乘以一定的修正系数，一般也取 0.5 ~ 0.7。据此可以求得投标的高标价，即“高标价 = 基础标价 + 估计亏损 × 修正系数”。

招标投标中的标价计算，不像编制概预算那样有一个统一的编制办法，计算标价时首先要按照合同要求，并结合本施工企业的经验，确定计算方法、计算程序及报价策略。常用的标价计算方法有：单价分析法、系数法、类比法。具体应用时最好不要采用单一的方法，而应用多种方法进行复核和综合分析。

六、施工招投标阶段造价控制的改进措施

通过对现行招投标体制存在的问题加以分析，无论是从业主、招投标代理机构、抽检、管理部门，还是评标体系、市场计价定价模式的运行的角度来分析，发现招投标体制仍不完善，还存在一定的问题。我们可将这些问题归纳成招标方法、评标办法、评审手段三个方面，因此，采取的相应措施也应当针对这三个方面进行改进。

1. 推行工程量清单招标

我国现行的工程造价计价模式，大部分仍采用工料单价法，也就是分部分项工

程量的单价是直接成本，并按现行定额的人工、材料、机械的消耗及市场价格确定。而国际通用的工程量清单计价的模式，则依据施工图纸、统一的工程量计算规则，由招标人或招标代理机构计算出分部分项的工程量表及其汇总表，然后通过招标询价和答疑，以公平竞争形成合理的低价。这种由招标人提供工程量清单、投标人按照市场要素价格行情及本企业的个别成本自由、以综合单价报价竞争，并以固定总价合同、单价合同和成本加酬金合同确定价格的模式，是国际上通用的 FIDIC 合同条件组成的一部分。为了与国际惯例及国际通用监管场所，我国从 2003 年 7 月 1 日起实施《建筑工程工程量清单计价规范》，这为今后推行工程清单招投标，通过市场形成工程价格奠定了基础。

工程量清单招标的具体做法是改变招标文件公布期望造价，强调市场形成价格、企业自主报价的定价机制。规定招标文件应公布工程量清单和计价方法，并采用统一的报价格式表。

工程量清单的统一格式为：工程量清单封面；填表须知；总说明；分部分项工程量清单；措施项目清单；其他项目清单；零星工程项目表。

工程量清单计价的统一格式为：工程量清单报价表封面；投标总价；工程项目总价表；单项工程费汇总表；单位工程费汇总表；分部分项工程量清单计价表；措施项目清单计价表；其他项目清单计价表；零星工程项目计价表；分部分项工程量清单综合单价分析表；措施项目费分析表；主要材料价格表。

由投标人按照工程量清单，结合企业的内部消耗量定额和市场各类要素价格自主报价。

2. 改进公路工程的评标办法

对公路工程的评标办法，绝不能一味强调低价者中标，应按照《中华人民共和国招标投标法》和《招标投标法实施条例》的规定：“可采用经评审的最低投标价格法和综合评估法，或者法律、行政法规允许的其他评标办法。”在具体实践中应当强调具有通用技术、性能标准或招标人对技术、性能没有特殊要求的项目，应积极推行经评审的最低投标价中标法。即使采用综合评估法的项目，同样在施工商务标的评审时要突出造价的比重，拉开评分差距。

经评审的最低投标价格法是指能够满足招标文件的实质性要求，并且经评审的最低价中标，但是投标价格低于成本的除外。一般适用于具有通用技术、性质标准或者招标人对其技术、性能没有特殊要求的施工招标项目。

综合评估法是指能够最大限度地满足招标文件中的各项综合评价标准的投标人中标。衡量投标文件是否最大限度地满足招标文件中规定的各项评价标准，可以采用折算的方法、打分的方法或者其他方法。需要量化的因素及其权重应当在招标文件中明确规定。施工招标项目采用综合评估法的，应根据工程技术要求的不同，编制不同的评标方法。

3. 完善公路工程投标文件评审

技术标评分由于是定性分析而得出的，有一定的随意性，稍有不慎容易造成不公平，因此可采用先评技术标，后评商务标的做法。

（1）技术标的评审。可采用两种办法：第一，一般工程采用合格不合格评审，被评为不合格的技术标随同商务标一起退还；第二，当工程有一定难度时，按招标文件规定筛选办法，确定技术标得分高的前几名进入商务标评审，其余投标文件退还。

（2）商务标的评审。商务标在开标之后，评标委员会评审之前，招标人或招投标代理机构应针对各投标人的投标文件，认真做好统计分析，做好评审产的准备工作。评审前准备工作内容包括：对招标文件商务条款响应程度分析；总价及各个分部造价的汇总对比；主要分项及主要单价的汇总对比；主要措施费项目和其他项目报价的汇总对比；招标文件所要求的其他要素的汇总分析；计算误差分析；商务报价与施工方案及技术措施的对应情况分析。

这些准备工作完成之后，评标委员会根据招标人或招标代理机构提供的统计分析和投标人对所需澄清、补正问题的说明，可以很方便地按照招标文件规定的评标办法进行评审，列出投标总报价的排序或得分的数额，以及是否低于或高于成本报价的认定，使评审的结果更趋于客观公正。

第二节　施工阶段工程造价控制

施工阶段是项目决策实施、建成投产发挥效益的关键环节。这个阶段也是项目运行过程中资金投入量最大的阶段。工程施工是使工程设计意图最终实现并形成工程实体的阶段，也是最终形成工程产品质量和工程使用价值的重要阶段。施工阶段工期长、资金投入大、资源消耗多、不可预见因素多，所以其造价管理的好坏，直接影响到项目的效益。所以，施工阶段当然是工程造价控制的主要阶段之一。

一、施工阶段造价控制存在的问题

1. 工程承包合同条款欠严密

施工合同是工程建设项目的主要合同，是工程建设质量、进度、投资三方面控制的主要依据，包括：合同文件的组成与解释顺序，具体、明确的工程实施范围，工程数量,总造价的组成,计费方式及费率,浮动率,工程款的支付方式,工程的变更、签证等规定，工程结算、工期、质量的约定，检测、检验费，索赔、风险责任，保险，甲供材料和设备，分包工程等。上述各项内容如稍有不明确或确定不合理，即可对造价造成很大影响。

2．工程施工组织设计欠优化

最优的施工组织设计应该是既方便施工，又能提高进度，而对造价又不会产生太大影响的组织设计。但有时施工方便和造价却是矛盾的，如基础土方采用就近挖填当然施工简单易行，这针对路基工程的造价肯定是节省的，但如果不科学规划和安排，很可能后期对其他工程施工造成困难，反而对工程造价控制不利。

承包商编制的施工组织设计，一般是从方便施工的角度出发的，所以如果监理工程师和甲方现场工程师责任心不强，不认真审核承包商的施工组织设计，就容易造成造价失控。

3．设计变更、现场签证管理混乱

有些现场工程师的业务素质差，对合同、预算和有关规定不熟悉，不应签证的项目盲目签证，有的现场工程量问题不经核实随意签证、确认，或者工程量该签立方的签成平方，又不标明厚度，等造价师发现时工程已隐蔽，给最后结算留下隐患，有的承包商为获取高利润，设法巧立名目，弄虚作假，有意扭曲合同的界限含义，以少报多，高估冒算，如遇上业务差或不负责的监理或甲方人员，就容易蒙混过关，造成造价失控。

4．施工单位一味地追求施工进度

在某些情况下，尤其对于一些急用的工程项目，业主一味要求一些施工单位加快项目进度,尽早发挥工程的投资效益,施工单位也面临为争夺承包权而被动赶工期、超进度，造成不能科学合理地施工，大大增加了施工成本，甚至留下质量、安全等方面的隐患。

二、公路工程的变更

公路工程具有工期长、规模大、受自然条件和客观因素影响大，涉及多方干系人利益关系的特点。由于人们对一些技术或地质状况以及环境认识或经验不足，因此在项目实施过程中，有时会出现实际情况与项目招投标时的情况相比发生一些变化，如公路工程合同文件中技术规范或设计图纸及施工工艺等发生改变，有些改变发生在工程施工过程中，事先是不可预见的，需要相关的人依据工程现场查看情况而决定，同时对变更处理要快且准确，这样有利于工程的顺利完成，所以发生工程变更是较常见的现象。

1. 公路工程变更的概念

公路工程变更是指在工程实施的过程中，对某些工作内容做出修改，或者追加、取消某些工作内容。这是因为工程的勘测、设计、试验与实际存在一定的差异，在合同执行过程中工程变更是不可避免的。

公路工程变更主要包括：工程数量的变更、工程项目的变更、结构类型的变更、建设标准的变更、质量要求的变更、材料设备的变更、进度计划的变更、施工条件的变更等，以上所有的变更，必然会引起工程造价的变更。

2. 公路工程变更的程序

在颁发工程验收证书前的任何时间，工程师都可以通过发布变更指令或以要求承包商递交建议书的任何一种方式提出变更。

（1）指令变更。监理工程师在业主授权范围内，有权根据施工现场的实际情况，在确实需要时发布变更指令。指令变更的内容主要包括：详细的变更内容、变更工程量、变更项目的技术要求和有关部门的文件图纸，以及变更处理应遵循的原则。

如果业主有指令的变更，可由总监理工程师直接下达变更令，交由驻地监理人员监督执行。并将变更资料交监理工程师、合同部存档；如果涉及设计变更问题，要由设计代表做变更设计图纸。

监理工程师根据有关规定对工程进行变更后，要求承包人据此安排变更工程的施工或合同文件修订的事宜；要求承包人向监理工程师提交此项变更给其费用带来影响的估价报告。

（2）承包商提出的变更。承包商应当按规定的程序提出变更申请，经监理工程师批准后执行。具体的申报审批程序如下。

①承包商申请。先由承包商提出申请及内容报告，包括变更的理由、变更的方案和数量、以及单价和费用、报驻地办审批。

②驻地监理审核。驻地监理人员接到承包商变更申请后，应及时进行调查、分析，收集相关资料，审核其变更内容、技术方案及变更的工程数量、签批意见后上报监理代表处工程部。

③工程部的审查和核实。工程部接到驻地监理签批的工程变更申报资料后，应认真按图纸、规范等审查其提出的工程变更的技术方案是否合理，并组织有关人员复核变更的工程量。工程变更技术方案的审查是一项十分重要的工作，工程变更的技术方案一定要科学合理，变更的工程内容才能成立。所以，一定要尽可能地提出两个以上技术方案，以便进行方案对比，要结合经济技术分析选择最优的方案作为最终的工程变更方案。

工程部变更工程量的核定一般程序是承包商先提供工程变更数量的计算资料，

包括图纸及计算公式，驻地监理对承包商提供的变更工程数量先进行核实签认，工程部再对工程变更数量进行核实签认后转合同部核定单价和费用。

④合同部审核单价和费用。合同部根据驻地监理和工程部的审核意见，对承包商提出的申报单价进行审核，通过单价分析确定建议的单价和费用。签批意见后上报总监理工程师。

⑤总监理审核。总监理工程师经过认真审核无误，并认为变更可行后，报业主进行审批。

⑥业主审批。业主根据变更申请进行审批，同意后下发工程变更批文，包括对工程数量的确认和对工程单价的审批。

⑦签发“工程变更令”。在变更资料齐全，变更费用确定之后，征得业主审批同意，监理工程师应根据合同规定，签发“工程变更令”，然后监督执行。

3. 工程设计变更的审计

在实际中如何做好工程变更审计是一个十分重要的问题。根据公路工程建设的实践经验，在工程变更审计中应做到“一个全面、两个准备、三个必须、四项有利、五个重点”。

（1）一个全面

一个全面，就是要对工程变更从不同的角度进行全面详细的核实审计。既要从经济财务审计角度分析其财务支出的合法性、合规性，还要从工程技术角度审计其变更中技术方案的合理性、优化性和工程建设的程序性。

（2）两个准备

两个准备，一是必须准备好各方面的专业人员，二是准备好一个详细而周密的审计方案或计划。

首先，配备好各专业人员，这是工程变更审计的前提和基础。公路工程建设是一项复杂的系统工程，既涉及土木工程专业，也涉及经济、财务、法律等各方面；既涉及设计、施工、监理，又涉及土建、设备机电安装，因此需要多方面的专业人员共同努力才能完成工程项目。因此对工程变更审计人员的配备总体要求是熟悉公路建设法律法规，具有一定的专业知识和实践经验。在人员构成方面审计负责人应具有项目管理的经历，审计人员应以工程技术人员和审计财务人员为主，适当配备法律人员。其次，做好审计计划或审计方案是做好变更审计的首要条件。实际上变更审计可以作为一个项目来实施，按照项目管理的思路，做好项目计划大纲即审计方案，充分考虑各方面的因素，如人员分工、审计程序、进度控制点、审计质量、完成时间、沟通方式等，因此制订一项缜密完善的审计方案或计划，是确保变更审计高质量、按期完成的首要保证，所以在审计中应重视方案的制订和优化。

（3）三个必须

三个必须，一是必须对现场和资料深入了解；二是必须对工程变更程序熟悉；三是必须抓住工程变更的实质。

1）必须对现场和资料深入了解。审计人员在进行工程变更审计时，应掌握第一手资料，在项目建设期间实行的跟踪审计，涉及工程变更时，因项目在实施中，审计人员更应当深入施工现场，对一些关键的指标，如基坑深度、地面标高，时实勘察、复核、审查，从而掌握第一手资料。对于已完工工程，审计人员应重点对施工单位、监理单位提供的有关资料和图纸进行核对审查。形成直观的感性认识，尤其要对变更前与变更后的图纸资料进行核对。

2）必须对工程变更程序熟悉。程序是先后顺序或者一种权限和责任，作为审计人员必须对需要审计的项目其工程变更的有关规定和程序进行全面了解和掌握，如变更设计是否按照交通部《公路工程设计变更管理办法》等文件执行。

3）必须抓住工程变更的实质。所谓工程变更的实质，就是工程变更的条件是否符合、原因是否合理、程序是否合法、效益是否明显。

（4）四个有利

四个有利，一是有利于工程决策科学化；二是有利于提高工程的整体使用功能；三是有利于控制工程造价；四是有利于合理优化各类资源的投入。

1）有利于工程决策的科学化。我们知道所谓工程实际上是改造世界的一种实践活动，工程的主要活动是运筹、决策、操作、交付运行等一系列过程。土木工程是工程的一个类别，是建造各类工程设施的科学技术的统称。它是指所应用的材料、设备和所进行的勘测、设计、施工、保养维修等技术活动；公路工程作为土木工程的一个分支，是对公路路基、路面、桥梁、涵洞、隧道、排水系统、安全防护设施、绿化和交通监控设施，以及施工、养护和监控使用的房屋、车间和其他服务性设施，进行勘察、测量、设计、施工、养护、管理等工作。正如前文提到的公路工程作为构筑在地表面的一种线形构造物，具有工期长，投资建设规模大、需要投入大量的人力物力等资源，另外公路建设受地质、水文、气候等自然环境客观因素的影响，需要详细、全面地进行勘察、分析。

鉴于上述原因，对工程中的变更必须采取谨慎、严谨和科学的态度，必须有严格的程序、必须集中多方面的专业人员的知识和智慧，因此工程变更审计对工程是否按照程序、是否多方面听取不同意见、是否进行严格的科学论证，尤其重要。而审计就是要从其科学角度分析其变更方案是否进行了比较优化，其结果是否符合自然环境地质条件的实际、是否提高了社会资源使用的整体效益。

2）有利于提高工程的整体使用功能。在工程变更审计中要体现工程全寿命成本概念，体现工程的性价比上，如工程变更条件之一“虽然增加部分投资、但有利于改善行车和使用条件，提供使用功能和促进科技进步，节约工程维修、养护费用、提高工程质量标准”。这就体现了工程全寿命成本的理念，因此工程变更审计必须从多视角分析、审查。

3）有利于控制工程造价。工程造价的控制是进度、质量、费用三大控制之一，工程变更在一般情况下都会引起工程数量的增加，从而增加工程造价，通过审计，准确地核实变更的工程量和单价，对于合理的应当核增，对于不合理的要坚决控制核减。

4）有利于有效节约合理利用社会资源。变更审计即要从项目角度出发对项目在资源利用上进行审查,也要站在社会角度上进行审查,有的变更项目可能增加了投资，但减少了占地，保护了文物、环境，从宏观角度看是充分利用和节约了社会资源。

（5）五个重点

五个重点就是工程变更的五个要素，具体包括工程变更的种类、变更程序、变更内容、变更原因、变更期限。

1）要审计变更的种类：一是按照内容分类，二是按照变更提出者分类。按内容分类，根据交通部《公路工程设计变更管理办法》规定，分为重大设计变更、较大设计变更和一般设计变更，其中重大设计变更包括连续长度 10km 以上的路线方案的调整等六项，较大设计变更包括连续长度 2km 以上的路线方案的调整等十二项内容，除上述外的为一般设计变更。该办法还规定了重大设计变更由交通部审批，较大设计变更由省级交通主管部门审批，一般变更由项目法人审批。按变更提出者分类，主要有业主、设计方、承包商三方。业主根据项目的总体要求或为了满足全线某些工程外观的统一性而提出的设计优化或变更。设计单位对原设计有新的考虑或为进一步完善设计等提出变更设计。承包商在工程施工中发现现场条件与设计条件不相同，不能按设计施工或按原设计施工不能满足要求时，提出相应的变更。因此在审计变更种类时应重点审查是否要越权审批，审查是否有将重大变更和较大变更化整为零的现象。审查业主、设计方、承包商提出的变更是否符合变更条件。

2）审计变更审批程序。一般业主提出的变更由总监理工程师或工程师代表直接下达变更令，交由驻地监理工程师监督承包商执行，并将业主指令的变更资料交给工程师、业主存档，并分发给驻地监理和承包商以便在变更实施和变更计量支付过程中做到有据可循。设计方提出变更直接由设计方对所提出的变更出施工图和变更申报资料，由业主审批后就可以由总监理工程师或工程师代表下变更令。施工单位在公路工程建设过程中一经发现实地情况与施工图纸有出入时，就应在第一次发生之后最短时间内将此现象上报驻地设计代表或监理工程师代表，同时抄报给业主。

监理工程师和业主收到通知后应在最短的时间内组织有关人员现场察看核对，在此基础上，充分对照设计图纸和合同文件的要求，做到理由充分，事实清楚。并形成会议纪要，说明变更项目的桩号、部位、范围、原设计情况、现场核查情况、变更的理由和依据、变更数量的增减情况。并附有现场量测的草图和原始数据记录。现场各方代表除在会议纪要上签名外，还须在草图和原始记录上签字确认。同时承包商有必要对变更工程变更前后进行实地拍照以便以后查证。会议纪要形成之后承包商根据纪要的内容对变更正式提出申报，并逐级向驻地工程师和总监理工程师上报，直至上报业主。

3）审计变更的内容。主要包括工程量和估价以及图纸等。重点审计工程量，尤其要审计增加的工程量。对变更工程的造价审计重点应放在调价上。按照合同条款的有关规定，对于按照监理工程师指令完成的额外和追加的工程或者削减和变动的工程，如果监理工程师认为恰当，应当按本合同清单中规定的单价执行，或者套用类似工程的单价，如果清单上未有相同的或类似的，则监理工程师与承包商双方商议合适的单价，若双方意见不一致，则由监理工程师确定他认为合理恰当的单价。因此变更工程造价审计应当按照上述原则，重点审计双方商议的价格是否公平、合理。

4）审计变更工程的原因。工程变更的原因大致有四种：能够节约资源并提高社会效益；实际客观条件因素的限制；设计优化后有很大空间和余地的；原设计与现场实际情况不符。

因此审计应对业主、设计方、承包商提出的变更是否符合以上四个方面的原因，对设计缺陷造成的变更重点审计其变更结果是否完善，变更方案是否优选。

5）审计变更的期限。变更的期限就是变更提出者对需要变更的单项工程提出方案、履行审批程序的时间限制。例如，对承包商提出的变更要求的时间条件是：当承包商在公路工程建设过程中一经发现实地情况与施工图纸有出入时，就应在第一次发生之后最短时间内将此现象上报监理工程师代表，同时抄报给业主。因此在此期限审计中，应当对每项变更的提出、批准时间进行核实、核查，审计是否超越时限的情况。

总之，变更审计是工程审计的一个重要组成部分，是审计的重点和难点，因此在实际审计工作中，需要不断地总结、探索、完善。

4. 公路工程的变更估价

（1）变更估价的原则。变更工程的价格或费率，往往是业主与承包商双方协商时的焦点。计算变更工程采用的费率或价格，可以分为下列 3 种情况。

①如果变更工作在工程量表中有同种工作内容的单价，应以该单价计算变更工程的费用。

②工程量表中虽然列有同类工程的单价或价格，但对具体变更工程而言已不适用，则应在原单价的基础上制定合理的新单价。

③变更工作的内容在工程量表中没有同类工作的单价，应按照与合同单价水平相一致的原则，确定变更工作新的单价。

（2）可以调整合同工作单价的原则。当具备以下条件时，允许对某一项工作规定的单价加以调整。

此项工作实际测量的工程量相对工程量表或其他报表中规定的工程量有较大的变动，当变动大于10%时应当加以调整；工程量的变更与对该项工作规定的具体费率的乘积超过了接受的合同款项的0.01%；由此工程量的变更直接造成该项工作每单位工程量费用的变动超过1%。

（3）删减原定工作后对承包商的补偿。监理工程师发布删减工作的变更指令后，承包商不再实施该部分工作，合同价格中包括的直接费用部分没有受到损害，但摊销在该部分的间接费、利润和税金实际不能合理回收。此时，承包商可以就其损失向监理工程师发出通知，并提供具体的证明资料，监理工程师与合同双方协商后，确定相应的补偿金加入合同价内。

三、公路工程项目的索赔

公路工程索赔是指在公路工程承包合同中，当事人如果一方认为另一方没能够履行合同义务，或妨碍了自己履行合同义务，或是当发生合同中规定的风险事件后，结果造成经济损失，此时受损失的一方通常会提出索赔的要求。很显然，索赔是一个问题的两个方面，是签订合同的双方各自应享受的合法权利，实际上是业主与承包商之间在分担工程风险方面的责任再分配。

索赔是合同执行阶段一种避免风险的方法，同时也是避免风险的最后手段。工程建设索赔在国际建筑市场上是合同双方保护自身正当权益、弥补造成的损失、提高经济效益的重要手段。索赔是一种正当的权利要求，它是业主、监理工程师和承包商之间一项正常的、大量发生而普遍存在的合同管理业务，是一种以法律和合同为依据、合情合理的行为。

在公路工程的整个建设阶段，都可能发生索赔。但发生索赔最集中、处理难度最大的情况，一般多发生在施工阶段。因此，我们通常说的工程建设索赔主要是指工程施工的索赔。

1. 公路工程索赔的分类

（1）按索赔的合同依据分类

按照索赔合同中的依据不同分类，可以分为合同中明示的索赔和合同中默示的索赔两种。

1）合同中明示的索赔。合同中明示的索赔是指承包人所提出的索赔要求，在该工程项目的合同文件中有文字性的依据，承包人可以据此提出索赔的要求，并取得相应的经济补偿。这些在合同文件中有文字规定的合同条款，称为明示索赔。

2）合同中默示的索赔。合同中默示的索赔是指承包人提出的某项索赔要求，虽然在工程项目的合同条款中没有专门的文字叙述，但可以根据该合同的某些条款的含义，推论出承包人有索赔权。这种索赔要求，同样具有法律效力，有权得到相应的经济补偿。这种有经济补偿含义的条款，在合同管理工作中被称为"默示条款"，这种索赔称为默示索赔。

（2）按索赔的目的分类

公路工程按索赔的目的不同进行分类，主要可分为工期索赔和费用索赔两种。

1）工期索赔。在工程施工中，常常会发生一些不能预见的干扰事件使施工不能顺利进行，使预定的施工计划受到干扰，造成工期延长，这样，对合同双方都会造成损失。工期索赔是双面的，承包方的工期索赔和发包方的工期反索赔。

承包方的工期索赔，指工期延误属于发包方责任时，承包方提出的索赔要求。承包方工期索赔的目的通常有两个：一是免去或推卸自己对已产生的工期延长的合同责任，使自己不支付或尽可能不支付工期延长的罚款；二是进行因工期延长而造成的费用损失的索赔。

发包方的工期延误反索赔，指工期延误属于承包方责任时，发包方对承包方进行索赔，即由承包方支付延期竣工违约金。发包方在确定违约金的费率时，一般要考虑以下因素：本赢利损失；由于工期延长而引起的贷款利息增加；工程拖期带来的附加监理费；由于本工程拖期竣工不能使用，租用其他建筑时的租赁费等。

2）费用索赔。费用索赔是指承包人在非自身因素影响下而遭受经济损失时向业主提出补偿其额外费用损失的要求。因此费用索赔应是承包人根据合同条款的有关规定，向业主索取的合同价款以外的费用。索赔费用不应被视为承包人的意外收入，也不应被视为业主的不必要开支。

实际上，索赔费用的存在是由于建立合同时还无法确定的某些应由业主承担的风险因素导致的结果。承包人的投标报价中一般不考虑应由业主承担的风险对报价的影响，因此一旦这类风险发生并影响承包人的工程成本时，承包人提出费用索赔就是一种正常现象和合情合理的行为。

（3）按索赔事件的性质分类

公路工程按索赔事件的性质不同分类，可以分为工程延误索赔、工程变更索赔、合同被迫终止索赔、工程加速索赔、意外风险和不可预见因素索赔、其他方面的索赔等。

1）工程延误索赔。在实际工程中由于突发事件经常会出现工程延误的问题，引起人员的待工、停工，设备的闲置和材料的积压，承包商可以对业主或工程师的过错和责任而造成的延误提出费用索赔。

产生工程延误索赔的原因很多，主要表现在：因发包人未按合同要求提供施工条件，如未及时交付设计图纸、施工现场和施工道路等；因发包人指令工程暂停或不可抗力事件等原因造成的工期延误等。工程延误索赔是工程实施中常见的一类索赔，如何处理工程延误的费用索赔，如何确定承包商的延误损失以及费用索赔值，是业主和承包商都十分关心的问题。

2）工程变更索赔。工程变更是合同变更的一种特殊形式。它通常指合同文件中“设计图纸”或“技术规范”的改变。这种由发包人或监理工程师指令增加或减少工程量或增加附加工程、修改设计、变更工程顺序等，造成的工期延长和费用增加，承包人所提出的索赔，称为工程变更索赔。

工程变更是造价管理的重点和难点，工程变更与一般的合同变更相比有自己的法律特征。在工程项目的实施过程中，经常会碰到来自业主对项目要求的修改、设计单位由于业主要求的变化或现场施工环境、施工技术的要求而产生的设计变更等。由于这多方面的变更，经常出现工程量变化、施工进度变化、业主与承包人在执行合同中的争执等问题。

3）合同被迫终止索赔。合同被迫终止索赔是指由于发包人或承包人违约以及不可抗力事件等原因造成合同非正常终止，无责任的受害方因其蒙受经济损失而向对方提出的索赔。

4）工程加速索赔。由于发包人或工程师指令承包人工程交工比合同规定的工期提前，或者因工程前段的工期拖延，要求后一阶段工程弥补已经损失的工期，使整个工程按期完工。这样，承包商可以因施工加速引起承包人在人力、财力和物力方面的额外开支而提出索赔。施工加速索赔经常是工程延期或工程变更索赔的结果，有时也被称为“赶工索赔”，而施工加速索赔与劳动生产率的降低关系极大，因此又称为劳动生产率损失索赔。

5）意外风险和不可预见因素索赔。在工程实施过程中，因人力不可抗拒的自然灾害、特殊风险以及一个有经验的承包人通常不能合理预见的不利施工条件或外界障碍，如地下水、地质断层、溶洞、地下障碍物等引起的索赔。意外风险包括人力不可抗拒的自然灾害所造成的损失和特殊风险事件两项内容。

6）其他方面的索赔。其他方面的索赔范围非常广泛，如因货币贬值、汇率变化、物价上升、工资上涨、政策法令变化等原因引起的索赔。

（4）按索赔处理方式分类

1）单项索赔。单项索赔是针对某一干扰事件提出的，在影响原合同正常运行的干扰事件发生时或者发生后，由于合同管理人员及时处理，并在合同规定的索赔有效期内向业主或监理工程师提交索赔要求和索赔报告。

2）综合索赔。综合索赔又称一揽子索赔，一般在工程竣工前和工程移交前，承包商将工程实施过程中因各种原因未能及时解决的单项索赔集中起来进行综合分析考虑，提出一份综合报告，由合同双方在工程交付前后进行最终谈判，以一揽子方案解决索赔问题。

由于在一揽子索赔中许多干扰事件交织在一起，影响因素比较复杂而且相互交叉，责任分析和索赔值计算都很困难，索赔涉及的金额往往又很大，双方都不愿意或不容易做出让步，使索赔的谈判和处理都很困难，因此综合索赔的成功率比单项索赔要低得多。

（5）按照索赔的主体分类

1）承包商与业主间的索赔。这类索赔大多是有关工程量计算、工程变更、工期、质量和价格方面的争议，当然也有终止合同等其他违约行为的索赔。

2）承包商与分包商间的索赔。若在承包合同中，既存在总承包合同又存在分包合同，就会涉及总包商与分包商之间的索赔。这种索赔一般情况下体现为：分包商向总承包商索要付款和赔偿；总承包商对分包商罚款或者扣留支付款等。

3）承包商与供应商间的索赔。这种索赔多体现在商品买卖方面。如商品的质量不符合技术要求、商品数量上的短缺、迟延交货、运输损坏等。

4）承包商向保险公司要求的索赔。这类索赔多是承包商受到灾害、事故或损失，依照保险合同向其投保的保险公司索赔。

2. 公路工程索赔的处理原则

公路工程索赔的处理原则主要包括以下内容（见表5–2）。

表5–2　公路工程索赔的处理原则

原则	内容
索赔必须以双方签订的合同为依据	遇到工程索赔事件时，监理工程师应以完全独立的身份，站在客观公正的立场上，以合同为依据审查索赔要求的合理性，索赔价款的正确性。另外，承包商也只有以合同为依据提出索赔时，才能容易索赔成功
及时、合理处理索赔	如果承包商的合理索赔要求长时间得不到解决，积累下来可能会影响资金的周转，从而影响工程进度。此外，索赔初期可能只是普通信件来往的单项索赔，若拖得时间过长则成为综合索赔，将使索赔问题变得复杂化（如涉及利息、利润补偿、工程结算、质量处理、责任划分等），大大增加处理索赔的难度

续表

原则	内容
必须注意资料的积累	积累一切可能涉及索赔论证的有关资料，对技术、质量、工期和其他重大问题，应做好文字记录，并尽量争取会议参加者签字，作为正式文档资料。同时，还应建立严密的工程日志，建立业务往来文件编号档案等制度，做到处理工程索赔时以事实、证据和数据为依据
加强工程索赔的前瞻性	将出现索赔的苗头及时加以解决和制止，有效避免过多索赔事件的发生。在工程施工的过程中，监理工程师应对可能引起的索赔有所预测，及时采取有效的补救措施，避免过多索赔事件的发生

3. HDIC 规定的索赔处理程序

FIDIC 合同条件是指由 FIDIC 联合会制定并推荐使用的合同条件，其特点是由通用条款和专用条款共同构成了制约各方权利和义务的全部合同条件。FIDIC 合同条件对承包商的索赔处理程序有以下规定。

（1）发出索赔意向通知。索赔事件发生时首先是承包商提出索赔的申请，我国《建设工程施工合同》规定，索赔事件发生 28 日内，向工程师发出索赔意向通知，合同实施过程中，凡不属于承包人责任导致项目拖期和成本增加事件发生后的 28 天内，必须以正式函件通知工程师，告知对此事项的索赔，同时仍需遵照工程师的指令继续施工。逾期申报时，工程师有权拒绝承包人的索赔要求。

FIDIC 合同中规定：假如承包商认为有权得到竣工时间的任何延长期或任何追加付款，承包商应当向工程师发出通知，说明索赔的事件或情况，该通知应当尽快在承包商察觉或者应当察觉该事件或情况后的 28 天内发出。假如承包商未能在上述 28 天内发出索赔通知，则竣工时间不得延长，承包商无权获得追加付款，而业主应免除有关该索赔的全部责任，同样索赔要求得不到支持。

（2）递交工程索赔报告。我国在《建设工程施工合同》中规定，工程索赔申请提出后，发出索赔意向通知 28 天内，向工程师发出补偿经济损失和延长工期的索赔报告及有关资料，应抓紧预备索赔的证据材料，包括事件的原因，对其权益影响的证据资料是索赔的依据，以及其他计算出的误差事件，影响要求的索赔额和申请展延工期天数，并在索赔申请发出的 28 天内提出。

在 FIDIC 合同中规定承包商察觉或者应当察觉该事件或情况的 42 天内，或在承包商可能建议工程师认可的其他期限内，承包商应当向工程师提交一份充分具体的索赔报告，包括索赔的依据、要求延长的时间和（或）追加付款的全部具体资料。假如引起索赔的事件或者情况具有连续影响，则声明：上述充分具体索赔报告，应被视为中间报告；承包商应当按月递交进一步的中间索赔报告，说明累计索赔延误时间和（或）余额，以及所有可能的合理要求的具体资料；承包商应当在索赔事件或者情况产生影响结束后 28 天内，或在承包商可能建议并经工程师认可的其他期限内，递交一份最终索赔报告。

（3）监理工程师的答复。监理工程师在收到索赔报告或对过去索赔的任何进一步证明资料后的 42 天内，或在监理工程师可能建议并经承包商认可的其他期限内做出回应，表示批准或不批准并给出具体意见。监理工程师应当商定或者确定应给予竣工时间的延长，以及承包商有权得到的追加付款。

4. 工程索赔的计算

（1）承包人可索赔的费用

在工程建设的实施过程中，承包人可索赔的费用内容，一般可以包括以下几个方面：人工费、设备费、材料费、保函手续费、贷款利息、保险费、管理费和利润等。

1）人工费。包括增加工作内容的人工费、停工损失费和工作效率降低的损失费等累计，其中增加工作内容的人工费应按照计日工费计算，而停工损失费和工作效率降低的损失费按窝工费计算，窝工费的标准双方应在合同中约定。

2）设备费。设备费可采用机械台班费、机械折旧费、设备租赁费等几种形式。当工作内容增加而引起设备费索赔时，设备费的标准按照机械台班费计算。因窝工而引起的设备费索赔，当施工机械属于企业自备时，按照机械折旧费计算索赔费用；如果施工机械是外部租赁的，则应按照租赁费计算。

3）材料费。材料费索赔主要包括：由于索赔事项材料实际用量超过计划用量而增加的材料费；由于客观原因建筑材料大幅度上涨而增加的材料费；由于非承包商的责任工程延误导致的材料价格上涨和超期储存费用。

4）保函手续费。工程在招标投标及实施过程中涉及投标保函、履约保函、预付款保函、维修保函。银行为承包商出具以上保函时，都要收取一定的手续费。

如果工程因故延期，保函手续费相应增加。反之，取消部分工程且发包人与承包人达成提前竣工协议前，承包人的保函金额相应折减，计入合同价内的保函手续费也应扣减。

5）贷款利息。如果工程是贷款建设项目，当不能按期完成并偿还时，贷款利息必然增加。工期拖延的原因是非承包方，承包商则可对贷款利息进行索赔。

6）保险费。保险费是指投保人为取得保险保障，按合同约定向保险人支付的费用，投保人按约定方式缴纳保险费是保险合同生效的条件。

7）管理费。管理费又可分为现场管理费和公司管理费两部分，由于两者的计算方法不一样，所以在审核过程中应区别对待。

8）利润。施工企业利润是指企业在一定时期内，经营活动所取得的财务成果。

施工企业的营业利润由工程结算利润加上其他业务利润减去管理费用和财务费用组成。

在 FIDIC《施工合同条件》中，对承包人索赔可能给予合理补偿工期、费用和利润的情况，均有相应的规定，见表 5-3。

表 5-3 可以合理补偿承包商索赔的条款

序号	条款号	主要内容	可补偿内容		
			工期	费用	利润
1	1.9	延误发放图纸	√	√	√
2	2.1	延误移交施工现场	√	√	√
3	4.7	承包人依据监理工程师提供的错误数据导致放线错误	√	√	√
4	4.12	不可预见的外界条件	√	√	
5	4.24	施工中遇到文物和古迹	√	√	
6	7.4	非承包人原因检验导致施工的延误	√	√	√
7	8.4（a）	变更导致竣工时间的延长	√		
8	8.4（c）	异常不利的气候条件	√		
9	8.4（d）	由于传染病或其他政府行为导致工期的延误	√		
10	8.4（c）	业主或其他承包人的干扰	√		
11	8.5	公共当局引起的延误	√		
12	10.2	业主提前占用工程		√	√
13	10.3	对竣工检验的干扰	√	√	√
14	13.7	后续法规的调整	√	√	
15	18.1	业主办理的保险未能从保险公司获得补偿部分		√	
16	19.4	不可抗力事件造成的损害	√	√	

（2）费用索赔的计算方法

在公路工程的实施过程中，费用索赔的计算方法，主要有实际费用法、总费用法和修正总费用法三种。

1）实际费用法。实际费用法是工程索赔计算时最常用的一种方法。这种方法的计算原则是以承包商为某项索赔工作所支付的实际开支为依据，向业主要求费用补偿。

用实际费用法进行计算时，在直接费的额外费用部分的基础上，再加上应得的间接费和利润，即承包商应得的索赔金额。由于实际费用法所依据的是实际发生的成本记录或单据，所以，在施工过程中，系统而准确地积累记录资料是非常重要的。

2）总费用法。总费用法也称为总成本法，就是当发生多次索赔事件以后，重新计算该工程的实际总费用，实际总费用减去投标报价时的估算总费用，即为索赔金额，即

索赔金额 = 实际总费用 – 投标报价估算总费用

不少人对采用该方法计算索赔费用持批评态度，因为实际发生的总费用中可能包括了承包商的原因，如施工组织不善而增加的费用，同时投标报价估算的总费用却因为想中标而过低。所以这种方法只有在难以采用实际费用法时才应用。

3）修正总费用法。修正的总费用法是对总费用法的改进，即在总费用计算的原则上，去掉一些不合理的因素，使其更合理。

修正的主要内容如下：将计算索赔款的时段局限于受到外界影响的时间，而不是整个施工期；只计算受影响时段内的某项工作所受影响的损失，而不是计算该时段内所有施工工作所受的损失；与该项工作无关的费用不列入总费用中；对投标报价费用重新进行核算：按受影响时段内该项工作的实际单价进行核算，乘以实际完成的该项工作的工程量，得出调整后的报价费用。

（3）施工工期索赔的计算

公路工程施工工期索赔的计算，主要有网络分析法和比例计算法。

1）网络分析法。网络分析法是利用进度计划的网络图，分析其关键线路。如果延误的工作为关键工作，则延误的时间为索赔的工期；如果延误的工作为非关键工作，当该工作由于延误超过时限制而成为关键时，可以索赔延误时间与时差的差值；若该工作延误后仍为非关键工作，则不存在工期索赔问题。

可以看出，网络分析要求承包商切实使用网络技术进行进度控制，才能依据网络计划提出工期索赔。按照网络分析得出的工期索赔值是科学合理的，容易得到认可。

2）比例计算法。比例计算法简单方便，主要用于工程增加时工期索赔的计算。但是有时不符合实际情况，比例计算法不适用于变更施工顺序、加速施工、删减工程量等事件的索赔。工期索赔值可用下列公式进行计算。

工期索赔值 =（额外增加的工程量价格 / 原合同总价）× 原合同总工期

（4）共同延误的处理

在实际工程的施工过程中，工期拖期很少只是由一方造成的，往往是多种原因同时发生（或相互作用）而形成的，两种或两种以上的单独延误同时发生的情况称为共同延误。共同延误处理的原则如下。

首先判断造成拖期的哪一种原因是最先发生的，即确定“初始延误”者，它对工程拖期负责。在初始延误发生作用期间，其他并发延误者不承担拖期责任；如果初始延误是发包人的原因，则在发包人原因造成的延误期内，承包人既可得到工期延长，又可得到经济补偿；如果初始延误是客观原因，则在客观因素发生影响的延误期内，承包人可得到工期延长，但很难得到费用补偿；如果初始延误者是承包人的原因，则在承包人原因造成的延误内，承包人既不能得到工期补偿，也不能得到费用补偿。

共同延误可分为在同一项工作上发生的共同延误和在不同工作上发生的共同延误两种。共同延误的最终结果，可能是承包商可以获得工期延长和经济补偿，也可能是承包商要向业主支付延误赔偿金。

四、公路工程施工阶段造价控制的措施

1. 制定严密的合同条款及加强施工过程中的合同跟踪与管理

随着我国加入 WTO 后，工程项目的管理也逐步与国际接轨。实行严格的合同管理是建设单位的首选课题。在国际惯例中，业主常常聘请有经验的咨询公司编制严密的招标文件、合同文本，对承包商的制约条款几乎达到无所不包的地步，防止施工单位进场后以工期紧、场地狭小、品牌型号不明确等为借口，进行各种各样的索赔。加强施工过程中的合同管理，杜绝施工单位偷工减料、以次充好，影响工程质量从而影响工程造价。

2. 施工组织设计的优化和施工方案的技术经济比选

（1）施工组织设计的优化

施工组织设计应考虑全局，抓住主要矛盾，遇见薄弱环节，实事求是地做好施工全过程的合理的安排。实际编制的过程中，应注意从以下几个方面对施工组织设计进行优化：重视施工准备工作，不打无准备之仗；进度计划安排上的均衡原则；作业的高效性；充分利用现有机械设备，内部合理调度，力求提高主要机械的利用率；施工技术以提高经济效益，简化工序为原则。

（2）施工方案的技术经济比选

施工方案的技术经济分析，应先建立技术经济分析指标体系，灵活运用定性方法和有针对性地应用定量方法，对各种施工方案从技术上和经济上进行对比评价，最后选定最合理利用人力、物力、财力、资源，即项目投资最低的方案。

（3）正确处理工期、质量、造价三者之间的关系

①合理地、实事求是地确定项目建设的实施目标，一般来说，建设单位在项目建设实施阶段的目标往往是项目建设的短工期、低造价和高质量。项目建设目标的

理想状态是同时达到最短工期、最低造价和最高质量，但实际上是很难实现的。由项目的三大目标组成的目标系统，是一个相互制约、相互影响的统一体，其中任何一个目标的变化，都势必引起另外两个目标的变化，并受到它们的影响和制约。因此，在制定项目建设目标时，应该先对各种客观因素和执行人可以采取的可能行动及这些行动的可能后果进行综合研究，实事求是地确定一套切合实际的衡量准则，经过对具体情况的具体分析，制定项目建设的具体目标。

②正确处理工期与造价的关系。缩短施工工期，可以降低施工企业的固定成本，有益于降低建筑安装工程费用。但是，如果采用赶工的方法缩短工期，便需投入更多的人力和施工机械，需采用新型材料和技术措施，因而人工费、机械费、材料费就会增加，加大建筑安装工程费用。

③正确处理质量与造价的关系。工程质量是指竣工的工程应当达到设计图纸的技术要求、符合国家规范和标准要求的特性。工程质量标准是从工程的性能、寿命、可靠性、安全性和经济性五个方面综合考虑而制定的。在工程建设中，只有质量合乎要求的工程才能投入生产和交付使用，才能发挥投资效果。控制工程造价必须贯彻技术与经济相结合的原则，既要保证工程质量，又要把降低工程造价的观念渗透到整个建设过程的每项工作中去。

（4）工程变更、现场签证和索赔的管理

在工程项目实施过程中，由于多方面的情况变更，经常会出现工程量变化、施工进度变化以及发包方与承包方在执行合同中的争执等许多问题。这些问题的产生，而不得不改变施工项目或增减工程量。

（5）做好市场材料及设备的询价，建立询价体系

建设工程的材料及设备费一般要占工程总成本的 60% 以上，显然控制材料成本是控制施工阶段造价的一个重要方面。

①企业应系统关注机构公布的价格，与社会咨询机构保持联系。建立起企业自身的价格信息网络，保持信息渠道的通畅，及时准确地把握不同地区及不同规格的材料、半成品的价格信息，保证工作人员可随时随地地调用及监督，做到资源共享。要进一步建立与商家及厂家的经济往来关系，寻找价廉物美的产品。

②要控制材料的采购单价，还应在系统价格的基础上，定期绘制主要材料的时间价格曲线图，分析材料的周期变化规律，结合技术曲线的分析及市场经济的运行状况，研究判断不同地区、不同材料的短期及中期走向，在参照价格信息的基础上，增加理性分析的因素，把握材料的走向趋势，将其分析成果应用在开发生产中。

综上所述，施工阶段的造价控制与工程质量、进度、材料和人力的合理利用密切相关，需要业主、承包商共同努力，才能实现工程项目施工的顺利进展，实现既

定的各项目标，取得社会效益和经济效益的双丰收。

五、施工企业的经济核算

施工企业的经济核算是对施工生产过程中的劳动耗费与劳动成果进行记录、计算、分析和对比的活动，是施工企业经营管理的基本方法，是施工企业管理的一项重要工作。经济核算旨在考核施工企业的经济效果。

经济核算，就是运用记账、算账手段，以货币的形式来衡量和反映经济效益的形成情况，研究耗费最少、成果最大、效益最好的经济活动方式，用以指导、部署、控制现在或未来的经济活动。运用这种方法所进行的经济核算工作的重点，应当放在经济活动中的耗费与经济成果的预测、计算、分析和控制上。

1. 施工企业经济核算的内容

施工企业经济核算的具体内容，包括以下几个方面。

（1）生产成果的核算

分阶段核算工程进度，在施工准备阶段要反映施工图纸、场地平整、开工情况等。在施工过程中，因工期较长，应核算工程中间进度，如施工产值、实物工程数量、工程形象进度。中间分部分项工程的质量验收核算，特别是隐蔽工程的检查验收要及时进行，评定质量等级。在形成具备完整使用价值的建筑产品后，就要有竣工交付使用指标的核算，如竣工产值、竣工个数、竣工面积等。同时，百年大计，质量第一，应特别重视建筑产品质量的核算，如竣工工程优良率和面积等。

建筑产品的耐久年限，质量好坏，直接影响到国计民生，也直接影响到企业信誉，所以应将产品质量放在考核的首位，应用好“质量否决权”。在核算工程数量和质量的同时，核算建筑产品的工期、建筑业总产值、建筑施工企业总产值、为社会新创造的价值，分析研究企业完成的建筑业净产值和建筑业增加值等。

（2）生产消耗的核算

建筑产品的固定性，引起生产的流动性，大量生产要素人工、材料、施工机械围绕固定的建筑产品进行施工生产活动，组织管理稍有疏忽，就会造成浪费，可见生产消耗核算十分重要。核算的目的，是挖掘降低消耗的潜力，减少、消灭浪费。人力的消耗是活劳动的消耗，物力的消耗是物化劳动的消耗，财力的消耗是人力、物力总消耗的货币表现。综合反映生产消耗的是工程施工成本。人力、物力消耗最终都要反映在施工项目成本上，所以施工项目成本核算是企业经济核算的重要内容，必须切实做好，成本搞好了，企业的赢利就有来源了。

为了节约人力、物力，做好成本分析，找出降低成本的途径，在人力消耗方面应该核算职工人数、工资总额、工资水平、劳动生产率、工时利用率、人员构成比例以及包清工人工费等。在物力消耗方面，应该核算固定资产折旧、原材料和结构件等物资消耗，施工机械利用情况以及机械设备租赁、周转材料租赁等。

（3）建设资金的核算

建筑产品生产周期长，所以资金周转快慢的特点显得十分突出，合理使用资金，就能使投入的资金充分发挥其作用，使一元钱顶几元钱用，甚至以一当十。例如，资金使用不当，无效投资大，工程款不能及时收回；物资如果存货和储备过多；等等，就会降低资金周转速度。

资金核算的目的是反映、监督资金筹集、资金占用和周转情况，挖掘企业占用财产物资的潜力，加速资金周转，以尽量少的资金占用生产更多的建筑产品，提高赢利水平。资金核算包括：资本金的构成、资产负债情况，如流动资产、无形资产及递延资产和其他资产、长期投资以及流动负债和长期负债等。

企业总结、考核和评价财务状况的指标包括偿债能力指标、营运能力指标。偿债能力指标主要有流动比率和速动比率，用于评价企业流动资产总体变现能力和偿还短期债务的能力；资产负债率，反映企业举债经营状况。营运能力指标主要有存货周转率，反映企业使用经济资源或资本的效率及有效性。

2. 施工企业经济核算的方法

施工企业经济核算通常是采用会计核算、统计核算和业务核算等基本核算方法来完成的，这几种基本的核算方法各有不同的内容和作用，它们互为补充、相辅相成，从而构成施工企业经济核算的一个完整有机体系。

（1）会计核算

会计核算是以货币为计量单位，运用专门的会计方法，对生产经营活动或者预算执行过程及其结果进行连续、系统、全面的记录、计算和分析，定期编制并提供财务会计报告和其他一系列内部管理所需要的会计资料，是为作出经营决策和宏观经济管理提供依据的一项会计活动。公路工程施工企业的会计核算，是通过原始会计凭证，连续、系统和全面地反映企业财产、物资的增减变化和经济活动情况。工程成本和企业的盈亏，都是通过会计核算来进行的，施工企业会计核算的主要任务是监督和反映经济合同的执行和成本计划的完成情况。

（2）统计核算

统计核算主要是在施工生产经营活动原始记录资料的基础上，定期地运用统计分析和调查研究相结合的方法，从数字上反映施工企业的生产经营活动情况，找出其经济活动的发展规律，绘制成各种统计图表，分别与计划、同期、上期的相应因素或对象进行比较，以显示施工生产的经营水平。

（3）业务核算

业务核算主要是施工企业在各个专业部门进行的日常核算工作，它可以反映生产业务技术的活动情况，是一种直接的核算方法，只记录单一的业务事项。

业务核算的内容，包括各种原始记录及各种计算登记表，如工程进度记录、测试检验记录、材料消耗记录、施工机械使用记录、材料消耗和施工机械使用计算以及各专业的有关业务计算等。

3．施工企业经济活动分析

施工企业经营管理的目标就是不断提高经济效益，企业经济活动是提高经济效益的一种重要的管理方法，而在企业中进行经济活动分析是现代经营管理工作中的一项重要内容，正确地组织和有效开展经济活动分析工作，有助于施工企业实现科学管理，提高经济效益，并促进企业持续、快速、健康地发展。

施工企业经济活动分析，实际上就是在会计核算、统计核算和业务核算的基础上，结合施工计划指标和企业经营管理的实际情况，分析和研究企业的经济活动。通过利用一系列技术经济指标，将项目施工生产、资金运用、成本控制以及取得的利润与计划水平、先进水平，进行对比分析。通过对比与分析，对项目施工生产情况作出合理评价，为进一步改善项目经营管理提供决策信息。

公司或项目经理一级应对各项经济技术指标全面进行考核；工程队则应重点分析产量、质量、各种生产消耗、工效、工勤等经济技术指标；班组则以分析考核产量、质量、主要材料消耗为主。

（1）经济活动分析的主要内容

施工企业经济活动分析的内容主要有两方面：一方面是对施工活动的分析，包括施工任务完成情况的分析和影响施工的基本要素分析；另一方面是财务和成本费用的分析，包括财务状况分析、工程成本和费用分析、利润分析等。

1）施工计划完成情况的分析。主要检查和分析工作量、实物工程量、工程质量以及形象进度的完成情况，以评定企业的经济活动效果。

2）人员工资的统计分析。主要检查和分析出勤率和使用率等工勤指标、劳动效率（工效）、全员和生产工人劳动生产率，以及工资基金的使用情况。

3）材料供应情况的分析。主要检查和分析材料采购、供应计划的执行情况，计算分析主要材料消耗的节约或超耗情况。

4）施工机械使用情况的分析。主要检查和分析施工机械的完好率、利用率、台班产量、台班油耗，以及机械的维修保养工作。

5）工程成本的分析。如总成本、人工费、材料费、施工机械使用费，以及其他工程费、间接费等的分析。应以经济合同价格所构成的人工费、材料费、施工机械使用费等标准。所以，造价工程师应预先根据投标报价或施工图预算的计算原始资料，分析每一单位工程的各项费用含量，作为分析工程成本的依据。

（2）经济活动分析的主要方法

经济活动分析是通过分析各项经济技术指标来进行的，经济活动分析的方法有综合分析、对比分析、环比分析和因素分析等多种分析方法（见表 5–4）。

表 5–4　经济活动分析的主要方法

方法	内容
综合分析	综合分析法是指运用各种统计综合指标来反映和研究社会经济现象总体的一般特征和数量关系的研究方法。工程经济活动综合分析是以会计核算、统计核算和业务核算资料为基础，并以计划为依据，对计划执行结果影响的各种因素加以分类，据以查明对计划的影响程度，把质量、成本、进度各因素结合起来进行分析，从而反映企业经济活动的全貌
对比分析	对比分析法也叫比较分析法，是通过实际数与基数的对比来提示实际数与基数之间的差异，借以了解经济活动的成绩和问题的一种分析方法。这种方法主要是以分析期内实际完成数与计划数进行对比分析，以便及早发现问题，寻找原因，对比分析是经济活动分析的主要方法
环比分析	环比分析是以某一时期内实际完成的各项经济技术指标，与上一期实际完成的相应指标进行比较，计算趋势百分比，以观察某一时期的增减变化情况，用以了解企业的发展情况。环比分析法是一种动态的分析方法，尤其适于对与企业生产业务量紧密相连的指标的评价
因素分析	因素分析法又称连环替代法，是指数法原理在经济分析中的应用和发展。它根据指数法的原理，在分析多种因素影响的事物变动时，为了观察某一因素变动的影响而将其他因素固定下来，如此逐项分析，逐项替代，所以称为因素分析法或连环替代法

在工程建设中适用于多个因素对指标的影响程度。如超额完成产值计划的影响因素，在扣除物价上涨因素外，可能是增加了人员或设备，或者是提高了劳动生产率。通过分别进行计算比较，明确哪个是主要影响因素，找出主要原因，看到问题的本质。

第六章　路基施工准备工作

第一节　路基施工方法及施工准备工作

一、施工的重要性

路基是支撑路面的土工构筑物，在挖方地段，路基是开挖天然地层形成的路堑；在填方地段，则是用压实的土石填筑而成的路堤。由于路基在使用过程中要承受由路面传递而来的行车荷载作用并抵御各种环境因素的影响，因此要求路基必须具有足够的强度、良好的水温稳定性和耐久性。所谓路基施工，就是以设计文件和施工技术规范为依据，以工程质量为中心，有组织、有计划地将设计图纸转化为工程实体的建筑活动。

路基施工的重要性，突出表现为对工程质量的高标准要求。强度高、稳定性和耐久性良好的路基将成为路面结构的良好支撑体系，有利于提高路面整体强度和使用性能，延长路面使用寿命，同时，还可以降低路面工程造价和公路养护维修费用。反之，若路基工程质量低劣，将给路面和路基自身留下许多隐患，路面的使用品质和使用寿命会因此而降低，严重的路基或路面破坏甚至会中断交通，造成重大经济损失。尤其严重的是路基自身存在的问题将后患无穷，难以根治，这会大大增加公路建成后的养护维修费用。由此可见，必须重视路基施工，切实保证路基工程质量，为提高公路建设的经济效益和社会效益提供切实的保障。

路基施工的重要性还在于工程质量受到多种因素的不利影响。虽然路基施工主要是开挖、运输、填筑、压实等比较简单的工序，但由于路基施工存在着条件变化大、工程数量大、施工难度大、施工方法多样等特点，对于保证路基工程质量有相当的难度。特别是地质不良的特殊路段及隐蔽工程较多的路基，在施工时常会遇到复杂的技术问题和各种突发性事故需要处理，可以说路基施工技术是简单中蕴含着复杂。在与人工构造物的关系方面，路基自身的施工即与排水、防护及加固等工程的施工相互制约，有时又与桥梁、隧道、路面等分项工程的施工相互交叉、相互影响；在其他如气候、交通条件等方面，由于公路施工为野外作业，工程质量受气候条件影响很大，雨季时土质路基往往无法施工；交通运输不便会使物资、设备和施工队伍调遣困难。所有这些因素的影响都必须加以克服，才能保证路基工程质量。

二、施工方法

路基一般为土石方工程。施工方法有人工施工、简易机械施工、机械化施工及爆破等，施工时应根据工程性质、岩土类别、工程量、施工期限、施工条件等选择一种或几种。

人工施工是传统的施工方法，施工时主要是工人用手工工具进行作业。这种方法劳动强度大、工效低、进度慢且工程质量难以得到保证，已不适应现代公路工程施工的要求，只能作为其他施工方法的辅助和补充。

简易机械施工是在人工施工的基础上，对施工过程中劳动强度大和技术要求相对较高的工序用机具或简易机械完成，以利于加快工程进度、提高施工效率和工程质量。但这种施工方法工效有限，只能用于工程量较小、工期要求不严的路基或构造物施工，不适宜高速公路和一级公路路基的大规模施工。

机械化施工是通过合理选用施工机械，将各种机械科学地组织为有机的整体，优质、高效地进行路基施工的方法。若选用专业机械按路基施工要求对施工的各工序进行既分工又联合的作业，则为综合机械化施工。实现机械化施工是我国路基施工的发展方向，特别是对于工程量大、技术要求高、工期紧的高速公路和一级公路路基工程，必须采用机械化施工。组织机械化施工时，应使机械合理配套、科学组织，最大限度地发挥各种机械的效能。

爆破法施工是利用炸药爆破的巨大能量炸松土石或将其移到预定位置。这种施工方法主要用于石质路堑的开挖，特殊情况下也用于土质路堑开挖或清除淤泥。在施工时若采用机械转孔、机械清运，也属于机械化施工之列。

三、施工准备工作

路基施工需要消耗大量的人工、物资、机械和时间等资源，是一项历时时间长、技术要求高的工作。施工准备是工程顺利实施的基础和保证。施工准备工作的好坏，直接影响到工程的进度质量和施工方的经济效益，因此必须高度重视，认真对待。路基施工前，必须根据工程的实际情况做好组织准备、物质准备和技术准备工作，使各项施工活动能正常进行。在施工过程中，所有的施工活动都必须严格按有关施工规范进行，以确保工程质量，最后得到质量优良的路基实体。

1. 组织准备

开工前的组织准备工作包括建立健全施工组织机构和组建劳动组织机构两方

面。明确各自的施工任务，制定施工过程中必要的规章制度，确定工程应达到的目标等。组织准备是其他准备工作的开始。

（1）建立施工组织机构。我国与国际施工管理接轨，工程建设已全部按照《FIDIC》合同条件进行施工与建立，因此对一个施工单位来讲，主要是实行项目经理负责制，即项目经理全面负责的目标责任制。

（2）建立劳动组织体系。根据所承担的工程量的大小和工期要求，安排出总进度计划网络图，并进一步估算出全部工程用工工日数，平均日出工人数，施工高峰期日出工人数，以及技术工种、机械操作工作、普通工种等用工比例，选择能够适应其工程质量、工期进度要求的作业队伍，并与施工劳动作业单位签订《劳务合同》，实行合同管理。

考虑到所担负工程的具体情况，结合施工队伍施工特点、技术装备情况、技术熟练程度和施工能力，施工队伍应进行适当的培训，以满足工程施工的要求。

2. 物质准备

路基施工要消耗大量的人工、材料和机具，因此开工前应进行所需材料的购进、采集、加工、调运和储备等工作。同时还要检修或购置施工机械，做好施工人员的生活、后勤保障准备，正所谓“兵马未动，粮草先行”。劳动力、机械设备和材料的准备工作是路基施工组织计划的重要组成部分。

（1）机械设备。准备根据实施性施工组织计划，一次或分批配齐足够的施工机械和工具。机械设备要配套选择，充分发挥机械设备的性能，要保证机械设备的正常操作使用。施工设备的放置，应考虑到施工的要求。

（2）材料准备。路面用自采材料和外运材料，经检验和选择，按需要的规格和数量运到现场，堆放位置应根据实施性组织计划进行合理的设计。具体应做到以下内容：

编好材料预算，提出材料的需用量计划及加工计划；根据施工平面图安排和落实材料的堆放及临时仓库设施；组织材料的分批进场。当场地狭小时，要考虑场地的多次周转使用，按时间、地点使用场地；组织材料的加工准备，尽可能地集中加工。如对水泥混凝土、沥青混合料的集中配料拌和等。通过对材料的集中加工，可以减少材料消耗，提高材料的利用率，保证材料质量，也可以减轻劳动强度，提高机械化和专业化水平，还可以减少临时设施的规模，节约施工临时用地，有利于实现文明施工。

（3）生活设施准备。工地人员的食宿位置、办公地点、房舍区域和生活必需品设备的准备。

（4）安全防护准备。按照施工安全要求，切实做好防火、防爆工作，准备好各种安全防护和劳动防护用品，并要求全体人员严格遵守安全技术操作规程进行施工。

安全工作要以预防为主，消除事故隐患。另外，不应把做好安全生产单纯看作技术性的工作，而必须从思想上、组织上、制度上、技术上采取相应的措施，综合治理才能奏效。

3. 技术准备

路基施工前的技术准备包括熟悉设计文件、制订施工组织计划、技术交底等工作。对于高速公路和一级公路或采用新技术、新工艺及新材料的其他等级公路，除做好上述准备工作外，还应在大规模施工前铺筑试验路，为正式施工提供技术指导。

（1）熟悉设计文件组织技术人员领会设计文件的意图，熟悉设计文件中的各项技术指标，仔细考虑其技术经济的合理性和施工的可行性。对设计文件中有疑问、错误或设计不妥之处，应及时与建设业主、设计单位和工程监理联系，到实地现场调查了解，选择合理的解决方案。对于一些不确定因素如阴雨、交通干扰等，技术人员应心中有数，以便对相应的施工环节作充分的考虑。设计文件主要内容如下表 6–1。

表 6–1　设计文件

设计说明书	工程概要：	
	设计概要	平面设计：平面位置、曲线半径、超高、加宽、视距、路口
		纵断面设计：控制标高、最大纵坡、最小纵坡、竖曲线半径
		横断面设计：红线及车道宽度与分配、分隔带、路拱及横坡、挡墙
		路面结构设计：土基干湿类型、变形及回弹模量、路面结构及厚度
		排水系统设计：排水方式、断面尺寸、排水出口
		交通工程设计：交通安全、管理及服务设施
		立交及道路照明设计：设置理由、规模及形式
		环境保护设计：公路对环境的影响及采取的措施
	工程数量表	路面工程：各结构层（面层与底层）的工程数量
		路基工程：填挖及特殊路基数量、排水、防护及桥涵工程数量
		土石方工程：主要列出不同运距土石方填挖数量级调配
		交通工程：交通工程设施工程数量
		杂项工程：便道、伐树、征地、拆迁、加固等工程数量
	公路分项分步施工图	定线关系测量成果图或道路路线示意图道路平面设计图及征地地亩图
		道路纵断面设计图标准横断面设计图及路面结构设计图
		交叉口设计图
		附属结构物设计图：挡土墙、桥涵、护坡、护面设计图
		其他附属工程设计图：排水沟等交通工程设计图

（2）制订施工组织计划。制订路基施工的实施性施工组织计划，是路基施工前非常重要的技术准备工作，施工单位应根据设计文件、工程实际条件、工程量、施工难易程度以及设备、人员、材料供应情况和工期要求等认真编制。所编制的施工组织计划应针对工程实际，科学合理、易于操作，有利于保证工程质量和工程进度，做到“运筹”，使路基施工能连续、均衡地进行。在编制工程中，施工单位应对设计文件和设计交底全面熟悉、认真研究，组织有关人员进行现场核对和施工调查；若有必要，应按有关程序提出修改设计意见并报请变更设计。根据设计文件中的施工组织设计和建设业主在承包合同中的具体要求，结合工程项目特点、具体施工条件及工程承包单位的情况，编制具体、可行的实施性组织计划，并报工程监理和建设业主批准。

（3）技术交底。工程开工前，为了使参与施工的人员及工人了解所承担的工程任务的技术特点、施工方法、施工程序、质量标准、安全措施等，必须实施技术交底制度，认真做好交底工作。

技术交底不仅要针对技术干部，而且要把它交给所有从事施工的操作工人，从而提高他们自觉研究技术问题的积极性和主动性，为更好地完成施工任务和提高技术水平创造条件。

技术交底按技术责任制的分工，分级进行。施工单位的技术总负责人，应将公路施工质量标准、施工方法、施工程序、进度要求、安全措施，各分部工程施工组织的分工和配合，主要施工机具的安排和调配等，连同整个工程的施工计划，向所属工程队长及全体技术人员进行交底。工程队技术负责人应将本队承担的工程项目，向所属班组长及全体技术人员进行交底。班组技术负责人应将本班组承担工程项目的施工方法、劳动组合、机具配备等，对全组工人进行交底。班组技术交底是技术交底制度的最重要环节，班组工人应在接受交底后进行讨论，目的是要使参加施工实际操作的所有人员，充分了解自己施工中应掌握的正确方法和应尽的具体责任，并对改进施工劳动组织和操作方法，以及提高工程质量和保证施工安全等方面提出合理化建议。因为工人是对施工操作最熟悉、经验最丰富的实践者，他们的意见和建议往往能切中要害，能提出和解决工程师考虑不到的问题，对完善施工计划能起到良好的促进作用。

分级交底时，都应做好记录，作为检查施工技术执行情况和检查技术责任制的一项依据。

上述各项交底一般用口头方式进行，辅以图表，必要时可做示范操作或建立质量样板，以使上岗人员充分掌握要领。

第二节　路基施工放样及场地准备

一、施工测量

1．导线的复测与固定

公路的中线及其沿线构造物的位置是由导线控制的，施工单位必须对设计单位提供的导线点坐标及其现场桩橛认真进行复测核对；若设计单位设置的导线点过稀而不便使用，或导线点落在施工操作范围之内而可能遭到损坏时，应对导线点进行加密或移位。

导线测量是平面控制测量，要有较高的精度。公路是带状建筑物，导线多从某个高级控制点（如国家平面控制点）出发，沿着公路旁侧布设，最后附合到另一个高级控制点上去。如图 6–1 所示，A、B、C、D 为高级控制点，D_1、D_2、D_3……为导线点。这种形式的导线称为附合导线。加密的导线可从某个高级控制点或导线点支出，如图 6–1 所示的 D_{2-1}、D_{2-2}，称为支导线。支导线不闭合亦不附合于已知导线上，错误码与否难以核对，故点数不宜超过两个。

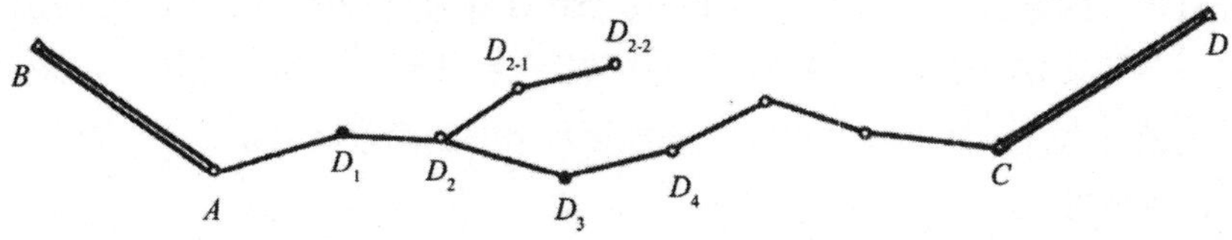

图 6–1　附合导线和支导线示意图

导线点的位置应选在地势较高、视野开阔、方便安置仪器的地方，以利于以后恢复中线及构造物放样之用；相邻两导线点必须通视，才能量角、测距；导线点间距视地形地物情况和工程需要而定，一般以不超过 1km 为宜，且相邻边长应尽量不要相差悬殊。

2．中线的复测与固定

路基开工前需要进行详细的中线测量工作，就是通过测设直线或曲线，将公路中心线的平面位置准确、具体地标定在地面上。中线测量的传统手段是用经纬仪定向，钢尺量距。

（1）将标定路线平面位置的各点在地面上重新钉出在平曲线特征点、地面突变点、土石方成分变化点等处增钉加桩。

（2）如发现丈量错误或需要局部改线，应做断链处理，注明前后里程关系及长（或短）链距离。

（3）对高等级公路，应采用坐标法恢复主要控制桩。

（4）桩点丢失时，要及时补上。

交点桩丢失时，可由前后的 ZY、YZ 点定出切线并延长切线，交出丢失的交点桩，并钉桩固定；转点桩丢失时，可用正倒镜延长直线，重新补设；曲线特征点桩丢失时，可对曲线重新测设补桩。

3．固定控制点

路线的主要控制点，如交点、转点、曲线的起讫点，以及起控制作用的百米桩和加桩，应视当地的地形条件和地物情况，采取有效的方法加以固定。

4．定桩

位于路基范围内的桩因施工无法保留时，应另用桩移钉于路基范围之外。

（1）直线段上的点，其移钉方向为垂直于路中线。

（2）曲线上的点，其移钉方向为垂直于该点的切线方向。

（3）当受地形条件限制时也可用其他方法将主要控制点移钉于路基范围之外，但在移钉的桩上及记录簿中均应注明桩号及移钉距离。

5．加钉护桩

加钉护桩的方法，一般所需要固定的控制点桩为交叉点，沿两个大致互相垂直的方向，在每条方向线上，将桩点移到路基施工范围以外。可在相距一定距离处，钉上两个带钉木桩，桩上标出相应的桩号和量出的距离，同时绘草图，并记入记录簿内，以备查用。

恢复中线时应注意与独立施工的桥梁、隧道及相邻施工段的中线闭合，发现问题及时查明原因，并报监理工程师。

6．路线高程复测与水准点的增设

中线恢复后，对沿线的水准点作复核性水准测量，以复核水准点一览表中各点的水准基点高程和中桩的地面高程。当相邻水准点相距太远时，为便于施工期间引用，可加设一些临时水准点。在如桥涵、挡土墙等较大构造物附近，以及高路堤、深路堑等集中土石方地段附近，应加设水准点。临时水准点的标高必须符合精度要求。

7．横断面的检查与补测

中线横断面应详细检查与核对，发现疑问与错误时，必须进行复测。在恢复中线时新设的桩点，应进行横断面的补测。此外，应检查路基边坡设计是否恰当；与有关构造物如涵洞、挡土墙的设计是否配合相称，取土坑、弃土堆的位置是否合适。应当注意，凡是在恢复路线时发现原设计中的一切不正确之处，都应在图纸上明确地记录下来，并与复测的结果一起呈报监理工程师复核或审批。

8．竣工测量

竣工后测量工程师安排监理测量组进行下列工作：

检查承包人全线（已竣工路段）恢复定线和路线竣工验收测量工作，审批竣工测量报告，视情况组织部分路段复测；检查承包人全线（已竣工）桥涵及其他设施竣工验收的测量资料，按总监或驻地监理要求组织复核测量，审核批准测量报告；核实因变更设计引起工程数量变动所需的测量内容；检查、督办总监、高级驻地和现场监理人员要求的其他测量工作。

二、路基放样

1．路基边桩的放样

路基边桩的放样就是将每一个横断面的路基两侧的边坡线与地面的交点，用木桩标定在实地上作为路基施工的依据。常用的有以下几种方法：

图解法：即直接在路基横断面图上按比例量取中桩至边桩的距离。然后到实地用皮尺测定其位置。在填挖方不大时常用此法。

解析法：即通过计算求出路基中桩至边桩的距离。分为在平坦地面和在倾斜地面两种。

（1）平坦地面。填方路基（路堤）和挖方路基（路堑）如图 6–2 所示。因为此两图的地面都是平坦的，所以可得出以下结论：

路堤：

$$L_{左} = L_{右} = B/2 + mh$$

路堑：

$$L_{左} = L_{右} = B/2 + S + mh$$

式中 $L_{左}$，L 右——路基中桩至左、右桩的距离；

B——路基顶宽；

m——边坡系数；

h——中桩填土高度或挖土高度；

S——路堑边沟顶宽。

以上是当地面平坦、该断面位于直线段时计算边桩至中桩距离的方法。如果该断面位于曲线上，则路基外侧的加宽宽度应包括在路基宽度内。

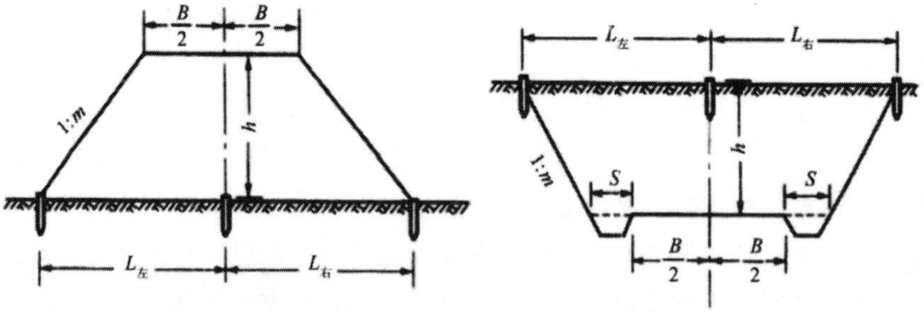

(a) 填方路基（路堤）　　(b) 挖方路基（路堑）

图 6-2　平坦地面路基放线示意图

（2）倾斜地面如图 6-3 所示，可得出以下结论。

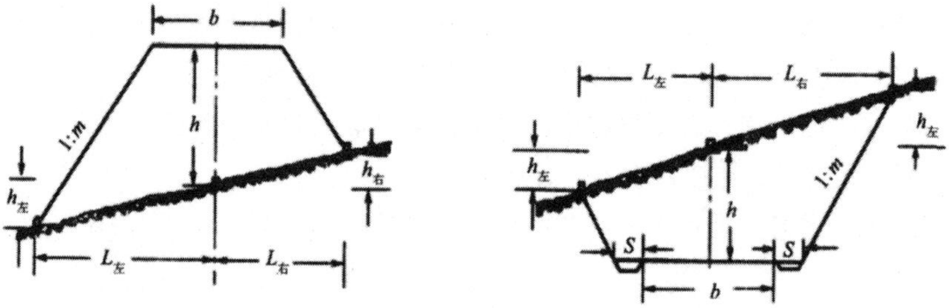

(a) 填方路基（路堤）　　(b) 挖方路基（路堑）

图 6-3　倾斜地面路基放线示意图

路堤：

$$L_{左} = b/2 + mh + mh$$
$$L_{右} = b/2 + mh + mh$$

路堑：

$$L_{左} = b/2 + S + mh + mh$$
$$L_{右} = b/2 + S + mh + mh$$

式中 $h_{左}$，$h_{右}$——左侧边桩、右侧边桩与中桩地面高度差。

在以上各式中，b、m、h、S 均为设计时已知，故 $L_{左}$、$L_{右}$随 $h_{左}$、$h_{右}$而变，而 $h_{左}$、$h_{右}$为左、右边桩与中桩的地面高差，且都是未知值，因而 $L_{左}$、$L_{右}$也不能求得。实际是在实地先定出横断面方向后采用逐点接近的方法测设边桩。现在路堤左边桩为例，其测设步骤如下：

①在路基横断面图上估计路堤左边桩至中桩的水平距离 $L_{左右}$，于实地在其断面方向上按 $L_{左右}$定出左边桩的估计位置。

②实测左边桩估计位置与中桩的高差 $h_{左}$，按 $L_{左}$ b/2+mh+$mh_{左}$算得 $L_{左}$。若 $L_{左}$与 $L_{左右}$相差很大，则需要重新测定。

③重估边桩位置。若 $L_{左}>L_{左右}$，则需要把原定左边桩向外移得 $L'_{左右}$；否则反之。而后按 $L'_{左右}$重新定出左边桩的估计位置。

④与上述②做法相同，实测高差、算得 $L_{左}$。若 $L_{左}$与 $L_{左右}$相符或接近，即得边桩位置。否则重新测定，直至满足要求为止。其他各边桩测设方法相同。

2．路基边坡的放样

测设出边桩后，为了保证填、挖边坡达到设计要求，还应把设计边坡在实地标定出来，以便于施工。

（1）用竹竿、绳索放样边坡。如图 6–4 所示，O 为中桩，A、B 为边桩，CD=b。放样时在 C、D 处竖立竹竿，在其上等于中桩填土高度 h 处用 C'、D' 做记号，用绳索连接 A、C'、D'B，即得设计边坡，它适用于填土不高时的路堤施工。当路堤填土较高时，如图 6–5 所示，可分层挂线和施工。

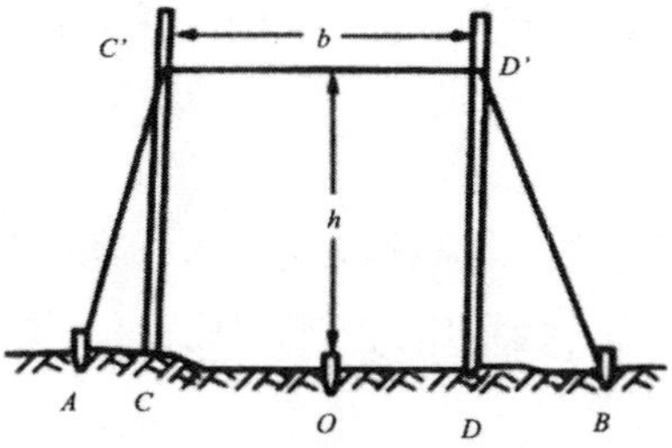

图 6–4　低填土路堤边坡挂线放样

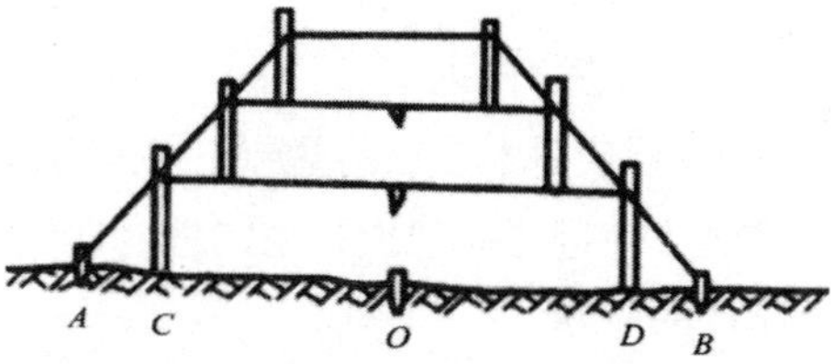

图 6–5　高填土路堤边坡分层挂线放样

（2）用边坡板放样边坡。施工前按设计边坡做好边坡样板，施工时按边坡样板放样。如图 6–6 所示为用活动边坡尺放样路堤边坡。当水准气泡居中时，边坡尺的斜边指示的方向即为设计的边坡，故可借此指示与检核路堤的填筑或路堑的开挖。如图 6–7 所示为用固定边坡样板放样路堑边坡，在开挖路堑前，在边桩外侧按设计边坡设立固定样板，施工时可随时指示并检核开挖和整修。

3．施工前的复查与试验

路基施工前，施工技术人员应对路基施工范围内的地质、地形、水文情况进行详细调查。根据设计文件提供的资料，对取自挖方、借土场、料场的路堤填料进行复查和取样试验外，还应进行环境保护分析并提出报告，经批准后方可使用。

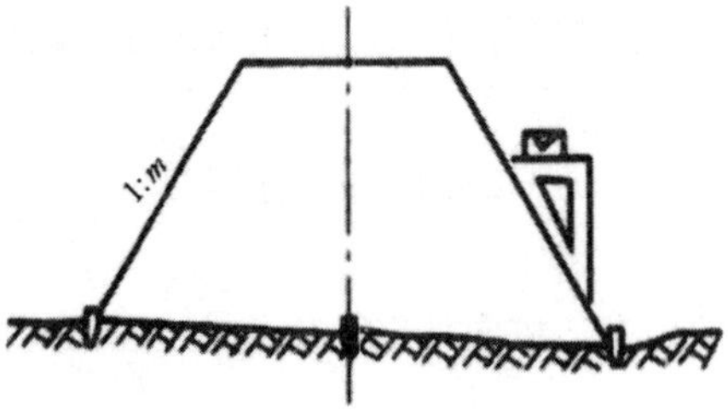

图 6–6　用活动边坡尺放样路堤边坡

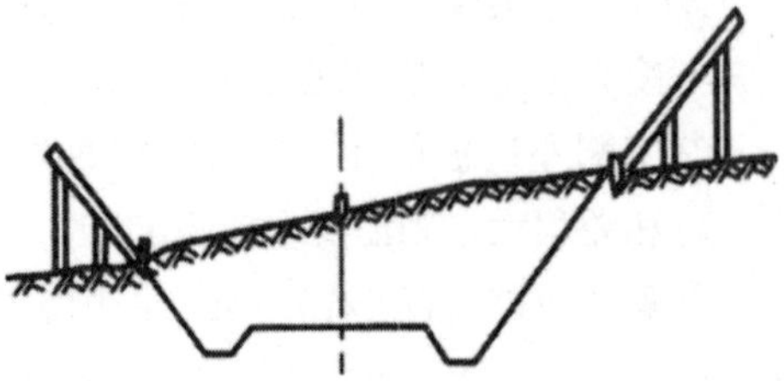

图 6–7　用固定边坡样板放样路堑边坡

4．场地准备

施工场地的准备，一般由建设单位（业主）来提供，施工单位进行场地准备，或根据合同文件情况由建设单位配合施工单位来准备。路基施工前应先办好有关土地的征用、占用手续，依法使用土地。路基范围内的既有建筑物、道路、沟渠、通信及电力设施等，施工单位应协同有关部门先拆除或迁建。对路基附近的危险建筑物应进行适当加固，对文物古迹应妥善保护。

（1）用地划界及拆迁建筑物。施工前，根据实际情况确定用地范围，进行公路用地测量，并绘制用地平面图及用地划界表，送交有关单位办理拆迁及占用土地手续。施工前对路基范围内的所有地物均应妥善处理。路基施工范围内的所有建筑物、设施等，均应会同有关部门事先拆迁或改造。因路基施工影响沿线附近建筑物的稳定时，应予以适当加固。

（2）砍伐树木。在路基施工范围内，对妨碍视线、影响行车的树木、灌木丛，均应在施工前进行砍伐或移植清理。砍伐后的树木，应堆放在不妨碍施工和不影响农业生产的地方。

高速公路、一级公路及填土高度小的其他公路，应将路基范围内的树根全部挖除；填土高度在1m以上的其他公路，允许保留树根。采用机械施工的路堑及取土坑等，均应将树根全部挖除。

（3）场地排水场。地排水是指疏干、排除场地上所积地面水，保持场地干燥，为施工提供正常条件。通常是根据现场情况，设置纵横排水沟，形成排水系统，将水引入附近河渠、低洼处排除。为节省工程量，避免返工浪费，所开挖的排水沟应按所设计的路基排水系统布置。在受地面积水或地下水影响的土质不良的地段施工时，为了保证工程质量，减少土方挖掘、运送和夯实的困难，施工前也应切实做好场地排水工作并安全有效。

三、试验路段铺筑

1. 试验路段的目的

高速公路和一级公路、特殊地区公路或采用新技术、新工艺、新材料的路基，在正式施工前，应采用不同的施工方案和施工方法，铺筑试验路并进行相关试验分析，从中选出最佳施工方案和施工方法以指导大面积路基施工。所铺筑的试验路应具有代表性，试验路长度不小于100m，施工机械和工艺过程要与以后全面施工时相同。根据调查后编写试验路段的开工报告报批（附拟定的施工组织设计方案、施工工艺等）。

2. 试验路段施工的内容

通过试验路铺筑可确定不同压实各种填料的最佳含水率、适宜的松铺厚度、相应的碾压遍数、最佳机械配置和施工组织方法等。通过填料试验，检验路堤填筑材料是否符合要求，并完成检测报告等。通过压实试验，确定压实工艺主要参数，包括机械组合、压实机械规格、松铺厚度、碾压遍数、碾压速度、最佳含水量及碾压时含水量允许偏差等。通过试验段填筑，确定过程质量控制方法和指标、质量评价指标和标准以及优化后的施工组织方案和工艺。并对试验做好原始记录和过程记录，对施工设计图提出修改建议等。根据试验路段施工所得到的成果进行具体的编制试验路段的总结报告报批（附路基施工组织设计方案、施工工艺等）。

试验路段总报告审批后再进行全线路基单位工程的开工报告报批，接着编制路基分部工程、分项工程的开工报告报批。

第三节　安全文明施工及环保措施

一、工程项目的安全与环境管理

基本建设是现代化大生产的一项工程，从计划建设到建成投产，要经过许多阶段和环节，有其客观规律性。基本建设工程一般可划分为：建设项目、单项工程、单位工程、分部工程、分项工程五级。

1. 工程项目施工的安全管理

加强现场管理，做好工程的保卫、防盗工作，搞好永久工程和临时工程安全，防止发生安全事故，在每一个工程项目中，制定安全生产的组织措施，并制定严密的安全生产规程，留有足够的安全生产费用，购置安全生产的设备和器件，保证施工生产现场的紧急事故处理的开支。

2. 安全生产教育和预防措施

加强安全生产教育和预防措施，为施工人员办理保险，并制定以下预防措施，以保证员工的安全健康。

（1）对于施工现场及其周围的高压电线、变压器等有醒目的安全标志，对开挖地段又处于交通要道处，派专人看守，或有明显的标志，防止过往行人或车辆不注意发生事故。

（2）对于基础工程或土方挖施工，要注意预防塌方发生，及时采取防护措施。

（3）结构工程施工中，高空或河上作业，应绑好安全网，带好安全帽，系好安全带，防止落人落物，对架板等设计，注意起吊的安全与平稳。

（4）对材料和设备储存的库房或堆放点，施工人员生活区，特别注意防火安全，配备足够数量的消灭器具、消防水管和消防栓等，以备急需。

（5）项目经理亲自抓安全生产和安全教育，定期召开安全生产会议，检查安全生产规章执行落实情况，建立安全生产奖罚制度，促使人人重视安全，安全生产有奖，使安全生产教育落到实处，得到好的成绩。

3. 工程中的环境保护管理

加强工程中的环境保护管理，促使安全生产，随时清除施工场地不必要的障碍物、设备、材料及各类存储物品安全堆放井井有条，即要保持施工现场环境的清洁整齐，又对安全生产有利。

自觉遵守有关机构对卫生及劳动保护的要求，及时清理工地上的废物、垃圾、水泥袋、废弃的模板等，在全部工程竣工移交之前，将任何场地或地表面恢复原状。减少由于不合格环境规定而导致的罚款和经济损失，创造良好的文明施工环境。

二、保证安全的主要措施

为杜绝重大事故和人身伤亡事故的发生，把一般事故降低到最低限度，确保施工的顺利进展，特制定安全措施如下：

（1）建立安全保证体系，项目部和各施工队设专职安全员，专职安全员属质检科，在项目经理和副经理的领导下，履行保证安全的一切工作。

（2）利用各种宣传工具，采用多种教育形式，使职工树立安全统一的思想，不断强化安全意识，建立安全保证体系，使安全管理制度化，教育经常化。

（3）各级领导在下达生产任务时，必须同时下达安全技术措施检查工作，必须总结安全生产情况，提出安全生产要求，把安全生产贯彻到施工的全过程中去。

（4）认真执行定期安全教育，安全讲话，安全检查制度，设立安全监督岗，积极发挥群众安全人员的作用，对发现事故隐患和危及工程人身安全的事项，要及时处理，作出记录，及时改正，落实到人。

（5）施工中临时结构必须向员工进行安全技术交底。对临时结构须进行安全设计和技术鉴定，合格后方可使用。

（6）石方开挖，必须严格按施工规范进行，炸药、运输、保管都必须严格遵守国家和地方政府制定的安全法规，爆破施工要严密组织，严格控制药量，确定爆破危险区，采用有效措施，防止人、畜、建筑物和其他公共设施受到危害或损坏，确保安全施工。

（7）架板、起重、高空作业的技术工人，上岗前要进行身体检查和技术考核，合格后方可操作。高空作业必须按安全规范设置安全网，拴好安全绳，戴好安全帽，并按规定配戴防护用品；工地修建的临时房、架设照明线路、库房，都必须符合防火、防电、防爆炸的要求，配置足够的消防设施及安全避雷设备。

三、安全管理制度

1. 安全管理

（1）建立、健全各级各部门的安全生产责任制，责任落实到人。各项经济承包有明确的安全指标和包括奖惩办法在内的保证措施。有劳务使用和机械租用安全生产协议书。

（2）应掌握本工种操作技能，熟悉本工种安全技术操作规程。

（3）施工组织设计：施工组织设计应有针对性的安全技术措施，经技术负责人审查批准。

（4）进行全面的针对性的安全技术交底，受交底者履行签字手续。

（5）安全检查：建立定期安全检查制度。有时间、有要求，明确重点部位、危险岗位。安全检查有记录。对查出的隐患应及时整改，做到定人、定时间、定措施。

（6）班组“三上岗、一讲评”活动：班组在班前须进行上岗交底、上岗检查、上岗记录的“三上岗”和每周一次的“一讲评”安全活动。对班组的安全活动，要有考核措施；遵章守纪、佩戴标记。

2. 施工用电

（1）支线架设

配电箱的电缆线应有套管，电线进出不混乱，不容许电箱上进线加滴水弯；支线绝缘好，无老化、破损和漏电；支线应沿墙或电杆架空敷设，并用绝缘子固定；过道电线可采用硬质护套管理并作标记；室外支线应用橡皮线架空，接头不受拉力并符合绝缘要求。

（2）现场照明

一般现场所采用 220V 电压。危险、潮湿场所和手持照明灯具应采用符合要求的安全电压；照明导线应有绝缘子固定。严禁使用花线或塑料胶质线。导线不得随地拖拉或绑在脚手架上；照明灯具的金属外壳必须接地或接零。单相回路内的照明开关箱必须装设漏电保护器；室外照明灯具距地面不得低于 3m；室内距地面不得低于 2.4m。

（3）架空线

1）架空线必须设在专用电杆上，严禁架设在树或脚手架上。

2）架空线应装设横担和绝缘子，其规格、线间距离、档距等应符合架空线路要求，其电板线离地 2.5m 以上应加绝缘子。

3）架空线一般应离地 4m 以上，机动车道为 6m 以上。

（4）大梁吊装施工

三保险（吊钩、绳筒、断绳）、五限位（吊钩高度、变幅、前后行走、起重刀矩、驾驶室升降）必须齐全、灵敏、可靠；操作人员、指挥人员必须持有效证件上岗；严格按超重机使用说明安装、调试；验算大梁实际重量和吊车最不利情况的最小荷载；吊装之前必须经过荷重试吊合格后，方可正式使用，并按统一手势信号，在统一指挥下进行作业；大梁达到设计吊装强度后才能予以吊装，并且按照设计吊点安装吊钩；大梁安装就位之后，立即进行有效的支撑和连接。

（5）各类路基土方施工机械安全措施

1）项目部机务科对工地所有机械统一定期进行安全检查，发现问题及时解决，消除不安全的因素。

2）各种机械设备均要制定安全技术操作规程，并认真检查落实情况。

3）机动车严禁无证驾驶。非机动机械需持操作证操作机械。

4）定期检查机械设备的安全保护装置和安全批示装置，以确保以上两种装置的齐全、灵敏、可靠。

5）机械操作人员必须听从施工人员的正确指挥，精心操作。但对施工人员违反操作规程和可能引起危险事故的指挥，操作人员有权拒绝执行，并及时向工地负责人反映。

（6）安全管理网络

安全管理网络由项目经理牵头负责，由项目副经理、总工程师、主任经济师三条线分管共抓。项目副经理分管安全工程师和材料、机务部，具体进行安全措施的制定落实，总工程师分管工程部、质检部，从技术方案角度来落实安全生产措施，主任经济师分管财务部，主要考虑安全生产措施的预结算和资金。项目经理通过安全工程还要建立专职安全员和分包安全员责任制度，并由他们抓好班组长和兼职安全员，将安全生产落实到人，保证项目的顺利实施。

第七章　土质路基施工

第一节　路基施工方法

一、人工及简易机械化方法

人力施工是传统方法，使用手工工具、劳动强度大、功效低、进度慢、工程质量亦难以保证，但限于具体条件，短期内还必然存在并适用于地方道路和某些辅助性工作；简易机械施工是在人工施工的基础上，对施工过程中劳动强度大和技术要求相对较高的工序用机具或简易机械完成，以利加快工程进度、提高施工效率和工程质量。但这种施工方法工效有限，只能用于工程量小、工期要求不严的路基或构造物施工，特别不适宜高速公路和一级公路路基的大规模施工。

二、综合机械化方法

为了加快施工进度，提高劳动生产率，实现高标准、高质量施工，对于劳动强度大和技术要求高的工序，应配以数量充足、配套齐全的施工机械。机械化和综合机械化施工是保证高等级公路施工质量和施工进度的重要条件，对于路基土石方工程来说，更具有迫切性。在施工过程中，涉及运输、填筑、摊平、压实等工序，这些都需机械设备作业，任何一单一环节出现问题，将影响到施工作业的整体。实现机械化施工是我国路基施工的发展方向。因此，综合机械化方法成为路基施工现代化的重要途径。

三、水力机械化方法

水力机械化方法是机械化方法的一种。通过利用水泵、水枪等水力机械，喷射强力水流，冲散土层并流运至指定地点沉积。这种方法需要充足的电能和水源，可挖掘比较松散的土质及地下钻孔，对于砂砾填筑路堤或基坑回填，可起到密实作用（称为水夯法）。

四、爆破方法

对于石质路基开挖可采用爆破方法施工。另外，爆破方法还可用于冻土、泥沼等特殊路基施工，以及清除路面、开石取料与石料加工等作业。

选择施工方法，应根据工程性质、工程数量、施工期限以及可能获得的人力和机械设备等条件来考虑。在我国，目前已拥有大量的筑路机械，特别是近年来根据高等级公路发展的需要，各地都先后从国外引进了成套的现代化筑路设备，在一批高等级公路的施工中，基本实现了机械化或是半机械化施工作业，因此，必须十分注意提高机械施工技术与管理水平，充分发挥机械设备的作用，提高劳动生产率，使我国公路建设事业早日全面实现施工现代化。

第二节　土质路堤填筑

一、填料选择

路堤通常是利用沿线就近土石作为填筑材料。选择填料时应尽可能优先选择当地强度高、稳定性好并利于施工的土石作路堤填料。一般情况下，碎石、卵石、砾石、粗砂等具有良好的透水性，且强度高、稳定性好，因此可优先采用；亚砂土、亚黏土等经压实后也具有足够的强度，故也可采用；重黏土、黏性土、捣碎后的植物土等由于透水性差，作路堤填料时应慎重采用；粉性土水稳性差，不宜作路堤填料；泥炭、淤泥、沼泽土、冻结土，含残余树根和易于腐烂物质的土不宜用作填筑路堤；含盐量超过规定的强盐渍土和过盐渍土不能用作高等级公路路基填料；膨胀土除非表层用非膨胀土封闭，一般也不宜用作高等级公路路基填料。液限大于50%、塑性指数大于26、含水量不适宜直接压实的细粒土，不得直接作为路基填料，需要使用时，必须采取措施进行处理土质。路基取土与填筑必须有条不紊，有计划、有步骤地进行操作，这不仅是文明施工的需要，而且是选土和合理利用填土的保证。不同性质的路基用土，除按规定予以废弃和适当处治外，一般不允许任意混填。经野外取土试验，符合表7-1的规定时才能使用，二级和二级以下的公路做高级路面时，应符合高速公路及一级公路的规定。表中所列强度按《公路土工试验规程》规定方法确定。

表 7-1　路基填方材料最小强度和最大粒径表

项目分类（路面底面以下深度）		填料最小强度（CBR）（%）		粒料最大粒径（cm）
		高速公路及一级公路	二级及二级以下公路	
路堤	上路床（0 ~ 30cm）	8.0	6.0	10
	下路床（30 ~ 80cm）	5.0	4.0	10
	上路堤（80 ~ 150cm）	4.0	3.0	15
	下路堤（>150cm）	3.0	2.0	15
零填及路堑路床（0 ~ 30cm）		8.0	6.0	10

一般的土和石都可以用作路堤的填料。用卵石、碎石、砾石、粗砂等透水性良好的填料，只要分层填筑分层压实，可不控制含水量；用黏性土等透水性不良的填料，应在接近最佳的含水量情况下分层填筑与压实。

工业废碴是较好的填料。高炉矿碴或钢碴至少应放置一年以上，必要时应予破碎。粉煤灰属于轻质筑路材料，当路堤修筑在软弱地基或滑坡体上时，采用轻质填料有利于路堤的稳定。有些矿碴使用前应检验有害物质含量，以免污染环境。

应当指出，有多种料源可供选择时，应优先选用那些挖取方便、压实容易、强度高、水稳性好的土料。路堤受水浸淹部分，应尽量选用水稳性好的填料。

二、基底处理

为使填筑在天然地面上的路堤与原地面紧密结合以保证填筑后的路堤不致于产生沿基底的滑动和过大变形，填筑路堤前，应根据基底的土质、水文、坡度、植被和填土高度采取一定措施对基底进行处理。

1．密实稳定的土质基底

（1）当地面横坡度 i<1 : 1 且路堤高度超过 0.5m 时，一般不作处理，直接在地面上修筑路堤；

（2）当地面横坡度 1 ~ 1 : 5 时，需除草皮、杂物，处理深度不小于 15cm；

（3）当地面横坡度 i>1 : 5 时，除草皮、杂物后，需在地表挖台阶处理，台阶宽度不小于 1m，高度为 0.2 ~ 0.3m。

2．耕地或松土基底

一般情况应清除有机土，种植土后压实；当耕地为深度大于 30cm 的深耕地时，需先将耕地翻松，结块土打碎后整平压实；当遇到水田时，需首先排水，疏干，进行换填土处理。

3．覆盖层不厚的倾斜岩石基底

当地面横坡为 1 ∶ 5 ～ 1 ∶ 2.5 时，需挖除覆盖层，并将基岩挖成台阶。当地面横坡度陡于 1 ∶ 2.5 时，应进行个别设计，特殊处理，如设置护脚或护墙。

当路基稳定受到地下水影响时，应予拦截或排除，引地下水至路堤基底范围以外。如处理有困难时，则应在路堤底部填以渗水土或不易风化的岩块。

三、填筑方式及机械配置

1．土质路堤填筑

土质路堤（包括石质土），按填土顺序可分为分层平铺、竖向填筑和混合填筑。

（1）分层平铺

分层平铺是一种将不同性质的土有规则地分层填筑和压实的填筑方法，该法易于达到规定的压实度，易于保证质量，是填筑路堤的基本方法。分层平铺又分为水平分层填筑法和纵向分层填筑法。水平分层填筑法填筑时按照横断面全宽分成水平层次，逐层向上填筑，如图 7–1 所示。如原地面不平，应由最低处分层填起，每填一层，经压实合格后再填上一层。此法施工操作方便、安全、压实质量容易保证。纵向分层填筑法适用于推土机或铲运机从路堑取土填筑运距较短的路堤，如图 7–2 所示。依纵坡方向分层、逐层推土填筑。原地面纵坡小于 20° 的地段可用此法施工。

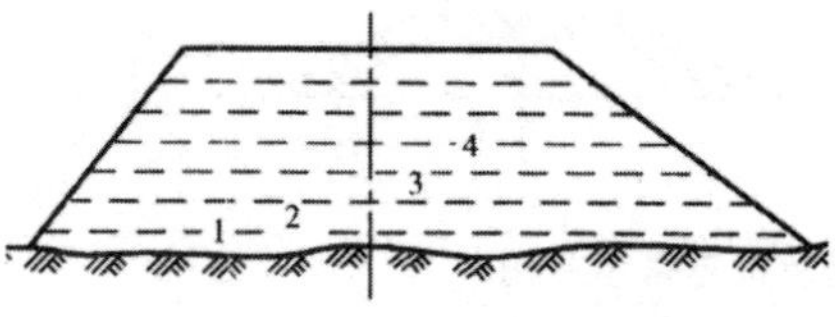

图 7–1　水平分层填筑

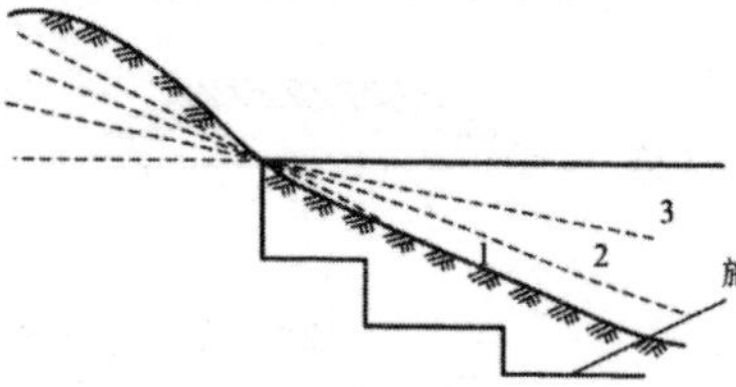

图 7–2　纵向分层填筑

分层平铺应遵守以下规定：

用不同性质土填筑路堤时，应分层填筑，层数应尽量减少，每种填料总厚不小于 0.5m，不得混杂乱填，在纵向使用不同土质填筑相邻路堤，为防止发生不均匀变形应将交接处做成斜面，将透水性差的土填在斜面下部；用透水性较小的土填路堤下层时，应做成 4% 的双向横坡，如用以填筑上层时，不应覆盖在透水性较大的土所填筑的下层边坡上；凡不因潮湿及冻融而变更其体积的优良土应填在上层，强度较小的土应填在下层；河滩路堤填土应在整个宽度上连同护道在内一并分层填筑，受水浸淹部分的填料，选用水稳定性好的土料；桥涵、挡土墙及其他构造物的回填土，以采用砂砾或砂性土为宜，并应适时分层回填压实。

分层填筑方式有利于压实，可保证强度，不同用土按规定层次填筑。图 7-3 所示为不同用土的组合方案，其中（a）是正确填筑方案：不同用土水平分层，以保证强度均匀；透水性差的用土，如黏性土等，一般宜填于下层，表面成双向横坡，有利于排除积水，防止水害；同一层次有不同用土时，接搭处成斜面，以保证在该层厚度范围内，强度比较均匀，防止产生明显变形。（b）是不正确填筑方案：未水平分层，有反坡积水，夹有冻土块和粗大石块，以及有陡坡斜面等，其主要问题亦在于强度不均匀和排水不利。此外，分层平铺时应注意用土不含有害杂质（草木、有机物等）及未经处治的劣土（细粉土、膨胀土、盐渍土与腐植土等）；桥涵、挡土墙等结构物的回填土，以砂性土为宜，防止不均匀沉降，并按有关操作规程回填和夯实。

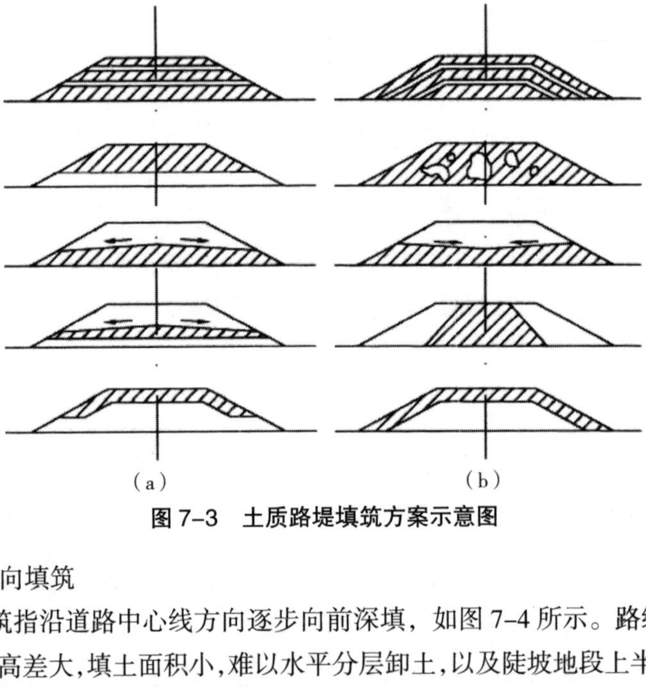

图 7-3　土质路堤填筑方案示意图

（2）竖向填筑

竖向填筑指沿道路中心线方向逐步向前深填，如图 7-4 所示。路线跨越深谷或池塘时，地面高差大，填土面积小，难以水平分层卸土，以及陡坡地段上半填半挖路基，

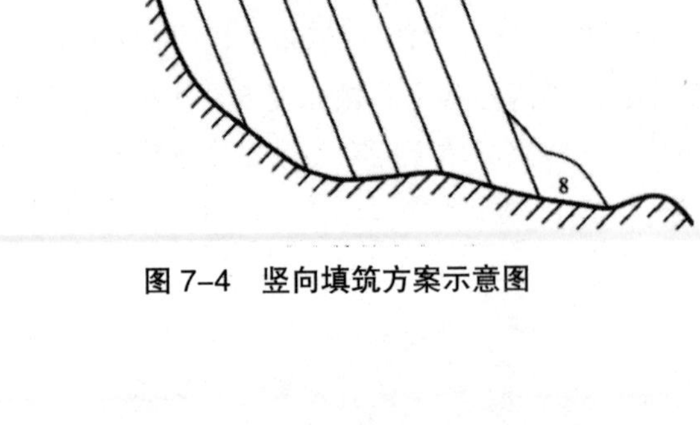

图 7-4　竖向填筑方案示意图

局部路段横坡较陡或难以分层填筑等情况，可采用竖向填筑方式。竖向填筑的质量在于密实程度，为此宜采用必要的技术措施。如选用振动式或锤式夯击机，选用沉陷量较小及粒径较均匀的砂石填料；路堤全宽一次成型；暂不修建较高级的路面，容许短期内自然沉落。

（3）混合填筑

混合填筑指路堤下层采用竖向填筑法而上层采用水平分层填筑法，因而其上部经分层碾压容易达到足够的压实度，如图 7–5 所示。必要时可考虑参照地基加固的注入、扩孔或强夯等措施，以保证填土具有足够的密实度。

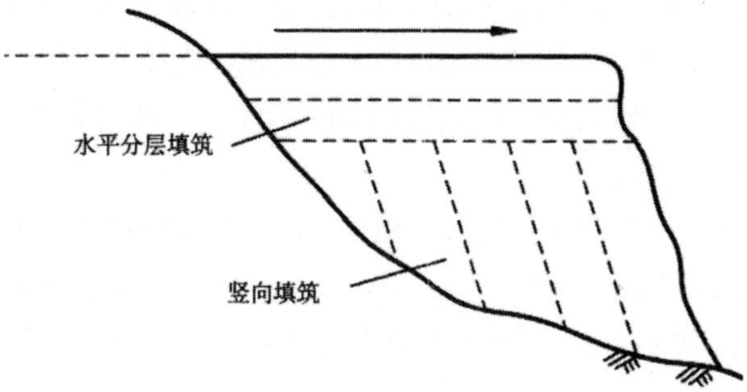

图 7–5　混合填筑方案示意图

土质路堤填筑所使用的机械设备有平土机、推土机、铲运机等机具。

2. 桥涵等构造物处的填筑

桥台台背、涵洞两侧及涵顶、挡土墙墙背的填筑在这些构造物基本完成后进行，由于场地狭窄，又要保证不损坏构造物，填筑压实比较困难，而且容易积水。如果填筑不良，完工后填土与构造物连接部分出现沉降差，就会发生跳车，影响行车的速度、舒适与安全，甚至影响构造物的稳定，养护期间要经常修补路面，也会导致堵塞交通。所以要注意选好填料和认真施工。

（1）填料

在下列范围内一般应选用渗水性土填筑：台背顺路线方向，上部距翼墙尾端不少于台高加 2m，下部距基础内缘不少于 2m；拱桥台背不少于台高的 3 ~ 4 倍；涵洞两侧不少于孔径的 2 倍；挡土墙墙背回填部分。如果台背采用渗水土有困难时，在冰冻地区自路堤顶面起 2.5m 以下，非冰冻地区高水位以下，可用与路堤相同的填料填筑。特别要注意，不要将构造物基础挖出来的劣质土混入填料中。

（2）填筑

桥台背后填土应与锥坡填土同时进行，涵洞、管道缺口填土，应在两侧对称均匀回填；涵顶填土的松铺厚度小于 50cm 时，不得通过重型车辆或施工机械；靠近构造物 100cm 范围内不得有大型机械行驶或作业。

（3）排水

桥涵等结构物处填土，在施工中要竭力防止雨水流入；对已有积水应挖沟或用水泵将其排除。对于地下渗水，可设盲沟引出。当不得不用非渗水土填筑时，应在其上设置横向盲沟或用黏土等不透水材料封顶。挡土墙墙背应做好反滤层，使水能顺利地从泄水孔流出去。

（4）压实

应在接近最佳含水量状态下分层填筑，分层压实。每层松铺厚度不宜超过 20cm。密实度应达到设计要求。如设计无专门规定，则按路基压实度标准执行。用非渗水土填筑时，必须加强压实措施，或对填土性能进行改善处理（如掺生石灰），以提高强度和减少雨水的渗入。

为了保证填土压实质量，在比较宽阔部位应该尽量使用大型压实机械，只是在临近构造物边缘及涵顶 50cm 内，才采用小型夯压机械，分薄层认真夯压密实。夯压遍数应通过试验确定，以达到压实度要求为准。

四、填土压实与质量控制

在公路路基修筑过程中，常常会遇到天然土层强度较低，经汽车荷载作用则产生较大沉陷而影响工程质量的现象。尤其是取土填筑路基时，由于原有结构状态被施工挖运破坏，致使其结构松散、强度降低、水稳性差。土在压实过程中，因土粒受到瞬时荷重或振动力的作用，使土粒调整位置重新组合，彼此挤紧，较小颗粒被挤入较大颗粒间的空隙中。颗粒位置转移稳定，空隙缩小，土的单位重量提高，形成密实整体，从而致使强度增加，稳定性提高。为了使路基具有足够的强度与稳定性，必须予以压实，以提高其密实程度。所以路基的压实工作是路基施工过程中一个重要工序，亦是提高路基强度与稳定性的根本技术措施之一。大量试验和工程实践还证明：土基压实后，路基的塑性变性、渗透系数、毛细水作用及隔温性能等，均有明显改善。因此，压实是改善土工程性质的一种经济合理措施。

1. 影响压实效果的主要因素

根据试验研究可知，土的压实过程和结果受到多种因素的影响。对具有塑性的细粒土，影响压实效果的因素有内因和外因两方面：内因主要是土质和含水量，外因主要是压实功能、压实机具和压实方法等。掌握这些因素的规律，对深入了解土的压实原理和指导压实工作，都有重要的意义。

（1）含水量对压实效果的影响

土中含水量对压实效果的影响比较显著。当含水量较小时，由于粒间引力（可能还包括了毛细管压力）使土保持着比较疏松的状态或凝聚结构，土中孔隙大都互相连通，水少而气多，在一定的外部压实功能作用下，虽然土孔隙中气体易被排出，密度可以增大，但由于水膜润滑作用不明显以及外部功能也不足以克服粒间引力，土粒相对移动不容易，因其压实效果比较差；含水量逐渐增大时，水膜变厚，引力缩小，水膜又起着润滑作用，外部压实功能比较容易使土粒移动，压实效果渐佳；土中含水量过大时，孔隙中出现了自由水，压实功能不可能使气体排出，压实功能的一部分被自由水所抵消，减小了有效压力，压实效果反而降低。由击实试验所得的击实曲线图（图 7–6）可以看出，曲线有一峰值，此处的干容重（干重度）为最大，称为最大干容重（干重度）γ_o。与之对应的含水量则称为最佳含水量 ω_o。这就得出一个结论：只有在最佳含水量的情况下压实效果最好。

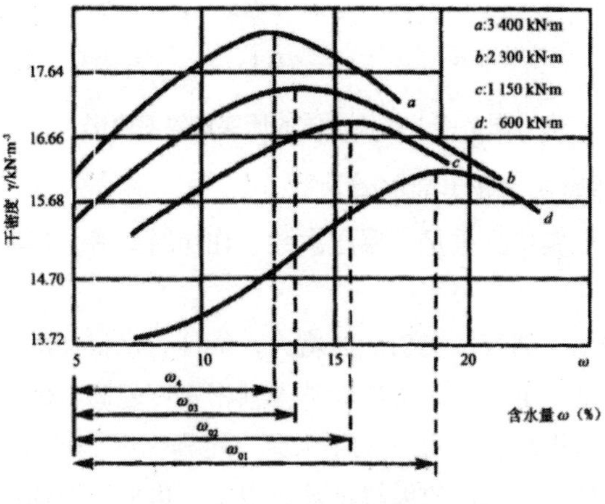

图 7–6　击实曲线示意图

然而，含水量较小时，土粒间引力较大，虽然干容重（干密度）较小，但其强度可能比最佳含水量时还要高。可是此时因密实度较低，孔隙多，一经饱水，其强度会急剧下降。这又得出一个结论：在最佳含水量情况下压实的土水稳性最好。

最佳含水量和最大干容重是两个十分重要的指标，对路基设计与施工很有用处。试验表明，一般塑性土的最佳含水量（按轻型击实标准）大致相当于该种土液限含水量的 0.58 ～ 0.62 倍，平均约 0.6 倍。

（2）土质对压实效果的影响

不同的土质，其压实效果不同。如图 7–7 所示，不同的土质具有不同的最佳含水量及最大干密度。分散性（液限、黏性）较高的土，其最佳含水量较高而最大干密度较低，这是由于土粒愈细，比面积愈大，土粒表面的水膜愈多，加之黏土中含有亲水性较高的胶体物质所致。对砂土，由于其颗粒粗并且呈松散状，水分易于散失，故最佳含水量对其没有更多的实际意义。

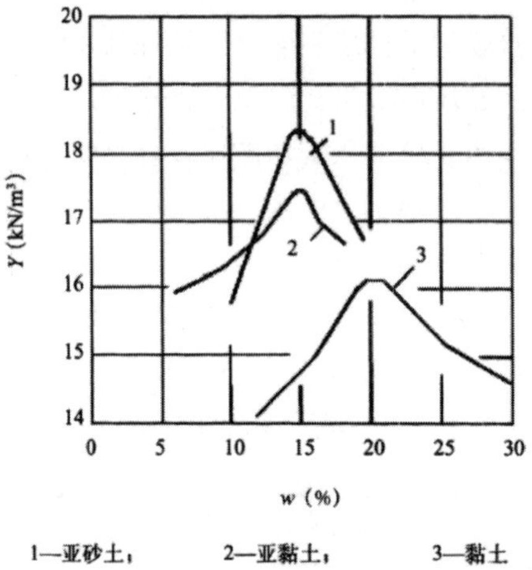

图 7-7　几种土质的压实曲线对照图

（3）压实功能对压实效果的影响

压实功能系指压实机具重量、碾压次数、作用时间等。压实功能是影响压实效果的又一重要因素。

通常对同一种土，随着压实功能的增大，最佳含水量会随之减小而最大干密度随之增加。当含水量一定时，压实功能越大则密实度越高。因此，增大压实功是提高土基密实度的又一种方法，但压实功增大到一定程度后，土的密度增长就不明显了，这表明，对于某一种土来说，如果超过某一限度，再采用增加压实功的办法来提高土的密实度就不经济了，因此最经济的办法是严格控制工地现场含水量，使碾压在接近最佳含水量时进行，这样便能很容易地达到规定的压实度。

（4）压实机具和压实方法对压实效果的影响

不同的压实机具，其压力作用深度不同，因而压实效果也不同。通常夯击式作用深度最大，振动式次之，静力碾压式最浅。根据这一特性即可确定各种机具的最佳压实厚度，然而，一种机具的作用深度，在压实过程中并不是固定不变的。例如，光面碾，开始碾压时，因土体松软，压力传递较深，但随着碾压次数的增加，土的强度相应提高，其作用深度就逐渐减小。

不同压实厚度其压实效果也不同。通常情况下，夯击不宜超过 20cm，8 ~ 12t 光面碾不宜超过 20 ~ 30cm。

压实作用时间越长，土密实度越高，但随时间进一步加长，其密实度的增长幅度会逐渐减小，故压实时，要求压实机具以较低速度行驶，以便达到预期的压实效果。

2. 路基压实标准

通常采用干密度表征土的密实程度。在路基施工中，用压实度表征土基密实程度的指标。

压实度是指压实后土的干密度与该种土室内标准击实试验下所得的最大干密度之比。压实土体的干密度可按下式计算：

$$\gamma_{\omega}=\gamma_{0}/(1+0.01\omega)$$

式中 γ_{ω}——土的湿密度，（g/cm）；

ω——土的含水量，（%）。

不同道路等级及路床不同深度，其压实度要求不同。道路等级愈高压实度要求也愈高，路基上部压实度比路基下部为高。路基压实过程中只有达到规定的压实度，才能保证路基的强度和稳定性。土质路基（含土石混填）的压实度标准见表 7–2 的规定。

表 7–2　土质路基压实度标准

填挖类别	路床顶面以下深度（m）	路基压实度（%）		
		筒速公路、一级公路	二级公路	三、四级公路
零填及挖方	0 ~ 0.30	≥ 96	≥ 96	≥ 94
	0.30 ~ 0.80	≥ 96	≥ 95	
填方	0 ~ 0.80	≥ 96	≥ 95	≥ 94
	0.80 ~ 1.50	≥ 94	≥ 94	≥ 93
	≥ 1.50	≥ 93	≥ 92	≥ 90

压实度是以室内标准击实试验所得最大干密度为标准的。同一压实度时如采用不同击实标准，其实际密实度是大不一样的。目前标准击实试验有轻型击实试验和重型击实试验两种。已经证明，对同一土体，重型击实比轻型击实可获得更高的最大干密度和相对较低的最佳含水量。随着高等级公路的发展，对公路路基质量的要求越来越高，因此，对高等级公路和城市重要干道，采用重型击实标准来控制压实度，对于确保路基路面质量，提高道路使用品质具有非常重要的意义。

3. 压实方法及机械

压实土层的密实度随深度递减，表面 5cm 的密实度最高。填土分层的压实厚度和压实遍数与压实机械类型、土的种类和压实度要求有关，应通过试验路来确定。同样质量的振动压路机要比光轮静碾压路机的压实有效深度大 1.5 ~ 2.5 倍。如果压实遍数超过 10 遍仍达不到压实度要求，则继续增加遍数的效果很小，不如减小压实层厚。

碾压时，横向接头的轮迹应有一部分重叠，对振动压路机一般重叠 40 ~ 50cm，对三轮压路机一般重叠 1/2 后轮宽；前后相邻两区段亦宜纵向重叠 1 ~ 1.5m。应做到无漏压、无死角和确保碾压均匀。

压路机行驶速度过慢则影响生产率，行驶过快则对土的接触时间过短，压实效果较差。一般光轮静碾压路机的最佳速度为 2 ~ 5km/h，振动压路机为 3 ~ 6km/h。所以各种压路机械的最大速度不宜超过 4km/h。对压实度要求高，以及铺土层较厚时，行驶速度更要慢些。碾压开始宜用慢速，随着土层的逐步密实，速度逐步提高。压实时的单位压力不应超过土的强度极限，否则土体将会遭到破坏。开始时土体较疏松，强度低，故宜先轻压，随着土体密度的增加，再逐步提高压强。所以，推运摊铺土料时，应力求机械车辆均匀分布行驶在整个路堤宽度内，以便填土得到均匀预压。否则要采用轻型光轮压路机（6 ~ 8t）进行预压。正式碾压时，若为振动压路机，第一遍应静压，然后由弱振至强振。

碾压时，在直线路段和大半径曲线路段，应先压边缘，后压中间；小半径曲线地段因有较大的超高，碾压顺序宜先低（内侧）后高（外侧）。路堤边缘往往压实不到，仍处于松散状态，雨后容易滑坍，故两侧可采取多填宽度 40 ~ 50cm，压实工作完成后再按设计宽度和坡度予以刷齐整平。也可以采用卷扬机牵引的小型振动压路机从坡脚向上碾压，或采用人工拍实。坡度不陡于 1.75 时，可用履带式推土机从下向上压实。

不同的填料和场地条件要选择不同的压实机械。常用的压实设备有光面碾、羊足碾、轮胎碾、振动碾、夯实机等、技术性能可查阅相对应的机械设备。

4. 压实质量控制与检查

土的压实应在接近最佳含水量的情况下进行。天然土通常接近最佳含水量，因此填铺后应随即碾压。含水量过大时，应将土摊开晾晒至要求的含水量时再整平压实。

填土接近最佳含水量的容许范围，与土的种类和压实度要求有关。在一定的压实度要求情况下，砂类土比细粒土的范围大；在同一种土类的情况下，压实度要求低的比要求高的范围大。范围的具体值可从该种土的击实试验曲线上查得，即在该曲线图的纵坐标上按要求的干密度处画一横线，此线与曲线相交的两点所对应的含水量值就是它的范围。

天然土过干需要加水时，可在前一天于取土地点浇洒水，使水均匀渗入土中；也可将土运至路堤再用水浇洒，并拌和均匀。加水量可按下式估算：

$$V=(\varpi_o-\varpi)\frac{Q}{1-\varpi}$$

式中 V——所需加水量（t）；

ϖ ——天然土的含水量；

ϖ_o——最佳含水量；

Q——需加水的土的质量（t）。

此外还应增加洒水至碾压时的水分蒸发消耗量。

在压实过程中，施工单位的自检人员应经常检查压实度是否符合要求。压实度试验方法可采用环刀法、蜡封法、水袋法、灌砂法或核子密度湿度仪法。环刀法适用于细粒土，灌砂法适用于各类土。核子密度湿度仪应与环刀法、灌砂法等进行对比标定后才可应用。

每一压实层均应检验压实度，合格后方可填筑其上一层。

检验取样频率，当填土宽度较窄时（例如路堤的上部），沿路线纵向每 200m 检查 4 处，每处左右各 1 个点，当填土较宽时，每 2000m^2 检查 8 个点。必要时可增加检查点数，以防止压实不足处漏检。

压实度的评定以一个工班完成的路段压实层为检验评定单元比较恰当，如检验不合格能及时补压，不致等待过久而含水量变化过大。检验评定段的压实度尤按下式计算，若 K> 压实度的标准值，则为合格。

$$K=\overline{K}-t_oS\sqrt{n}$$

式中 $\overline{K}$ ——检验评定段内各检验点压实度的算术平均值；

t_o——汾布中随自由度和保证率（或置信率）而变的系数，通常保证率为 95%；

S——检验值的均方差；

n——检验点数，应不少于 8 ～ 10 点，汽车专用公路取高限，一般公路取低限。

填筑碾压完成的路基，其路槽底面的回弹模量应满足路面设计的要求；然而实测土基回弹模量 E_0 比较困难，故可用测试弯沉值 l_o 代替，弯沉值与回弹模量有如下关系：

$$l_o = 9308E_o^{-0.938}$$

式中 l_o——以 BZZ-100 标准轴载试验车实测的弯沉值（1/100mm）；

E_o——回弹模量（MPa）。

弯沉值测试在不利季节进行。若在非不利季节测定时，应乘以季节影响系数。弯沉值测试频率为每车道 4 个点 /50m（即左右两后轮隙下各 1 个点）。

路槽底弯沉值反映路基上部的整体强度，而压实度反映路基每一层的密实状态，只有弯沉值和压实度两者都合格，路基的整体强度、稳定性和耐久性才能符合要求。如果经过反复检查，各层压实度均合格，而表面弯沉值仍然达不到设计要求值时（这种情况极少），应考虑按实测弯沉值调整路面结构设计，以适应该压实土所能达到的强度。

《公路路基施工技术规范》对路基压实及压实质量与检查都做出了具体的规定，施工中应根据实际情况认真分析研究，特别是要针对影响压实效果的多种因素采取相应措施，以确保土基达到规定的压实度要求。

第三节　土质路堑开挖

路堑施工就是按设计要求进行挖掘，并将挖掘出来的土方运到路堤地段作填料，或者运往弃土地点。它虽然不像路堤填筑那样有填料的选择和分层压实等问题，但是，路堑是由天然地层构成的，天然地层在生成和演变的长期过程中，一般具有复杂的地质结构。处于地壳表层的路堑边坡，开挖暴露于大气中，受到各种自然和人为因素的影响，比路堤边坡更容易发生变形和破坏。路堑边坡的稳定与施工方法有着密切的关系。例如，施工开挖边坡过陡，弃土堆距坡顶太近，施工中排水不良，支挡工程未及时做好，都会引起边坡失稳，发生坍滑。

路堑开挖方式应根据路堑的深度和纵向长度，以及地形、土质、土方调配情况和开挖机械设备条件等因素确定，以加快施工进度和提高工作效率。路堑开挖可根据具体情况采用横挖法、纵挖法或混合式开挖法。

一、横挖法

从路堑的一端或两端按横断面全宽逐渐向前开挖，称为横挖法。这种开挖方法适用于较短的路堑。

路堑深度不大时，可以一次挖到设计标高，称单层横挖法，如图 7–8 中（a）所示；路堑深度较大时，可分成几个台阶进行开挖，称分层横挖法，如图 7–8 中（b）所示，各层要有独立的出土道和临时排水设施。用人力按分层横挖法开挖路堑时，每层深度视工作与安全而定，一般宜为 1.5 ～ 2.0m，无论自两端一次横挖到路基标高或分台阶横挖，均应设单独的运土通道及临时排水沟。分层横挖使得工作面纵向拉开，多层多向出土，可以容纳较多的施工机械，加快了开挖速度。若用挖掘机配合自卸汽车进行，台阶高度可采用 3 ～ 4m。

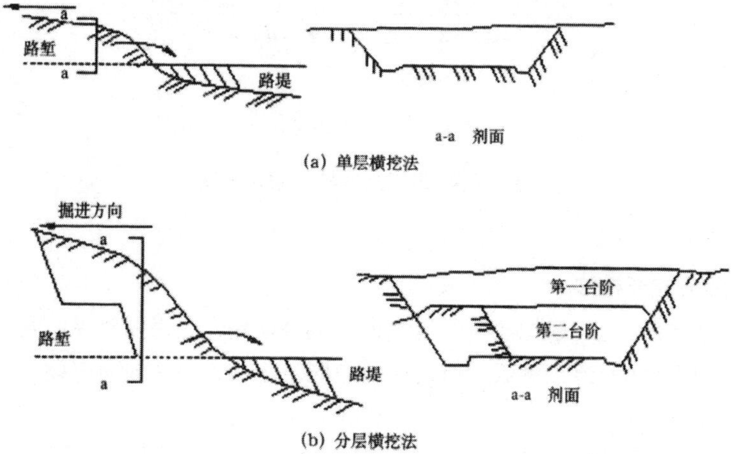

图 7–8　横挖法开挖路堑示意图

二、纵挖法

沿路堑纵向将高度分成不大的层次依次开挖。纵挖法适用于较长的路堑。

如果路堑的宽度及深度都不大，可以按横断面全宽纵向分层挖掘，称为分层纵挖法，如图 7–9 中（a）所示；如果路堑的宽度及深度都比较大，可沿纵向分层、每层先挖出一条通道，然后开挖两旁，称为通道纵挖法，如图 7–9 中（b）所示，通道可作为机械通行或出口路线，以加快施工速度。分段纵挖法是沿路堑纵向选择一个或几个适宜处，将较薄一侧路堑横向挖穿，使路堑分成两段或数段，各段再进行纵向开挖的方法。如图 7–9 中（c）所示。分段纵挖法适用于路堑较长，运距较远的路堑。

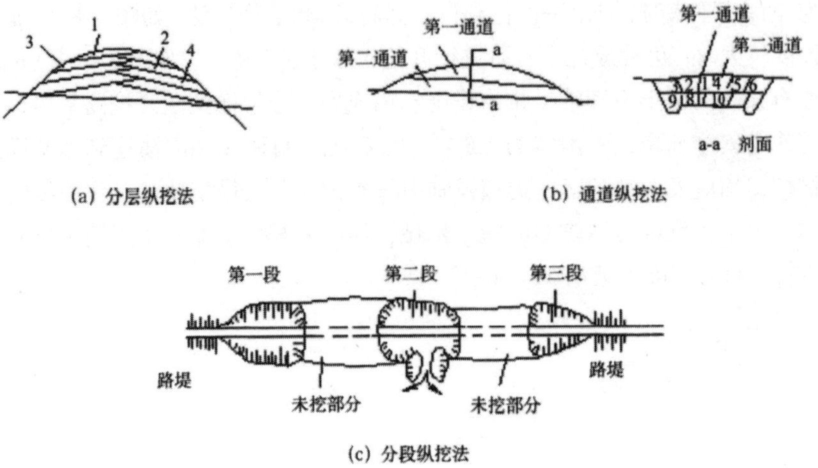

图 7–9 纵挖法开挖路堑示意图

三、混合式开挖法

混合式开挖法是将横挖法、通道纵挖法混合使用，先沿路堑纵向开挖通道，然后沿横向开挖横向通道，再双通道沿纵横向同时掘进，每一坡面应设一个施工小组或一台机械作业。

第四节 土方机械化施工

一、土方施工机械及其作业方式

路堑土方应按工程的具体情况，选备适宜的挖掘机械、装运机械、平整机械和压实机械，最大限度地发挥机械的效能。路基工程准备工作到整修工作，作业项目很多，选用机械要从技术和经济两个方面并结合本单位本工点的具体情况来考虑。路基土方工程适用的机械随土质、运距、土方量和场地大小等因素而定。应当选用在技术性能上最适合于该项作业的机械。但每一种机械常可完成几种作业，因此，现场缺乏某种机械时，经常采用以下土方机械的作业方法。

1. 推土机作业

推土机作业由切土、运土、卸土、倒退（或折返）、回空等过程组成一个循环。影响作业效率的主要因素是切土和运土两个环节。因此，以最短的时间和距离切满土，尽可能减少土在推运中的散失，是衡量推土机作业方式优劣的依据。基本作业方式有下坡推土、并列推土、拉槽推土、接力推土、波浪式推土五种。

2．铲运机作业

铲运机能够独立完成土方的铲装、运输、铺填、整平和预压等项作业，而且具有相当的机动灵活性，主要用于运输距离大、土方量集中的铲运工作。

铲运机的作业由铲装、运送、卸铺、回程四个过程组成一个循环。欲提高铲运机效率，应尽量在最短的距离和时间内装满铲斗，在运送和回空中应尽量提高速度。铲运机有以下几种铲土方法：一般铲土、波浪式铲土、跨铲铲土、下坡铲土、顶推铲土。

3．挖掘机作业

挖掘机有正铲挖掘机、反铲挖掘机、拉铲挖掘机之分。正铲挖掘机的基本作业方式有侧向开挖、正向开挖；反铲挖掘机的基本作业方式有沟端开挖、沟侧开挖；拉铲挖掘机的基本作业方式有沟侧开挖、沟端开挖。

4．装载机作业

装载机是一种工作效率较高的铲土运输机械，它兼有推土机和挖掘机两者的工作能力，可以进行铲掘、推运、整平、装载和牵引等多种作业。其优点是适应性强，作业效率高，操纵简便，是一种发展较快的循环作业式机械。装载机与运输车辆配合，可采用如下作业方式："I"字形作业、"V"字形作业、"L"字形作业。

5．平地机作业

平地机是一种铲土、运土、卸土同时进行的连续作业机械。主要工作装置是一把刮刀，它可以调整四种作业动作，即刮刀平面回转，刮刀左右端升降、刮刀左右引伸和刮刀机外倾斜，来完成刮刀刀角铲土侧移、刮刀刮土侧移、刮刀刮土直移和机身外刮土等作业。

二、施工机械选择

各种土方机械，按其性能，可以完成路基土方的部分或全部工作。选择机械种类和操作方案，是组织施工的第一步，为能发挥机械的使用效率，必须根据工程性质、施工条件、机械性能及需要与可能，择优选用。

根据以往工程实践经验的总结，几种常用的土方机械适用范围，如表 7–3 所列。

表 7–3 常用土方机械适用范围

机械名称	适用的作业项目		
	施工准备工作	基本土方作业	施工辅助作业
推土机	1. 修筑临时道路； 2. 推倒树木，拔除树根； 3. 铲草皮，除积雪及建筑碎屑； 4. 推缓陡坡地形，整平场地； 5. 翻挖回填井、坑、陷穴、坟	1. 高度 3m 以内的路堤和路堑土方； 2. 运距 100m 以内土的挖、填与压实； 3. 傍山坡挖填结合路基土方	1. 路基缺口土方的回填； 2. 路基粗平，取弃土方的整平； 3. 填土压实，斜坡上挖台阶； 4. 配合挖掘机与铲运机松土、运土
铲运机	1. 铲运草皮 2. 移运孤石	运距 600 ~ 700m 以内的挖土、运土、铺平与压实（高度不限）	1. 路基粗平 2. 借土坑与弃土堆整平
自动平地机	除草、除雪、松土	修筑高 0.75m 以内路堤与深 0.6m 以内路堑，以及填挖结合路基的挖、运、填土	开挖排水沟、平整路基，修整边坡
松土机	翻松旧路面、清除树根与废土层、翻松硬土		1. 硬质土的翻松 2. 破碎 0.5m 内的冻土层
挖掘机		1. 半径 7m 以内的挖土与卸土； 2. 装土供汽车远运	1. 挖沟槽与基坑 2. 水下捞土（反向铲土等）

第五节　路基修整、检查验收与维修

一、路基修整

路基修整应在路基工程陆续完毕，所有排水构造物已经完成并在回填之后进行。承包人应恢复各项标桩，按设计图纸要求检查路基的中线位置、宽度、纵坡、横坡、边坡及相应的标高等。根据检查结果，编制出整修计划。整修工作应在检查结果及整修计划经监理工程师核查与批准后方能动工。土质路基应用人工或机械刮土或补土的方法整修成型。深路堑边坡整修应按设计要求的坡度，自上而下进行刷坡，不得在边坡上以土贴补，在整修需加固的坡面时，应预留加固位置。当填土不足或边坡受雨水冲刷形成小冲沟时，应将原边坡挖成台阶，分层填补，仔细夯实。如填补的厚度很小（100 ~ 200mm），而又是非边坡加固地段时，可用种草整修的方法以种植土来填补。土质路基表面做到设计标高后应采用平地机或推土机刮平，铲下的土不足以填补凹陷时，应采用与路基表面相同的土填平夯实。石质路基表面应用石屑嵌缝紧密、平整，不得有坑槽和松石。修整的路基表层厚 150mm 以内，松散的或半埋的尺寸大于 100mm 的石块，应从路基表面层移走，并按规定填平压实。边沟的整修应挂线进行。对各种水沟的纵坡（包括取土坑纵坡）应用仪器检测，修整到符合图纸及规范要求。各种水沟的纵坡，应按图纸及规范要求办理，不得随意用土填补。填土路基两侧超填的宽度应予切除，如遇边坡缺土时，必须挖成台阶，分层填补夯实。在路面铺筑完成后或铺筑时，应立即填筑土路肩，同时按设计要求进行加固。路基整修完毕后，堆于路基范围内的废弃土料应予清除。路基工程完工后路面未施工前及公路工程初验后至终验前，路基如有损毁，承包人应负责维修，并保证路基排水设施完好，及时清除排水设施中的淤积物、杂草等。对中途停工较长时间和暂时不做路面的路基，亦应做好排水设施，复工前应对路基各分项工程予以修整。路基工程完成后，每当大雨、连日暴雨或积雪融化后，应控制施工机械车辆在土质路基上通行。若不可避免时，应将碾压的坑槽中的积水及时排干，整平坑槽，对修复部分重新压实。

二、检查验收与质量标准

土质路基验收标准如下：填土经压实后，不得有松散、软弹、翻浆及表面不平整现象；凡有影响路基质量及设计要求换土的路段，必须选点抽查，挖坑检验。坑深至 0.8m，如发现不合格，必须重新处理；各类沟槽的回填土不得含污泥、腐植土及其他有害物质；土质路基的压实度必须满足规范要求。检验频率：每摊铺层每 1000m^2 为一组，每组至少为三点，必要时可根据需要加密。检验方法可用环刀法或灌砂法。

第八章　石质路基施工

第一节　填石路堤施工

在山丘地区，路基石方占有相当大的比例，石质路堤是一种最常见、最普遍的路基形式。因此，研究石质路堤的施工具有重要的意义。

一、填料的选择

填石路堤一般是指用石质挖方路段的开挖石块填筑的路堤。

暴露在大气中容易风化的石块通常不宜作为路堤填料。在料源困难而需采用时，应视作填土，边坡坡度和形状按土质路堤处理。填筑必须分层，较大石块应大面朝下摆平放稳，石块之间要用碎石和石屑填满铺平，采用重型振动压路机认真碾压，尽量将能压碎的风化石块压碎。

用不易风化的石块填筑路堤，其边坡坡度和形状按填石路堤考虑。填石路堤一般也应分层填筑，每层厚度对高速公路或一级公路不宜超过 0.5m，其他公路不要超过 1m。填石路堤的石料强度不应小于 15MPa；用于护坡的不应小于 20MPa。填石路堤的石料最大粒径应不大于 500mm，并不宜超过层厚的 2/3，不均匀系数宜为 15 ~ 20。高速公路、一级公路填石路堤路床顶面以下 50cm 范围内的填料最大粒径不大于 10cm，并分层填筑分层压实。有关技术要求，详见《公路路基施工技术规范》。压实前需用大型推土机将层面推平，局部要用细石粒人工找平。然后用 12t 以上的振动压路机碾压，或用 2.5t 以上的夯锤夯击，碾压或夯击的遍数可通过试验确定，以达到要求密实度为准，通常路堤上部碾压 6 ~ 7 遍，下部可以少碾压 1 ~ 2 遍。

特殊情况下允许采用倾填办法施工，如用推土机将爆破后的石块直接推入路堤。这时，要求倾填前先用较大石块码砌大于 6m 时，其码砌厚度不小于 2m，当填石路堤高度小于 6m，其码砌厚度不小于 1m。以免边坡部分松散不实。但路槽底面以下 4m 范围内仍应采用分层填筑，以提高密实度，减少不均匀沉陷。

路槽底面以下 30cm 范围内，不得含有粒径大于 15cm 的石块，以利路面受力均匀和结构良好。路床填料粒径应小于 100mm。

二、填筑工艺

路堤宜采用水平分层填筑，即按照横断面全宽分成水平层次，逐层向上填筑。如原地面不平，应从最低处分层填起，每填一层经过压实符合规定要求后，再填上一层。原地面纵坡大于 12% 地段，可采用纵向分层填筑法施工，沿纵坡分层，逐层填压密实。但填至路堤的上部，仍应采用水平分层填筑法。水平分层填筑是填筑路基的基本方法，它最能保证填土质量，一般均应采用。

在同一路段上要用到不同性质填料时，应注意：

（1）不同性质的填料要分别分层填筑，不得混填，以免内部形成水囊或薄弱面，影响路堤稳定。

（2）路堤上部受车辆荷载的作用影响较大，故一般宜将水稳性、冻稳性较好的土填在路堤的上部；但路堤的下部可能受水浸淹时，也宜用水稳性好的土填筑。

（3）透水性较大的土填在透水性较小的土之下时，如果两者粒径相差悬殊，应在层间加铺过渡垫层，以免上层的细颗粒散落到下层内；如果透水性较小的土填在透水性较大的土之下时，其顶面应做成 4% 的双向向外横坡，以免积水。

（4）沿纵向同层次要改变填料种类时，应做成斜面衔接，且将透水性好的填料置于斜面的上面为宜；填方相邻作业段交接处若非同时填筑，则先填地段应按 1∶1 坡度分层留好台阶；若同时填筑，则应分层相互交叠衔接，搭头长度不得少于 2m。

1. 石质路堤填筑应满足的要求

（1）路堤施工前，应先修筑试验路段，确定满足表 8-1 中孔隙率标准的松铺厚度、压实机械及组合、压实速度及压实遍数、沉降差等参数。

（2）路床施工前，应先修筑试验路段，确定能达到最大压实干密度的松铺厚度、压实机械及组合、压实速度及压实遍数、沉降差等参数。

（3）二级及二级以上公路的填石路堤应分层填筑压实。二级以下砂石路面公路在陡峻山坡地段施工特别困难时，可采用倾填的方式将石料填筑于路堤下部，但在路床底面以下不小于 1.0m 范围内仍应分层填筑压实。

（4）岩性相差较大的填料应分层或分段填筑。严禁将软质石料与硬质石料混合使用。

（5）中硬、硬质石料填筑路堤时，应进行边坡码砌。码砌边坡的石料强度、尺寸及码砌厚度应符合设计要求。边坡码砌与路基填筑宜基本同步进行。

（6）压实机械宜选用自重不小于 18t 的振动压路机；在填石路堤顶面与细粒土填土层之间应按设计要求设过渡层。

表 8–1 填石路堤压实质量标准

分区	路床顶面以下深度（m）	硬质石料孔隙率（%）	中硬石料空隙率（%）	软质石料空隙率（%）
上路堤	0.8 ~ 1.5	≤ 23	≤ 22	≤ 20
下路堤	>1.5	≤ 25	≤ 24	≤ 22

2. 施工工序

（1）施工准备

①对原地面处理：清除原地面草皮、耕作物、树根、淤泥、腐植土等有害物质，用压路机碾压至规定的压实度，检测合格后进行下一道工序；

②确定取料场的位置，制订采集方案，配备自卸车及附属机械，规划便道；

③对填料作标准试验，同一作业段材料尽量材质均匀，达到填石路堤的质量要求，集料比例、细料含量、塑性指数等符合规定；每一种填料开始填筑前应做试验路段，验证压路机型、铺填厚度碾压遍数、检测质量方法和控制方法。

（2）测量放样

复核中桩线位、水准点高程和中桩标高；按纵向设计标高和横断面设计图，逐桩放样；钉出中心桩和边桩，设置标杆，标出每层的填筑高度，挂线施工；设置好观测沉降量的基准点和桩位。

（3）按指定位置，并经监理工程师批准的取料场，用推土机清除覆盖后，用推土机或装载机或挖掘机按填料要求进行备料，监理工程师签认“材料许可证”。

（4）选用大吨自卸汽车运料至施工路段内，运用“车推法”摊铺。即首先进一车石料卸在填筑地段，推土机马上根据填石路堤容许松铺厚度处起铲摊平，然后将第 2 车料卸在第 1 车料推平的末端，第 1 车料的石块就均匀地被压在下面，细料在表面嵌缝，这样填石路堤表面看不见凸石，既平整又顺适，且便于压实。

（5）分层填筑用推土机配合人工整平

①逐层填筑时，应安排好石料运输路线派人指挥，按水平分层，先低后高，先两侧后中间卸料，并用大型推土机摊平。个别不平处应配合人工用细石块、石屑找平。虚铺厚度按规定一般路床以下 0 ~ 50cm 为 30cm；50cm 以下为 40cm。

②如石块天然级配较差，粒径大，石块间的空隙较大时，可于每层表面的空隙里扫入石渣、石屑、中粗砂或砂砾，再以压力水将砂冲入下部，反复数次，使空隙填满。

③对于大于 20cm 的石块进行人工检出或砸碎。如填料颗粒非常均匀，无细料填充时，可人工再用小石块找平，石屑塞缝，最后压实。

④填料中如果粒径在 20cm 以上的石块较多时，边坡外侧可选用未风化的坚硬石料砌筑，厚度不小于 1.0m，可以起到封路基的作用。

（6）洒水填石路堤不同于土质路基，难以确定最大干密度和最佳含水量，在路堤填筑过程中根据填料颗粒组成和石料性质，经现场监理人员同意，可适量洒水，使路基表面平整。

（7）碾压和整形填石路堤密实程度，只有选用振动压路机，才能达到最佳压实度。碾压速度不宜大于 3km/h，碾压时直线段由两边向中间，小半径曲线段由内侧向外侧，纵向进退式进行。纵向接头搭重压不小于 2m，横向接头轮迹重叠 1/3，直到无漏压、无死角，确保碾压均匀。

按设计断面进行边坡整修，达到平整、无悬石。每层填筑时，留有超宽（每侧各 25cm），边坡坡度按 1∶5 控制，施工时路拱 2%，路床顶面按 1.5% 控制。

（8）检查压实度填石路堤的压实度检测采用“沉降量观测法”，沿路纵向每 20m 一处，横向不小于 3 点（即左、中、右各一点），但每 $100m^2$ 不少于 10 点，定点观测每层压实后表面标高。

三、压实及质量标准

填石路堤的密实度用判断方法检查，即重型振动压路机分层碾压，达到用锹难以挖动，须用撬棍才能松动且坑壁稳定，或者重锤下落不下沉及发生弹跳时，均可认为密实度已满足要求。

（1）当填料中大于 30cm 颗粒的含量不大于 30% 时，应采用灌砂法或布袋法检测压实度。压实标准：路床顶面以下 0 ~ 8cm 不小于 95%，上路堤（80 ~ 150cm）不小于 94%，下路堤（150cm 以下）不小于 92%，检测频率与土质路堤的规定相同。最大干容重宜采用表面振动压实仪法或重型击实法测定。

（2）当填料中大于 38mm 颗粒的含量大于 30% 时，采用工艺法控制与检测压实质量。填筑层按规定的碾压遍数（不少于 6 遍）碾压至无明显轮迹时，再用激振力 25kN 以上的振动压路机振压二遍，分别测量基准点标高（基准点用特制的蘑菇头道钉，长 20 ~ 25cm，直径 1.5cm，在压实前埋入压实层中，同填料一起碾压），两次标高之差即为压沉值。

压实标准：各测点压沉值平均值不大于 5mm，标准差不大于 3mm，表示达到压实度要求。

检测频率：施工单位每 $100m^2$ 检测 10 点，监理、施工单位可用同一基准点，同时进行平行检测，但必须采用两部以上仪器独立观测，独立记录。

（3）路床顶面应测定弯沉值，检验其整体强度，必须时用承载板测定回弹模量。

（4）沉降量（压沉值）的机理：沉降量观测法又称表面标高点测量法，此种方法在石路堤施工中质量控制是较为实用的，施工时首先确定碾压机具和虚铺厚度（松铺系数一般为 1.15 ~ 1.20），用振动压路机经不同碾压遍数后，压实效果可用表面标高点变化进行检查。

松铺的石料，在振压机械荷载反复作用下，路堤填料产生竖向压缩变形和横向位移，随着振碾遍数的增加，填料竖向压缩量和横向位移值随之增加，大颗粒空隙被小颗粒填充，当碾压遍数达到一定时，累计压缩趋于稳定，填料整体密实强度增大。

为从严要求，确保工程质量，应确保全幅振压两遍标高差不大于 3mm 进行控制，并注意加强观测，及时总结修正。鉴于现行路基设计、施工规范尚未确定填石工艺检测，通过试验路段其标高差按平均不大于 5mm 控制为宜。边坡坡度在填石路基施工中易被忽视，应作为实测指标进行检查，以提高施工质量和路堤稳定性。

对于土石混填路基，据实际情况进行压实度或固体体积等试验，检验路堤压实质量。

（5）填石路堤密实程度宜以通过 12t 以上振动压路机进行压实试验，当压实顶面稳定不再下沉（无轮迹）时，可判为密实状态。

（6）压路机碾压往返两遍后，压路机应变换碾压位置，但压带之间的重叠宽度必须不大于 1/2 的滚动压宽度，压实的速度控制在 3km/h 左右，碾压顺序：无超高路段以低的一边向较高一边。

填石路堤碾压后，高度减少，则密度增加。根据碾压前的密度和碾压后的压缩量，可粗略计算各层压后的密度（不考虑侧向变形）。

第二节　石质路堑开挖

路基石方除软石的松软部分可用大马力推土机松动，或人力使用撬棍、十字镐、大锤松动开挖外，软石的紧密部分及次坚石、坚石通常采用爆破法开挖。有条件时宜采用松土法开挖，局部情况亦可采用破碎法开挖。松土法及破碎法均属于非爆破开挖石方的施工方法。

一、爆破法开挖

山区公路路基石方工程量大而且集中，据统计一般占土石方总量的45% ~ 75%。爆破是石方路基施工最有效的方法，爆破还可以用于爆松动土、淤泥、开采石料等。在公路工程中如能采用综合爆破施工方法，不但能保证功效高、工期短、占用劳动力少、成本降低，而且可以取顺直的路线布置方案，很值得提倡。

二、松土法开挖

开挖岩石除了采用爆破法之外，松土法也越来越被广泛采用。松土法是充分利用岩体自身存在的各种裂面和结构面，用推土机牵引的松土器将岩体翻碎，再用推土机或装载机与自卸汽车配合，将翻松了的岩块搬运出去。松土法避免了爆破法所具有的危险性，而且有利于开挖边坡的稳定及附近建筑物的安全。一般来说，松土法的作业效率比较高。随着推土机和松土器的大型化，能够采用松土法施工的范围也越来越广，从国外的实践和发展趋势看，只要能够使用松土法施工的场合，就尽量不用爆破法施工。

砂岩、石灰岩、页岩等沉积岩是比较容易松开的岩石，因为这些岩石都有沉积层面，层厚越薄者越容易松开。花岗岩、玄武岩、安山岩等岩浆岩不成层状或带状，松开比较困难。片麻岩、片岩、石英岩等变质岩，松开的难易程度视岩体破裂面情况而异。

松土法的作业效率与岩体的裂面和风化程度有关。岩体被裂面分隔成较大块时，松开效率较好；岩体已裂成小块或粒状时，只能劈成沟槽，效率不高。

松土器的选择可以用上述岩石性质进行分析判断；也可以根据岩石的室内试验（抗压强度、抗拉强度）来判断各种型号松土器的劈开性能。由于室内试验是用单块岩石做的，所得数据比实际的大，判断时应考虑到这一点。以上各种判断选择松土器型号的方法，都有很大的局限性，最好的办法还是在现场用松土器直接进行松劈操作试验，从而得出切合实际的结果。

松土作业方向应尽可能顺着岩层的下坡方向。松土间隔一般为1.0 ~ 1.5m。遇到较坚硬的岩石，松土器难以贯入，或引起机械后部翘起及履带打滑，这时可用另一台推土机在后面顶推。若岩石较为完整与坚硬，也可以先进行适当的浅孔松动爆破，然后进行松土作业。

三、破碎法开挖

破碎开挖法是用破碎机凿碎岩块。凿子装在推土机或挖掘机上。它利用活塞的冲击作用，使凿子产生冲击力，因此，其破碎岩块的能力决定于活塞的大小。破碎法宜用于岩体裂缝较多、岩块体积较小、抗压强度低于 100MPa 的岩石。破碎法的工作效率不高，不宜作为开挖岩石的主要方法，仅用于不能使用爆破法或松土法施工的局部场合。

第三节 坡面防护工程施工

一、抹面与捶面

1. 抹面

适用于尚未严重风化的各种易风化岩石边坡，但对由煤系岩层及成岩作用很差的红色黏土岩组成的边坡不适用。边坡坡度不受限制，但坡面应较干燥。抹面使用年限较短，一般为 8 ~ 10 年。

（1）抹面要求及材料配合比

①抹面工程的周边与未防护的坡面衔接处应严格封闭。为此可在边坡顶部作断面为 20cm × 20cm 的小型截水沟，沟底及沟帮可用砂浆抹面，厚度为 10cm；亦可在坡顶凿槽，槽深不小于 10cm，并和相衔接边面平顺；坡脚宜设 1 ~ 2m 高的浆砌片石护披。

②在软硬岩层相间的边坡上，仅对软岩层抹面时，在软硬分界处，抹面应嵌入硬岩层至少 10cm。

③大面积抹面时，每隔 5 ~ 10m 应设伸缩缝一道。缝宽 1 ~ 2cm，缝内用沥青麻筋或油填充。

④根据当地的气候条件，若需增强抹面的抗冲蚀能力和防止表面开裂而对外观要求不高时，可在表面涂沥青保护层。

⑤抹面材料的配合比，可根据当地的材料情况选择。水泥砂浆 1 : 4 ~ 1 : 3（体积比），水泥石灰砂浆 1 : 2:9（体积比）。

（2）抹面施工注意事项

抹面前边坡上大的凹陷应用浆砌片石嵌补，宽的裂缝应灌浆；抹面作业前，须将边坡表面的风化岩石清刷干净，并用清水将边坡浮土冲洗干净，使边坡湿润后再开始抹面。采用石灰炉渣浆抹面时，在灰浆抹上后，稍干即进行夯拍，直至表面出浆为止，然后磨平并涂上速凝剂，盖草洒水养护；抹面不宜在严寒季节、雨天及日照强烈时施工，其适宜的气温为 4 ~ 30℃；抹面工程应经常检查维修，如发现裂纹或脱落，要及时灌浆修补。

2．捶面

适用于易受冲刷的土质边坡或易风化剥落的岩石边坡，边坡坡度不大于 1:0.5，使用年限为 10 ～ 15 年。

捶面厚度为 10 ～ 15cm，一般采用等厚截面，当边坡较高时，采用上薄下厚截面。捶面护坡与未防护坡面衔接处应封闭，其措施与抹面相同。坡脚设 1 ～ 2m 高的浆砌片石护坡。

（1）捶面材料及配合比

①捶面材料常用石灰土、二灰土和水泥炉渣混合土。其中水泥宜用低强度等级的；砂子应用中粗砂；石灰应符合三级石灰的要求。

②材料配合比应根据材料的情况选择，一般情况下为水泥：石灰：砂子：炉渣 =1：3：6：9（质量比）；石灰：黏土：砂子：炉渣 =1：2.5：5：9（质量比）；水泥：砂子：炉渣 =1：3：7（质量比）；石灰：粘土：炉渣 =1：1：4（体积比）。

（2）施工注意事项

捶面前应清理坡面，当边坡有坑凹时，应填补处理。在土质边坡上，为使捶面与坡面贴牢，可在坡面挖小台阶或锯齿，齿深 5 ～ 10cm，间隔 50 ～ 100cm；捶面施工时先洒石灰水润湿坡面，捶面夯拍用力要均匀，提浆要及时，提浆后 2 ～ 3h 进行洒水养护 3 ～ 5d；在寒冷地区施工不宜在冬季进行；捶面在使用时应经常养护检查，发现开裂和脱落时应及时修补。

二、喷浆与喷射混凝土

适用于易风化但尚未严重风化的岩石边坡，坡面较干燥。对高而陡的边坡，上部岩层较破碎而下部岩层完整的边坡和需大面积防护的边坡，采用此种类型更为经济。对成岩作用差的黏土岩边坡不宜采用。

1．施工要点

喷浆施工的砂浆强度不应低于 M10，厚度宜为 5 ～ 7cm；喷射水泥混凝土的强度不应低于 C15，厚度宜为 10 ～ 15cm。在喷射过程中应添加速凝剂以促使早凝固。施工时需要专用喷射机械设备，并在坡面上每隔 2 ～ 3m 设置泄水孔，对大面积坡面防护还应设置伸缩缝。

喷浆或喷射混凝土防护的周边与未防护面衔接处应严格封闭，做法与抹面、捶面相同。坡脚岩石风化比较严重时，应设高 1 ～ 2m，顶宽 40cm 的浆砌片石护裙。

2．材料的技术要求及配合比

（1）水泥

应采用强度等级不低于 42.5 的普通硅酸盐水泥。

（2）砂

喷浆采用粒径为 0.1 ~ 0.25mm 的纯净细砂；喷射混凝土采用粒径为 0.25 ~ 0.5mm 的中粗砂，砂的含量不得超过 5%。

（3）混凝土粗集料

喷射混凝土的粗集料应采用纯净的卵石或碎石，最大粒径不得大于 25mm，大于 15mm 的颗粒应控制在 20% 以下，针片状颗粒含量不得超过 15%。

（4）速凝剂

速凝剂应采购信誉好的厂家生产的产品，掺量应根据需要通过试验确定。

（5）配合比

水泥砂浆及混凝土的配合比应根据施工机械及当地的材料供应情况通过试验确定。以下为常用的配合比（质量比）：

水泥砂浆：1∶4（水泥∶砂）；

水泥石灰砂浆：1∶1∶6（水泥∶石灰∶砂）；

混凝土：1∶2∶2 ~ 1∶2∶3（水泥∶砂∶粗集料）。

3. 施工注意事项

施工前应将坡面浮土、碎石清除，并用水冲洗；喷浆及喷射混凝土的机械设备，在正式施工作业前应进行试喷，以便调整施工配合比。当水灰比过小时，灰体表面颜色灰暗，出现干斑，有粉尘飞扬；水灰比过大时，则喷射灰体表面起皱、拉毛、滑动或流淌；水灰比合适时，喷射灰体呈黏糊状，表面光泽平整。集料分布均匀，回弹量小；为保证施工安全，喷枪手应配戴防护面罩。穿防护服，戴防尘口罩。其他参加施工人员也应戴防尘口罩；喷射作业应自下而上进行。喷枪咀应垂直坡面，并与坡面保持 0.6 ~ 1.0m 的距离。喷射混凝土厚度大时，应分 2 ~ 3 次喷射；为防止堵塞，输料管直径以 20 ~ 30cm 为宜。其喷射工作压力为 0.15 ~ 0.20MPa。喷咀供水压力要比喷射工作压力大 0.05 ~ 0.10MPa，以保证水与干料拌和均匀；喷浆灰体初凝后应立即洒水养生，养生时间应持续 7 ~ 10d；喷射作业时应按要求制取试件，在标准条件下养护 28d 后试压，作为喷浆或喷射混凝土的强度凭证；喷射作业严禁在结冰季节及大雨天进行；喷浆及喷射混凝土防护工程应经常检查维修，有杂草及时拔除，开裂处要及时灌浆勾缝，脱落处要及时补喷。

4. 挂网喷射

当岩石坡面的岩体破碎时，为加强喷浆及喷射混凝土的防护效果，可采用挂网喷射。铁丝网采用 φ4 ~ 10mm 的圆钢筋编制而成，孔径视边坡岩石情况而定，一般为 10cm。铁丝网平铺于坡面上，与坡面距离不得小于 20mm，并用钢筋锚钉固定。为了节省钢筋，可用高强度聚合物土工格栅代替钢筋网。土工格栅是工厂生产的岩土工程材料，其原料为高强度聚合物聚乙烯，经热压成型，具有强度高、质量轻、耐腐蚀等特点，是新型的路基、路面加固和边坡防护材料。常用的 CE 系列土工格栅，运输铺设均很方便。土工格栅挂网喷浆在一些工点上曾做过试验，结果是成功的，但因时间还比较短，其长期防护效果尚待时间检验。但其价格低、操作简便、效率高的特点是比较明显的。以 CE131 型土工格栅与直径 10mm 的钢筋网比较，土工格栅价格仅为钢筋网价格的 1/5 ~ 1/4，因而其在公路路堑边坡防护中有广阔的推广前景。

喷浆厚度不宜小于 5cm，喷射混凝土厚度不小于 5cm，以 8cm 为宜。沿框条延伸方向每隔 10 ~ 20m 设一道伸缩缝，缝宽 2cm，用沥青麻筋填塞。

施工注意事项：在灌注固定锚杆的砂浆时，要捣密实；喷浆及喷射混凝土的厚度要均匀，防止铁丝网及锚钉头外露。

三、灌浆与勾缝

灌浆适用于较坚硬的、裂缝较大较深的岩石路堑边坡；勾缝适用于较硬、不宜风化、节理裂缝多而细的岩石路堑边坡。

灌浆可用 1∶4 或 1∶5 的水泥砂浆，裂缝很宽时可用混凝土灌注。

勾缝用 1∶2 或 1∶3 的水泥砂浆，也可用 1∶0.5∶3 或 1∶2∶9 的水泥石灰砂浆（灰浆比例为体积比）。

灌浆和勾缝的作用是借灰浆的黏结力把裂开的岩石黏结为一整体，以免其坠落或坍塌；同时防止雨水及有害杂质侵入裂缝而促使岩石的风化和裂缝的扩大，进而破坏边坡的稳定。灌浆和勾缝前应先用水清洗坡面，并清除裂缝内的杂草和泥土。

四、护面墙

浆砌片石护面墙能防治比较严重的坡面变形，适用于各种土质边坡及易风化剥落而破碎的岩石边坡。

根据边坡的高度、坡度及岩石破碎情况，可采用不通型式的浆砌片石护面墙。一般土质及破碎岩石边坡采用实体护面墙；边坡缓于 1∶0.75 时可采用孔窗式护面墙，孔窗内采用捶面或干砌片石；边坡岩层较完整且坡度较陡时，宜采用肋式护面墙；当边坡下部岩层较完整而需防护上部边坡时，应采用拱式护面墙。

1. 实体护面墙

实体护面墙分等截面和变截面两种。

（1）高度

等截面护面墙高度，当边坡为 1∶0.3 时，不宜超过 6m；当边坡缓于 1∶0.5 ~

1∶1 时，不宜超过 10m。

变截面护面墙高度，单级不宜超过 20m，否则应采用双级或三级护面墙，但总高度一般不宜超过 30m。双级或三级护面墙的上墙高不应大于下墙高，下墙的截面应比上墙大，上下墙之间应设错台，其宽度应使上墙修筑在坚固牢靠的基础上，错台宽度一般不宜小于 1m。

（2）厚度

等截面护面墙厚度一般为 0.5m，变截面护面墙顶宽 6 一般为 0.4m，底宽 B 根据墙高 H 而定：

$$B=b+\frac{H}{10}$$

$$\text{或}\quad B=b+\frac{B}{20}$$

采用 $\frac{H}{10}$ 还是 $\frac{H}{20}$ 应根据边坡坡度及墙基承载力的要求确定。边坡陡于或等于 1∶0.5 时，采用 $\frac{H}{10}$；边坡为 1∶0.75 ~ 1∶0.5 时，采用 $\frac{H}{20}$。

（3）护面墙基础

护面墙基础应置于冻结线以下，地基承载力一般不宜小于 0.3MPa，否则应采取加固措施。一般将墙底做成倾斜的反坡，其倾斜度，土质地基采用 0.1 ~ 0.2，岩石地基采用 0.2 或等于墙面坡度。

（4）耳墙

为增加护面墙的稳定性，当护面墙高度超过 8m 时，在墙背中部设置耳墙一道；护面墙高度超过 13m 时，设置耳墙两道，间距 4 ~ 6m。当墙背坡度陡于 1∶0.5 时，耳墙宽 0.5m；墙背坡度缓于 1∶0.5 时，耳墙宽 1.0m。

2．孔窗式护面墙

孔窗通常为半圆拱形，高 2.5 ~ 3.5m，宽 2.0 ~ 3.0m，圆拱半径 1.0 ~ 1.5m。

3．拱式护面墙

当拱跨大于 5.0m 时，多采用混凝土拱圈。拱圈厚度应根据拱圈上部护面墙垂直高度而定，墙高 5m 时，采用 20cm；10m 时采用 24cm；15m 时采用 30cm。拱矢高为 81cm；当护面墙为变截面时，拱圈以下的肋柱采用等厚截面；当拱跨为 2 ~ 3m 时，拱圈可采用 M10 水泥砂浆砌块石。拱的高度视边坡下部岩层的完整程度而定。

4. 浆砌片石护面墙施工

（1）护面墙施工前应先清除边坡松动岩石，清理边坡上的凹陷部分，不可采用片石回填或干砌片石，应采用与墙体相同的砂浆砌筑。

（2）各式护面墙墙顶均应设置25cm厚的墙帽，并使其嵌入边坡20cm，以防雨水灌入。

（3）护面墙每10 ~ 20m应设伸缩缝一道。护面墙基础建在不同地基上时，在相接处应设沉降缝。沉降缝及伸缩缝的宽度为2cm，可用沥青麻筋或沥青木板填塞。

（4）护面墙应设10cm×10cm或直径为10cm的泄水孔，泄水孔上下左右间隔2 ~ 3m交错布置，泄水孔纵坡5%，孔后应设反滤层。有地下水时，应酌情增设泄水孔。

（5）护面墙高度等于或大于6m时，应设置检查梯和拴绳环，多级护面墙还应在上下检查梯之间的错台上设置安全栏杆，以便于养护维修；护面墙施工应重视洒水养生工作。

五、浆砌片石护坡

适用于各种易风化的岩石边坡。若用于路堤边坡上，应待路堤沉实后再施工；边坡坡度不宜陡于1∶1。

浆砌片石护坡一般采用等截面，其厚度视边坡高度及陡度而定，一般为0.3 ~ 0.4m。边坡过高时应分级设平台，每级高度不宜超过20m，平台宽度视上级护坡基础的稳固要求而定，一般不小于1m。当护坡面积大，且边坡较陡时，为增强护坡的稳定性，可采用肋式护坡。

护坡沿线路方向每隔10 ~ 20m应设伸缩缝，在护坡的下部应留泄水孔。为便于养护维修检查，应在坡面适当位置设置0.6m宽的台阶形踏步。

浆砌片石时，应利用片石的形状相互交错地衔接在一起，应先铺砂浆再安放片石，经左右揉动几下后再用手锤轻击，将下面砂浆挤压密实。在已砌好片石侧面继续砌筑时，除坐浆外应在相临石块倾面铺抹砂浆再砌片石。

片石应分层砌筑，宜以2 ~ 3层砌块组成一工作层。每一工作层的水平缝应大致找平，各工作层竖缝应相互错开，不得贯通；片石的使用应有计划。角石、面石应先选择形状较为方正且尺寸较大的片石备用，砌筑时应长短相间地里外层砌块咬接。

砌缝宽度一般不应大于4cm，用小石子混凝土砌筑时，可为3 ~ 7cm。竖缝较宽时应在砂浆中塞以小石块，但不得在石块下面用高于砂浆砌缝的小石片支垫。

第四节　路基石方爆破

石质路基施工，指利用爆破的方法进行石质路堑的开挖。在山岭或丘岭地区开挖石质路堑时，如遇到坚硬的岩层，利用机械开挖不能进行施工时，通常都采用爆破的方法来进行，这是石质路基施工最有效的方法。在土石方大量集中的地段以及挖除冻土和大孤石时，也常用爆破的方法进行施工。爆破的目的是将坚石、孤石或冻土进行破碎或松动，然后利用推土机将其堆积，装载机装车运走。被破碎的石料多数用做填筑路提，或被用做砌石工程及破碎成碎石料使用。

一、爆破原理

1. 炸药在岩石中的爆破作用

为了爆破岩石，在其中或表面放置一定数量的炸药，称为药包。药包放置在无限介质内爆炸时，炸药在瞬时间内通过化学反应转化为气体状态的爆炸产物，由于膨胀作用，体积增加 800 倍乃至数千倍，产生 15000MPa 的静压力，温度高达 1500 ~ 4500℃，并以每秒千米的冲击波自药包中心按球面等量向外扩散，传递给周围介质，使介质产生各种不同程度的破坏和振动现象，这种现象随着距药包中心的距离增大而逐渐消失。按破坏程度的不同，大致可分为四个爆破作用圈（如图 8–1）。

（1）压缩圈

图 8–1 中的 $R_{压}$表示压缩圈半径，在这个作用圈范围内，介质直接承受药包爆炸，产生极其巨大的作用力。如果介质是可塑性的土，便会遭到压缩形成空腔；如果是坚硬的脆性岩石，便会被粉碎。所以把这个球形区叫作压缩圈或破碎圈。

（2）抛掷圈

在压缩圈范围以外至 $R_{抛}$的区间，所受的爆破作用力虽较压缩圈内小，但介质原有结构受到破坏，分裂成为不同尺寸和形状的碎块，而且爆炸力尚有余力，足以使这些碎块获得运动速度。如果在有限介质内，这个区间的某一部分，处在临空的自由条件下，破坏了的介质碎块便会产生抛掷现象，因而叫作抛掷圈。

（3）松动圈

在抛掷圈以外至 $R_{松}$的区间，爆炸力大大减弱，但能使介质结构受到不同程度的破坏，因而叫作松动圈，但没有余力使破碎岩石产生抛掷运动。

（4）振动圈

在松动圈以外至 $R_{振}$所包括的区间，微弱的爆破作用力不能使介质产生破坏，这时介质只能在冲击波的传播下，发生振动现象，因而叫作振动圈。振动圈以外爆破作用的能量就完全消失了。

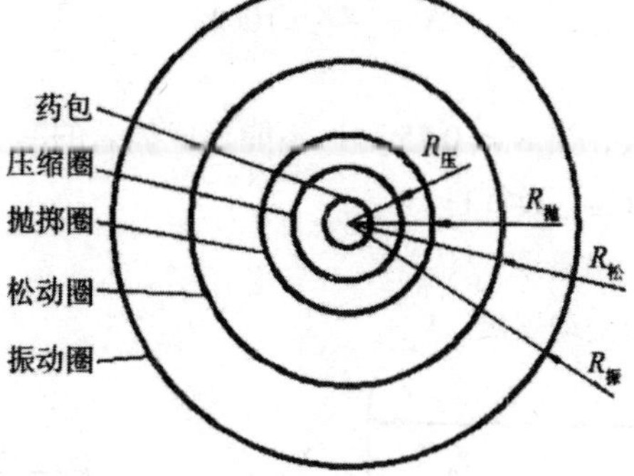

图 8–1　爆破作用圈示意图

2. 爆破漏斗

药包在有限介质内爆破后，在临空一面的地面上会出现一个爆破坑，一部分炸碎的土石被抛至坑外，一部分仍落在坑底。由于爆破坑形状如同漏斗，称为爆破漏斗。

爆破漏斗的形状和大小，不但与药包量大小、炸药性能、介质的性质等有关，同时还与临空面的数量和所处的边界条件有关。爆破漏斗一般用以下几个要素表示：

最小抵抗线 W——药包中心至临空面最短距离；

爆破漏斗口半径 r_o——漏斗口上圆周半径；

抛掷漏洞半径 R——从药包中心沿漏斗边缘至坑口的距离；

爆破作用的性质通常用爆破作用指数 n 来表示，即爆破漏斗口径与最小抵抗线之比。

$$n=\frac{r_o}{W}$$

当 r_o=W 时，n=1 称为标准抛掷爆破，在平边界条件下，其抛掷率 E 为 27%，标准抛漏斗的顶部夹角为直角；

若 $r_o>W$，则 $n>1$，抛掷率 $E>27\%$，漏斗的顶部夹角大于 90°，称为加强抛掷爆破；

若 $r_o < W$，则 $n < 1$，抛掷率 $E < 27\%$，漏斗的顶部夹角小于 90°，称为减弱抛掷爆破。

所谓平坦地形的抛掷率，是指可见的爆破漏斗体积 V_{MDL} 与爆破漏斗体积 V_{MOL} 之比，一般用百分数 E 表示，平坦地形爆破漏斗示意图如图 8–2 所示。

$$E = \frac{V_{MDL}}{V_{MOL}} \times 100\%$$

从爆破实践中证实，当 $n < 0.75$ 时，不能形成显著的漏斗，不发生抛掷现象，岩层只能发生松动和凸起，通常将：

n=0.75 称为标准松动爆破；

$n < 0.75$ 称为减弱松动爆破。

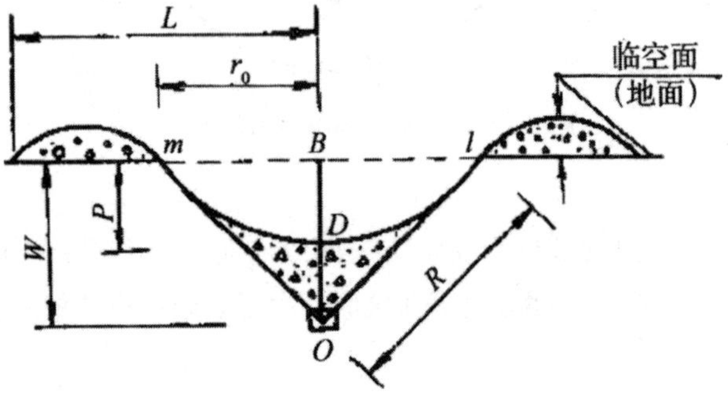

W—最小抵抗线深度；R—爆破作用半径；r_o—爆破漏斗口半径；
L—抛掷距离；P—最大可见爆破漏斗深度

图 8–2 平坦地形爆破漏斗示意图

二、常用爆破方法

开挖岩石路基所采用的爆破方法，要根据石方的集中程度、地质、地形条件及路基断面形状等具体情况而定，一般可分为小炮和洞室炮两大类。小炮主要包括钢钎炮、葫芦炮、猫洞炮等；洞室炮则随药包性质、断面形状和地形的变化而不同。用药量在 1000kg 以上为大炮，以下为中小炮。习惯上称洞室炮为大炮，药壶炮、猫洞炮为中炮，钢钎炮为小炮。

1．钢钎炮（炮眼法）

在路基工程中，钢钎炮通常指炮直径和深度分别小于 70mm 和 5m 的爆破方法。这种炮由于炮眼直径小，装药量受限制，一般最多装药为眼深的 1/3 ~ 1/2，故爆破的石方量不大，一般不超过 $10m^3$。因此在石方量大时，应需钻凿许多炮眼，爆破次数多，钻眼工作量大且生产率低，个别石块飞得很远。因此，在路基石方工程集中时，应尽可能少用这种炮型。但是，由于此法操作简便，对设计边坡外的岩体震动损害小，平均耗药量也少，机动灵活，因而它又是一种不可缺少的炮型。特别是在工程分散石方量小以及整修边坡、开挖边沟、炸孤石时非常适用。此外，也常用此法为大型炮创造有利地形。

炮眼位置应选择在临空面多的地方。炮眼方向不要与岩石的节理和裂缝相平行，面应与之垂直，不可避免时则炮眼应离裂缝有一定距离，如图 8–3 所示，否则爆炸气体将会沿裂缝逸出。

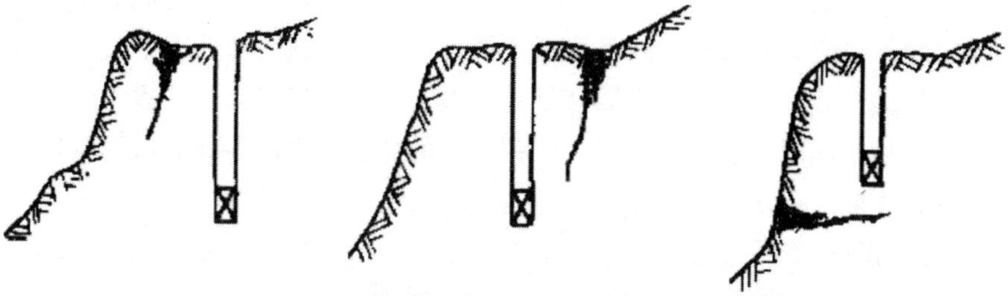

图 8–3　炮眼布置示意图

2. 深孔法爆破

深孔爆破法就是采用圆柱形炮眼，其孔径大于 75mm，深度在 5m 以上，并使用延长药包的中型爆破。其炮眼钻凿工作需用大型潜孔凿岩机或穿孔机，如能配以挖运机械清理石方，则可以作为高速施工的一个发展方向。此法的爆破效率较高，一次爆破虽较大，爆破时对路基边坡的影响比大型爆破要小，如果辅以采用控制抵抗线和药量的预裂或光面爆破方法，预先炸出一条裂缝，将拟爆体与山体分开，则边坡平整又稳定，所以深孔爆破比较安全，爆破效果亦易于控制，但爆破后仍有 10% ~ 25% 的大石块，需要第二次小爆破进行破碎，以便于清方。

进行深孔爆破，要事先将地面修成台阶形的梯段，相当于在采石场内的“膛口”，其倾角最好为 60° ~ 75°，高度宜在 5 ~ 15m。炮孔分竖孔和斜孔两种（图 8–4），孔径在公路工程中以 100 ~ 150mm 为宜，超钻长度 h 大致是梯段高度的 10% ~ 15%，岩石坚硬者取大值。

目前，深孔爆破已开始用于石方集中与地形较平缓的垭口或深路堑，它的单位耗药量为 4.41 ~ 7.35kg/m³，平均每米钻孔可爆岩石 11 ~ 20m³。

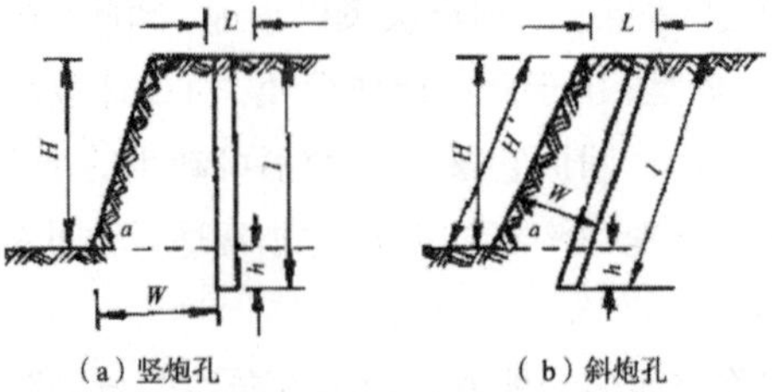

图 8-4 竖炮孔和斜炮孔梯段断面示意图

3．葫芦炮（药壶炮或轰膛炮）

葫芦炮是指炮眼径口为 35 ～ 40mm，在深 2.5 ～ 3.0m 以上的炮眼底部，用一次或多次烘膛，使炮眼底部扩大成药壶形（或称葫芦形），将炸药集中装入“药壶”中进行爆破的爆破方法。由于炮眼底部容积增大，装药较多，又是集中药包，爆炸能量集中作用于周围介质，因而可克服钢钎炮的缺点，增加爆破能量的利用率，从而提高爆破效果，所以它为公路施工所常用。

4．微差爆破

两相邻药包或前后排药包以毫秒的时间间隔（一般为 15 ～ 75ms）依次起爆，称微差爆破，亦称毫秒爆破。其优点是当装药量相等时，可减震 1/3 ～ 2/3；前发药包为后发药包开创了临空面，从而加强了岩石的破碎效果；降低多排孔一次爆破的堆积高度，有利于挖掘机作业；由于逐发或逐排依次爆破，减少了岩石夹制力，可节省炸药 20%，并可增大孔距，提高每米钻孔的炸落方量。炮孔排列和起爆顺序根据断面形状和岩性有如图 8-5 所示几种。多排孔微差爆破是浅孔、深孔爆破发展方向。

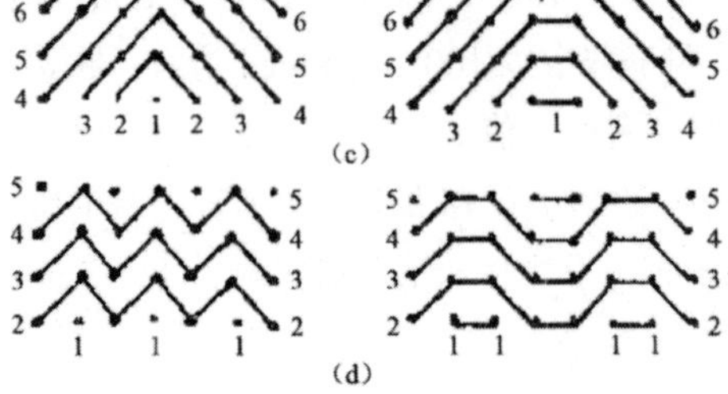

图 8-5 微差爆破起爆网络示意图

5．光面爆破和预裂爆破

光面爆破是在开挖界限的周边，适当排列一定间隔的炮孔，在有侧向临空面的情况下，用控制抵抗线和药量的方法进行爆破，使之形成一个光滑平整的边坡。

预裂爆破是在开挖界限处按适当间隔排列炮孔，在没有侧向临空面和最小抵抗线的情况下，用控制药量的方法，预先炸出一条裂缝，使拟爆体与山体分开，作为隔震减震带，起保护和减弱开挖界限以外山体或建筑物的地震破坏作用。光面与预裂爆破后，在边坡壁上通常均留下半个炮孔的痕迹。

进行光面或预裂爆破时，应严格保持炮孔在同一平面内，炮孔间距 a 和抵抗线 W 之比应小于 0.8，装药量应适当控制，并采用合理的药包结构，通常使炮孔直径大于药卷直径 1 ~ 2 倍，或采用间隔药包、间隔钻孔装药。预裂炮的起爆时间在主炮之前，光面炮在主炮之后，其间隔时间可取 25 ~ 50ms。同一排孔必须同时起爆，最好用传爆线起爆，否则会影响爆破质量。

6．洞室炮（药室法）

大型洞室爆破,威力大,效率高,可以缩短工期,节约劳力,技术安全可靠性也大;但是，如果使用不当，则可能破坏山体平衡，造成路基后遗病害。对于不良地质，如滑坡体、岩堆、断层破碎带、软弱地基以及在周围有重要建筑物、人烟稠密的村镇等路段，不宜进行大型洞室爆破。

洞室炮是先开挖导洞通向药室，导洞断面一般为 $1.0 \times 1.2m^2$ ~ $1.5 \times 1.8m^2$。导洞可分为竖井与平洞：竖井定位、测量方便，堵塞质量高，爆破效果好，但通风不良，排水、支撑及出渣困难；平洞通风、排烟及排水方便，出渣、支撑工作容易，但开挖工程量较多，堵塞困难。根据不同的条件先用平洞或竖井。药室一般设在最小抵抗线长 1/4 以上的地点为宜，应避免设在最小抵抗线上，以免发生冲天炮。

洞室爆破主要用于石方大量集中、地势险要或工期紧迫的路段。根据地形条件和路基断面形式，可分别选用以下洞室炮：

（1）扬弃爆破（平坦地形的抛掷爆破）

适用于平坦地面或地面坡角小于 15° 的地形，如平地拉槽路堑，石质大多是软石，为使石方大量扬弃到路基两侧，通常采用稳定的加强抛掷爆破。抛弃率一般在 80% 左右。由于耗药量大，炸药费用一般占工程造价的 80% 左右，且爆后对路堑边的稳定性影响很大，故在公路工程中尽量少用。

（2）斜坡地形的抛掷爆破

自然地面按角 α 在 15° ~ 30°，如傍山的深挖路堑及半填半控路堑，岩石也较松软，临空面大，爆破时石块向低方向抛掷，抛掷率 n 值一般设计在 60% 左右，余下的土石在爆破的瞬间由上向下坍落，爆破作用指数为 1 ~ 1.5，关键工程，可加大 n 值，最多可抛掷 80% 石方。抛掷爆破耗药量甚大，单位耗药量大于 $1kg/m^3$，因此，炸药费用占整个路基工程造价的 60% 以上。同时，对路堑边按的稳定性，亦有较大影响，选用时要慎重。

（3）抛坍爆破

运用于自然地面坡度大于 30° 地形地质条件复杂的半填半挖路堑。在陡坡地段，岩石被炸碎后，上部岩层在下部岩层松动之后，借重力滑出路基，提高了爆破效果。抛坍率一般为 45% ~ 85%，单位耗药量为 0.98 ~ $4.02kg/m^3$。炸药费用不到总造价的 40%，而工效可达 6 ~ $15m^3$/ 工日，比小炮工效高 2 ~ 4 倍，总的路基工程造价可降低 16% 以上，爆破后路堑边坡稳定，是路基石方工程中的一种有效爆破方法。

（4）定向爆破

定向爆破不受地面坡度限制，而根据地形地质条件和施工要求，利用炸药在有限介质中爆炸的最小抵抗线原理，配合天然地形布置药包，使爆破后的大量土石，按最小抵抗线方向抛掷到一定地点，并堆积成一定形状。它减少了挖、装、运、夯等工序，生产率极高。在公路工程中用于以借为填或移挖作填地段，特别是在深挖高填相间、工程最大的鸡爪形地区，采用定向爆破，一次可形成百米以至数百米路基。

（5）松动爆破

大型松动爆破主要用于不宜采用抛掷爆破的次坚石、软石路基，并配合机械化清方的地段。在坚石中，宜采用深孔炮。

（6）不宜进行大爆破的工程地质条件

岩堆、滑坡体、坡顶上部堆积的覆盖层较厚而倾向路基的不良地区；断层破碎带、侵入体与围岩的接触带、节理破碎带及可能引起坍方的地质软弱面地段；当软弱面通过路基的后方或下方时，爆破不易形成路基的地段；层理面、错动面以及其他构造软弱面，倾向路基，层面胶结不良的地段；山脊较薄，山后有良好临空面，不选出半径可使整个山头破坏，引起坍方的地段。此外，对周围环境亦需考虑，如有良田、果树、重要建筑物等，在无法确保其安全时，不宜采用大爆破。

7. 选用各种爆破方法的基本原则

为了充分发挥各种爆破方法的特点，利用不同的地形、地质的客观条件，在路基石量工程中采用综合爆破，选用各种爆破方法，组织炮群，有计划、有步骤地爆破拟开挖的石方是十分重要的。各种炮型综合运用按以下原则：

（1）全面规划、重点设计

应根据石方集中的程度、中心开挖深度来考虑采用炮型，中心挖深大于 6m 时，可采用洞室炮；3 ~ 5m 时采用葫芦炮；3m 以下来用钢钎炮。葫芦炮与钢钎炮等中小炮型的联合开炸，可适用于任何高度和地形中，尤以阶梯高度 4 ~ 5m 的半路堑的开挖最为适宜。

（2）利用有利地形，打开工作面

从路基面开挖培养高阶梯，可选有利地形，先用小炮炸开工作面，造成高阶梯，为深孔炮、药壶炮或猫洞炮创造有利条件。

（3）综合利用小炮群，分段分批爆破

在半填半挖的斜坡地形，采用一字排炮；在自然坡度较缓的地形，先用钢钎炮切脚，改造后再采用一字排炮；路线横切小山包时，采用钢钎炮三面切脚，改造地形后，再在中间用葫芦炮爆破；遇路基加宽、阶梯较高的地形，采用上下互相配合的小炮群；遇拉沟路堑，采用两头开挖时，可用立眼揭盖、平眼扫底的梅花炮；机械化清方时，如遇坚石，可用眼深 2m 以上的钢钎炮，组合成 30 ~ 40 个的排多层炮群，或采用深孔炮。在坚硬岩石中，为使岩石破碎程度满足清方的要求，可以采用微差爆破或间隔药包。遇软石或节理发育的次坚石，可用松动爆破。

三、炸药、起爆器材及起爆方法

1．炸药

炸药是一种不稳定的化合物和混合物。它能在引爆器材的作用下，或外界因素的影响下产生爆炸，从而使石方被分解、破碎。爆破用的炸药种类很多，按爆炸过程中的分解速度大小，可分为烈性炸药（爆速大于 2000m/s）与普通炸药（爆速小于 2000m/s）两种；按外观色泽又可分为黑色、黄色两个主要品种。道路工程中用的炸药，应具有敏感性低、爆炸效能大、化学稳定性高，以及制造、储存、运输方便等优良的品质。所谓敏感性系指炸药对起爆能的反应能力。炸药对撞击、摩擦等作用的稳定性越高，则敏感性越低；也就是需要较大的起爆能，方能引起爆炸。所谓化学稳定性系指炸药在外界自然因素、温湿度变动影响下，能较长期不失效、不爆炸的性能。

黑色炸药是一种由硝酸钾、硫黄和木炭经分别研细、配制而成的机械混合物。其配合比各地不一致，大体说来按 6∶3∶1 较为合适。这种炸药爆速低，撞击不会爆炸，但易于因密闭、摩擦和火花影响而起爆，同时还易于因受潮而降低爆炸效果。一般当含水量大于 2% 时引爆发生困难，若含水量达 7% 就完全失效。它常用于爆破的导火索芯药以及局部小型爆破工程。

黄色炸药主要指 TNT（三硝基甲苯），通常有压榨的、鳞片的和熔铸的三种。它的爆速大、敏感性低、爆破力强，一般冲击和摩擦不易引起爆炸，因而运送、储存较安全、方便。除块状的 TNT 适于水中爆破外，其余均易受潮而失去效能，故应注意防护。

另一种黄色炸药（浅黄或灰白色）是硝铵炸药。它主要是由硝酸铵、TNT 及其他易燃物混合而成，外观呈粉末状，有毒但爆烟毒气少，其他性质与 TNT 近似，宜用于隧道爆破。

此外，还有一种铵油炸药，它与硝铵炸药的不同之处就是用柴油代替 TNT。它的爆破力虽稍低但抛掷效果好，特别是由于柴油的黏度小，有良好渗透性，从而使炸药的成分混合比较均匀，再加上混合时柴油仅沿着硝酸铵的表面分布成一层薄膜，这就大大有利于克服硝铵炸药吸湿性强、易受潮结块的缺点。因此，对其运送、储存更方便，且造价也较低。近几年来采用这种炸药的日益增多。使用这种炸药通常由于它的敏感性较硝铵炸药还低，因此需借助硝铵炸药做起爆药包。

几种常用炸药性能见表 8–2。

表 8–2　几种常用炸药性能比较

炸药名称	组成				密度（g/cm^3）	爆速（m/s）	爆力（mL）	爆点（℃）	爆温（℃）	爆热（kJ/kg）	生成气体容积（L/kg）
	TNT	柴油	木粉	硝酸铵							
2号铵油		2kg	7kg	100kg	0.8 ~ 1.0	2330 ~ 2400	283	300		3762	973
2号硝铵	11%		4%	85%	0.8 ~ 1.0	3200 ~ 3500	280	300	2000 ~ 2200	2926 ~ 3762	700 ~ 930
黑火药					0.9 ~ 1.0	400		270 ~ 300	2600	2424	280

2. 起爆器材

引爆材料有导火线、导爆索、火雷管（也叫普通雷管、电雷管）。下面仅简单介绍普通雷管及电雷管。

（1）普通雷管

普通雷管按雷汞含量多少分为 10 号，号数越高，雷汞含量越大，起爆能力也越大，一般选用 6 ~ 8 号为多。

（2）电雷管

电雷管是借电流通过时产生的高热而爆炸的一种雷管。通常按起爆快慢要求分为瞬发与迟发两种：瞬发雷管与电接通后立即产生爆炸；而迟发雷管因在点火剂与起爆药间装有燃烧速度相当准确的柱形缓燃剂，而可延迟雷管爆炸时间。一般迟发雷管可分 2s、4s、6s、8s、10s 及 12s 等几种，可根据要求起爆的情况选用。选用时应注意在同一电爆网回路上，必须用同厂、同批、同牌号的电雷管。各管之间，当电阻均在 1.25Ω 以下时，电阻差不超过 0.25Ω；在 1.25 ~ 2.0Ω 时，电阻差不超过

0.3Ω，使用前，应用小型欧姆表导通检查。导通时应将电雷管埋入土中或放在厚铁挡板后面，以防爆炸伤人。

3．起爆方法（装药爆破方式）

石方路基爆破，在其他条件相同的情况下，应根据所需要的爆破效果选用不同的装药爆破方式，即采用不同的装药量和埋药深度，见图 8–6。

（1）暗洞装药

若药包埋置很深，即其深度大于 $R_{松}$时，爆炸所产生的气体压力较弱，不能克服最小阻力线，只是药包处形成暗洞。此种方法又可称为“隐蔽式”爆破。它多用于扩大炮眼、直井等工作。

（2）松动装药爆破

当埋置药包深度小于 $R_{松}$时，通常 $n < 0.8$，爆破时只是将岩石炸松，不会抛出，又可称为“膨肚”式爆破。它多用于一般路基与采石场工程。

（3）抛掷装药爆破

当药包埋置在地表面下的深度小于 $R_{抛}$时，爆破结果将形成一个倒置的圆锥形漏斗坑，碎裂岩石被抛出。它多用于大爆破工程。这种药包装药量越大，则爆炸形成的漏斗也越大。其效果大小可用漏斗口的半径 r 和最小阻力线的长度 W（即装药中心点至岩层表面临空面的最短距离，称为最小抵抗线）之比值 $n=\dfrac{r}{W}$ 表示；n 称为抛掷指数。当 n=1 时，称为标准抛掷；$n > 1$ 时，称为加强抛掷；$n < 1$ 时，称为减弱抛掷。

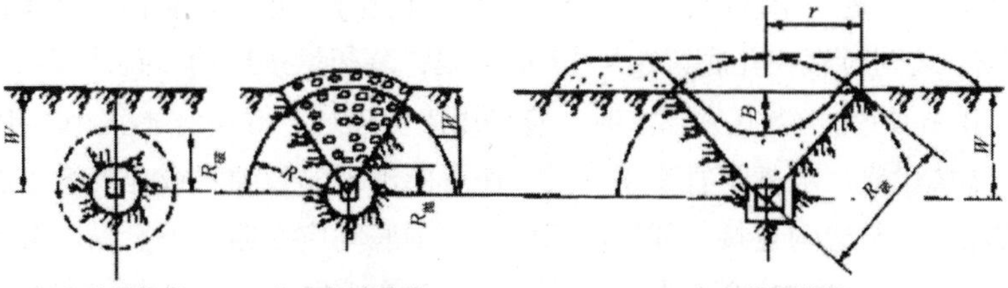

图 8–6　不同深度的药包装置示意图

四、边坡清刷及路床检验要求

石质路堑边坡清刷及路床检验，应符合下列要求：

（1）石质挖方边坡应顺直、圆滑、大面平整。边坡上不得有松石、危石、凸出于设计边坡线的石块，其凸出尺寸不应大于 20cm，超爆凹进部分尺寸也不应大于 20cm。对于软质岩石，凸出及凹进尺寸不应大于 10cm，否则应进行相应处理。

（2）挖方边坡应从开挖面往下分级清刷边坡，下挖 2 ~ 3m 时，应对新开挖边坡刷破，对于软质岩石边坡可用人工或机械清刷，对于坚石和次坚石，可使用炮眼法、裸露药包法爆破清刷边坡，同时清除危石、松石。清刷后的石质路堑边坡不应陡于设计规定。

（3）石质路堑边坡如因过量超挖而影响上部边坡岩体稳定时，应用浆砌片石补砌超挖的坑槽。如石质路堑边坡系易风化岩石，还应砌筑碎落台。

（4）石质路堑路床高差应符合设计要求，开挖后的路床基岩面标高与路基设计标高之差应符合表 8-3 的要求，如过高，应凿平；过低，应用开挖的石屑或灰土碎石填平并碾压密实。

表 8-3　石方路基允许偏差

项次	检查项目	允许偏差	
		高速公路、一级公路	其他公路
1	纵断高程（mm）	10–30	10–50
2	中线偏位（mm）	50	100
3	宽度（mm）	不小于设计值	不小于设计值
4	平整度（mm）	30	50
5	横坡（%）	± 0.5	± 0.5
6	边坡（mm）	不陡于设计值	不陡于设计值

（5）石质路堑路床顶面宜使用密集小型排炮施工，炮眼底标高宜低于设计标高 10 ~ 15cm，装药时宜在孔底留 5 ~ 10cm 空眼，装药量按松动爆破计算；石质路床超挖大于 10cm 的坑洼当有裂隙水时，应采用渗沟连通，渗沟宽不宜小于 10cm，渗沟底略低于坑尘底，坡度不宜小于 6 时，使可能出现的裂隙水或地表渗水由浅坑洼渗入深坑洼，并与边沟连接。如渗沟底低于边沟底则应在路肩下设纵向渗沟，沟底应于深坑洼底至少 10cm，宽不小于 60cm，纵向渗沟由填方路段引出。渗沟应填碎石，并与路床同时碾压到规定的要求。

第九章 路基排水工程

第一节 路基排水工程简介

一、排水的目的与要求

水是影响路基强度和稳定性的另一重要因素，许多路基病害是由水的侵蚀造成的，路基内水分过多，会降低土基的承载力。地下水会使路基软化，不但会降低土基强度，还会造成边坡坍塌，严重时还会造成整个路基滑塌，严重影响公路的运营和使用。另外，为了保证路基及边坡的坚固和稳定，从保护环境、不损害当地农田水利设施考虑，也必须做好路基排水，同沿线的桥梁和涵洞形成一个完好的排水系统，并与地区排水规划相协调。在路基施工中，应重视施工排水，防止因各种原因造成的水患，给路基、路面施工造成不必要的损失。

路基的水主要是大气降水、水渠、自然沟渠中的水及地下水，所以路基的排水设施也分为地表排水和地下排水。相对而言，地下排水较困难，设计不易发现，施工时不但要按设计认真施工，还要深入了解地下水可能造成的危害而加以防治。路基地面排水设施的作用是将可能停滞在路基范围内的地面水迅速排除，并防止路基范围外的地面水流入路基内。

路基施工中，首先应校核全线路基排水系统的设计是否完备和妥善，必要时应予以补充或修改，应重视排水工程的质量和使用效果。此外，应根据实际情况与需要，设置施工现场的临时性排水措施，以保证路基土石方及附属结构物在正常条件下进行施工作业，消除路基基底和土体内与水有关的隐患，保证路基工程质量，提高施工效率。

路基养护中，对排水设施应定期检查与维修，以保证排水设施正常使用，水流畅通，并根据实际情况不断改善路基排水条件。

路界地表排水的目的是把降落在路界范围内的表面水有效地汇集并迅速排除出路界，同时把路界外可能流入的地表水拦截在路界范围外，以减少地表水对路基和路面的危害以及对行车安全的不利影响。通常地表排水可以划分为路面表面排水、中央分隔带排水、坡面排水三部分。中央分隔带排水，视其宽度和表面横向坡度倾向，可以包括中央分隔带和左侧边缘带，或者仅为中央分隔带，而在设置超高路段，它还包括上侧半幅路面的表面水。坡面排水包括路堤坡面、路堑坡面和倾向路界的自然坡面的排水。

二、路基排水布置的一般原则

（1）排水设施要因地制宜、全面规划、合理布局、综合治理、讲究实效、注意经济，并充分利用有利地形和自然水系。一般情况下地面和地下设置的排水沟渠，宜短不宜长，以使水流不过于集中，做到及时疏散，就近分流。

（2）各种路基排水沟渠的设置，应注意与农田水利相配合，必要时可适当地增设涵管或加大涵管孔径，以防农业用水影响路基稳定，并做到路基排水有利于农田排灌。路基边沟一般不应用作农田灌溉渠道，两者必须合并使用时，边沟的断面应加大，并予以加固，以防水流危害路基。

（3）设计前必须进行调查研究，查明水源与地质条件，重点路段要进行排水系统的全面规划，考虑路基排水与桥涵布置相配合，地下排水与地面排水相配合，各种排水沟渠的平面布置与竖向布置相配合，做到路基路面综合设计和分期修建。对于排水困难和地质不良的路段，还应与路基防护加固相配合，并进行特殊设计。

（4）路基排水要注意防止附近山坡的水土流失，尽量不破坏天然水系，不轻易合并自然沟溪和改变水流性质，尽量选择有利地质条件布设人工沟渠，减少排水沟渠的防护与加固工程。对于重点路段的主要排水设施，以及土质松软和纵坡较陡地段的排水沟渠，应注意必要的防护与加固。

（5）路基排水要结合当地水文条件和道路等级等具体情况，注意就地取材，以防为主，既要稳固适用，又必须讲究经济效益。

第二节　地表排水与地下排水

一、地表排水

最常采用的地面排水设施是边沟、截水沟、排水沟、跌水、急流槽、拦水带及蒸发池等。这些排水设施，分别设在路基的不同部位，各自的排水功能、布置要求或构造形式，均有所差异。

对于高速公路和一级公路上的排水沟渠，一般都要求铺砌防护。普遍采用浆砌片石加固，而水泥混凝土预制板块也开始广泛应用。高速公路和一级公路通过水网地段的路基，过去逢沟设涵的做法在一些地方有了改进，对路线两侧的灌溉沟渠重新系统布置，免去了穿越路线的排灌涵洞，从而提高了路基的工程质量。

1. 边沟

设置在挖方路基的路肩外侧或低路堤路基的坡脚外侧，用以汇集和排除路基范围内和流向路基的少量地面水的沟槽称为边沟。挖方地段和填土高度小于边沟深度的填方地段均应设置边沟，用以汇集和排除路基范围内或流向路基的少量地面水。

一般情况下，边沟不宜与其他沟渠合并使用，如特殊情况需排入时，则应加大边沟断面，并予以加固。为控制边沟中的水不致过多，一般每隔 300 ～ 500m（特殊情况 200m）设排水涵一道，用以及时将边沟水排至路基范围之外。边沟沟底纵坡通常与路线纵坡一致；平坡路段，边沟宜保持不小于 0.5% 的纵坡，特殊情况容许采用 0.3%，但边沟口间距宜减短。边沟出水口附近，以及排水困难路段，如回头曲线和路基超高较大的平曲线等处，边沟应进行特殊设计，以免水流阻滞淤塞边沟。当纵坡大于 3% 时，应考虑加固，以免发生冲刷。边沟长度一般不宜超过 300m，三角形边沟不宜超过 200m，尽量使沟内水流就近排至路旁自然水沟或低洼地带，必要时设置涵洞，将边沟水横穿路基从另一侧排出。当纵坡超过 6% 时，水流速度大而冲刷严重，可采用跌水或急流槽的形式缓冲水流。另外，在设置超高的平曲线区段内，由于挖方地段路基内侧标高的改变，可能形成边沟积水，危害路基，因此应注意使平曲线段边沟沟底与曲线前后沟底平顺衔接。

边沟的横断面形式，有梯形、矩形及三角形。边沟横断面一般采用梯形，梯形边沟内侧边坡为 1：1.0 ～ 1：1.5，外侧边坡坡度与挖方边坡坡度相同。石方路段的边沟宜采用矩形横断面，其内侧边坡直立，坡面应采用浆砌片石防护，外侧边坡坡度与挖方边坡坡度相同。少雨浅挖地段的土质边沟可采用三角形横断面，其内侧边坡宜采用 1：2 ～ 1：3，外侧边坡坡度与挖方边坡坡度相同。三角形边坡的水流条件较差，流量较大时沟深宜适当加大。

梯形边沟的深度和底宽一般不应小于 0.4m，干旱地区及分水点可采用 0.3m，一般取 0.4 ～ 0.6m。降水量集中或地势偏低的路段、高速公路和一级公路的边沟断面应大一些，其深度和底宽可用 0.8 ～ 1.0m。取高限或更大一些。流线形边沟，是将路堤横断面的边角整修圆滑，可以防止路基旁侧积砂或堆雪，适用于沙漠或积雪地区的路基。边沟可采用浆砌片石，栽砌卵石，水泥混凝土预制块防护。砌筑用的砂浆强度，对于高速公路、一级公路采用 M7.5，其他等级公路采用 M5。边沟出水口附近，水流冲刷比较严重，必须慎重布置和采取相应措施。

图 9–1 所示是路堑与高路堤衔接处的边沟排水布置图，由于边沟泄出水流流向

路堤坡脚处，两者高差大，必须因地制宜，根据地形与地质等具体条件，将出水口延伸至坡脚以外，以免边沟水冲刷填方坡脚。

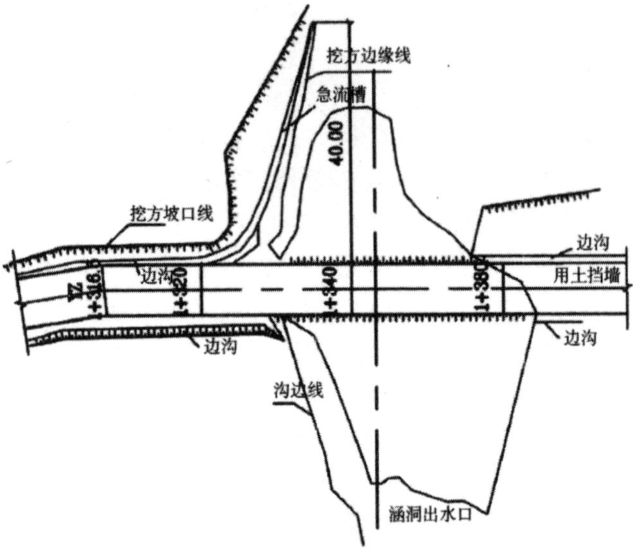

图 9-1　路堑与高路堤的边沟出口布置示意图

边沟水流流向桥涵进水口时，为避免边沟流水产生冲刷，应作适当处治，图 9-2 是涵洞进口设置窨井的一例。此外还应根据地形等条件，在桥涵进口前或在其他水流落差较大处，设置急流槽与跌水等结构物，将水流引入桥涵或其他指定地点。

当边沟水流流至回头曲线处，一般边沟水较满，且流速较大，此时宜顺着边沟方向沿山坡设置引水沟，将水引至路基范围以外的自然沟中，或设急流槽或涵洞等结构物，将水引下山坡或路基另一侧，以免对回头曲线路段冲刷。

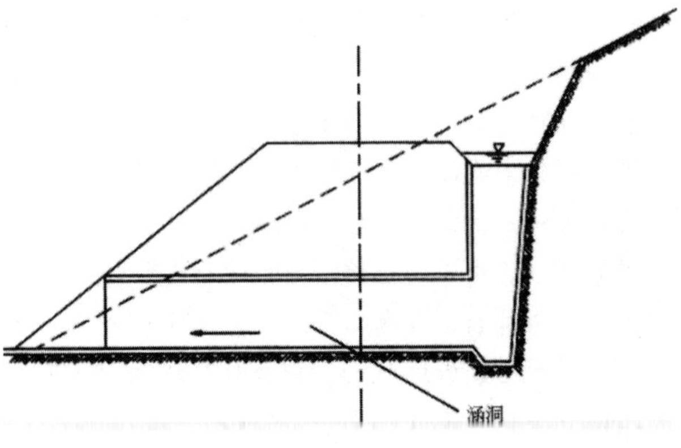

图 9-2　边沟泄水流入涵管前窨井剖面示意图

2．截水沟

截水沟，又称天沟，是设置在挖方路基边坡坡顶以外或山坡路堤的上方，垂直于水流方向，用以截引路基上方流向路基的地面径流的排水设施。截水沟可以防止地表径流冲刷和侵蚀挖方边坡和路堤坡脚，并减轻边沟的泄水负担。降水量较少或坡面坚硬和边坡较低以致冲刷影响不大的路段，可以不设截水沟；反之，如果降水量较多，且暴雨频率较高，山坡覆盖层比较松软，坡面较高，水土流失比较严重的地段，必要时可设置两道或多道截水沟。

图 9-3 是路堑段挖方边坡上方设置的截水沟图例之一，图中截水沟至坡顶边沿距离 d，一般应大于 5.0m，地质不良地段可取 10.0m 或更大。截水沟下方一侧，可堆置挖沟的土方，要求做成顶部向沟倾斜 2% 的土台。路堑上方设置弃土堆时，截水沟的位置及断面尺寸，如图 9-4 所示。

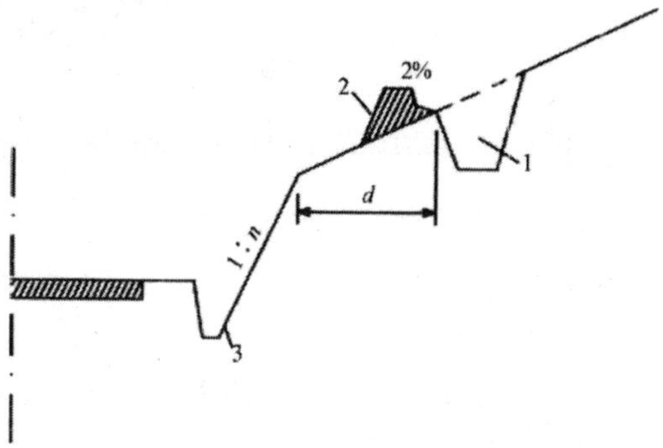

1—截水沟；2—土台；3—边沟（单级跌水）

图 9-3　挖方路段截水沟示意图

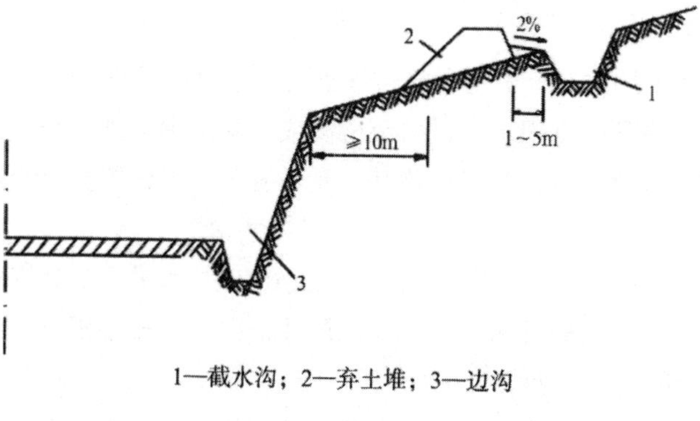

1—截水沟；2—弃土堆；3—边沟

图 9-4　挖方路段弃土堆与截水沟关系图

山坡填方路段可能遭到上方水流的破坏作用，此时必须设截水沟，以拦截山坡水流保护路堤。如图 9–5 所示，截水沟应与坡脚之间，要有不小于 2.0m 的间距，并做成 2% 的向沟倾斜横坡，确保路堤不受水害。

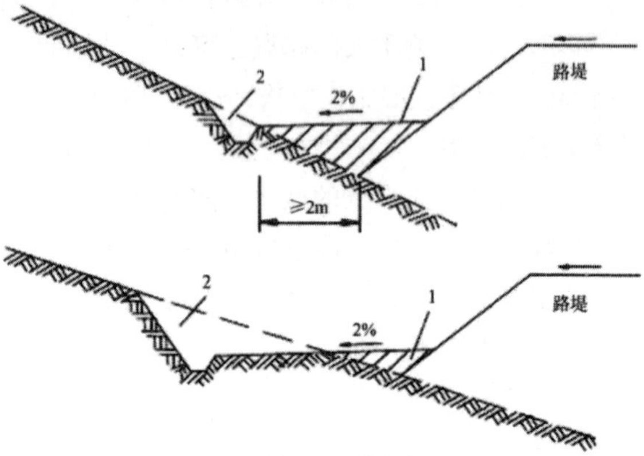

1—土台；2—截水沟

图 9–5　填方路段上的截水沟示意图

截水沟的横断面形式，一般为梯形，沟的边坡坡度，因岩土条件而定，一般采用 1∶1.5 ~ 1∶1.5。沟底宽度 b 不小于 0.5m，沟深 h 按设计流量而定，亦不应小于 0.5m。

截水沟的位置，应尽量与绝大多数地面水流方向垂直，以提高截水效能和缩短沟的长度。截水沟应保证水流畅通，就近引入自然沟内排出，必要时配以急流槽或涵洞等泄水结构物将水流引入指定地点。截水沟水流不应引入边沟，当必须引入时，应增大边沟横断面，并进行防护。沟底应具有 0.5% 以上的纵坡，沟底和沟壁要求平整密实、不滞流、不渗水，必要时予以加固和铺砌。截水沟的长度以 200 ~ 500m 为宜。

3．排水沟

排水沟的主要用途在于引水，将路基范围内各种水源的水流（如边沟、截水沟、取土坑、边坡和路基附近积水），引至桥涵或路基范围以外的指定地点。当路线受到多段沟渠或水道影响时，为保护路基不受水害，可以设置排水沟或改移渠道，以调节水流，整治水道。

排水沟的横断面，一般采用梯形，尺寸大小应经过水力水文计算选定。用于边沟、截水沟及取土坑出水口的排水沟，横断面尺寸根据设计流量确定，底宽与深度不宜小于 0.5m，土沟的边坡坡度为 1∶1 ~ 1∶1.5。

排水沟的位置，可根据需要并结合当地地形等条件而定，离路基尽可能远些，距路基坡脚不宜小于 2m，平面上应力求直接，需要转弯时亦应尽量圆顺，做成弧形，其半径不宜小于 10 ~ 20m，连续长度宜短，一般不超过 500m。

排水沟水流注入其他沟渠或水道时，应使原水道不产生冲刷或淤积。通常应使排水沟与原水道两者成锐角相交，交角不大于 45°，有条件可用半径 R=10b（b 为沟顶宽）的圆曲线朝下游与其他水道相接，如图 9-6 所示。

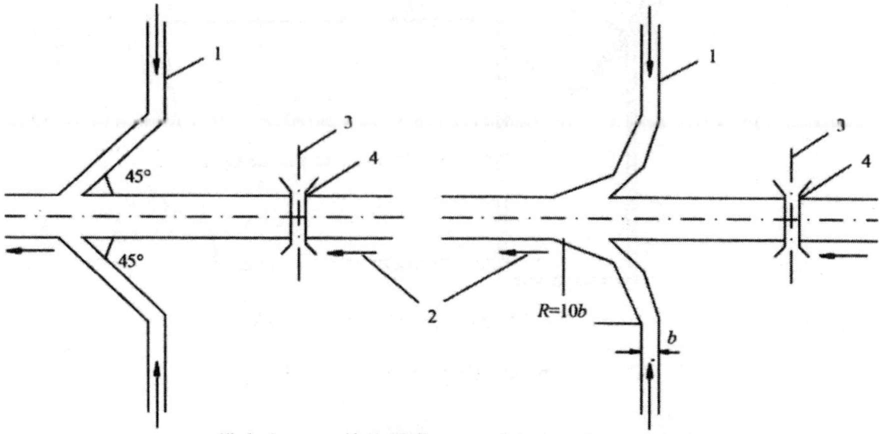

1—排水沟；2—其他渠道；3—路基中心线；4—桥涵

图 9-6　排水沟与水道衔接示意图

排水沟应具有合适的纵坡，以保证水流畅通，不致流速太大而产生冲刷，亦不可流速太小而形成淤积。一般情况下，可取 0.5% ~ 1.0%，不小于 0.3%，亦不宜大于 3%。

4. 跌水与急流槽

设置于需要排水的高差较大而距离较短或坡度陡峻地段的阶梯形构筑物，称为跌水。其作用主要是降低流速和消减水的能量。急流槽是具有很陡坡度的水槽，其作用主要是在很短的距离内，水面落差很大的情况下进行排水。

跌水与急流槽是路基地面排水沟渠的特殊形式，用于陡坡地段，沟底纵坡可达 45°。一般在重丘、山岭地区，地形险峻，排水沟渠纵坡较陡，水流湍急，冲刷力强，为减小其流速，降低其能量，防止对路基造成危害，要求跌水与急流槽的结构必须稳固耐久，通常应采用浆砌块石或水泥混凝土预制块砌筑，并具有相应的防护加固措施。

跌水的构造，有单级和多级之分，沟底有等宽和变宽之别。单级跌水适用于排水沟渠连接处，由于水位落差较大，需要消能或改变水流方向，图 9-7 表示路基边沟水流通过涵洞排泄时，采用单级跌水（相当于雨水井）的示例之一。较长陡坡地段的沟渠，为减缓水流速度，并予以消能，可采用多级跌水，图 9-8 即为示例之一。

多级跌水底宽和每级长度，可以采用各自相等的对称形，亦可根据实地需要，做成变宽或不等长度与高度。

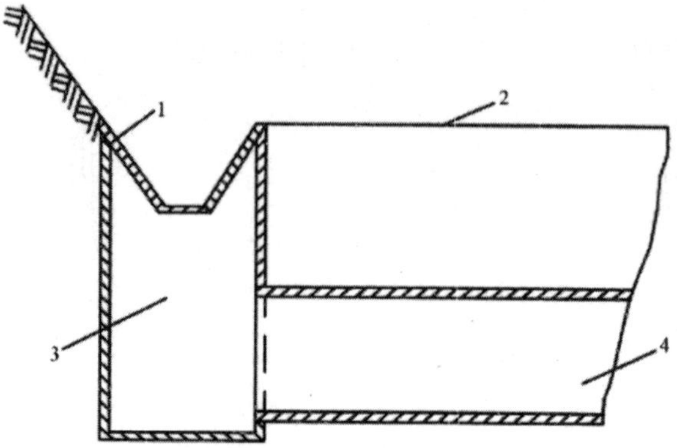

1—边沟；2—路基；3—跌水井；4—涵洞

图 9–7 边沟与涵洞单级跌水连接示意图

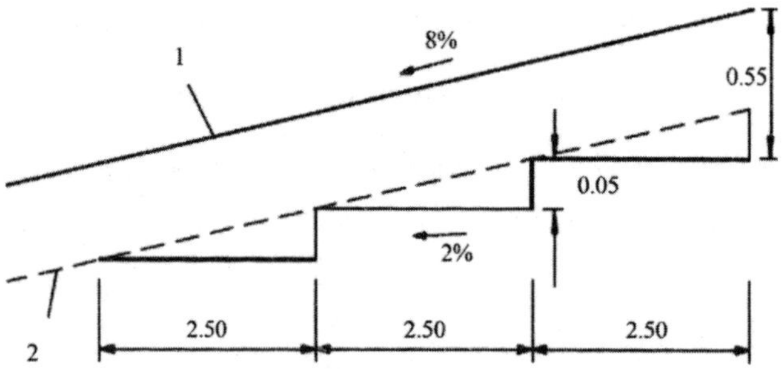

1—沟顶线；2—沟底线

图 9–8 多级跌水纵剖面示意图

按照水力计算特点，跌水的基本构造可分为进水口、消力池和出水口三个组成部分，如图 9–9 所示。各个组成部分的尺寸，由水力计算而定。一般情况下，如果地质条件良好，地下水位较低，设计流量小于 1.0 ~ 2.0m^3/s，跌水台阶（护墙）高度 P，最大不超过 2.0m。常用的简易多级跌水，台高 0.4 ~ 0.5m，护墙用石砌或混凝土结构，墙基埋置深度为水深 a 的 1.0 ~ 1.2 倍，并不小于 1.0m，且应深入冰冻线以下，石砌墙厚 0.25 ~ 0.30m。消力池起消能作用，要求坚固稳定，底部具有 1% ~ 2% 的纵坡，底厚 0.35 ~ 0.30m，壁高应比计算水深至少大 0.20m，壁厚与护墙厚度相仿。消力池末端设有消力槛，槛高 c 依计算而定，要求低于池内水深，为护墙高度 P 的 1/5 ~ 1/4，即 c=（0.2 ~ 0.25）P，一般取 c=15 ~ 20cm。消力槛顶部厚度为 0.3 ~

0.4m，底部预留孔径为 5 ～ 10cm 的泄水孔，以利水流中断时排泄池内的积水。

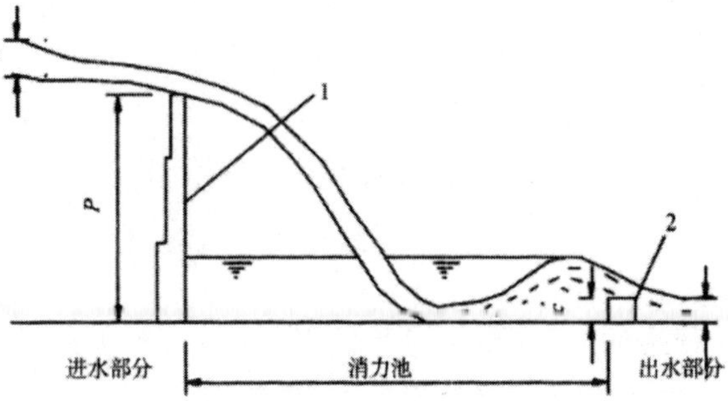

1—护墙；2—消力槛

图 9–9　跌水构造示意图

跌水两端的土质沟渠，应注意加固，保持水流畅通，不致产生水流冲刷和淤积，以充分发挥跌水的排水效能。

急流槽的纵坡，比跌水的平均纵坡更陡，结构的坚固稳定性要求更高，是山区公路回头展线，沟通上下线路基排水及沟渠出水口的一种常见排水设施。急流槽主体部分的纵坡，依地形而定，一般可达 67%（1 ∶ 1.5），如果地质条件良好，需要时还可更陡，但结构要求更严，造价亦相应提高，设计时应通过比较而定。

急流槽多用砌石（抹面）和水泥混凝土结构，亦可利用岩石坡面挖槽。如临时急需时，可就近取材，采用竹木结构。按水力计算特点，亦由进口、主槽（槽身）和出口三部分组成。

急流槽的进出口与主槽连接处，因沟槽横断面不同，为了能平顺衔接，可设过渡段，出口部分设有消力池。各个部分的尺寸，依水力计算而定。对于设计流量不超过 1.0m^3/s，槽底倾斜为 1 ∶ 1 ～ 1 ∶ 1.5 的小型结构。急流槽的基础必须稳固，端部及槽身每隔 2 ～ 5m，在槽底设耳墙埋入地面以下。槽身较长时，宜分段砌筑，每段长 5 ～ 10m，预留伸缩缝，并用防水材料填缝。

5. 拦水带

为避免高路堤边坡被路面汇集的雨水冲坏，可在路肩上作拦水带，将水流拦截至挖方边沟或在适当地点设急流槽引离路基。拦水带高出路肩 15 ～ 20cm，埋入 25 ～ 30cm，拦水带顶宽，浆砌片面为 25cm，混凝土为 15cm。设拦水带的内侧路肩应适当加固。

6. 蒸发池

气候干旱、排水困难地段，可利用沿线的集中取土坑或专门设置蒸发池排除地表水。蒸发池与路基边沟（或排水沟）间应设排水沟连接。蒸发池边缘与路基边沟距离不应小于 5m，面积较大的蒸发池不得小于 20m。池中水位应低于排水沟的沟底。

蒸发池的容量应以一个月内路基汇流入池中的雨水能及时完成渗透与蒸发作为设计依据。每个蒸发池的容水量不宜超过 200 ~ 300m^3，蓄水深度不应大于 1.5 ~ 2.0m。蒸发池的设置不应使附近地面形成盐渍化或沼泽化。

二、地下排水

路基及边坡土体中的上层滞水，或埋藏很浅的潜水称为地下水，当地下水影响路基、路面强度或边坡稳定时，应设置暗沟（管）、渗沟、检查井等地下排水设施。

常用的路基地下排水设施有：盲沟、渗沟和渗井等，其特点是排水量不大，主要是以渗流方式汇集水流，并就近排出路基范围以外。对于流量较大的地下水，应设置专用地下管道予以排除。

由于地下排水设施埋置地面以下，不易维修，在路基建成后又难以查明失效情况，因此要求地下排水设施能牢固有效。

1．暗沟

相对于地面排水的明沟而言，暗沟又称盲沟，具有隐蔽工程的含义。从盲沟的构造特点出发，由于沟内分层填以大小不同的颗粒材料，利用渗水材料透水性将地下水汇集于沟内，并沿沟排泄至指定地点，此种构造相对于管道流水而言，习惯上称之为盲沟，在水力特性上属于紊流。

图 9-10 为一侧边沟下面所设的盲沟，用以拦截流向路基的层间水，防止路基边坡滑坍和毛细水上升危及路基的强度与稳定性。

图 9-11 是路基两侧边沟下面均设盲沟，用以降低地下水位，防止毛细水上升至路基工作区范围内，形成水分积聚而造成冻胀和翻浆，或土基过湿而降低强度等。

图 9-12 是设在路基挖方与填方交界处的横向盲沟，用以拦截和排除路堑下面层间水或小股泉水，保持路堤填土不受水害。

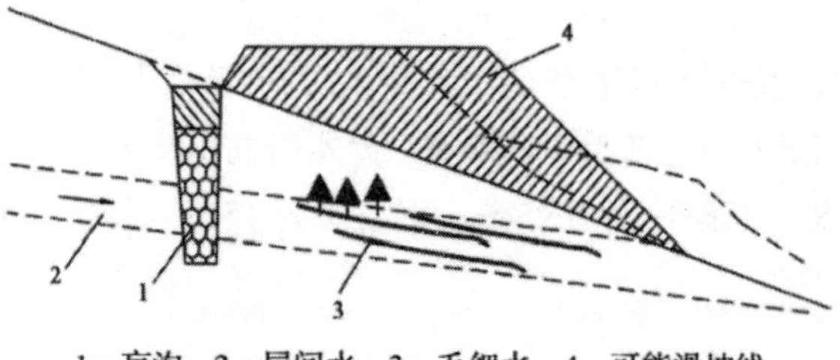

1—盲沟；2—层间水；3—毛细水；4—可能滑坡线

图 9-10　一侧边沟下设盲沟示意图

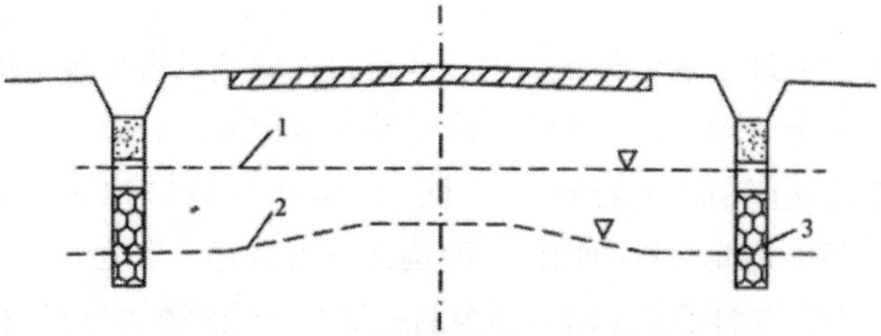

1—原地下水位；2—降低后地下水位；3—盲沟

图 9-11　两侧边沟下设盲沟示意图

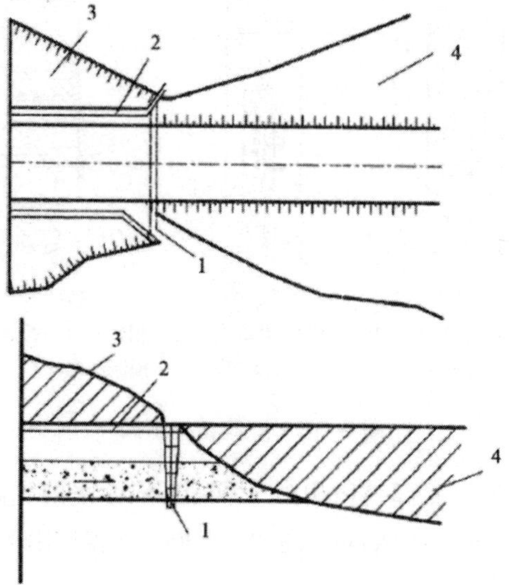

1—盲沟；2—边沟；3—路堑；4—路堤

图 9-12　挖填交界处横向盲沟示意图

以上所述的盲沟，沟槽内全部填满颗粒材料，可以理解为简易盲沟，其构造比较简单，横断面成矩形，亦可做成上宽下窄的梯形，沟壁倾斜度约 1 : 0.2，底宽 6 与深度大致为 1 : 3，深 1.0 ~ 1.5m，则底宽 0.3 ~ 0.5m。盲沟的底部中间填以粒径较大（3 ~ 5cm）的碎石，其空隙较大，水可在空隙中流动。粗粒碎石两侧和上部，按一定比例分层（层厚约 10cm）填以较细粒径的粒料，逐层粒径比例大致按 6 倍递减。盲沟顶部和底面，一般设有厚 30cm 以上的不透水层，或顶部设有双层反铺草皮。

简易盲沟的排水能力较小，不宜过长，沟底具有 1% ~ 2% 的纵坡，出水口底面标高应高出沟外最高水位 20cm，以防水流倒渗。

寒冷地区的暗沟，应做防冻保温处理或将暗沟设在冻结深度以下。

2. 渗沟

采用渗透方式将地下水汇集于沟内，并通过沟底通道将水排至指定地点，此种地下排水设施统称为渗沟，它的作用是降低地下水位或拦截地下水，其水力特性是紊流，但在构造上与上述简易盲沟有所不同。渗沟有三种结构形式，如图 9-13 所示。

盲沟式渗沟与上述简易盲沟相似，但构造更为完善。当地下水流量较大，要求埋置更深，可在沟底设洞或管，前者称为洞式渗沟，后者称为管式渗沟。

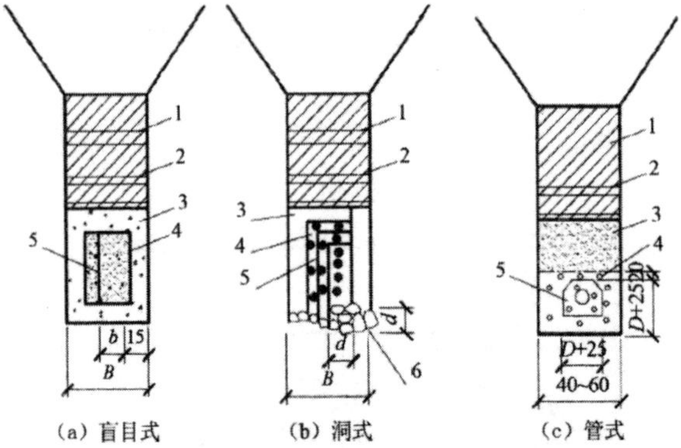

1—黏土夯实；2—双层反铺草皮；3—粗砂；4—石屑；
5—碎石；6—浆砌片石沟洞；7—预制混凝土管

图 9-13　渗沟结构形式

渗沟底部设洞或管，底部结构相当于顶部可以渗水的涵洞。图 9-14 是洞式渗沟结构图例之一，其洞宽 b 约 20cm，高 20 ~ 30cm；盖板用条石或混凝土预制板；

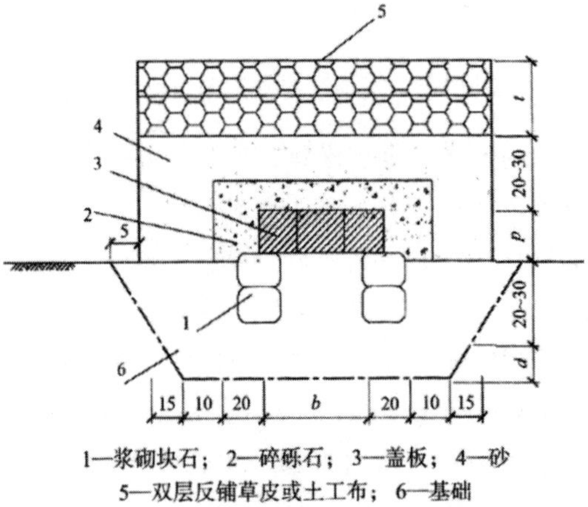

1—浆砌块石；2—碎砾石；3—盖板；4—砂
5—双层反铺草皮或土工布；6—基础

图 9-14　洞式渗沟结构示意图

板长约为 2b，板厚 P ≥ 15cm，并预留渗水孔，以便渗入沟内的水汇集于洞内排出。洞身要求埋入不透水层内，如果地基软弱还应铺设砂石基础；洞身埋在透水层中时，必要时在两侧和底部加设隔水层，以达到排水的目的。洞底设置不小于 0.5% 的纵坡，使集水通畅排出。

当排除地下水的流量更大，或排水距离较长时，可考虑采用管式渗沟。渗沟底部埋设的管道，一般为陶土或混凝土的预制管，管壁上半部留有渗水孔，渗水孔交错排列，设于边沟下的管或渗沟，如图 9–15 所示。管的内径由水力计算而定，一般 0.4 ~ 0.6m，管底设基座。对于冰冻地区，为防止冻结阻塞，除管道埋在冰冻线以下外，必要时采取保温措施，管径亦宜较大一些。

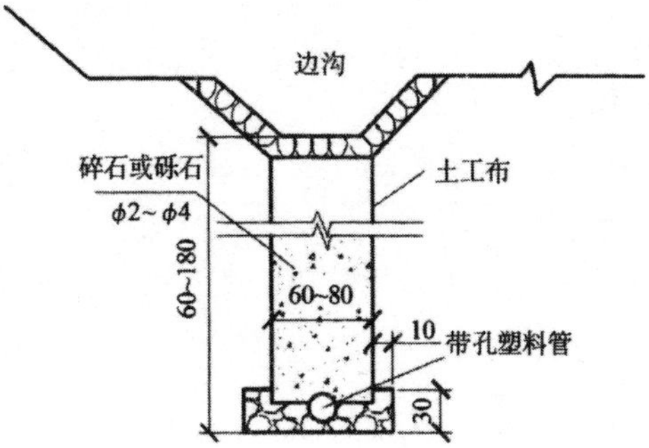

图 9–15　管式渗沟示意图

3．渗井

渗井属于水平方向的地下排水设备，当地下存在多层含水层，其中影响路基的上部含水层较薄，排水量不大，且平式渗沟难以布置，采用立式（竖向）排水，设置渗井，穿过不透水层，将路基范围内的上层地下水，引入更深的含水层中去，以降低上层的地下水位或全部予以排除。

渗井的平面布置，以及孔径与渗水量，按水力计算而定，一般为直径 1.0 ~ 1.5m 的圆柱形。亦可是边长为 1.0 ~ 1.5m 的方形。井深视地层构造情况而定，井内由中心向四周按层次，分别填入由粗而细的砂石材料，粗料渗水，细料反滤。

填充料要求筛分冲洗，施工时需用铁皮套筒分隔填入不同粒径的材料，要求层次分明，不得粗细材料混杂，以保证渗井达到预期排水效果。

鉴于渗井施工不易，单位渗水面积的造价高于渗沟，一般尽量少用。有时，因土基含水量较大，严重影响路基、路面的强度，其他地下排水设备不易布置，其他技术措施如隔离层的造价较高，此时渗井可作为方式之一，设计时应进行分析比较，有条件地选用。

4. 检查井

检查井用于检查维修渗沟。一般采用圆形，内径不小于 1.0m，在井壁处的渗沟底应高出井底 0.3 ~ 0.4m，井底铺一层厚 0.1 ~ 0.2m 的混凝土。井基如遇不良土质，应采取换填、夯实等措施。兼起渗井作用的检查井的井壁，应在含水层范围设置渗水孔和反滤层。深度大于 20m 的检查井，除设置检查梯外，还应设置安全设备。井口顶部应高出附近地面 0.3 ~ 0.5m，并设井盖。

第十章　路面基层施工

第一节　半刚性基层材料

一、半刚性基层分类

无机结合料稳定类又称为半刚性型或整体型，用作基层的材料主要有：水泥稳定类、石灰稳定、工业废渣稳定类。

按照土中单个颗粒的粒径大小和组成，将土分为细粒土、中粒土和粗粒土三种。

目前，我国高等级公路的基层使用最多的是水泥稳定碎石、水泥稳定砂砾，其次是二灰碎石、二灰砂砾，其他还有水泥稳定砂掺碎石、水泥稳定砂砾掺碎石，个别也有粉煤灰土加水泥。底基层以石灰土为最多。其次还有水泥稳定土、水泥石稳定土、水泥石灰粉煤灰稳定土等。

二、材料质量要求

组成半刚性基层的原材料主要有：土、碎石、砂砾、工业废渣、水泥、石灰、粉煤灰和水。

1. 原材料试验项目

（1）含水量。用烘干法、含水量快速测定仪或酒精法确定材料含水量。

（2）颗粒分析。用筛分法（含土材料用湿筛分析法）测定级配是否符合要求并确定材料配合比。

（3）液限与塑限。计算塑性指数并审定是否符合规定（100g 平衡锥测液限，搓条法测塑限）。

（4）相对密度与吸水率。用多孔网篮或容积 1000cm^3 以上的比重瓶测定相对密度与吸水率，用以评定粒料质量。

（5）压碎值。评定石料的抗压碎能力是否符合要求（压碎值仪测定）。

（6）有机质和硫酸盐含量。确定土是否适宜于用石灰或水泥稳定（对土有怀疑时做此试验）。

（7）有效钙镁含量确定石灰质量。常用滴定法或钙电极法测定。

（8）水泥强度和终凝时间。确定水泥的质量，是否适宜应用。

（9）烧失量强度。确定粉煤灰是否适用。

2. 对原材料的一般要求

（1）土质

对土的一般要求是易于粉碎，满足一定级配，便于碾压成型。

①液限与塑性指数：水泥稳定类时，土的液限不宜超过 25%，塑性指数不宜超过 6；用水泥稳定粒径较均匀的砂时，难于碾压，可在砂中掺入少量塑性指数小于 12 的黏性土（亚黏土）；二灰稳定类时，土的塑性指数为 12 ~ 20；石灰稳定类时，土的塑性指数为 15 ~ 20。

②颗粒组成：用作基层时，集料最大粒径不应超过 30mm（方孔筛，下同）；用作底基层时，集料最大粒径不应超过 40mm。最大粒径太大，拌和、摊铺、压实均有困难，表面平整度也难达到要求。最大粒径太小，则动稳性不足且投资增加。水泥稳定类材料用作底基层时，土的均匀系数应大于 5，实际上宜选用均匀系数大于 10（均匀系数指通过量为 60% 的筛孔与通过量为 10% 的筛孔尺寸的比值）。水泥稳定类集料的颗粒组成应满足表 10–1 的要求。表中 2 号级配可用于基层，1 号可用于底基层。二灰稳定类集料适宜的级配组成见表 10–2。

表 10–1　水泥稳定类集料的颗粒组成范围

筛孔尺寸（mm）		40	26.5	16	9.5	4.75	2.36	0.6	0.075
通过百分率（%）	1	100	90 ~ 100	75 ~ 90	50 ~ 70	30 ~ 55	15 ~ 35	10 ~ 20	0 ~ 7
	2		100	90 ~ 100	60 ~ 80	30 ~ 50	15 ~ 30	10 ~ 20	0 ~ 7

集料中 0.5mm 以下细粒土有塑性指数时，小于 0.075mm 的颗粒含量不应超过 5%；细粒土无塑性指数时，小于 0.075mm 的颗粒含量不应超过 7%。

表 10–2　二灰稳定类集料的颗粒组成范围

编号	通过下列筛孔（mm）的质量百分比（%）								
	40	30	20	10	5	2	1	0.5	0.075
1	100	90 ~ 100	60 ~ 85	50 ~ 70	40 ~ 60	27 ~ 47	20 ~ 40	10 ~ 30	0 ~ 15
2		100	90 ~ 100	55 ~ 80	40 ~ 65	28 ~ 50	20 ~ 40	10 ~ 20	0 ~ 10

③压碎值：半刚性基层材料所用的碎、砾石应具有一定的抗压碎能力。二级和二级以下公路的集料压碎值不大于 35%（底基层可放宽至 40%）；一级、高速公路

的集料压碎值不大于 30%。

④硫酸盐与腐殖质：水泥稳定时，土的腐殖质含量不应大于 2%，硫酸盐含量不应大于 0.25%。腐殖质含量超过 2% 以及塑性指数偏高的土，不应单用水泥稳定，若需采用这种土，必须先用石灰进行处理之后，方可用水泥稳定。石灰及二灰稳定类所用土的有机质含量不应超过 10%，硫酸盐含量不应超过 0.8%。

（2）无机结合料

无机结合料目前最常用的是水泥、石灰和粉煤灰。

①水泥：普通硅酸盐水泥、硅酸盐水泥、矿渣水泥或火山灰水泥都可用于稳定土，但应选用终凝时间较长（宜在 6h 以上）的水泥。快凝水泥、早强水泥以及受潮变质的水泥不应使用。宜采用强度低的水泥（如 325）。

②石灰：石灰质量应符合合格品以上的生石灰或消石灰的技术指标。实际使用时，要尽量缩短石灰的存放时间，如需存放较长时间，应采取覆盖封存措施妥善保管。

③粉煤灰：粉煤灰的主要成分是 SiO_2、Al_2O_3、Fe_2O_3、CaO，前两种成分的总含量应大于 70%。根据 CaO 含量的大小，粉煤灰可分为硅铝粉煤灰（CaO 含量一般在 2% ~ 6%）和高钙粉煤灰（CaO 含量为 10% ~ 40%）。我国的粉煤灰含 CaO、MgO 量较少，3% ~ 5%，因此，不具备自行结硬的特性。粉煤灰的烧失量一般小于 10%，有的在 20% 以上，烧失量过大，将明显降低混合料的强度，有的甚至难以成型。粉煤灰的粒径变化范围 0.001 ~ 0.3mm，但大部分在 0.01 ~ 0.1mm，其比表面积一般在 2000 ~ 35000cm^2/g。干粉煤灰和湿粉煤灰都可以应用。干粉煤灰如堆在空地上，要加水，防止飞扬造成污染。湿粉煤灰的含水量不宜超过 35%。使用时，应将凝固的粉煤灰块打碎或过筛，同时清除有害杂质。一般人、畜饮用的水源均可使用。

三、混合料组成设计

1. 一般原则

混合料组成设计所要达到的目标是：所设计的混合料组成在强度上满足设计要求、抗裂性达到最优且便于施工。

混合料组成设计的基本原则是结合料剂量合理、尽可能采用综合稳定以及集料应有一定级配。

混合料组成中，结合料的剂量太低则不能成为半刚性材料，剂量太高则刚度太大，容易脆裂。实际上，限制低剂量是为了保证整体性材料具有基本的抗拉强度，以满足荷载作用的强度要求。限制高剂量可使模量不致过大，避免结构产生太大的拉应力，同时降低收缩系数，使结构层不会因温度变化而引起拉伸破坏。

采用水泥、石灰综合稳定时，混合料中有一定水泥可提高早期强度，有一定石灰可使刚度不会太大，掺入一定数量的粉煤灰可以降低收缩系数，必要时可根据材料性质和施工季节，加入早强剂或其他外掺剂。

集料应有一定的级配。集料数量以达到靠拢而不紧密为原则，其空隙让无机结合料填充，形成各自发挥优势的稳定结构。因此，较为理想的基层材料应是石灰、粉煤灰、水泥综合稳定粒料类半刚性材料。半刚性基层材料中结合料和集料种类繁多，应以就地取材为前提，并根据以上原则通过试验求得合理组成，以充分发挥其优势。

2. 混合料试验项目

（1）重型击实试验确定最佳含水量和最大干密度，以规定工地碾压时的合适含水量和应达到的最大干密度；确定制备强度试验和耐久性试验的试件所应该用的含水量和干密度；确定制备承载比试件的材料含水量。

（2）承载比：求工地预期干密度下的承载比，确定材料是否适宜做基层或底基层。

（3）抗压强度进行材料组成设计，选定最适宜于用水泥或石灰稳定的材料（包括土），规定施工中所用的结合料剂量，为工地提供质量评定标准。

（4）耐久性用于湿循环或冻融循环试验确定适宜于用石灰或水泥稳定的材料，探索石灰、水泥稳定材料在潮湿冰冻条件下的使用性能。

3. 半刚性基层材料组成设计的现行方法

现行混合料组成设计的主要内容是根据表10–3的强度标准值（七·五研究成果），通过试验选取适宜于稳定的材料，确定材料的配比以及最大干密度和最佳含水量。表中所列数值指龄期为7d（温养6d、浸水1d）的无侧限抗压强度。

表10–3　无机结合料稳定类材料的抗压强度（单位：MPa）

公路等级		高速、一级公路	二级及二级以下公路
水泥稳定类材料	基层	3.0 ~ 4.0	2.0 ~ 3.0
	底基层	≥ 1.5	≥ 1.5
石灰稳定类材料	基层		≥ 0.8
	底基层	≥ 0.8	≥ 0.5 ~ 0.7[注]
二灰稳定类材料	基层	≥ 0.8	≥ 0.6
	底基层	≥ 0.5	≥ 0.5

具体设计步骤如下：

（1）制备同一种土样、不同结合料剂量的混合料，水泥和石灰的剂量可参考表10–4、10–5所列数值。

表 10–4 水泥剂量参考值

土类	层位	水泥剂量（%）				
中粒土和粗粒土	基层	3	4	5	6	7
	底基层	3	4	5	6	7
塑性指数小于 12 的土	基层	5	7	8	9	11
	底基层	4	5	6	7	9
其他细粒土	基层	8	10	12	14	16
	底基层	6	8	9	10	12

二灰稳定类混合料试件的制备可根据不同情况进行。对硅铝粉煤灰，采用石灰粉煤灰做基层或底基层时，石灰与粉煤灰之比可以是 1：2 ~ 1：9。采用石灰粉煤灰土做基层或底基层时，石灰与粉煤灰的比常用 1：2 ~ 1：4（对于粉土，以 1：2 为宜）。石灰粉煤灰与细粒土的比例可以是 30：70 ~ 90：10。采用石灰粉煤灰粒料做基层或底基层时，石灰与粉煤灰的配比常用 1：2 ~ 1：4，石灰粉煤灰与级配粒料（中粒土和粗粒土）的配比可以是 1：6 ~ 1：4，石灰粉煤灰与粒料的配比也可以用 1：1 左右，但后者可能强度较低，裂缝较多。

表 10–5 石灰剂量参考值

土类	层位	石灰剂量（%）				
砂砾土和碎石土	基层	3	4	5	6	7
塑性指数小于 12 的黏性土	基层	10	12	13	14	16
	底基层	8	10	11	12	14
塑性指数大于 12 的黏性土	基层	5	7	9	11	13
	底基层	5	7	8	9	11

（2）采用重型击实试验确定各种混合料的最佳含水量和最大干密度，至少做三个不同水泥或石灰剂量混合料的击实试验，即最小剂量、中间剂量和最大剂量。其他剂量混合料的最佳含水量和最大干密度用内插法确定。

（3）按工地预定达到的压实度，分别计算不同结合料剂量时试件应有的干密度。

（4）按最佳含水量和计算得到的干密度制备试件，进行强度试验。作为平行试验的试件数量应符合表 10–6 中的规定。如试验结果的偏差系数大于表中规定的值，则应重做试验，并找出原因，加以解决。如不能降低偏差系数，则应增加试验数量。

表 10-6 最少的试验数量

稳定土类型	下列偏差系数时的试验数量		
	小于 10%	10% ~ 15%	小于 20%
细粒土	6		
中粒土	6	9	
粗粒土		9	13

（5）试件在规定温度下保湿养生 6d，浸水 1d，进行无侧限抗压强度试验，试验温度为：冰冻地区（20 ± 2）℃，非冰冻地区（25 ± 2）℃。计算试验结果的平均值和偏差系数。

（6）根据表 9-3 的强度标准，选定合适的结合料剂量。按比例剂量制作试件，室内试验结果的平均设计抗压强度满足下式要求：

$$R_a = R_d / (1 - Z_\alpha C_V)$$

式中 R_d——设计抗压强度；

C_v——试验结果的偏差系数（以小数计）；

$Z\alpha$——标准正态分布表中随保证率（或置信度）而变的系数。高等级公路上应取保证率 95%，此时 $Z\alpha=1.645$。

工地实际采用的石灰或水泥剂量应较室内试验确定的剂量多 0.5% ~ 1.0%。

石灰土稳定碎石和石灰土稳定砂砾，仅对其中的石灰土进行组成设计，对碎石和砂砾，只要求它具有较好的级配。石灰土与碎石砂砾的质量比宜为 1 : 4。二灰稳定粒料的组成设计，则应包括全部混合料（或 25mm 以下的粒料）。条件不具备时，可仅对二灰进行组成设计，确定二灰的配合比后，在二灰中掺入一定比例的粒料。

4. 无机结合料材料组成设计

对无机结合料类的材料组成设计，现行方法是按重型击实法进行。当粒料含量不高时（35% 以下），现行方法可得出正确的结果，但费工费时。当粒料含量高时（50% 以上），由于击实筒空间的限制，现行方法就不能得出真正的最大干密度。若以它为准，按施工规范要求的压实度成型，所测得的强度和有关参数太小，据此进行设计，势必造成浪费。同样，如以此为准进行施工质量控制，必然要求太低，不能保证施工质量。因此，需要寻求更科学的方法。

（1）集料用量的确定

为使石灰与二灰稳定粒料类混合料中的结合料胶结和集料嵌挤共同发挥作用，

一实方体中最多只能用一松方集料，剩余空隙全为结合料所填充（即填充理论），经充分压实后，可得到强度大、收缩系数小的半刚性基层材料。集料太多，结合料填不满空隙，导致强度不足；集料少，温缩系数增大，容易开裂。根据填充理论的基本思想，集料最佳组成的计算公式为：

结合料：集料：　$$\frac{p_{1(1-v)}}{p_o}:\frac{p_c}{p_o}$$

式中 p_c——集料的松方干密度（g/cm^3）；

p_1——试验中所用结合料的最大干密度（g/cm^3）；

V——集料在半刚性材料中所占的体积；

p_o——该混合料的最大干密度（g/cm^3）。

其中，（y 为集料的平均相对密度）

$$p_o = p_1(1-V) + p_c$$

根据上面公式计算集料松方密度为 1.4 ~ 1.68g/cm^3 时，灰土砂砾的集料最佳含量为 63% ~ 72%，二灰砂砾的集料最佳含量为 70% ~ 78%。此最佳含量也是集料的最大含量，超过这个含量，材料的整体性反而下降，施工拌和均匀性也难保证。

水泥稳定粒料类混合料的集料组成设计应满足最大干密度原则，并以水泥胶结和填充其部分空隙为准。因此，集料应具有一定的级配。

（2）结合料剂量的确定

作为结合料的石灰土、二灰的配比按常规方法通过试验确定。但掺入集料后，应考虑集料裹覆、吸收石灰的剂量，一般应加集料含量的 3%。此时，混合料的石灰含量　为：

$$\alpha = Ab + 3B$$

施工中，石灰剂量应增加 0.5%，对二灰稳定粒料，还应增加粉煤灰 2%。

水泥稳定类材料的强度随水泥剂量的增加而增大。但从抗裂性角度考虑，当水泥含量为 5% ~ 6% 时，水泥稳定粒料抗温缩和抗干缩的性能都很好；当水泥剂量为 7% 时，抗裂性反而降低；当水泥剂量为 3% 时，抗温缩性能急剧下降。因此，水泥稳定粒料的水泥含量一般应为 4% ~ 6%，具体视各地气候而定。其水泥的最佳剂量可通过试验确定。

（3）用计算法确定最大干密度和最佳含水量

①石灰土、二灰稳定粒料：根据室内试验测得结合料的最大干密度 p_1 和集料的

平均相对密度 y，把已确定的结合料与集料的质量比换算为击实后体积比 $V_1:V_2$，则混合料的最大干密度 p_o 为：

$$p_o = V_1 p_1 + V_2 y$$

石灰土、二灰稳定粒料的最佳含水量 W_0 是结合料的最佳含水量 W_1 和集料饱水裹覆含水量 W_2 的加权值，可按下式计算：

$$W_0 = W_1 A + W_2 B$$

式中 A、B——结合料和集料的质量百分比，以小数计。

饱水裹覆含水量是指把集料浸水饱和后取出，不擦去表面裹覆水时的含水量，除吸水率特大的集料外，此值对于砾石可以取 3%，碎石可取 4%。

②水泥稳定粒料：此类材料的最大干密度 p_o 与集料的最大干密度 p_G 和水泥浆硬化后的水泥质量有关，即

$$P_O = {}^{p_G} / \left[1 - \frac{(1+k)\alpha}{100}\right]$$

式中 p_G——集料在震动台上加载震动而得到的最大干密度（g/cm^3）；

α——水泥含量（%）

k——水泥水化时水的增量，视水泥品种不同而异，一般为水泥质量的 10% ~ 25%，以小数计。

水泥加水拌匀后，在 105℃烘箱中烘干，称试验前水泥重和烘干后硬化的水泥重，即可求得水泥水化的水增量。

研究表明：当工地没有震动台设备时，击实法结果可当作 95% 的压实度，并可直接以其测定结果成型试件作强度及有关参数测定，不再作压实度折减。施工质量控制，也应要求达到击实法的干密度，不作压实度折减。

因水泥中含有水化水，故用烘箱法不能正确测出水泥稳定粒料的最佳含水量。根据比较试验，水泥稳定粒料的最佳含水量 W_0 由水泥的水化水、集料的饱水裹覆含水量和拌和水泥所需要的水（水灰比为 0.5）三者组成，即

$$W_0 = (0.5 + k)\alpha + W_2(1 - \alpha / 100)$$

式中 α——水泥含量（%）；

W_2——集料饱水裹覆含水量（%）；

k——水泥水化水增量，以小数计。

5. 二灰稳定类材料的早强问题

二灰稳定类材料后期强度高，隔温性和水稳性好，但其早期强度低，影响交通开放，在重交通道路上也常因早强不足而导致路面早期破坏。在低温条件下，其强度增长率更低，这就限制了基层的施工季节。因此，如何提高二灰稳定类材料的早期强度，是目前公路工程技术人员较为关注的问题之一。

掺加少量水泥或化学添加剂可提高二灰稳定类材料的早期强度。掺入少量水泥可提高早期强度，但不足之处在于工艺上有初、终凝时间限制，且其早期强度的提高主要来源于水泥水化产物的形成，而粉煤中含有的 SiO_2、Al_2O_3 并未得到充分的发挥和利用。因此，用掺加化学添加剂提高二灰稳定类的早期强度是有效途径之一。

研究表明：掺用微量化学添加剂能提高二灰稳定类混合料的 pH，增大离子浓度，降低胶团的动电位，形成晶体或黏结性物质，进而使二灰稳定类材料获得早强。NaOH、Na_2CO_3 和 Na_2SiO_3 三种单一早强剂在常温养生条件下具有显著的早强效果。NaOH-Na_2CO_3、NaOH-Na_2SiO_3 和 Na_2CO_3-Na_2SiO_3 三种复合早强剂不论常温或低温其早强效果均较理想。从经济和强度两方面考虑，早强剂适宜剂量为 1% ~ 2%。

对二灰稳定类材料的早强问题，也有异议，认为二灰稳定类材料后期强度很高，有超过水泥稳定类材料的趋势，若开放交通初期适当限制重车，不会引起路面结构的早期破坏，而且有的高等级公路竣工通车时，二灰稳定类基层的龄期已达 2 ~ 3 个月，强度绰绰有余。根据我国近年来高等级公路修筑的实践，建议高速公路与一级公路二灰稳定类材料基层的抗压强度采用 0.8 ~ 1.0MPa，底基层抗压强度大于 0.5MPa。当然，在施工中应注意避免重型施工机具在基层上通行。

第二节　半刚性基层施工

一、厂拌法施工

在我国，高等级公路半刚性基层施工中，混合料的拌和方式有路拌法和厂拌法，其摊铺方式有人工和机械两种。从施工程序来看，一般是先通过修筑试验路段，制定标准施工方法后进行大面积施工。

1. 修筑试验路段

在进行大面积施工之前，修筑一定长度的试验路段是很必要的。目前在我国高等级公路基层修筑实践中，许多施工单位通过修筑试验路段，进行施工优化组合，把主要问题找出来，并加以解决，由此提出标准施工方法用以指导大面积施工，从而使整个工程施工质量高、进度快，经济效益显著。

修筑试验路段的任务是：检验拌和、运输、摊铺、碾压、养生等计划投入使用设备的可靠性；检验混合料的组成设计是否符合质量要求及各道工序的质量控制措施；提出用于大面积施工的材料配合比及松铺系数；确定每一作业段的合适长度和一次铺筑的合理厚度；提出标准施工方法。标准施工方法主要内容包括：集料与结合料数量的控制；摊铺方法；合适的拌和方法、拌和速度、拌和深度与拌和遍数；混合料最佳含水量的控制方法；整平和整型的合适机具与方法；压实机械的组合、压实的顺序、速度和遍数；压实度检查方法及每一作业段的最小检查数量。若采用集中厂拌和摊铺机摊铺，应解决好机械的选型与配套问题。

2. 厂拌法施工

厂拌法施工前，应先调试拌和设备。调试的目的在于找出各料斗闸门的开启刻度（简称开度）以确保按设计配合比拌和。先要测定各种原材料的流量——开度曲线。然后按厂拌设备的实际生产率及各种原材料的设计质量比计算各自的要求流量，从流量——开度曲线上可查出各个闸门的刻度。按得出的刻度试拌一次，测定其级配、含水量及结合料剂量，如有误差则个别调整后再试拌。一般试拌一两次即可达到要求。拌和生产中，含水量应略大于最佳值，使混合料运到现场摊铺后碾压时的含水量不小于最佳值，按照合同或规范要求，在拌和厂抽检混合料的配合比。将拌和好的混合料送到现场，如运距远，车上混合料应覆盖，以防水分损失过多。用平地机、摊铺机、摊铺箱或人工按松铺厚度摊铺均匀，如有粗细颗粒离析现象，应以机械或人工补充拌和，如果采用摊铺机施工，厂拌设备的生产率、运输车辆及摊铺机的生产率应尽可能配套，以保证施工的连续性。其他工序同路拌法。

目前，我国高等级公路的半刚性基层施工多采用集中厂拌和摊铺机摊铺，修筑的基层平整度、高程、路拱、纵坡和厚度都达到了规范或合同的要求。从而避免了人工或平地机施工中配料不准、拌和不匀、反复找平、厚度难以控制等问题，不仅提高了工程质量，而且加快了工程进度。实践证明：提高高等级公路基层施工质量的根本出路在于机械化。因此建议基层施工应尽可能采用集中厂拌和摊铺机摊铺的。

二、路拌法施工

半刚性基层或底基层路拌法施工的主要工序为：准备下承层—施工测量—备料—推铺—拌和—整平与碾压成型—初期养护。

1. 下承层准备与施工测量

施工前对下承层（底基层或土基）按质量验收标准进行验收，并精心加工。之后，恢复中线，直线段每 20 ~ 25m 设一桩，平曲线段每 10 ~ 15m 设一桩，并在两侧路面边缘外 0.3 ~ 0.5m 处设指示桩，在指示桩上用红漆标出基层（或底基层）边缘设计标高及松铺厚度的位置。

2. 备料

所用材料应符合质量要求，并根据各路段基层（底基层）的宽度、厚度及预定的干密度，计算各路段需要的干燥集料数量。根据混合料的配合比、材料的含水量以及所用车辆的吨位，计算各种材料每车料的堆放距离，对于水泥、石灰等结合料，常以袋（或小翻斗车）为计量单位，故应计算出每袋结合料的堆放距离。也可根据各种集料所占的比例及其松干密度，计算每种集料松铺厚度，以控制集料施工配合比，而对结合料（水泥、石灰等）仍以每袋的摊铺面积来控制剂量。

3. 摊铺与拌和

用平地机、推土机或人工按试验路段所求得的松铺系数进行摊铺，摊铺力求均匀。摊铺工作就绪后，就可使用稳定土路拌机进行拌和作业。路拌时，首先调整液压分配阀的控制手柄，使路拌机的工作装置渐渐深入混合料之中直至达到标尺要求的深度，这样拌和机就可以工作速度开始作业，工作速度以 1.2 ~ 1.5km/h 最为适宜。当然，不同的拌和条件，最佳拌和速度是不同的。在拌和开始阶段要反复检查拌和深度，是否留有“夹层”或切入下承层太深。拌和路线应自基层的最外沿向中心线靠拢。拌和中适时测定含水量，如含水量大于最佳值，应进行自然蒸发，使含水量达到最佳值。若含水量小于最佳值，应补充洒水进行拌和。一般在摊铺洒水时，用水量应稍大些，这样可避免二次拌和所造成的浪费。

4. 碾压

拌和好的混合料以平地机整平，并刮出路拱，然后进行压实作业。无机结合料稳定类结构层应用 12t 以上的压路机碾压。用 12 ~ 15t 三轮压路机碾压时，每层的压实厚度不应超过 15cm；用 18 ~ 20t 的三轮压路机碾压时，每层的压实厚度不应超过 20cm。对于稳定中粒土和粗粒土，采用能量大的振动压路机时，每层的压实厚度根据试验确定，压实厚度超过上述规定时，应分层铺筑，每层的最小压实厚度为 10cm。压实应遵循先轻后重、先慢后快的原则。直线段，由两侧路肩向路中心碾压，即先边后中；平曲线段，由内侧路肩向外侧路肩进行碾压。

碾压过程中，如有“弹簧”、松散、起皮等现象，应及时翻开重新拌和，或用其他方法处理，使其达到质量要求。在碾压结束之前，用平地机再终平一次，使其纵向顺适，路拱和超高符合设计要求。终平应仔细进行，必须将局部高出部分刮除并扫出路外，对于局部低洼之处，不再进行找平，留待铺筑沥青层时处理。

5. 养生与交通管理

重视保湿养生，养生时间应不少于7d。水泥稳定类混合料碾压完成后，即刻开始养生，二灰稳定类混合料是在碾压完成后的第二或第三天开始养生。养生期结束，应立即铺筑沥青面层或做下封层。基层上未铺封层或面层时，不应开放交通。当施工中断，临时开放交通时，也应采取保护措施。

三、施工中应注意的问题

1. 施工季节

无机结合料稳定类结构层宜在春末或夏季组织施工，施工期的最低气温应在5℃以上，并保证在冻前有一定成型期，即第一次重冰冻（–3 ~ 5℃）到来之前的半月至一个月（水泥类）及一个月至一个半月（石灰与二灰类）完成。若不能完成则应覆盖土层以防冻融破坏。

在雨季施工水泥稳定类结构层时，应特别注意气候变化，勿使水泥混合料遭雨淋，并采取措施排除表面水，勿使运到路上的集料过分潮湿。

2. 水泥稳定类材料施工作业长度的确定

确定水泥稳定类混合料的作业长度，应综合考虑水泥的终凝时间、延迟时间对施工质量的影响、施工机械的效率及气候条件等因素，并尽可能减少接缝。水泥稳定类混合料从拌和到碾压之间延迟时间宜控制在3 ~ 4h。必须延长延迟时间时，不应超过水泥终凝时间。因此，必须采用流水作业法，各工序必须紧密衔接，尽量缩短从拌和到完成碾压之间的延迟时间。一般情况下，每一流水作业段长以200m为宜。

3. 路拌法施工中土与粉煤灰用量的控制

在二灰稳定类基层施工中，石灰剂量可以检测，土与粉煤灰的比例只能在施工中加以控制，若控制不好，不仅影响强度，还会使压实度检测失去意义。实际上，土与粉煤灰不同于砂砾和碎石，后者在装卸或摊铺过程中体积变化不大，而土和粉煤灰经装卸、运输和摊铺等，都能使密度发生变化，室内测量的松干密度总是偏小。如用其松干密度计算虚铺厚度将使工地用量偏多。此外，工地的运土工具较杂，难以用堆土距离控制。因此，可用稳压厚度控制配比的方法，即固定稳压的压路机型及遍数，实测稳压后土及粉煤灰的干密度。反过来，通过抽检稳压厚度来控制土与粉煤灰的比例。

4. 接茬处理

石灰、二灰稳定类基层施工中，两工作段的衔接处应搭接拌和。即前一段拌和后，留 5 ~ 8m，不进行碾压。后一段施工时，将前段留下未压部分，一起再进行拌和。对于水泥稳定类基层，当天两工作段的衔接处理方法同前，但应对前一段未压部分要再加水泥，重新拌和。当天最后一段水泥稳定类基层施工完后，将已压成段末端切成垂直断面，在第二天摊铺下段时，应在前一天余留未碾段内添加部分水泥，并与下段一起拌和。

拌和机及其他机械不宜在已成型的结合料稳定层上“调头”。若必须在其上“调头”时，应采取保护措施（加铺覆盖层等）。

5. 养生期的探讨

当半刚性基层分层施工时，下层碾压完后，可立即铺筑上层，不需专门的养生期，但在铺筑上层之前，应始终保持下层表面湿润。

基层完工后，养生期一般不宜少于 7d。养生期结束，方可铺筑沥青面层或做封层。在近年来高等级公路半刚性基层路面修筑实践中，一些施工单位在基层混合料中掺入早强剂，养生不到 7d，就已做上面层，但禁止重车通行。还有一些施工单位在半刚性基层施工后 2 ~ 3d 内就铺筑面层，这种做法的理由是基层板体性形成前，铺筑面层并压实是对基层的进一步压实，不会引起破坏，而且因沥青面层覆盖，减少了基层水分蒸发，基层的强度形成所需的水分自身能够满足。对二灰稳定类，基层因其强度形成较慢，更适于基层与面层的连续施工。但也有人认为：沥青混合料摊铺温度较高，加速了基层表面水分蒸发，沥青面层未压实前，水分从沥青混合料孔隙中蒸发，影响基层强度的形成。关于这一问题，目前仍无定论，还需进一步研究。缩短养生期以加快工程进度，是无机结合料稳定类基层施工中必须解决的现实问题。

第三节　粒料类基层施工

粒料类基层按强度构成原理可分为嵌锁型与级配型。嵌锁型包括泥结碎石、泥灰结碎石、填隙碎石等；级配型包括级配碎石、级配砾石、符合级配的天然砂砾、部分砾石经轧制掺配而成的级配砾、碎石等。国外有些国家的高等级公路上用级配碎石或级配砾石修筑基层或底基层，级配碎石也可用作沥青面层与半刚性基层之间的联结层。从力学角度来看，粒料类基层强度形成有嵌锁型和级配型。

1. 嵌锁型

嵌锁型基层，其强度主要依靠碎石颗粒之间的嵌锁和摩阻作用所形成的内摩阻力，而颗粒之间的黏结力是次要的，即这种结构层的抗剪强度主要取决于剪切面上的法向应力和材料内摩阻角。它由三项因素构成：粒料表面的相互滑动摩擦；剪切时体积膨胀而需克服的阻力；粒料重新排列而受到的阻力。

研究表明：单一粒料在另一粗糙面但表面平整的粒料上滑动，其摩阻角大多小于 30° ；许多粒料相互紧密接触，沿某一剪切面相互变位时，因体积膨胀和粒料重新排列而多耗的功，可使摩阻角增至 45° ~ 50° 。

因此，嵌锁型结构强度主要取决于石料的强度、形状、尺寸、均匀性、表面粗糙度以及施工时的压实程度。当石料强度高、形状接近立方体、有棱角、尺寸均匀、表面粗糙、压实度高时，基层的强度就高。

2．级配型

级配型粒料基层的强度和稳定性取决于内摩阻力和黏结力的大小。因此，其强度与稳定性在很大程度上取决于集料的类型（碎石、砾石或碎砾石）、集料的最大粒径和级配以及混合料中 0.55mm 以下细料的含量及塑性指数。同时，还与其密实度有很大关系。因此，对级配型，主要控制最大粒径、细料含量及其塑性指数和现场压实度。

一、粒料类基层及材料质量要求

粒料类基层主要指级配碎石基层，所谓级配碎石就是当其颗粒组成符合密实级配要求时，粗细碎石集料和石屑各占一定比例的混合料。级配碎石基层的材料要求如下：

1．碎石

级配碎石用作基层时，碎石的最大粒径不应超过 30mm。粒径过大，石料易离析，也不利于机械摊铺、拌和及整平。碎石中的扁平、长条颗粒的总含量应不超过 20%，材料应清洁。用作基层时，级配碎石的颗粒组成见表 10–7，其中 2 号级配可用作联结层。级配曲线应接近圆滑，避免同一种尺寸的颗粒过多或过少。

级配碎石所用石料的压碎值应满足：一级和高速公路的基层小于 26%；一级、高速公路的底基层和二级公路的基层小于 30%；二级公路底基层和二级以下公路的基层小于 35%。

表 10–7　级配碎石基层的集料级配范围

编号	通过下列筛孔（mm）的重量百分率（%）								液限（%）	塑性指数
	40	30	20	10	5	2	0.5	0.75		
1	100	90 ~ 100	75 ~ 90	50 ~ 70	30 ~ 55	15 ~ 35	10 ~ 20	9 ~ 10	<28	<6 或 9
2		100	85 ~ 100	60 ~ 80	30 ~ 50	15 ~ 30	10 ~ 20	2 ~ 8	<28	<6 或 9

2. 石屑或其他细集料

石屑或其他细集料可以使用一般碎石场的细筛余料，也可用乳制沥青表处和贯入式用石料时的细筛余料，或专门轧制的细碎石。

当级配碎石中细料塑性指数偏大时，塑性指数与 0.5mm 以下的细料含量的乘积应符合：在年降雨量小于 600mm 的中干和干旱地区，地下水位对土基没有影响时，应不大于 120；在潮湿多雨地区，应不大于 100。

二、施工方法

粒料类基层施工方法有路拌法施工和中心站集中厂拌法施工两种。

1. 路拌法施工

在准备下承层时，下承层不宜做成槽式断面，有关事项要符合施工技术规范相关要求。

施工过程中应注意：

（1）材料用量计算

①级配碎石或级配碎砾石用做二级和二级以下公路的基层时，其颗粒组成和塑性指数应满足表 11–7 中 1 号级配的规定。级配碎石用做高速公路和一级公路的基层时，其颗粒组成和塑性指数应满足表 11–7 中 2 号级配的规定。同时，级配曲线宜为圆滑曲线。

②级配碎石用做中间层时，其颗粒组成和塑性指数应符合表 11–7 中 2 号级配的规定。

③根据各路段基层或底基层的宽度、厚度及规定的压实干密度并按确定的配合比分别计算各段需要的未筛分碎石和石屑的数量或不同粒级碎石和石屑的数量，并计算每车料的堆放距离。

④未筛分碎石的含水量较最佳含水量宜大 1% 左右。未筛分碎石和石屑可按预定比例在料场混合，同时洒水加湿，使混合料的含水量超过最佳含水量约 1%。

（2）运输和摊铺集料

①集料装车时，应控制每车料的数量基本相等。

②在同一料场供料的路段内，宜由远到近卸置集料。卸料距离应严格掌握，避免料不够或过多。未筛分碎石和石屑分别运送时，应先运送碎石。

③料堆每隔一定距离应留一缺口。

④集料在下承层上的堆置时间不应过长。运送集料较摊铺集料工序只提前数天。

⑤应事先通过试验确定集料的松铺系数并确定松铺厚度。人工摊铺混合料时，其松铺系数为 1.40 ~ 1.50；平地机摊铺混合料时，其松铺系数为 1.25 ~ 1.35。

⑥用平地机或其他合适的机具将料均匀地摊铺在预定的宽度上，表面应力求平整，并具有规定的路拱。应同时摊铺路肩用料。

⑦检查松铺材料层的厚度，必要时，应进行减料或补料工作。

⑧未筛分碎石摊铺平整后，在其较潮湿的情况下，将石屑按规范计算的距离卸置其上。用平地机并辅以人工将石屑均匀摊铺在碎石层上，并摊铺均匀；采用不同粒级的碎石和石屑时，应将大碎石铺在下层，中碎石铺在中层，小碎石铺在上层。洒水使碎石湿润后，再摊铺石屑。

（3）拌和及整形

对于二级及二级以上公路，应采用专用稳定土拌和机拌和级配碎石。对于二级以下的公路，在无稳定土拌和机的情况下，可采用平地机或多铧犁与缺口圆盘耙相配合进行拌和。

①用稳定土拌和机应拌和两遍以上。拌和深度应直到级配碎石层底。在进行最后一遍拌和之前，必要时先用多铧犁紧贴底面翻拌一遍。

②用平地机进行拌和，宜翻拌 5 ~ 6 遍，使石屑均匀分布于碎石料中。平地机拌和的作业长度，每段宜为 300 ~ 500m 平地机刀片的安装角度宜符合表 10–8 的要求。

表 10–8　平地机刀片安装角度

拌和条件	平面角 a（度）	倾角 β（度）	切角 γ（度）
干拌	30 ~ 50	45	3
湿拌	35 ~ 40	45	2

拌和结束时，混合料的含水量应均匀，并较最佳含水量大 1% 左右，同时应没有粗细颗粒离析现象。

③用缺口圆盘耙与多铧犁相配合拌和级配碎石时，用多铧犁在前面翻拌，圆盘耙紧跟在后面拌和，即采用边翻边耙的方法，共翻耙 4 ~ 6 遍。应随时检查调整翻耙的深度。用多铧犁翻拌时，第一遍由路中心开始，将混合料向中间翻，同时机械应慢速前进。第二遍从两边开始，将混合料向外翻。拌和过程中，应保持足够的水分。拌和结束时，混合料的含水量和均匀性应符合本款②的要求。

④使用在料场已拌和均匀的级配碎石混合料时，摊铺后混合料如有粗细颗粒离析现象，应用平地机进行补充拌和。

⑤用平地机将拌和均匀的混合料按规定的路拱进行整平和整形，在整形过程中，应注意消除粗细集料离析现象；用拖拉机、平地机或轮胎压路机在已初平的路段上快速碾压一遍，以暴露潜在的不平整，再用平地机进行整平和整形。

（4）碾压

①整形后，当混合料的含水量等于或略大于最佳含水量时，立即用 12t 以上三轮压路机、振动压路机或轮胎压路机进行碾压。直线和不设超高的平曲线段，由两侧路肩开始向路中心碾压；在设超高的平曲线段，由内侧路肩向外侧路肩进行碾压。碾压时，后轮应重叠 1/2 轮宽；后轮必须超过两段的接缝处。后轮压完路面全宽时，即为一遍。碾压一直进行到要求的密实度为止。一般需碾压 6 ~ 8 遍，应使表面无明显轮迹。压路机的碾压速度，头两遍以 1.5 ~ 1.7km/h 为宜，以后用 2.0 ~ 2.5km/h。

②路面的两侧应多压 2 ~ 3 遍。

③严禁压路机在已完成的或正在碾压的路段上调头或急刹车。

④凡含土的级配碎石层，都应进行滚浆碾压，一直压到碎石层中无多余细土泛到表面为止。滚到表面的浆（或事后变干的薄土层）应清除干净。

（5）横缝的处理

两作业段的衔接处，应搭接拌和。第一段拌和后，留 5 ~ 8m 不进行碾压，第二段施工时，前段留下未压部分与第二段一起拌和整平后进行碾压。

（6）纵缝的处理

应避免纵向接缝。在必须分两幅铺筑时，纵缝应搭接拌和。前一幅全宽碾压密实，在后一幅拌和时，应将相邻的前幅边部约 30cm 搭接拌和，整平后一起碾压密实。

2. 中心站集中厂拌法施工

级配碎石混合料可以在中心站用多种机械进行集中拌和，如强制式拌和机、卧式双转轴桨叶式拌和机、普通水泥混凝土拌和机等。对用于高速公路和一级公路的级配碎石基层和中间层，宜采用不同粒级的单一尺寸碎石和石屑，按预定配合比在拌和机内拌制级配碎石混合料。不同粒级的碎石和石屑等细集料应隔离，分别堆放。细集料应有覆盖，防止雨淋。在正式拌制级配碎石混合料之前，必须先调试所用的厂拌设备，使混合料的颗粒组成和含水量都能达到规定的要求。

在采用未筛分碎石和石屑时，如未筛分碎石或石屑的颗粒组成发生明显变化，应重新调试设备。将级配碎石用于高速公路和一级公路时，应用沥青混凝土摊铺机或其他碎石摊铺机摊铺碎石混合料。摊铺机后面应设专人消除粗细集料离析现象。用振动压路机、三轮压路机进行碾压，碾压方法应符合规范要求。

级配碎石用于二级和二级以下公路时，如没有摊铺机，也可用自动平地机（或摊铺箱）摊铺混合料。

（1）根据摊铺层的厚度和要求达到的压实干密度，计算每车混合料的摊铺面积。

（2）将混合料均匀地卸在路幅中央，路幅宽时，也可将混合料卸成两行。

（3）用平地机将混合料按松铺厚度摊铺均匀。

（4）设一个三人小组跟在平地机后面，及时消除粗细集料离析现象。对于粗集料“窝”和粗集料“带”，应添加细集料，并拌和均匀；对于细集料“窝”，应添加粗集料，并拌和均匀。

用平地机摊铺混合料后的整形和碾压均与路拌法施工相同。

集中厂拌法施工时的横向接缝按下述方法处理：

（1）用摊铺机摊铺混合料时，靠近摊铺机当天未压实的混合料，可与第二天摊铺的混合料一起碾压，但应注意此部分混合料的含水量。必要时，应人工补充洒水，使其含水量达到规定的要求。

（2）用平地机摊铺混合料时，每天的工作缝可按路拌法方式处理。

应避免纵向接缝。如摊铺机的摊铺宽度不够，必须分两幅摊铺时，宜采用两台摊铺机一前一后相隔 5 ~ 8m 同步向前摊铺混合料。在仅有一台摊铺机的情况下，可先在一条摊铺带上摊铺一定长度后，再开到另一条摊铺带上摊铺，然后一起进行碾压。

在不能避免纵向接缝的情况下，纵缝必须垂直相接，不应斜接，并按下述方法处理：

（1）在前一幅摊铺时，在靠后一幅的一侧应用方木或钢模板做支撑，方木或钢模板的高度与级配碎石层的压实厚度相同；

（2）在摊铺后一幅之前，将方木或钢模板除去；

（3）如在摊铺前一幅时未用方木或钢模板支撑，靠边缘的 30cm 左右难以压实，而且形成一个斜坡，在摊铺后一幅时，应先将未完全压实部分和不符合路拱要求部分挖松并补充洒水，待后一幅混合料摊铺后一起进行整平和碾压。

第十一章　沥青路面施工

第一节　热拌沥青混合料路面施工

一、施工前的准备工作

施工前的准备工作主要有料源的确定及进场材料的质量检验、机械选型与配套、拌和厂选择、修筑试验路段等项工作。

1．确定料源及进场材料的质量检验

应从质量和经济两方面综合考虑，选用国外进口沥青或国产沥青，对进场的沥青材料应抽样检测其技术指标。目前，高等级公路路面所用的沥青大部分为进口沥青。

在考虑经济性、开采条件、运输条件的情况下，选择质量满足技术标准的料场，并对料场内的石料、砂、石屑、矿粉等做必要的试验检测。

2．拌和设备的选型及场地布置

应根据工程量和工期选择拌和设备的生产能力和移动方式（固定式、半固定式和移动式）。目前使用较多的是生产率在300t/h以下的拌和设备。

固定式沥青混合料拌和厂，应根据设备的数量、工作时产生的粉尘与噪声、供电与供水以及施工运输等条件选择厂址和确定场地面积。

半固定式和移动式沥青混合料拌和设备可安装在特制的平板挂车上，便于拆装、转移和使用。

3．施工机械检查

主要对拌和与运输设备、洒油车、矿料洒布车、摊铺机和压路机的规格、性能和运转、液压系统进行检测与检查。

4．修筑试验路段

正式开工前，应根据计划使用的机械设备和设计的混合料配合比铺筑试验路段，以确定合适的拌和时间和温度；摊铺温度和速度；压实机械的合理组合，压实温度及压实方法；松铺系数；合适的作业段长度。并在试验段中抽样检测沥青混合料的沥青含量、矿料级配、稳定度、流值、空隙率、饱和度、密实度等，最终提出混合料的生产配合比、机械的优化组合及标准施工方法。

二、沥青混合料的拌和与运输

1．试拌

根据室内配合比进行试拌，通过试拌及抽样试验确定施工质量控制指标。

（1）对间歇式拌和设备，应确定每盘热料仓的配合比对连续式拌和设备，应确定各种矿料送料口的大小及沥青、矿料的进料速度。

（2）沥青混合料应按设计沥青用量进行试拌，取样做马歇尔试验，以验证设计沥青用量的合理性，或作适当的调整。

（3）确定适宜的拌和时间。

（4）确定适宜的拌和与出厂温度。石油沥青的加热温度宜为 130 ~ 160℃，不宜超过 6h。沥青混合料的出厂温度宜控制在 130 ~ 160℃。

（5）确定适宜的拌和场地面积（表 11–1）。

表 11–1　沥青混合料拌合场地面积参考表

生产能力（t/h）	搅拌器容量（间歇式）（kg）	场地面积（m^3）
30 ~ 50	500	3000
35 ~ 40	750	4500
60 ~ 70	1000	6500
90 ~ 110	1500	9000
120 ~ 140	2000	12000

2．沥青混合料的拌制

根据配料单进料，严格控制各种材料用量及其加热温度。拌和后的混合料应均匀一致，无花白、无离析和结团成块等现象。每班抽样做沥青混合料性能、矿料级配组成和沥青用量检验。

3．沥青混合料的运输

沥青混合料用自卸汽车运至工地，底板及车壁应涂一薄层油水（柴油∶水 =1∶3）混合液。运输中应覆盖，至摊铺地点时的沥青混合料温度不宜低于 130℃。

三、沥青混合料的摊铺

沥青混合料的摊铺，包括下承层准备、施工放样、摊铺机各种参数的调整与选择、摊铺机摊铺等内容。

1．下承层准备

摊铺沥青混合料时，其下承层可能是基层、路面下面层或中面层。基层完工后，一般浇洒透层油进行养生保护。因通车、下雨使表面发生破坏，出现松散、浮尘、下沉、泥泞等，在摊铺沥青混合料前，应进行维修、重新分层填筑并压实、清洗干净。对下承层表面缺陷进行处理后，即可再洒透层油或黏层油。

2．施工放样

用测量仪器定出摊铺路面的边线位置，并在边线桩上标出路面面层顶的设计高程位置，以控制沥青混合料面层的厚度。对无自控装置的摊铺机，应根据下承层的实测高程和面层的设计高程，确定实铺厚度。

当下承层的表面高程变化较多，使得沥青路面的总厚度与路面顶面设计高程容许范围相矛盾时，应以保证厚度为主。

3．摊铺机各种系数的调整与选择

摊铺前，需调整与选择摊铺机的参数主要有：熨平板宽度与拱度；摊铺厚度与熨平板的初始工作迎角；摊铺速度。

（1）熨平板宽度与拱度的调整

为减少摊铺次数，每条摊铺带的宽度应按该型号摊铺机的最大摊铺宽度来考虑。宽度为 B 的路面所需横向摊铺的次数乃按下式计算：

$$n=(B-x)/(b-x)$$

式中 B——路面宽度（m）；

b——摊铺机熨平板的总宽度（m）；

x——相邻摊铺带的重叠量（m），一般为 0.025 ～ 0.08m。

上式的含义是，路面的宽度应为摊铺机总摊铺宽度减去重叠后的整倍数。如不能满足整数时，尽可能在减少摊铺次数的前提下，使所剩的最后一条摊铺带宽度不小于该摊铺机的标准摊铺宽度。实在不足时，采用切割装置（截断滑靴）来切窄摊铺带。

确定摊铺带宽度时：上下铺层的纵向接茬应错开 30cm 以上；摊铺下层时，熨平板的侧面与路缘石或边沟间应留有 10cm 以上的间距；纵向接茬处应有一定的重叠量（平均为 2.5 ～ 5m）；接宽熨平板时必须同时相应地接长螺旋摊铺器和振动梁，同时检查接长后熨平板底板的平直度和整体刚度。

熨平板宽度调整后，再调整其拱度，可在标尺上直接读出拱度的绝对数值（mm）或横坡百分数。拱度调整后要进行试铺校验，必要时再次调整。对大型摊铺机，有前后两副调拱机构，其前拱的调节量略大于后拱。

（2）摊铺厚度与熨平板的初始工作迎角

摊铺工作开始前，准备两块长方垫木，作为摊铺厚度的基准。垫木宽 5 ~ 10cm，与熨平板纵向尺寸相同或稍长，厚度为松铺厚度。将摊铺机停置于摊铺带起点的平整处后，抬起熨平板，把两块垫木分别置于熨平板两端的下面。如果熨平板加宽，垫木则放在加宽部分的近侧边处。

垫木放好后，放下熨平板，让其提升油缸处于浮动状态。然后转动左右两只厚度调节螺杆，使它们处于微量间隙的中立位置。此时，熨平板以其自重落在垫木上。

熨平板放置妥当后，利用手动调整机构，调整初始工作迎角。每调整一次，须在 5m 范围内做多点厚度检验，取平均值与设计值比较。

实际施工中，根据刮板输送器的生产能力和最大摊铺宽度，可方便地调整摊铺厚度。

（3）摊铺速度

现代摊铺机具有较宽的速度变化范围，可进行无级调节，调节的原则是保证摊铺机的连续作业。摊铺速度可根据混合料供给能力、摊铺宽度和厚度按下式求得：

$$V=\frac{100G}{60bh\gamma}$$

式中 G——混合料供给能力（t/h）；

h——压实后的摊铺厚度（cm）；

γ——沥青混合料压实后的密度（一般取 $2.35t/m^3$）。

可根据上式，制成一张相应摊铺速度的关系表，供摊铺作业时查用。

实践中，摊铺速度还与混合料的种类、温度及铺筑的层次有关。一般面层的下层摊铺速度较快，约为 10m/min，面层的上层摊铺速度较慢，为 6m/min 以下。

摊铺机调整与选择的其他参数还有布料螺旋与熨平板前沿距离的调整，振捣梁行程调整，熨平板前刮料护板高度的调整等，可参阅有关资料。

4．摊铺机的摊铺

（1）熨平板的加热

每次开始工作时，应对熨平板进行加热，以防混合料冷黏在板底上，拉裂铺层表面，形成沟槽和裂纹。加热后的熨平板对铺层起到熨烫作用，使路表面平整无痕。但过热，除会使板变形和加速磨损外，还会使铺层表面烫出沥青胶浆和拉沟。

连续摊铺中，熨平板充分受热后，可暂停加热。对摊铺低温混合料和沥青砂，熨平板应连续加热，以使底板对材料经常起熨烫作用。

（2）摊铺机供料机构操作

供料机构的刮板输送器和向两侧布料的螺旋摊铺器的工作，应密切配合，速度匹配。

刮板输送器的运转速度一般确定后应保持稳定，供料量基本依靠闸门的开启高度来调整。摊铺室内合适的混合料量为料堆的高度平齐于或略高于螺旋摊铺器的轴心线，及稍微看见螺旋叶片或刚盖住叶片为度。

闸门的最佳开度，应在保证摊铺室内混合料处于正确料堆高度状态下，使刮板输送器和螺旋摊铺器在全部工作时间内都能不停歇地持续工作。为了保持摊铺室内混合料高度常处于标准状态，最好是采用闸门自控系统。

（3）摊铺方式

先按前述方法确定摊铺宽度，各条摊铺带的宽度最好相同，以节省重新接宽熨平板的时间。摊铺时，应先从横坡较低处开铺。使用单机进行不同宽度的多次摊铺时，应尽可能先摊铺较窄的那一条，以减少拆接宽次数。

若为多机摊铺，应在尽量减少摊铺次数的前提下，各条摊铺带的宽度可按梯队方式作业，梯队间距宜在 5 ~ 10m，以便形成热接茬。若为单机非全幅作业，每幅铺筑应在 100 ~ 150m 后调头完成另一幅，并须接好接茬。

（4）接茬处理

①两条摊铺带相搭接处的纵向接茬可采用冷接茬和热接茬两种方法。

冷接茬是指新铺层与经过压实后的已铺层进行搭接。摊铺新铺层时，重叠搭接宽度为 3 ~ 5cm，且与前一次摊铺带的松铺厚度应相同，同时，对已摊铺带接茬处边缘应铲齐、铲修垂直。

热接茬是在使用两台以上摊铺机梯队作业时采用，两条相邻摊铺带的混合料还处于压实前的热状态，较易处理，且连接强度较好。一般搭接宽度 2 ~ 5cm。摊铺带的边缘应齐整，并在一侧设置导向线，作为摊铺机行驶时的标定方向。

②前后两条摊铺带的横向接茬处理时，应将第一条摊铺带的尽头边缘锯成垂直面，并与纵向边缘成直角。

四、沥青混合料的压实

沥青混合料的压实包括碾压机械的选型与组合、压实温度、速度、遍数、压实方式的确定及特殊路段的压实（陡坡与弯道）。

1．碾压机械的选型与组合

目前，常用的压路机有三轮式静力光轮压路机、轮胎压路机和振动压路机。

三轮式静力光轮压路机，其质量为 2.5 ~ 16t，主要用于沥青混合料的初压。轮胎压路机一般为 5 ~ 25t，可用来进行接缝处的预压、坡道预压、消除裂纹、薄摊铺层的压实作业。振动压路机中的自行式单轮压路机，一般质量为 4 ~ 12t，常用于平整度要求不高的路面压实。压实度要求较高时，可采用串联振动压路机。在沥青混合料压实中，铰接转向和前后轮偏移铰接转向的串联振动压路机在边缘碾压时，能减少转弯中对路边缘的损坏，因此，使用较为广泛。

结合工程实际，选择压路机种类、大小和数量，应考虑摊铺机的生产率、混合料特性、摊铺厚度、施工现场的具体条件等因素。一般地，摊铺层厚度小于 6cm，宜使用振幅 0.35 ~ 0.6mm 的中小型振动压路机（2 ~ 6t）；压实较厚的摊铺层（大于 10cm），宜使用高振幅（可达 1.00mm）的大、中型振动压路机（6 ~ 10t）。

2．压实程序

压实程序分为初压、复压、终压三道工序。

初压时用 6 ~ 8t 双轮压路机或 6 ~ 10t 振动压路机（关闭振动装置即静压）压 2 遍，温度为 110 ~ 1301℃。初压后检查平整度和路拱，必要时，应予以修整。若碾压时出现推移、横向裂纹等，应检查原因，进行处理。

复压采用的 10 ~ 12t 三轮压路机、10t 振动压路机或相应的轮胎压路机碾 4 ~ 6 遍，直至稳定和无明显轮迹。复压温度为 90 ~ 110℃。

终压时用 6 ~ 8t 振动压路机（关闭振动装置）压 2 ~ 4 遍，终压温度为 70 ~ 90℃。

碾压时，应由路两边向路中心，三轮压路机每次重叠宜为后轮宽的 1/2，双轮压路机每次重叠宜为 30cm，压实速度可参考表 11–2。

表 11–2　沥青混合料拌和场地面积参考表

最大碾压速度 压路机类型	初压 （km/h）	复压 （km/h）	终压 （km/h）
光轮压路机	1.5 ~ 2.0	2.5 ~ 3.5	2.5 ~ 3.5
轮胎压路机		3.5 ~ 4.5	
振动压路机	静压 1.5 ~ 2.0	振动 5 ~ 6	静压 2 ~ 3

碾压过程中，每完成一遍重叠碾压，压路机应向摊铺机靠近些，以保证正常的碾压温度。

在平缓路段，驱动轮靠近摊铺机，以减少波纹或热裂缝。碾压中，要确保滚轮湿润，可间歇喷水，但不可使混合料表面冷却。

每碾压一遍的尾端，宜稍微转向，以减小压痕。压路机不得在新铺混合料上转向、掉头、移或刹车，碾压后的路面在冷却前，不得停放任何机械，并防止矿料、杂物、油料洒落在新铺路面上，直至路面冷却后才能开放交通。

3．接茬处的碾压

接茬处的碾压应先压横向接茬后压纵向接茬。

横向按茬。可使用较小型压路机对横向接茬进行横向碾压或纵向碾压。开始时，将轮宽的 10 ~ 20cm 置于新铺的沥青混合料上进行碾压，然后逐步横移直至整个滚轮在新铺层上。有时，也可先用压路机静压，再用振动碾压。

纵向接茬。当热料层与冷料层相接时，可将压路机位于热沥青混合料上，进行振动碾压，或碾压开始时，将轮宽的 10 ~ 20cm 压在热料层上碾压。碾压时速度应在 2km/h 左右。

当采用梯队作业时（热料层相接），应先压实离热接茬中心约 20cm 以外区域，最后压实剩下的窄条混合料。

4．特殊路段的碾压

特殊路段的碾压指弯道、交叉口、路边、陡坡等处的压实。

弯道或交叉口的碾压。应选用铰接转向式振动压路机，先内侧后外侧，急弯处可采用直线（缺角）式换道碾压，缺角处用小型机具压实。

路边碾压。可离边缘 30 ~ 40cm 处开始碾压，留下部分碾压时，压路机每次只能向自由边缘方向推进 10cm。

陡坡碾压。先用轻型压路机（不宜采用轮胎压路机）预压，压路机的从动轮应朝着摊铺方向。采用振动压路机时，应先静碾，待混合料稳定后，方可采用低振幅的振动碾压。

第二节　其他形式的沥青路面施工

一、沥青贯入式路面

1．施工准备

施工前，基层应清扫干净。需要安装路缘石时，应在安装后进行施工。

当采用乳化沥青贯入式路面必须先浇洒透层或黏层沥青。路面厚度小于或等于 5cm 时，也应浇洒透层或黏层沥青。

2．铺撒主层集料

应避免颗粒大小不均匀，松铺系数为 1.25 ~ 1.30，应经试铺实测确定。洒布集料的同时，检查路拱和平整度，并严禁车辆通行。

3. 碾压

主层集料洒布后，应采用 6 ~ 8t 钢筒式压路机进行初压，速度为 2km/h。碾压应由路两侧边缘向中心，轮迹应重叠约 $30cn^2$ 碾压同时，检验路拱和纵向坡度，必要时做调整。再用 10 ~ 12t（厚度较大时，可用 12 ~ 15t）压路机进行碾压，每次轮迹重叠 1/2 以上，并碾压 4 ~ 6 遍，直至主层集料稳定，无明显轮迹为止。

4. 浇洒第一层沥青

主层集料碾压完毕后，应立即浇洒第一层沥青。

（1）浇洒温度应根据施工气温及沥青标号选择。石油沥青宜为 130 ~ 170℃，煤沥青宜为 80 ~ 120℃。

（2）沥青洒布要均匀，不得布空白和积聚现象，应根据选用的洒布方式控制单位面积的沥青用量。沥青洒布长度应与集料洒布机的能力相配合，两者间隔时间不宜过长。

（3）前后段喷洒的接茬应搭接良好。每段接茬处，可用铁板或建筑纸在洒布起、终点后，宽度为 1.0 ~ 1.5cm，纵向接茬的搭接宽度宜为 10 ~ 15cm，浇洒第二、三层沥青的搭接缝应错开。

（4）不得在潮湿的集料、基层或旧路面上浇洒沥青。

（5）若采用乳化沥青贯入时，应先洒布一部分上一层嵌缝料，再浇洒主层沥青。

5. 铺撒第一层嵌缝料

主层沥青浇洒后，应立即均匀洒布第一层嵌缝料，不足处应找补。

6. 第二次碾压

嵌缝料扫匀后应立即用 8 ~ 12t 钢筒式压路机进行碾压，每次轮迹重叠 1/2 以上，并碾压 4 ~ 6 遍，直至稳定为止。碾压时，应随压随扫，使嵌缝料均匀嵌入。当气温较高，碾压发生推移现象时，应立即停止，待气温稍低时再碾压。

7. 铺撒第二、三层嵌缝料

当浇洒第二层沥青、洒布第二层嵌缝料并完成碾压后，再浇洒第三层沥青，并洒布封层料，要求同嵌缝料。最后宜用 6 ~ 8t 压路机碾压 2 ~ 4 遍，再开放交通。

8. 施工后应进行初期养护

当有泛油时，应补撒嵌缝料，并应与最后一层石料规格相同，且扫匀将浮料扣出。

二、沥青表面处治与封层施工

1. 沥青表处路面

（1）施工准备

沥青表面处治施工应在路缘石安装后进行，基层必须清扫干净。施工前，应检查洒布车的性能，进行试洒，确定喷洒速度和洒油量。

（2）下承层准备

表面处治施工前，应将基层清扫干净，使基层的矿料大部分外露，并保持干燥。对坑槽、不平整、强度不足的路段，应修补、平整和补强。

（3）浇洒沥青

在透层沥青充分渗透或基层清扫后，应按要求的数量浇洒第一层沥青，要求与贯入式沥青路面浇洒方法相同。

（4）洒布集料

第一层集料在浇洒主层沥青后应立即进行洒布，按规定用量一次撒足，不宜在主层沥青全部洒布完成后进行。洒布后应及时扫匀，集料不应重叠，不应露出沥青，局部有缺陷时，应及时找补。前后幅搭接处，应暂留宽 10 ~ 15cm 不撒石料，待后幅浇洒沥青后一起洒布集料。

（5）碾压

洒布第一层集料后，应立即用 6 ~ 8t 钢筒式压路机进行碾压，速度不宜超过 2km/h。碾压应由路两侧边缘向中心，轮迹应重叠约 30cm，碾压 3 ~ 4 遍。

第二、三层的施工方法和要求与第一层基本相同，可采用 8 ~ 10t 压路机。

碾压结束后即可开放交通，但应限制车速不超过 20km/h，并使整个路面宽度都均匀碾压。对局部泛油、松散、麻面等现象，应及时修整处理。

（6）初期养护

开放交通后的交通控制、初期养护等，与贯入式沥青路面要求相同。

2. 封层施工

（1）封层的作用

一是封闭某一层起着保水防水作用；二是起基层与沥青表面层之间的过渡和有效联结作用；三是路的某一层表面破坏离析松散处的加固补强；四是基层在沥青面层铺筑前，要临时开放交通，防止基层因天气或车辆作用出现水毁。封层可分为上封层和下封层；就施工类型来分，可采用拌和法或层铺法的单层式表面处治，也可以采用乳化沥青稀浆封层。

（2）适用条件

符合下列情况之一时，应在沥青面层上铺筑上封层。

沥青面层的空隙较大，透水严重；有裂缝或已修补的旧沥青路面；需加铺磨耗层改善抗滑性能的旧沥青路面；需铺筑磨耗层或保护层的新建沥青路面。

（3）一般要求

①使用层铺法沥青表面处治铺筑上封层时，施工方法按层铺法表面处治工艺施

工。其材料用量要求应符合有关规定。沥青用量可采用规定范围的中、低限。

②使用层铺法沥青表面处治铺筑下封层时，施工工艺同上封层。矿料用量应根据矿料尺寸、形状、种类等情况确定，宜为 5 ~ $8m^3/1000m^2$。沥青用量可采用规定范围的中、高限。

③采用拌和法施工上、下封层时，应按照热拌沥青混凝土路面的施工工艺进行。当为下封层铺筑时，宜采用 AC-5（或 LH-5）砂粒式沥青混凝土，厚度宜为 1cm。

（4）使用乳化沥青稀浆封层施工上、下封层

①稀浆封层的厚度宜为 3 ~ 6mm。

②稀浆封层的矿料类型及矿料级配，应根据封层的目的、道路等级进行选择，铺筑厚度、集料尺寸及摊铺用量等因素选用。

③稀浆封层使用的乳化沥青可采用慢裂或中裂的拌和型乳化沥青，当需要减缓破乳速度时，可掺加适量的氧化乳作外加剂。当需要加快破乳时，可采用一定数量的水泥或消石灰粉作填料。

④乳化沥青的合理用量通过试验确定。

⑤混合料的湿轮磨耗试验的磨耗损失不宜大于 $800g/m^2$；轮荷压砂试验的砂吸收量不宜大于 $600g/m^2$；稀浆封层混合料的加水量应根据施工摊铺和易性由稠度试验确定，要求的稠度应为 2 ~ 3cm。

（5）注意事项

当在被磨损的旧路面上铺筑稀浆封层时，施工前应先修补坑槽、整平路面；稀浆封层施工时应在干燥情况下进行；稀浆封层施工应使用稀浆封层铺筑机，其工作速度宜匀速铺筑，应达到厚度均匀表面平整的要求；稀浆封层铺筑后，必须待乳液破乳、水分蒸发、干燥成型后方可开放交通；稀浆封层施工气温不得低于 10℃。

三、冷拌沥青混合料路面施工

冷拌沥青混合料宜采用拌和厂机械拌和及沥青摊铺机摊铺方式。缺乏场拌条件时也可采用现场路拌及人工摊铺方式。冷拌沥青混合料施工应足以防止混合料离析。

当采用阳离子乳化沥青拌和时，宜先用水使集料湿润，若湿润后仍难以与乳液拌和均匀时，应改用破乳速度更慢的乳液，或用 1% ~ 3% 浓度的氯化钙水溶液代替水润湿集料表面。

混合料适宜的拌和时间应根据实际情况调节并通过试拌确定，矿料中加进乳液后的机械拌和时间不宜超过 30s 人工拌和时间不宜超过 60s。

已拌和好的混合料应立即运至现场进行摊铺，并在乳液破乳前结束。在拌和与

摊铺过程中已破乳的混合料，应予废弃。

乳化沥青冷拌混合料摊铺后宜采用6t左右的轻型压路机初压1 ~ 2遍，使混合料初步稳定，再用轮胎压路机或钢筒式压路机碾压1 ~ 2遍。当乳化沥青开始破乳、混合料由褐色转变成黑色时，改用12 ~ 15t轮胎压路机碾压，将水分挤出，复压2 ~ 3遍后停止，待晾晒一段时间，水分基本蒸发后继续复压至密实为止。当压实过程中有推移现象时应停止碾压，待稳定后再碾压。当天不能完全压实时，可在较高气温状态下补充碾压。当缺乏轮胎压路机时，也可采用钢筒式压路机或较轻的振动压路机碾压。

乳化沥青混合料路面的上封层应在压实成型、路面水分完全蒸发后加铺。乳化沥青混合料路面施工结束后宜封闭交通2 ~ 6h，并注意做好早期养护。开放交通初期，应设专人指挥，车速不得超过20km/h，不得刹车或掉头。

冷拌沥青混合料施工遇雨应立即停止铺筑，以防雨水将乳液冲走。

四、透层、黏层施工

1．透层施工工艺

沥青路面的级配砂砾、级配碎石基层及水泥、石灰、粉煤灰等无机结合料稳定土或粒料的半刚性基层上必须浇洒透层沥青。

透层沥青宜采用慢裂的洒布型乳化沥青，也可采用中、慢凝液体石油沥青或煤沥青，透层沥青的规格和质量应符合规范的要求。透层沥青的稠度宜通过试洒确定。表面致密的半刚性基层宜采用渗透性好的较稀的透层沥青，级配砂砾、级配碎石等粒料基层宜采用较稠的透层沥青。用于制作透层用乳化沥青的沥青标号应根据基层的种类、当地气候等条件确定。

各种透层沥青的品种和用量应根据基层的种类通过试洒确定，并符合规范的要求。

透层宜紧接在基层施工结束表面稍干后浇洒。当基层完工后时间较长，表面过分干燥时，应对基层进行清扫，在基层表面少量洒水，并在表面稍干后浇洒透层沥青。

高速公路、一级公路的透层沥青应采用沥青洒布车喷洒，二级及二级以下公路也可采用手工沥青洒布机喷洒。洒布车应符合本规范的要求。当用于表面处治或贯入式路面喷洒沥青的喷嘴不能保证喷洒均匀时，应更换喷嘴。

浇洒透层沥青应符合下列要求：

浇洒透层前，路面应清扫干净，对路缘石及人工构物应适当防护，以防污染；透层沥青洒布后应不致流淌、渗透入基层一定深度，不得在表面形成油膜；如遇大风或即将降雨时，不得浇洒透层沥青；气温低于 10℃时，不宜浇洒透层沥青；应按设计的沥青用量一次浇洒均匀，当有遗漏时，应用人工补洒；浇洒透层沥青后，严禁车辆、行人通过；在铺筑沥青面层前，若局部地方尚有多余的透层沥青未渗入基层时，应予清除。在无机结合料稳定半刚性基层上浇洒透层沥青后，宜立即洒布用量为（2 ~ 3）$m^3/1000m^2$ 的石屑或粗砂。在无结合料粒料基层上浇洒透层沥青后，当不能及时铺筑面层，并需开放施工车辆通行时，也应撒铺适量的石屑或粗砂，此种情况下，透层沥青用量宜增加 10%。洒布石屑或粗砂后，应用 6 ~ 8t 钢筒式压路机稳压一遍。当通行车辆时，应控制车速。在铺筑沥青面层前发现前如发现局部地方透层沥青剥落，应予修补；当有多余浮动石屑或砂时，应予扫除。

透层洒布后应尽早铺筑沥青面层。当用乳化沥青作透层时，洒布后应待其充分渗透、水分蒸发后方可铺筑沥青面层，此段时间不宜少于 24h。

2. 黏层施工工艺

符合下列情况之一时，应浇洒黏层。

①双层式或三层式热拌热铺沥青混合料路面在铺筑上层前，其下面的沥青层已被污染。

②旧沥青路面层上加铺沥青层。

③水泥混凝土路面上铺筑沥青面层。

④与新铺沥青混合料接触的路缘石、雨水进水口、检查井等的侧面。

黏层的沥青材料宜采用快裂的洒布型乳化沥青，也可采用快、中凝液体石油沥青或煤沥青，黏层沥青的规格和质量应符合规范要求。黏层沥青宜用与面层所使用的种类、标号相同的石油沥青经乳化或稀释制成。

各种黏层沥青品种和用量应根据黏结层的种类通过试洒确定，并符合规范要求。

黏层沥青宜用沥青洒布车喷洒，洒布车应符合规范。

浇洒黏层沥青应符合下列要求：

黏层沥青应均匀洒布或涂刷，浇洒过量处应予刮除；路面有脏物、尘土时应清除干净。当有粘黏的土块时，应用水刷净，待表面干燥后浇洒；当气温低于 10℃或路面潮湿时，不得浇洒黏层沥青；浇洒黏层沥青后，严禁除沥青混合料运输车外的其他车辆、行人通过；黏层沥青洒布后应紧接铺筑沥青层，但乳化沥青应待破乳、水分蒸发完后铺筑。

第三节　沥青类路面常见病害与处治方法

一、裂缝

裂缝是沥青路面最常见的破损类型之一。裂缝常见的表状主要有：发裂、线状裂缝、纵向裂缝、横向裂缝、反射裂缝和龟裂六种类型。

1. 产生裂缝的主要原因

（1）施工基层碾压不实，或新旧接缝处理不当而形成裂缝。

（2）面层以下含水率逐年积聚，在不利季节引起路面强度降低而产生裂缝。

（3）混合料质量差，碾压温度又不当，引起的碾压裂缝。

（4）混合料摊铺时间过长，由于基层温度、湿度变化，结构发生胀缩而产生裂缝。

（5）结合料老化，面层性能退化，路面整体强度不足。

2. 裂缝的处治方法

（1）由于路面基层温缩、干缩引起的纵横向裂缝，缝宽在 6mm 以内的，宜将裂缝的缝隙用铁刷子刷扫干净，并用压缩空气吹去沙尘后，采用热沥青或乳化沥青灌缝封堵。

（2）缝宽在 6mm 以上的，填沥青砂石或细料式沥青混合料，捣实后用烙铁封口，随即撒砂扫匀，有条件的也可采用改性乳化沥青混合料填封。

（3）对土基或路面基层强度不足引起的裂缝类破损，要首先处理土基或基层，然后再修复路面。

（4）对轻微面积比较集中，且路基强度较好的裂缝，通过技术经济比较，可选用乳化沥青稀浆封层，或热沥青封层罩面，或先铺设土工布，再在其上进行热沥青封层罩面。

二、麻面松散、坑槽

麻面松散、坑槽的表状为：表层矿料松动，出现麻坑，表层局部不平凹陷。

1. 产生麻面松散、坑槽的主要原因

（1）嵌缝料粒径不当，用料不合比例，或初期养护嵌缝料未回归而散失。

（2）低温季节施工，工序未衔接，油与料结合不良，矿料飞散，轻则出现麻面，重则出现坑槽。

（3）表面用油量偏少，结合料加温过度，失去黏结力而松散，形成麻面、坑槽。

（4）雨季施工，矿料潮湿，或用酸性矿料未作处治而散失成麻面、坑槽。

（5）由于基层压实不够，强度不均，基层不平，面层渗水，局部先破损而形成坑槽。

2．麻面松散的处治方法

（1）因低温施工造成的麻面松散，可以将松散料收集好，待气温上升到 20℃以上，将松散部位清扫干净，重做喷油封层。喷洒热沥青 0.8 ~ 1.0kg/m^2 后，撒 3 ~ 5mm 厚的石屑或粗砂（5m^3/100m^2 ~ 8m^3/100m^2），并用轻型压路机压实。若在低温潮湿季节，也可以采用乳化沥青封层处理。

（2）由于温度过高，黏结料气化而造成的松散病害，应清除重铺。

（3）由于基层或土基强度不足、松软变形而引起的松散，要首先处理基层或土基病害，补强满足要求后再重做路面面层。

3．坑槽的处治

（1）路面基层完好，仅面层有坑槽时修补方法：

①测定破坏部分的范围和深度，按“圆洞方补”原则，画出大致与路中心线平行或垂直的挖槽修补轮廓线（正方形或长方形）；

②按所画的轮廓线开槽应开凿到坑底稳定的部分，其深度不得小于原坑槽的最大深度，槽壁要垂直；

③清除槽底、槽壁的松动部分及粉尘、杂物，在干净的槽底槽壁涂刷黏层油；

④填入沥青混合料（在潮湿或低温季节，宜采用乳化沥青拌制的混合料），视坑槽的深度采用单层式或双层式填补整平；

⑤用小型压实机具压实，新填补的部分应略高于原路面，双层填补要分层压实；

⑥采用热修补养护车，用加热板加热坑槽处路面，翻新被加热软化铺装层，喷洒乳化沥青，加入新的沥青混合料，然后搅拌摊铺，压路机压实成型。

（2）路面基层损坏，应针对损坏原因，先处理基层病害，再修复面层。

（3）在雨雪连绵的寒冷季节，为控制坑槽扩展，可采用现有路面材料临时填补坑槽，待天气好转后再按规范要求修复。

三、沉陷

沉陷有均匀沉陷、不均匀沉陷和局部沉陷三种类型。

1．产生沉陷的主要原因

（1）基层局部强度不足或水稳定性不良引起沉陷。

（2）超载重的大型车通过。

（3）面层混合料料质差。

（4）土基压实度不够活路基有隐患未处理好。

2．沉陷的处治方法

（1）仅由于面层不均匀沉陷引起的裂缝和轻微下沉，若土基和基层都已密实稳定，可对沉陷部分拉毛、扫净，洒黏层沥青后把沉陷部分填补到与原路面平齐。

（2）因土基或基层结构遭破坏而引起的沉陷，应先将土基和基层修理好后，再修复面层。

（3）因路基沉陷导致路面严重破损，矿料已经松动、脱落形成坑槽的，应按照坑槽的修补方法予以处治。

（4）桥涵台背因填土不密实出现不均匀沉降的，可以采取以下处治方法：

①挖除沥青面层，在沉陷部分加铺基层后重做面层；

②对于台背填土密实度不够的，用夯实机械重新做压实处理；

③对软土基宜换土处理，换土深度应视软土基层厚度而定，填换材料要选用强度高、透水性好的级配材料，如砂砾、碎石土、工业废渣等；

④采用注浆加固处理。

四、弹簧翻浆

弹簧翻浆表现为路面呈现弹簧状或冒水翻浆。

1．产生弹簧翻浆的主要原因

（1）基层结构不密实，水稳定性不良，含水量增大，聚水冻融而翻浆。

（2）基层强度不够，灰土拌和不均，碾压不实，含水量大，低温施工，灰土未及成形而冻融翻浆。

（3）在中湿或潮湿地带，地下水未处理好，边沟又积水滞流，或在山丘有地下潜流等而造成弹簧翻浆。

2．翻浆处治方法

（1）轻微翻浆。由于面层渗水引起基层轻度发软或冻胀而形成轻微翻浆的，可在春融季节过后，待水分蒸发，修补平整，促使成形。

（2）因路基冻胀使路面局部或大面积隆起影响行车时，应先将隆起的沥青路面刨平，待春融后按翻浆处理的方法予以处治。

（3）因冬季基层水中结冰引起冻胀，春融季节化冻而引起的翻浆，应根据情况采用以下方法予以处治：

①挖除软土基，换填透水性好的天然级配砂砾；

②局部发生翻浆路段，可以采用打石灰梅花桩或水泥稳定砂砾桩的办法予以改善；

③加深边沟，并在翻浆路段两侧路肩上交错开挖 30 ~ 40cm 的横沟，其间距为 2 ~ 4m，沟底纵坡≥ 3%，沟深应根据解冻情况，逐渐加深，直至路面基层以下，横沟的外口一定要高于边沟的沟底，若路面翻浆严重，除挖横沟外，还应顺路面边缘设置纵向小盲沟，交通量较小的路段，也可挖成明沟，但翻浆停止后，应将明沟填平恢复原状；

④因基层水稳性不良或含水量过大造成的翻浆，应挖去面层及基层全部松软部分，换填透水性良好的砂砾或工业废渣，分层（每层不超过 20cm）填补压实，最后重做面层；

⑤低温潮湿季节施工的石灰稳定类基层，在板底未形成时雨水渗入，其上层发生翻浆的，应将翻浆部分挖除，重做石灰稳定基层或换用其他材料予以填补，然后重做面层。

第十二章　水泥混凝土路面施工

第一节　水泥混凝土路面施工工艺

一、小型机具施工

由于我国经济水平限制和施工需要，虽然小型机具施工速度慢，人为影响质量较大，但目前仍然得到广泛应用，尤其是在二级以下公路建设中，仍占很大比例。

水泥混凝土小型机具施工主要有以下工序：测量放样—安装模板—架设传力杆和拉杆—拌和物搅拌和运输—摊铺成型—表面修整—抗滑构造制作—接缝施工—养生。小型机具施工主要机械设备有：配备自动质量计量设备的间歇式搅拌的强制式搅拌机，一般选用双卧轴式；插入式振捣棒、平板振动器和振动梁等振捣工具；提浆滚杆、叶片式或圆盘式抹面机、3m 刮尺和抹刀等整平抹面工具；拉毛机、硬刻槽机等抗滑构造设备以及运输车辆、小型机具选型和配套时应根据工程规模、质量和工期等要求进行合理配置。

小型机具铺筑水泥混凝土路面，在摊铺前一定做好检查准备工作，施工现场应有专人指挥卸料，拌和物应分布成均匀的小堆，以方便摊铺，若拌和物有离析，应用铁锹翻拌均匀，严禁加水，用铁锹送料，应反扣，严禁抛掷和耧杷，面板的厚度在 22cm 以下，可一次摊铺，若超过 22cm，应分层摊铺、人工摊铺拌和物的坍落度应控制为 5 ~ 20mm，拌和物松铺系数应通过现场试验确定，一般控制为 1.10 ~ 1.25，料偏干取较高值，反之取较小值。

拌和物摊铺均匀后，应采用插入式振捣棒、平板振动器和振动梁配合进行振捣成型，这是保证混凝土路面质量的关键。在每个车道上，第 2 米应配备两根振捣棒。振捣时，先用振捣棒按梅花桩位置交错振捣，每次振捣不应少于 30s，以拌和物不再冒气泡和泛出水泥浆，并停止下沉为止，振动棒移动间距应不大于 50cm，离板边缘应不大于 20cm，并避免和模板、钢筋、传力杆、拉杆碰撞，在边角位置应特别注意，仔细加以振捣。

插入振捣棒振捣后，用振动板全面振实，每车道配 1 块振动板，纵横交错振捣两遍，振动板移位时，应重叠 10 ~ 20cm，在每一位置振动时间应以振动板底部和边缘泛浆厚度为 3 ± 1mm 为限，时间不少于 15s，注意不能过振。然后，用振动梁进一步振实整平提浆，振动梁应垂直路面中线，沿纵向拖行，往返 2 ~ 3 遍，使表面泛浆均匀平整，振动梁应具有足够的刚度和质量，底部应焊接或安装深度 4mm 左右的粗集料压实止，每个车道上应配备一根具有两个振动器的振动梁。

在振捣过程中，应随时进行人工找平，找平中所用拌和物应用同一批次的拌和物，严禁使用砂浆，还应随时检查模板、拉杆、传力杆、钢筋网位置，出现问题及时调整。

采用两次摊铺时，两层摊铺间隔时间应尽量短，上层振捣必须在下层初凝前完成。

振实作业完成后，可通过滚杆、抹面机或大木抹进行整平，整平时先用滚杆提浆整平，每车道配备一根滚杆，整平时第一遍应短距离缓慢一进一退拖滚式推滚，以后要长距离匀速拖滚两遍并将水泥砂浆始终保持在滚杆前方。

拖滚后，用 3m 刮尺纵横各一遍整平饰面或采用抹面机往返 2 ~ 3 遍压浆并整平抹面。使用抹面机时，每车道应配备至少一台。抹面机完成作业后，应进行清边整缝，清除黏浆，修补缺边、掉角，清除抹面留下的痕迹，并用 3m 刮尺，纵横各一遍精平饰面，精平饰面后，平整度要达到规定要求。

二、三辊轴机组摊铺施工

三辊轴机组是介于小型机具施工和摊铺机施工之间的一种中型施工设备，比之摊铺机成本低，适应性强，操作简单方便，能达到较高的平整度，自 20 世纪 90 年代以来，在我国得到广泛应用。

三辊轴机组施工工艺流程以及机械布置顺序为：测量放样→安装模板→拌和物拌和与运输→布料机具布料→排式振捣机振捣→拉杆安装机安装拉杆→人工找补→三棍轴整平→（真空脱水）→精平饰面→抗滑构造制作→接缝施工→养生→硬刻槽→填缝。

三辊轴机组施工的摊铺能力不是很强，因此要特别注意布料的均匀性、准确控制布料高度，要有专人指挥车辆均匀卸料，布料可用人工也可用装载机或挖掘机布料。人工布料时，应使用排式振捣机前方的螺旋布料器辅助控制松铺厚度，在坍落度为 10 ~ 40mm 的拌和物松铺系数应取为 1.12 ~ 1.25，坍落度大时取低值，坍落度小时取高值。超高路段和有横坡路段，摊铺应考虑横坡影响，松铺系数横坡高侧取高值，低侧则取低值。

当混凝土摊铺长度超过 10m 时，应立即进行振捣密实。振捣时，每次移动距离不宜超过振捣棒有效半径的 1.5 倍，且不得大于 50cm，振捣时间一般为 15 ~ 30s，以拌和物中粗集料停止下沉表面不再冒泡，并泛出水泥浆为准。注意不能过振，振捣中，排式振捣机应均匀缓慢不间断地前进。

面板振实后，应立即安装拉杆，单车道施工时，应在侧模预留孔中按设计要求在板厚度中间插入钢筋拉杆，双车道摊铺施工时，除在侧模插入拉杆外，还要使用拉杆插入机在中间纵缝部位按设计要求插入钢筋拉杆，插入拉杆后立即振捣拌和物，以使拌和物充分包裹拉杆。

混凝土拌和物振捣后，工作性损失较快，若布料长度较短就开始振动，三辊轴整平机不能立刻跟上施工，两道工序间隔时间较长，会使拌和物工作性损失较高，造成以后施工较困难，因此应在布料达一个作业单位长度才开始振实，并紧跟三辊轴整平机进行整平，两道工序间隔时间不宜大于 10min。

三辊轴整平机作业长度一般为 20 ~ 30m。在一个作业长度内，三辊轴机应采用前进振动，后退静滚的方式作业，其作业遍数一般为 2 ~ 3 遍，不得超过 3 遍。振动时，调整好振动轴的高度，与模板顶面留 2mm 间隙，振动轴只能打击削平拌和物表面。由于三辊轴机自重较大，施工中要随时注意观察模板情况，出现问题立即纠正。

振动滚压完成后，将振动辊轴抬离模板，用整平轴前后静滚整平，静滚遍数要足够多，一般为 4 ~ 8 遍，直到平整度符合要求，表面砂浆厚度和水灰比均匀为止。最终表面砂浆厚度应控制在（4 ± 1）mm 内。三辊轴整平机前方表面过厚过稀的砂浆必须刮除丢弃，以改善表面的抗滑性及耐磨性。

三辊轴整平机基本整平路面后，应立即采用 3 ~ 5m 刮尺进行刮面，刮尺应纵向摆放，横向推拉，速度要均匀，每次推拉要一次完成，不停顿，并调整好刮刀与路面的接触角度。

待表面泌水蒸发消失后，再使用刮板或抹刀进行 1 ~ 2 遍收浆饰面抹光，经过抹光处理后，再进行抗滑构造施工，可明显提高表面耐磨性，收浆饰面应在泌水蒸发消失。混凝土表面还能够压实但不留下明显浆印时进行。饰面的最迟时间不得迟于表 12-1 规定的拌和物铺筑完毕允许的最长时间。

表 12-1　混凝土拌和物出料到运输、铺筑完毕允许最长时间

施工气温（℃）	到运输完毕允许最长时间（h）		到铺筑完毕允许最长时间（h）	
	滑模、轨道	三轴、小机具	滑模、轨道	三轴、小机具
5 ~ 9	2.0	1.5	2.5	2.0
10 ~ 19	1.5	1.0	2.0	1.5
20 ~ 29	1.0	0.75	1.5	1.25
30 ~ 35	0.75	0.5	1.25	1.0

三、碾压混凝土路面施工

碾压混凝土施工技术是利用沥青混凝土摊铺机铺筑碾压混凝土的施工方法，一般施工流程为：碾压混凝土拌和→运输→卸入沥青摊铺机→沥青摊铺机摊铺→打入拉杆→钢轮压路机初压→振动压路机复压→轮胎压路机终压→抗滑构造处理→养生→灌切缝→灌缝。配置的主要机械设备有沥青摊铺机、钢轮压路机、振动压路机、轮胎压路机和其他一些辅助设备。

基准线是碾压混凝土施工的生命线，在施工前要完成基准线的设置，单根基准线一般不超过 450m，基准线设置宽度除应保证摊铺外，还应满足两侧 650 ~ 1000mm 横向支距的要求，基准线桩在直线段一般间距为 10m，曲线段要加密设置，但间距不能小于 2.5m。固定线桩时，应保证夹线臂到基层距离为 450 ~ 750mm，设置好后应以不小于 1000N 的拉力对基准线进行张拉。

碾压混凝土摊铺前应先洒水湿润基层，摊铺速度要均匀、连续，不要随意变换速度或停顿，速度可按下式计算确定，一般控制在 0.6 ~ 1.0m/min 范围内。

$$v=\frac{MK}{60bh}$$

式中 v——摊铺机速度（m/min）；

M——搅拌机产量（m^3/h）；

b——摊铺宽度（m）；

h——摊铺厚度（m）；

K——效率系数，一般为 0.85 ~ 0.95，使用一台搅拌机时选低值，多台时选高值。

碾压混凝土路面摊铺时的松铺系数应根据混凝土配合比，施工机械由试铺决定。摊铺布料时应使用螺旋布料器，转速和摊铺速度相适应，防止两边缘料不足。在摊铺到弯道路段时，应及时调整左右两侧分料器的转速，防止两侧供料不均衡。在摊铺中，应同时设置拉杆，设置拉杆通过设醒目的标记保证拉杆准确打入。

摊铺完成后，应立即对混凝土表面进行检查，修补缺陷，局部缺料应及时补上，粗集料集中部位采用湿筛砂浆进行弥补。

当摊铺长度超过 30m 即可进行碾压，一般碾压作业段长度为 30 ~ 40m。碾压按初压、复压、终压三个阶段进行，碾压时，在直线段应按从外侧向路中心碾压；在平曲线有超高路段，由低侧向高侧，由内向外碾压。

初压一般要用钢轮压路机或振动压路机静压，相邻碾压带应重叠 1/3 ~ 1/2 碾压宽度。在复压过程中应禁止振动压路机中途急停、急拐、紧急起步和快速倒车，要缓慢柔顺。复压要使混凝土达到规定压实度为止，一般为 2 ～ 6 遍。

终压采用轮胎压路机静压，终压遍数应以弥合表面微裂纹和消除轮迹为标准，初压、复压、终压作业要紧密相连，环环相扣，一气呵成，中间不停顿，相互间也不得干扰。

碾压混凝土横向施工缝和其他方法相比较特殊，呈“台阶状”。目的是便于插入传力杆和接头处碾压密实，其制作方式是：在施工终点处设纵向斜坡，碾压结束后将不合格部位切除，第二天摊铺开始时，后退 15 ～ 20cm，切割施工缝，深度为 8 ～ 10cm，并将切缝外混凝土刨除形成台阶，然后涂刷水泥浆，继续连接摊铺新路面，硬化后切施工缝。

第二节　轨道式摊铺机施工

一、轨道摊铺工艺流程

轨道式施工是指在基层上铺设两条轨道板，作为路面侧向支撑和路形定位模板，顶部作为路面表面基准，施工机械行驶在轨道上进行布料，振动密实，成型、修整和拉毛，养生的混凝土路面施工法。

轨道摊铺施工的工艺流程为：准备工作→混凝土搅拌→人工支模板→架设拉杆布料→振捣→表面修整→接缝施工→抗滑构造制作→养护→锯缝填缝→路面性能检测→竣工验收→开放交通等。

二、准备工作

施工前的准备工作包括材料准备与检验、配合比的检验与调整、基层的检验与施工放样等工作。

1. 材料的准备与检验

根据施工组织计划，施工前分批、分堆准备所需各种材料（包括水泥、砂、石料、钢材及必要的外加剂），并对已进场的砂、石材料进行抽样检测其强度、规格、级配、针片状含量、含泥量及有害杂质含量等，对不符合要求的材料须进行处理或弃用。

对进场的钢材、水泥等除验明出厂质量报告单外，还应逐批抽验其技术指标（水泥的细度、凝结时间、安定性及 3d、7d、28d 的强度，钢筋的品种、规格、屈服强度及表观等）。

2．配合比的检验与调整

混凝土施工前，应检验其配合比的实用性，必要时，须及时作调整。

根据设计的配合比取样试拌，检查其工作性，必要时做调整。

按调整后的配合比取样、制件或铺筑试验路段，检测标准养生期满后（28d）的混凝土强度，作为施工的依据。

此外，还应比较混合料用灰量、用水量、水灰比、砂率及集料的级配，选择经济合理的配合比。

3．基层的检验与施工放样

根椐《公路工程质量检验评定标准》（JTGF80/1—2012）中的检查项目和标准，对基层的顶面强度、几何尺寸、高程、坡度等进行检验，对有损坏的部分用相同材料修补，复检。

根据设计资料，用仪器测放出路中心线和路边线桩，胀缩缝、曲线控制点及转坡点等的位置桩，并在相应的路边缘设置施工指示桩。在设置的桩上标明路面顶面的设计标高线，曲线段应保持横向分块线与路中心线垂直。

三、混凝土的拌和与运输

混凝土组成材料的技术指标和配比计量的准确性是混凝土拌制的关键，实际施工中采用集料箱加地磅的方法计量，有条件时宜采用配有电子秤等自动计量设备。一般国产强制式拌和机，拌制坍落度为 1 ~ 5cm 的混凝土，其最佳拌制时间宜：立轴强制式拌和机为 90 ~ 180s，双卧轴强制式拌和机为 60 ~ 90s，最长拌制时间不超过最短拌制时间的 3 倍。拌和中，需外加剂时，应对外加剂单独计量。各材料的计量精度、水和水泥不超过 ±1%；粗细集料不超过 ±3%；外加剂不超过 ±2%。

运输中，因蒸发和水化失水、颠簸和振动使混凝土发生离析，影响混凝土的工作性，应尽量缩短运输时间，并用帷布或其他适当的方法将其表面覆盖。

机械化施工时，可采用自卸汽车或搅拌车运输混凝土。一般坍落度大于 5cm 时宜用搅拌车运输，运输时间不宜超过 1.5h，自卸车不宜超过 1.0h，特殊情况时，可使用缓凝剂。

四、混凝土的摊铺与振捣

1．轨道模板安装

轨道摊铺机施工是在使用轨道和模板合一的专用机模上进行摊铺，其模板要求较高，一般其单根长度 3m，底面宽度为高度的 80%，轨道顶面应高于模板 2 ~ 4cm，轨道中心至模板内侧边缘距离一般为 12.5cm。轨道准备的数量应根据施工进度和施工气温，并满足拆模周期需要而定，一般不少于 3 ~ 5d 需要。

安装时，以轨道模板顶面高程为基准控制路面表面的高程，其高程控制的精确度，铺轨是否平直，接头是否平顺，模板的刚度将直接影响路面表面的质量和行驶性能。轨道用螺栓和垫层固定在模板支座上，模板用钢钎固定在基层上，安装后应对照摊铺厚度进行调整检测，并在模板内涂刷脱模剂和隔离剂，接头应黏胶带或塑料薄膜密封。设置纵缝时，应按要求间距，在模板上预先作孔放置拉杆。各种钢筋的安装位置偏差不得超过 1cm；传力杆须与板面平行并垂直接缝，偏差不得超过 5mm；传力杆间距不得超过 1cm。

2．摊铺

轨道摊铺机是通过卸料机将混凝土倾卸在基层上或料箱内，然后将混凝土按摊铺厚度均匀地铺在模板中，目前，采用的摊铺机械主要有刮板式、箱式、螺旋式。

刮板式摊铺机能在模板上自由前后移动，导管也能左右移动，刮板可以任意方向旋转摊铺。这种摊铺机质量轻，易操作，但摊铺能力较小。

箱式摊铺机的混凝土，在摊铺机前进时从横向移动的箱中卸下，同时箱子的下端按松铺厚度刮平混凝土。混凝土一次全部放入箱内，质量大，摊铺均匀而准确。

螺旋式摊铺机的摊铺能力很大，是由可以正反方向旋转的螺旋杆（直径约 50cm）将混凝土摊开。螺旋后面有刮板，可正确调整高度。

布料松铺系数应根据拌和物实测坍落度在 1.15 ~ 1.30 控制，具体见表 12-2。

表 12-2　松铺系数 K 与坍落度 S_L 的关系

坍落度（mm）	5	10	20	30	40	50	60
松铺系数	1.30	1.25	1.22	1.19	1.17	1.15	1.12

使用螺旋布料器和刮板布料时，卸在铺筑宽度中间的拌和物不得过高、过大，也不得缺料，螺旋布料器前拌和物应保持在面板以上 10cm 左右。

箱式布料一般应用在摊铺钢筋混凝土路面和有裸露粗集料的抗滑表层路面，其装料时应关闭料斗出料口，运到布料位置时，轻轻打开出料口，待拌和物堆成“堤状”，再左右移动料斗布料。

3．振捣

混凝土的振捣可采用振捣机或内部振动式振捣机进行。

振捣机是在摊铺机后面，对混凝土进行整平和捣实。在振捣梁前方设置一道与铺筑宽度相同的复平刮梁，后面是一道全宽的弧面低频率弹性振捣梁。振动频率一般为 50 ~ 100Hz，复平梁前沿堆有确保充满模板的不超过 15cm 厚的余料。弹性振动梁通过后混凝土已全部振实，其后的混凝土应控制有 2 ~ 5mm 的回弹高度，挤出砂浆，进行整平。靠近模板处的混凝土，可用插入式振捣器补充振捣。内部振动式振捣机主要用并排安装的振捣棒插入混凝土中进行内部振实。

五、混凝土的修整与养生

振实后的混凝土应进行整平、收光、压纹和养生。

1. 整平

混凝土的表面整平有斜向和纵向移动两种，用一对与摊铺机前进方向成一定角度的整平梁进行斜向整平（其中有一根为振动整平梁），与摊铺机方向一致的整平梁在混凝土表面纵向往返移动作纵向整平。整平时、应使整平机前的用料涌向路面横坡的一侧。

2. 收光

收光是使混凝土的表面更加致密、平整、美观。常用的国产 C–450X 机有较完备的整平、修光配套设施，整平质量较高。有时，也可由人工辅助收光。

3. 压纹

压纹是提高水泥混凝土路面行车安全的重要措施。施工时，用纹理制作机对混凝土路面进行拉槽或压槽，在不影响平整度的前提下，使路表面具有一定的粗糙度。纹理的平均深度一般控制在 1 ~ 2mm 以内，纹理走向应与路面前进方向垂直，相邻板的纹理要相互衔接，相互沟通，以利排水。压纹的时间要控制适当，以混凝土表面无波纹水迹较适合。

4. 养生

混凝土的表面修整后，应进行养生。初期可用活动的三角形罩棚将混凝土全部遮盖。等混凝土的表面泌水消失后，可用洒水、薄膜、湿草或麻袋覆盖。有时，也可喷洒养生液进行养生，用量要足够、均匀。养生时间，使用普通硅酸盐水泥时一般为 14d，使用早强水泥时为 7d。

拆卸轨模应根据不同气温条件、混凝土抗压强度达到 8.0MPa 以上方可进行。缺乏强度实测数据时，边侧模板允许最早拆模时间应符合《公路水泥混凝土路面施工技术细则》（JTG/TF30—2014）的规定。模板一般在浇注混凝土 60h 后才可拆除，气温不低于 10℃时，可缩短至 20h；低于 10℃时，可至 36h。拆除模板时，不得损坏混凝土板和模板，拆除的模板应及时清理。混凝土养生期满后，才可开放交通。

六、接缝施工

1. 纵缝

平缝施工应在模板上设计的孔位放置拉杆，并在缝壁一侧涂刷隔离剂。拉杆应采用螺纹钢筋，顶面的缝槽以切缝机切成，用填料填满，并将表面的黏浆等杂物清理干净，保持纵缝的顺直和美观。

假缝施工应先将拉杆采用门型式固定在基层上，或用拉杆置放机在施工时置入。顶面的缝槽以切缝机切成，使混凝土在收缩时能从此缝向下规则并裂，施工时应防止切缝深度不足引起不规则裂缝。

2. 横向缩缝

混凝土结硬后，应适时切缝。切缝时间应控制在混凝土获得足够的强度，而收缩应力并未超出其强度范围时，以防切缝不整齐或出现早期裂缝：一般切缝时间以施工温度与施工后时间乘积为 200 ~ 300℃ /h 或混凝土的抗压强度为 8 ~ 10MPa 时比较合适。切缝的方法以调深调速的切缝机锯切效果较好，为减少早期裂缝，切缝可采用“跳仓法”，即每隔几块板切一缝，然后再逐块切锯。切缝深度为板厚的 1/4 ~ 1/3，切缝太浅会引起不规则断板。

3. 胀缝

胀缝分浇注混凝土终了时设置和施工中间设置两种情况。

施工终了时设置胀缝。传力杆长度的一半穿过端部挡板，固定于外侧定位模板中，混凝土浇注前应先检查传力杆位置。浇注时，应先摊铺下层混凝土，用插入振捣器振实，并校正传力杆位置，再浇注上层混凝土。浇注邻板时应拆除顶头木模，并设置下部胀缝板、木制嵌条和传力杆套管。

施工过程中间设置胀缝。胀缝施工应预先设置好胀缝板和传力杆支架，并预留好滑动空间。为保证胀缝施工的平整度以及机械化施工的连续性，胀缝板以上的混凝土硬化后用切缝机按胀缝板的宽度切 2 条线，待填缝料时，将胀缝板以上的混凝土凿去。这种施工方法，对保证胀缝施工质量特别有效。

4. 施工缝

施工缝为施工间断时设置的横缝，常设于胀缝或缩缝处，多车道施工缝应避免设在同一横断面上。施工缝如设于缩缝处，板中应增设传力杆，其一半铺固于混凝土中，另一半应先涂沥青，允许滑动。传力杆必须与缝壁垂直。

5. 接缝填封

混凝土板养生期满后应及时填封接缝，填缝内必须清扫干净并保持干燥。填缝料应与混凝土缝壁黏结紧密，不渗水，其灌注深度以 3 ~ 4cm 为宜，下部可填入多孔柔性材料。填缝料的灌注高度，夏天应与板面平齐，冬天宜稍低于板面。

当用加热施工式缝料时，应不断搅匀，至规定温度。气温较低时，应用喷灯加热缝壁。个别脱开处，应用喷灯烧烤，使其黏结紧密。目前用的强制式灌缝机和灌缝枪，能把改性聚氯乙烯胶泥和橡胶沥青等加热施工式填缝料和常温施工式填缝料灌入缝宽不小于3mm的缝内，也能把分子链较长、稠度较大的聚氨酯焦油灌入7mm宽的缝内。

第三节　滑模式摊铺机施工

一、滑模摊铺工艺流程

滑模摊铺的特点是不需轨模，由四个液压缸支撑腿控制的履带行走机构行走。它可以通过控制机构上下移动，调整摊铺层厚度。在摊铺机两侧安装固定的滑模板。因此不需另设轨模，这种摊铺机一次通过就可以完成摊铺、捣实、整平等多道工序。

滑模摊铺机械化程度高，其施工工艺较为复杂，每一个流程都要求做到充分、精确，整个施工工艺大致可分为：施工前准备→混凝土拌和→混凝土运输→滑模摊铺及整修养护→灌填缝料→验收及开放交通。

1. 施工工艺

滑模式摊铺机的摊铺过程如图 12–1 所示。先由螺旋摊铺器 1 把堆积在基层上的水泥混凝土向左右横向铺开，刮平器 2 进行初步刮平，然后用振捣器 3 进行捣实，刮平板 4 进行振捣后整平，形成密实而平整的表面，再利用搓动式振捣板 5 对混凝土层进行振实和整平，然后用光面带 6 进行光面。

混凝土面层滑模式摊铺机的其他施工工艺与轨道式基本相同，但其整机性能好，操纵方便和采用电子导向，因此生产率较高。

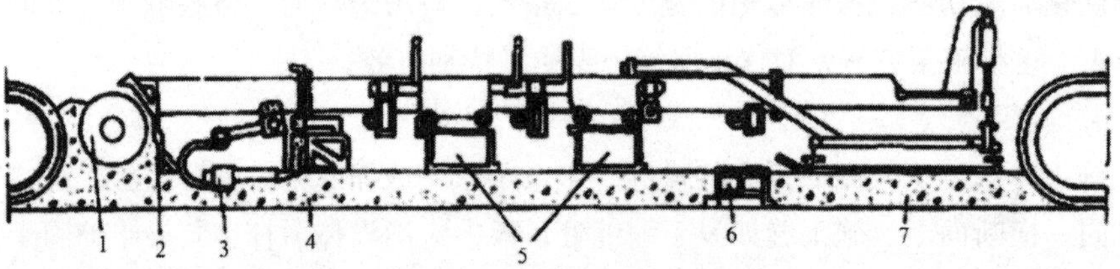

1—螺旋摊铺器；2—刮平器；3—振捣器；4—刮平板；5—搓动式振捣板；6—光面带；7—混凝土面层

图 12–1　滑模式摊铺机摊铺过程示意图

2. 滑模式摊铺机施工常见问题

滑模式摊铺机施工中，主要解决塌边和麻面问题。

（1）塌边

主要有边缘塌落、边缘倒塌和松散无边等，它影响到路面的质量，增加修边的工作量。

①边缘塌落。边缘塌落影响路面的平整度和坡度，对双副施工的整体路面会造

成中间积水。应根据混凝土的坍落度调整一定的预抛高度，使坍落定型时恰好符合设计的边缘要求，同时，摊铺速度宜控制在 2 ～ 4m/min。

②倒边和松散无边。使用立轴式混凝土拌和设备时，拌和料应避免出现离析现象，否则，在边缘处就会出现倒边，在路中间就会出现麻面。

布料器布料时往往将混凝土稀浆分到两边，可用人工粗布料或适当调整靠边侧的振动器的振动频率。

另外，应注意集料的形状和配合比。扁平状或圆状集料成型较差，一般混凝土的坍落度不大时，塌边是可以避免的。

（2）麻面

混凝土的坍落度值低是形成麻面的主要原因，此外是拌和不均匀。施工时，应严格控制混凝土的坍落度，即要求高精度的拌和设备和计量装置。

二、滑模施工机械设备配置

水泥混凝土路面滑模施工机械由各施工单位根据路面结构设计、工期要求、公路等级等条件，按照“性能先进适用、生产能力匹配，施工稳定高效”的原则选择配置。选配的机械性能，必须符合有关规程各项施工技术指标的要求，表 12–3、表 12–4 列出了水泥混凝土路面滑模摊铺施工的主要机械设备、辅助器具配套表。

表 12–3　滑模摊铺机施工主要机械和机具配置表

工作内容	主要施工机械设备	
	名称	机型及规格
钢筋加工	钢筋锯断机、折弯机、电焊机	根据需要定规格和数量
测量基准仪	水准仪、经纬仪、全站仪	根据需要定规格和数量
	基准线、线桩及紧线器	300 个桩、5 个紧线器、300m 基准线
搅拌	强制式搅拌机	≥ $50m^3/h$，数量由计算确定
	装载机	2 ～ $3m^3$
	发电机	≥ 120kW
	供水泵和蓄水池	≥ $205m^3$
运输	运罐车	4 ～ $6m^3$，数量由匹配计算确定
	自卸车	4 ～ $24m^3$，数量由匹配计算确定
摊铺	布料机、挖掘机、吊车等布料设备	根据需要定规格和数量
	滑模摊铺机 1 台	–
	手持振捣棒、整平梁、模板	根据人工施工接头需要定

续表

工作内容	主要施工机械设备	
	名称	机型及规格
抗滑	拉毛养生机 1 台	与滑模摊铺机同宽
	人工拉毛齿耙、工作桥	根据需要定规格和数量
	硬刻槽机 刻槽宽度≥ 50cm，功率≥ 7.5kW	数量与摊铺进度匹配
切缝	软锯缝机	根据需要定规格和数量
	常规锯缝机或支架锯缝机	根据需要定规格和数量
	移动发电机	12 ~ 60kW，数量由施工需要定
磨平	水磨石磨机	需要处理欠平整部位
灌缝	灌缝机或插胶条机	根据需要定规格和数量
养生	压力喷洒机或喷雾器	根据需要定规格和数量
	工地运输车	4 ~ 6t，按需要定数量
	洒水车	4.5 ~ 8t，按需要定数量

高速公路、一级公路主要道施工，一般应选配能同时摊铺 2 ~ 3 个车道，宽度为 7.5 ~ 12.5m 的大型或 12.5 ~ 16m 特大型摊铺机，选择特大型摊铺机施工时，其外侧路肩的宽度要大于履带宽度加上基准线间距，二级以下路面的最小摊铺宽度不得小于 3.75m。

滑模摊铺机可按表 12–4 所列基本技术参数选择。其应配备螺旋式刮板布料器，松方高度控制板，振动排气仓，足够的振动棒，夯实杆或振动差动搓平梁、自动抹平板，可提升模板、侧向及中部打拉杆装置，需要时可配备自动传力杆插入装置 DBI，需夜间施工时，应配备照明设备。施工单位根据自身条件和工期要求，可选择配备布料机、滑模摊铺机和拉毛养生机三台设备联合施工，也可只配备一台滑模摊铺机，其他由人工辅助施工。滑模连续摊铺规模较大的钢筋混凝土路面、桥面、桥头搭板时，一般应配备侧面上料的布料机或自带侧向上料机构的滑模摊铺机。

表 12–4　滑模摊铺机的基本技术参数表

项目	发动机功率（kW）	摊铺宽度（m）	摊铺厚度（cm）	摊铺速度（m/min）	行走速度（m/min）	履带数（个）	整机质量（t）
三车道滑模摊铺机	200 ~ 300	12.5 ~ 16	0 ~ 50	0 ~ 3 （0 ~ 5）	0 ~ 15	4	57 ~ 135

续表

项目	发动机功率（kW）	摊铺宽度（m）	摊铺厚度（cm）	摊铺速度（m/min）	行走速度（m/min）	履带数（个）	整机质量（t）
双车道滑模摊铺机	150 ~ 200	3.6 ~ 9.7	0 ~ 50	0 ~ 3（0 ~ 5）	0 ~ 18	2 ~ 4	22 ~ 50
多功能单车道滑模摊铺机	75 ~ 150	2.5–6	0 ~ 40 护栏高度 80 ~ 90	0 ~ 3（0 ~ 9）	0 ~ 15	2，3，4	12 ~ 27
路缘石滑模摊铺机	≤ 80	<2.5	<45	0 ~ 5（0 ~ 9）	0 ~ 10	2，3	≤ 10

三、基准线设置

设置基准线的目的是为滑模摊铺建立一个高程、纵横坡、板厚、摊铺中线、弯道及连续平整度等基本几何位置的基准参考系。滑模摊铺的基准线设置方式有：基准线、方铅管和多轮支架等。除基准线外，其他方式要求基层必须经过精整机铣刨达 3m 直尺平整度≤ 3mm，而我国施工中一直要求平整度为 8mm，在这种条件下，为保证滑模施工的高平整度，不宜采用其他简易基准设置方式。

1．基准线形式

基准线按照所摊铺路面横坡方向和基准线位置可分为单向坡双线式、单向坡单线式和双向坡双线式三种形式。

（1）单向坡双线式：所铺路面横向坡为单向坡，基准线位于摊铺机两侧。

（2）单向坡单线式：只在摊铺机一侧设基准线，适用于在已摊铺好的水泥混凝土面板边缘摊铺另一幅水泥混凝土面板。

（3）双向坡双线式：所摊铺面板横向坡为双向坡，基准线位于摊铺机两侧，基准线上没有横坡。

2．设置基准线的技术要求

设置基准线时，拉线到摊铺面板边缘的距离，应根据摊铺机侧模到传感器的位置而定，一般 2 ~ 4 履带跨中摊铺机，需 0.65 ~ 1.5m，这个宽度又称为基准线支距。放线桩应打入基层 10 ~ 15cm，当打入困难时，应采用电钻打孔后再打。基层顶面到夹线臂的高度为 45 ~ 75cm，夹线臂夹口到桩的水平距离约为 30cm。

放线桩距离在平面直线段≤ 10m；圆曲线段应加密，在小半径弯道或山区极小半径的回头弯道上，内侧为 2.5 ~ 5m，外侧为 3.5 ~ 7m；平面缓和曲线段或纵断面竖曲线段为 5 ~ 10m。

基准线两端应设固定紧线器，并偏置在放线桩外侧 30 ~ 50cm 处；基准线必须张紧，每侧拉线应施加1000N的拉力，张紧后基准线的垂度≤ 1mm。张拉线时，每段基准线的长度不大于400m，否则全线张紧会较为困难。

3. 基准线的精度要求

基准线是为滑模摊铺机上的4个水平传感器和2个方向传感器提供一个精确与路面平行的水平（横坡）和直线（转弯）方向平面基准参考体系，其精度高低决定着路面摊铺的几何精度和平整度。因此基准线是滑模摊铺施工的“生命线”，是保证摊铺出的面板的高程、横坡、板厚、板宽等技术指标符合规范要求的必要条件，基准线的放置高度要符合《公路水泥混凝土路面滑模施工技术规程》要求，具体见表12–5。

表12–5 滑模摊铺水泥混凝土路面基准线设置精度要求

项目		规定值	最大允许偏差
中线平面偏位（mm）		10	20
路面宽度偏差（mm）		+15	+20
面板厚度（mm）	代表值	–3	–5
	极值	–8	–10
纵断高程偏差（mm）		± 5	± 10
横坡偏差（%）		± 0.10	± 0.15
左右幅连接纵缝高差（mm）		± 1.5	± 2

4. 基准线放线时应注意事项

（1）为保证拉线准确性，设置平面基准线时，必须边测设，边用眼睛贴近拉线观测。在有中央路拱的平面圆曲及缓和曲线段拉线时，除拉线准确外，应在每个放线桩外标出摊铺拱中垂直高度，便于机手调整和渐变路拱的路面横坡。曲线及过渡段基准线设置好以后，在摊铺前必须由另一测工进行校核，防止出现差错。

（2）在地形复杂的山区公路施工，测量人员设置拉线时，应确切了解最小可摊铺的弯道半径。一般滑模摊铺机可施工的最小弯道半径≥ 50m；带加长侧模板的滑模摊铺机最小弯道半径≥ 75m。小转角弯道最小半径及侧模长度为50 ~ 75m；大转角回头曲线最小半径为75 ~ 100m，如不注意，将损坏所铺弯道路面或滑模摊铺机侧面板。

（3）基准线设置好以后，禁止扰动，在摊铺时，严禁碰撞和振动基准线，接头不得大于1cm。风力大于5 ~ 6级时，基准线不稳定，振动过大，影响摊铺平整度，应停止施工。

基准线设置宜在施工前一天完成。摊铺前应对基准线进行复测或抽查。

四、滑膜摊铺水泥混凝土路面施工要点

1. 施工前准备

应对施工前准备工作进行全面细致的检查，检查基准线是否符合板厚要求，设备和机具是否全部到位，运转是否正常；基层是否合格，是否清扫和洒水湿润；在横向连接摊铺时，传力杆是否矫正补齐，纵缝是否顺直，沥青是否涂抹等。这一切都是通过大量实践经验得来的。如板厚必须在摊铺前基准线上控制就是通过多条高速公路施工中总结得到的。

2. 正确设置滑模摊铺机各项工作初步参数

摊铺前，应对滑模摊铺机进行全面性能检查和各施工部件位置参数设定，参数的正确设定是滑模摊铺操作技术中最关键的技术环节之一，也是摊铺机调试中最重要的内容。这些参数通过试铺固定下来，在正式施工时根据现场情况适当微调。设置时注意振捣棒下缘位置应在挤压板最低点以上，间距不宜大于45cm，并均匀排列；最边缘振捣棒与摊铺边缘不大于25cm；调整挤压板前角为3° 左右，提浆夯板的位置为挤压板前沿以下5 ~ 10mm；设超铺角的滑模摊铺机两边缘超高程应根据料的稠度在3 ~ 8mm间调整；带振动搓平梁的滑模摊铺机应将搓平梁前缘调整到与挤压板后沿同一高程，搓平梁的后缘比挤压板后沿低1 ~ 2mm，并与路面高程相同。

3. 摊铺机首次摊铺位置矫正

首次摊铺时，在无纵坡和弯道的摊铺起点位置钉4个矩形分布的木桩，其顶面高程分别为挤压底板的4角点高程，后两桩为路面高程，前两桩在路面高程上应加挤压底板前倾角高程，有路拱时应增设拱中两个桩，准确测量摊铺机底板高程、横坡度和路拱，将传感器挂到基准线上，调整水平传感器立柱高度。使摊铺机挤压底板正好落在精确测量设置好的木桩上，同时调整摊铺机机架前后左右水平度。让摊铺机挂线自动行走，再返回校正一遍，正确无误后，即可摊铺。

4. 初始摊铺校正

在开始摊铺前5m内，必须对所摊出的路面高程、厚度、宽度、中线、横坡度等技术参数进行复核测量，机手应根据测量结果及时在摊铺中微调传感器、挤压底板、拉杆打入深度及压力、抹平板的压力及边缘位置。严禁停机剧烈调整高程、中线、横坡等，以免影响平整度。调整应在10m内完成。摊铺效果达到要求的参数要固定保护起来，严禁非机手更改或撞动。第二天连接摊铺时，应将摊铺机后退至前一天做的侧向收口工作缝（收口每侧5m，长度与侧模等长或略长）路面内，到挤压底板前沿对齐工作缝端部，开始摊铺。

5. 卸料、布料要求

（1）滑模摊铺混凝土路面时，必须有专人指挥车辆卸料。自卸车卸料时，卸料应分布均匀，以减少摊铺机的摊铺负荷。最高料位高度不得高于松方控制板上缘，正常料位高度应在螺旋布料器叶片上缘以下。机前缺料时，可用装载机或挖掘机补充送料，并要求供料和摊铺速度协调。

（2）布料要求采用布料机施工，松铺系数应视坍落度大小由试铺确定，当坍落度为 1 ~ 5cm 时，松铺系数宜为 1.08 ~ 1.15，坍落度为 3cm 时，松铺系数应控制在 1.1 左右。布料与滑模摊铺机之间的距离应控制为 5 ~ 10m。热天日照强，风大时取小值，阴天，湿度大，无风时取大值。

6. 摊铺过程中操作要领

（1）机载布料器控制。滑模摊铺机带的布料器有螺旋布料器和刮板布料器两种型式。刮板布料器的优点是布料效率高，摊铺阻力小，刮板磨损少，便于更换；缺点是对混合料不能进行二次机前搅拌，容易造成混合料离析和两侧混凝土不均匀。螺旋布料器则相反，具有优良的机前二次搅拌效果，离析小，分布的混凝土均匀，布料效率高，效果好；但是摊铺阻力大，螺旋棱磨损快，堆焊加强和更换比较麻烦，一般施工情况下，施工完成 30 ~ 50km 的高速公路就不得不更换螺旋。

螺旋布料器在机上的固定形式有两种：连续单根和中间分开独立控制。在摊铺宽度较窄的单车道路面时，适合单根形式，可将卸偏的混凝土从一侧分布到另一侧，但两根螺旋布料器的形式因中间支撑的阻隔，就较难做到。在摊铺双车道大宽度路面时，在摊铺宽度内可同时卸两车料，使用独立控制的两根螺旋布料器较适宜。注意布料要均匀，特别注意两侧边角的料要充足。螺旋布料器有很强的机前二次搅拌功能。如机前料充足，但不均匀时，应连续不断地左右旋转，以达到充分混合搅拌均匀之目的。

（2）松方高度控制板控制。松方高度控制板或称进料门的控制技术是滑模摊铺施工的第一关，控制得好，施工顺畅；控制不好，不仅是平整度差，而且会损坏滑模摊铺机。摊铺过程中，机手应随时调整松方高度控制板进料位置，开始应略高些，以高于振捣棒 15cm 左右为宜，以保证进料正常状态下料位保持振捣仓内砂浆位高于振捣棒 10cm 左右较为适宜，以利于振动仓内混凝土中的气泡受振动彻底排放掉。进料门应尽量控制在振捣仓内的混凝土基本维持在一个适宜的恒定高度上，根据我国的施工经验，这个高度一般为振捣棒中心线以上 10cm 左右较适宜。仓内有螺旋的摊铺机，正常料位应保持在螺旋杆中轴位置。

（3）摊铺行进速度控制。滑模摊铺机应缓慢、匀速、连续不间断摊铺。摊铺速度应根据拌和物稠度和设备性能进行控制，一般为 1m/min 左右。当稠度发生变化时，应先调整振捣频率，再调整速度，一般拌和物偏稀时，应适当降低振捣频率，加快摊铺速度，最快控制为 2m/min，最低振捣频率不得低于 6000r/min；拌和物偏稠时，应适当提高振捣频率，减缓摊铺速度，最慢控制为 0.5m/min，最高振捣频率不得高于 11000r/min。

（4）监控振捣棒的位置和工作情况：摊铺中要随时检查振捣棒情况，以防止麻面和纵向塑性收缩裂缝，振捣棒的位置应该是其底沿在挤压底板的后沿高度以上。但不出现塑性收缩裂缝的前提下，允许使用板中位以上的振捣位置。在摊铺通过胀缝和钢筋网时，必须提高振捣棒，使其最低点位置在挤压板的后沿高度以上，以便于在不推移胀缝板和钢筋网的前提下，顺畅摊铺通过。

（5）摊铺密实度控制。在滑模摊铺推进过程中，要视混凝土混合料的稠度随时对行进速度和振捣频率进行调整，以控制摊铺密实度。只有这样才能控制混凝土路面始终达到所要求的高密实度，并防止发生塌边、麻面、拉裂和砂浆层过厚等质量病害。

操作手应随时观察振捣仓内混凝土的排气情况，特别要求在振捣仓后部挤压底板前沿基本没有气泡排出的情况下，才能向前推进。在给定速度和振捣频率的工作状态下，在振捣仓没充分排除掉混凝土中的气泡，是当时混凝土稠度下，推进速度和振捣频率的合适与否的基本判断依据之一。同时，观察所摊铺出路面的平整度。如果在摊铺后的路面上发现有气泡、拱包，说明排气很不充分，必须隐匿低速度，提高振捣频率，同时隐匿低进料门控制高度，减小混凝土路面板承受的压力，以保证密实度和平整度。如果采取了上述措施仍调整不了，或挤压板的混凝土表面有拉裂现象，就证明挤压底板前仰角过大，需要往小调整。在混凝土所有原材料中，只有气泡在挤压力下具有较大的可压缩性，待摊铺过后，压力释放，接近表面的大气泡会将路面砂浆顶起来，影响平整度。

（6）挤压底板前仰角的调整。滑模摊铺机型号不同，其设定的挤压底板前仰角也各不相同。对于给定的混凝土稠度，每台滑模摊铺机都有一个最佳前仰角设定角度，最佳前仰角需通过施工实践摸索积累。滑模摊铺机的前仰角设定必须在每天开工之前设定，施工进行中不能调整。因此必须在前几次施工中摸索并确定最佳前仰角，固定下来，不可经常调整。

（7）超铺角控制。滑模摊铺机上设置超铺角是因为混凝土振实脱模后，由于失去支撑，路面一方面会自动胀宽，另一方面两侧边缘即使不塌边也会溜肩，高程自动塌落，必须设法多铺料补偿，才能做出断面几何形状规矩的面板。超铺角设置从进料门开始，增大两边角的进料高度和数量，并令挤压底板两侧模板视稳定的坍落度大小，翘起合适的高度，同时，将两侧边模板向内倾斜一定角度，构成混凝土路面两侧边角适宜的超铺量，待混凝土路面脱模后，自动塌落成 90° ，保证路面两边横向平整度。

（8）纵坡施工。摊铺较大纵坡时，注意调整挤压底板前仰角，上坡时应适当调小，同时调小抹平板压力；下坡时调大抹平板压力。

（9）弯道施工。弯道、渐弯段摊铺，若单向横坡，应随时观察和调整抹平板内外侧的抹面距离，防止压垮边缘。中央路拱，若靠手工控制，操作手应根据路拱消失和生成几何位置，在一定路段内分级逐渐消除或生成设计路拱。

7. 摊铺中高程控制和校准

滑模摊铺的路面高程控制主要靠 4 个水平传感器沿基准线控制，为防止因底板没有顶拖力或调整不到位形成高程误差，影响路面厚度和平整度，在开始摊铺路面 3 ~ 5m 长度时，应用水准仪进行校核。发现误差超过规定范围时，应在滑模摊铺机行进中对水平传感器垂直伸缩臂缓慢调整到位，调整后作上标记，固定位置。通过连续几次调整，确定滑模摊铺底板、传感器等与基准线之间的相对位置并固定下来。除非以后有人动过，否则不再调整，但仍需每天调整。

8. 滑模摊铺中出现问题的处理

滑模摊铺的表面应平滑，几何形状规矩，不应出现麻面、拉裂、塌边、溜肩等病害现象，出现问题应立即查找原因，采取补救措施。

（1）摊铺中应经常检查振捣棒工作情况。发现路面上在横断面某处多次出现麻面或拉裂现象，表示该处振捣棒出现问题，必须停机检查或更换该处振捣棒。摊铺后发现表面上留有发亮的振捣棒拖出的砂浆条带，表明振捣棒位置过深，必须调整正确位置至振捣棒底沿在挤压底板的后沿高度以上。

（2）在摊铺宽度大于等于 8m 的双（多）车道路面时，若左右卸了两车稠度不一致的混凝土时，摊铺速度应按偏干一侧设置，并应将偏稀一侧振捣棒频率迅速调小，保证施工路面密实，不塌边溜肩，保持基本相同的表面砂浆厚度。

（3）滑模摊铺出现横向拉裂现象，应从以下几个方面进行检查：

①拌和物局部或整体过干硬、离析、集料粒径过大，不适宜滑模摊铺；或在该部位摊铺速度过快，振捣频率不够，混凝土未振动液化而拉裂，应降低摊铺速度，提高振捣频率。

②挤压底板的位置和前仰角的设置是否变化。前倒角时必定拉裂，前仰角过大，也可能拉裂，应在行进中调整前两个水平传感器，即改变挤压底板为适宜的前仰角，消除拉裂现象。

③拌和物较干硬或等料停机时间较长，起步摊铺速度过快，也可能拉裂路面。等料停机时间较长时，应间隔 15min 开启振捣棒振动 2 ~ 3min；起步摊铺时应先振

捣 2 ~ 3min，再缓慢推进。

（4）当混凝土供应不上时，或搅拌机出现机械故障等情况时，停机等待时间不得超过当时气温下混凝土初凝时间的 2/3，超过此时间，应将滑模摊铺机开出摊铺工作面，并做施工缝。当滑模摊铺机出现机械故障时，应紧急通知后方搅拌机停止生产，在故障停机时间内，滑模摊铺机内混凝土尚未初凝，能够排除故障，允许继续摊铺，否则，应尽快将滑模摊铺机拖出工作面。故障排除后，重新起步摊铺。

9．纵缝拉杆安置

摊铺单车道时，必须根据路面设计配置单侧或双侧打拉杆机械装置，打拉杆装置的正确插入位置应在挤压底板下的中部或偏后部，无论采用何种方式打入拉杆，其压力应满足一次打到位。同时摊铺两条以上车道时，除侧向打拉杆装置，还应在假纵缝位置中间配置一个以上中间拉杆自动插入装置，该装置根据摊铺机的类型有前插和后插两种配置。打入拉杆位置必须在板厚中间，中间和侧向拉杆的高低和左右误差不得大于 ±2mm。

10．平交口变宽段和匝道路面滑模施工

平交口变宽段和匝道路面滑模施工时，只要摊铺宽度小于滑模摊铺机固定宽度，可采用滑模摊铺机跨一侧或两侧模板施工方式，模板应粘贴橡胶垫，模板顶面高程应低于路面高程 3mm，振捣仓在模板上部应加隔离板，并关闭隔板外侧振捣棒。

11．连接摊铺

连接摊铺时，若摊铺机上前次施工路面，其履带底部必须铺垫橡胶垫或使用挂胶履带，并且前次摊铺路面应养护 7d，最低不得少于 5d。

施工结束后应及时做好下面两项工作：

（1）及时将滑模摊铺机驶离工作面，先将传感器脱离基准线，解除自动跟踪控制，然后及时对滑模摊铺机进行清理保养。

（2）做横向施工缝。施工时应丢弃从摊铺机振动仓内脱出的厚砂浆。设置施工缝模板，并用水准仪测量和抄平面板的高程和横坡。为使下次摊铺能紧接施工缝，侧模需向内收进 2 ~ 4cm，长度视摊铺机侧模而定。施工缝也可在第二天硬切除全部端部制作。连接施工时，由于混合料相对不饱满，在此位置应用人工辅助振捣，并做好平整度，以防止工作缝接合部低洼跳车。

12．胀、缩缝和工作缝施工

胀缝应采用前置法施工，以保证施工质量和摊铺连续性，要预先加工好钢筋支架，传力杆无沥青涂层一端焊接在支架上，接缝板夹在两支架间，无布料机（件）时，应摊铺至胀缝位置前 1 ~ 2m 处，将支架准确定位，用钢纤固定在基层上，然后摊铺，有布料机（件）时，应提前安装好胀缝支架，采用侧向上料方式施工。在混凝土硬化前剔除胀缝板上部，嵌入 2cm × 2cm 木条，修整好表面，填缝时应先凿去木条，涂黏结剂后，再嵌入多孔橡胶条。

缩缝和施工缝上部槽口应采用切缝法施工，切缝包括硬切缝和软切缝。切缝时采用何种切缝方式应根据施工期间路面摊铺完毕到切缝时的昼夜温差确定。滑模施工宜采用硬切缝，硬切缝应当在混凝土达到设计强度的 25% ~ 30% 时进行，缩缝宽度控制为 4 ~ 6mm。横向缩缝硬切缝时间，任何情况下不得小于 24h。

软切缝应在摊铺后，混凝土强度为 1 ~ 1.5MPa 时进行，为防止断板，在昼夜温差较小时，横向缩缝宜每隔 1 ~ 2 块板先切一道缝，然后逐条补切，温差较大时，应全部软切缝。

对一次摊铺两条车道以上的纵缝，切缝深度应控制到 1/3 板厚。

分幅施工时，应在先摊铺好的混凝土板横缩缝不断开的部位做好标记。在后摊铺的路面上对齐已断开横缩缝位置提前软切缝。

摊铺完毕或整平表面后，应使用钢支架拖挂 1 ~ 3 层叠合麻布、帆布、棉布，洒水湿润后，软拖制作微观抗滑结构，布片接触路面长度以 0.7 ~ 1.5m 为宜，细度模数偏大的粗砂，长度取小值，偏小的中砂取大值。

当施工进度超过 500m 时，抗滑构造制作应选用拉毛机进行，制作时应在混凝土表面泌水完毕 20 ~ 30min 内及时进行。拉槽深度为 2 ~ 3mm，宽度为 3 ~ 5mm，槽间距为 15 ~ 25mm。当采用硬刻槽方式制作抗滑构造时，硬刻槽机宜重不宜轻，刻槽应在摊铺后 3d 开始，两周内完成。

混凝土板抗滑构造软拉制作完毕后，应及时养生，养生一般采用喷洒养生剂并保湿覆盖的方式进行。在水资源充足的情况下，也可采用覆盖洒水湿养生方式养生，一般情况不宜使用围水养生方式。

使用喷洒养生剂养生时，应在混凝土表面泌水完毕后进行，用量为 $0.35kg/m^2$，喷洒高度控制为 0.5 ~ 1m。加盖塑料薄膜养生时，加盖时间应以不压坏细观抗滑构造为准。

当采用覆盖物洒水湿养生时，要始终保证覆盖物处于潮湿状态。

养生期满后要及时灌缝，灌缝前清除缝内杂物，清洗并保证缝内清洁干燥，并防止砂石等杂物掉入缝内。灌缝时，灌注深度宜为 2 ~ 3cm，最浅不得小于 1.5cm。填缝料的灌注顶面，夏季宜与板平，冬季宜低于板面 1 ~ 2mm。

灌缝后，要封闭交通进行养生，填缝料为常温料时，低温天气养生期为 24h，热天养生期 12h；填缝料为热料时，低温养生期为 2h，高温天气养生期为 6h。

第四节　特殊条件下水泥混凝土路面施工

水泥混凝土路面具有刚度大、整体性强、较高的抗折强度、弹性模量和较低的变形能力及水稳定性和温度稳定性均优于沥青混凝土路面，不易出现沥青路面的某些稳定性不足的损坏（如车辙等）等特点。路面早期损坏引起的病害，使水泥混凝土道路功能得不到充分发挥，很大程度上影响了路面的使用寿命和行车安全。

1. 高温季节施工

拌和与铺筑场地的气温≥ 30℃时，即属于高温施工。高温会增加水分的散失，易使混凝土板表面出现裂缝。因此，施工时应尽量降低混凝土的浇注温度，缩短施工工序的操作时间，并采取必要的措施保证混凝土的充分养生，提出高温施工的工艺设计。一般情况下，整个施工环境的气温 >35℃时，应停止混凝土的浇注。

2. 低温季节施工

当施工操作和养生的环境温度≤ 5℃或昼夜最低气温可能低于 –2℃时，即属于低温施工。低温施工时，混凝土因水化速度降低使得强度增长缓慢，且可能被冻害。因此，必须提出低温施工的工艺设计。

（1）提高混凝土拌和温度。砂石材料应采用间接加热法（如保暖储仓、热空气加热、矿料内设置蒸气管等），水可直接加热。混凝土的拌和温度可通过下列公式计算：

$$T_h = \frac{0.2(T_a m_a + T_c m_c) + T_f m_f + T_w m_w}{0.2(m_a + m_c) + m_f + m_w}$$

式中 M_a、T_a——表面干燥饱水状态的集料质量（kg）及温度（℃）；

M_c、T_c——水泥的质量（kg）及温度（℃）；

m_f、T_f——集料所含水的质量（kg）及温度（℃）；

m_w、T_w——搅拌用水的质量（kg）及温度（℃）。

（2）路面保温措施。混凝土铺筑后，通常采用蓄热法保温养生，即选用合适的保温材料覆盖路面，以减少路面热量的散失，得到一定的养生条件，是冬季施工养生常用的方法。一般使用的保温材料有麦秸、稻草、油毡纸、锯末、石灰等。保温层至少 10cm 厚，具体视气温而定。

（3）低温施工时，混凝土的设计配合比一般不宜超过 0.6。应延长搅拌时间，减小施工作业面和施工长度，定期检测各种材料、拌和物的温度和混凝土的摊铺、浇注、养生的温度。

铺筑后的混凝土，在 72h 内养生温度应保持在 10℃以上，以后 7d 的养生温度应保持在 5℃以上。

3．雨季施工

应根据近期预报的降雨时间和雨量，安排雨季施工方案，做好施工区域内的结构物、拌和场及铺筑现场等的排水工作。拌和场内的设备应搭棚遮雨，经常测定、调整混凝土拌和物的用水量。水泥的存放应注意防雨受潮，现场下雨时应严禁铺筑混凝土。混凝土终凝前，雨水不得直接淋在已抹平的路面上。需在雨下操作时，应配备活动的工作雨棚。

4．大风天施工

应成立风季施工领导组织机构，并由项目经理亲自主抓，各施工班组协助，做好风季施工的准备工作并制定相应的施工措施。

松散材料如砂、散装水泥等有遮盖措施，防止污染周边环境。制定风季预防火灾的安全技术措施，并绘制现场预防火灾的重点防护部位。

施工现场设防火工具专用箱，防火工具要齐全。对施工人员定期进行防火安全教育，增强施工人员的防火意识。对施工现场采用原煤生火做饭的炉灶，在使用前必须经过防火检查，认定合格发放用火审批手续后，方可使用。在施工现场要配备防火专用旗，一旦遇有大风天，要悬挂防火旗，并且认真执行和检查，杜绝火灾的发生。

由于风季气候变化恶劣、风沙较多、较大且频繁，在进入风季施工时，一定要加强现场的风期施工管理，注意风期施工安全，注意观察和记录本工程所在地的气候变化，采取切实可行的风季施工措施，确保风季施工安全。

参考文献

［1］ 交通运输部职业资格中心．公路工程造价的计价与控制［M］．人民交通出版社，2011.

［2］ 交通运输部职业资格中心，交通运输部．公路工程造价基础理论及相关法规［M］．人民交通出版社股份有限公司，2014.

［3］ 周世生，靳卫东．公路工程造价［M］．人民交通出版社，2008.

［4］ 交通专业人员资格评价中心．公路工程造价编制与项目经济评价［M］．人民交通出版社，2010.

［5］ 高峰，周世生，张求书．公路工程造价与控制［M］．北京理工大学出版社，2009.

［6］ 程炜，吴翠翠．浅析公路工程造价控制与管理［J］．科技信息，2010，16（32）：39-40.

［7］ 李冠平，万正安．公路工程造价确定与控制［J］．湖南交通科技，2005，31（4）：60-61.

［8］余啸．探讨公路工程造价控制与管理的策略［J］．安徽建筑，2011，18（3）：204-205.

［9］张伟华．国内外公路工程造价管理模式浅析［J］．中外公路，2003，23（1）：99-101.

［10］韩红，陈东．公路工程造价控制中几个问题的分析［J］．公路，2011（7）：185-186.

［11］ 孙翰耕，王琨．公路工程施工技术［M］．山东大学出版社，2010.

［12］ 孙成才．公路工程施工技术与管理［M］．

［13］ 潘威．公路工程实用施工放样技术［M］．人民交通出版社，2004.

［14］ 张艳红．公路工程施工安全技术［M］．中国建材工业出版社，2014.

［15］ 本书编写组．公路工程施工安全技术规范与施工规范对照手册［M］．人民交通出版社，2015.

［16］ 李东旭．公路工程施工技术管理和控制的探析［J］．科技创新与应用，

2013（13）：163.

［17］焦志伟.浅谈公路工程施工中关键部位的施工技术［J］.科技创新与应用，2013（13）：162.

［18］ 张海江.浅析如何做好公路工程施工技术控制与管理工作［J］.科技创新与应用，2014（4）：176.

［19］ 张静.公路工程施工技术管理研究［J］.科学技术创新，2012（21）：148.

［20］ 陈明亮.浅谈公路工程施工中关键部位施工技术［J］.科技经济市场，2007（3）：103.